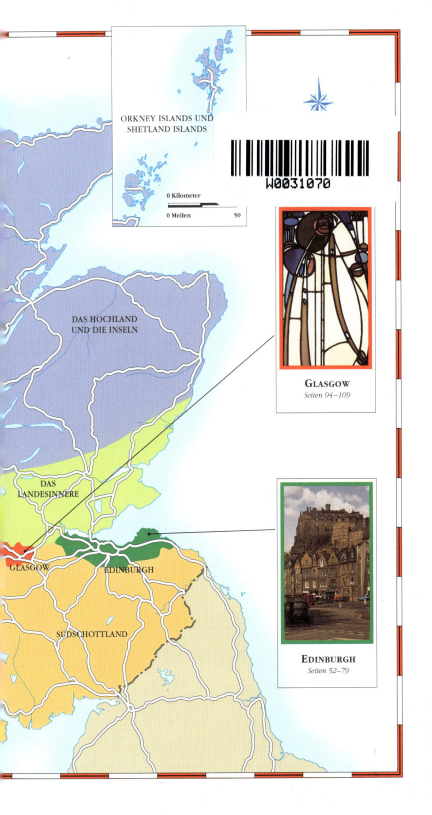

VIS À VIS
SCHOTTLAND

VIS À VIS

SCHOTTLAND

Hauptautoren: JULIET CLOUGH, KEITH DAVIDSON,
SANDIE RANDALL & ALASTAIR SCOTT

DORLING KINDERSLEY
www.dk.com

EIN DORLING KINDERSLEY BUCH

www.dk.com

TEXTE
Juliet Clough, Keith Davidson, Alan Freeman,
Sandie Randall, Alastair Scott, Roger Smith

FOTOGRAFIEN
Joe Cornish, Paul Harris, Stephen Whitehorn

ILLUSTRATIONEN
Richard Bonson, Gary Cross, Jared Gilby,
Paul Guest, Kevin Jones Associates, Claire Littlejohn,
Chris Orr & Associates, Ann Winterbotham

KARTOGRAFIE
Ben Bowles, Rob Clynes
(Colourmap Scanning, London)

REDAKTION UND GESTALTUNG
Dorling Kindersley Ltd.

•

© 1999 Dorling Kindersley Limited, London
Titel der englischen Originalausgabe:
Eyewitness Travel Guide Scotland
Zuerst erschienen 1999 in Großbritannien
bei Dorling Kindersley Ltd.
A Penguin Company

•

Für die deutsche Ausgabe:
© 2000 Dorling Kindersley Verlag GmbH, München
Aktualisierte Neuauflage 2005

Alle Rechte vorbehalten, Reproduktionen, Speicherung in
Datenverarbeitungsanlagen, Wiedergabe auf elektronischen,
fotomechanischen oder ähnlichen Wegen, Funk und Vortrag –
auch auszugsweise – nur mit Genehmigung des Copyrightinhabers

ÜBERSETZUNG Ursula Pesch und Cornelia Maier
REDAKTIONSLEITUNG Dr. Jörg Theilacker, Dorling Kindersley Verlag
REDAKTION Birgit Walter, Dorling Kindersley Verlag
SATZ UND PRODUKTION Dorling Kindersley Verlag, München
LITHOGRAFIE Colourscan, Singapur
DRUCK L. Rex Printing Co., Ltd., Hongkong, China

ISBN 3-928044-10-9
4 5 6 7 8   08 07 06 05

Dieser Reiseführer wird regelmäßig aktualisiert. Angaben wie
Telefonnummern, Öffnungszeiten, Adressen, Preise und Fahrpläne
können sich jedoch ändern. Der Verlag kann für fehlerhafte
oder veraltete Angaben nicht haftbar gemacht werden.
Für Hinweise, Verbesserungsvorschläge und Korrekturen ist der
Verlag dankbar. Bitte richten Sie Ihr Schreiben an:

Dorling Kindersley Verlag GmbH
Redaktion Reiseführer
Gautinger Straße 6
D-82319 Starnberg

Die beeindruckenden Ruinen des Tant

INHALT

SCHOTTLAND STELLT SICH VOR

SCHOTTLAND AUF DER KARTE *8*

EIN PORTRÄT SCHOTTLANDS *10*

DAS JAHR IN SCHOTTLAND *36*

DIE GESCHICHTE DES LANDES *40*

Mary, Queen of Scots (1542–1587),
aus dem Hause Stuart

FÜHRER DURCH DIE REGIONEN

SCHOTTLAND IM ÜBERBLICK *50*

◁ **Ruhige Flüsse, üppiges Grün und schneebedeckte Gipfel: Glencoe in den Highlands**

an der Südostküste

EDINBURGH *52*

SÜDSCHOTTLAND *80*

GLASGOW *94*

Detail des Gewölbes der Rosslyn Chapel in den Pentland Hills

DAS LANDESINNERE *110*

DAS HOCHLAND UND DIE INSELN *126*

ZU GAST IN SCHOTTLAND

ÜBERNACHTEN *164*

RESTAURANTS *174*

SPORT UND AKTIVURLAUB *184*

Skirlie – ein traditionelles schottisches Gericht aus Hafermehl, Zwiebeln und Thymian

GRUNDINFORMATIONEN

PRAKTISCHE HINWEISE *198*

REISEINFORMATIONEN *208*

TEXTREGISTER *216*

Royal-Scots-Greys-Denkmal für die Soldaten des Burenkrieges

DANKSAGUNG UND BILDNACHWEIS *223*

GÄLISCHE BEGRIFFE UND REDEWENDUNGEN *224*

STRASSENKARTE *hintere Umschlaginnenseite*

Wanderer unternehmen eine Tour im Gebiet des Glen Etive

Edinburgh Castle auf einem Granitfelsen über dem Stadtzentrum

Schottland stellt sich vor

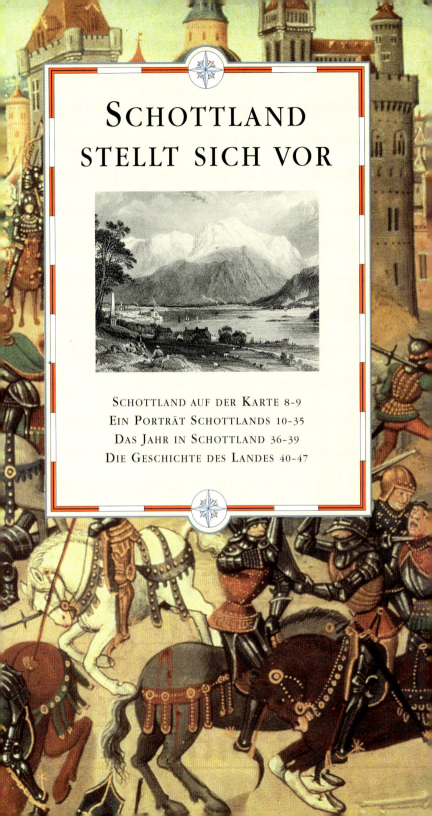

Schottland auf der Karte 8-9
Ein Porträt Schottlands 10-35
Das Jahr in Schottland 36-39
Die Geschichte des Landes 40-47

Schottland auf der Karte

SCHOTTLAND BILDET DEN nördlichen Landesteil Großbritanniens und umfasst mit seinen 78 080 km² das nördliche Drittel der Insel. Der höchste Gipfel Schottlands (und Großbritanniens) ist der Ben Nevis mit 1343 Metern. Schottlands Küste sind rund 800 (bewohnte und unbewohnte) Inseln vorgelagert, die sich in drei Inselgruppen gliedern: Hebriden, Orkney und Shetland Islands. Edinburgh ist Schottlands Hauptstadt, Glasgow mit rund 750 000 Einwohnern die größte Stadt. In Schottland leben rund fünf Millionen Menschen.

Satellitenbild von Schottland
Das Satellitenbild zeigt die hohen, zerklüfteten Berge der Highlands und die vielen Inseln vor der schottischen Küste.

Lage in Europa
Schottland liegt im äußersten Nordwesten Europas: Im Süden grenzt es an England, im Südwesten (getrennt durch den North Channel) an Nordirland. Im Osten bildet die Nordsee Schottlands natürliche Grenze.

◁ **Das Manuskript (15. Jh.) zeigt König David von Schottland in der Schlacht vom Neville's Cross, 1346**

Ein Porträt Schottlands

Seine Nationaltracht, *Whisky, Dudelsack, Landschaft und Folklore – und nicht zu vergessen – seine Burgen haben Schottland eine besondere Identität beschert. Das Land ist voller Kontraste, es besitzt eine fast magische Aura, ob es nun nebelverhangen ist oder sich in einem der vielen Lochs spiegelt.*

Das schottische Festland misst vom Süden bis zum Norden rund 440 Kilometer, seine Küstenlinie erstreckt sich über eine Länge von fast 10 000 Kilometern. Nahezu alle der 787 größeren Inseln liegen vor der Nord- oder der Westküste. Das gebirgige Schottland wird im Norden und Westen durch eine Moorlandschaft geprägt, im Landesinneren durch Kiefernwälder und Weideland, im Osten durch fruchtbares Ackerland und im Süden durch die grasbedeckten Hügel der Lowlands. Überall findet man malerische Lochs und Flüsse. Die meisten der fünf Millionen Einwohner leben im Zentralgürtel des Landes. Sie halten hartnäckig an den Unterschieden zwischen den Regionen fest – an ihren Sitten, ihren Dialekten und der gälischen Sprache. Vielleicht sind für die Schotten eher ihre Unterschiede als ihre Gemeinsamkeiten kennzeichnend, doch eines trifft auf sie alle zu: Sie sind stolz auf ihr Land und ihr Rechts- und Erziehungswesen. Die Schotten können auch mürrisch sein, andererseits aber vor Ideen sprühen. Sie zeichnen sich durch einen fröhlichen Humor und durch ihre herzliche Gastfreundschaft aus.

Rothirsch in den Highlands

Blick vom Edinburgh Castle über die Dächer der Hauptstadt zum Calton Hill

◁ **Einsame Häuser inmitten der Berge auf Skye, der größten Insel der Inneren Hebriden**

Politik und Wirtschaft

Seit Unterzeichnung des Unionsvertrages 1707, der die Parlamente von Schottland und England zu einem Regierungsapparat mit Sitz in London vereinte, fühlt Schottland sich der britischen Regierung entfremdet und hintergangen. Heute finden alle größeren Parteien des Königreichs in Schottland Unterstützung. Die Scottish National Party, die für völlige Unabhängigkeit kämpft, hat an Popularität gewonnen. 1997 stimmten die Schotten für die Wiedereinsetzung eines eigenen schottischen Parlaments ab 1999. Das Parlament hat weitreichende administrative Befugnisse, Finanzkontrolle und Entscheidungen von nationaler Bedeutung bleiben allerdings weiterhin Westminster vorbehalten.

Hammerwerfer bei den Braemar Games

Schottlands Wirtschaft hat in den letzten 100 Jahren unter dem Verlust seiner Schwerindustrien – Schiffbau, Kohlenbergbau und Stahl – sehr gelitten. Die wichtigsten Einkommensquellen sind heute Ölförderung, Tourismus und der Dienstleistungssektor sowie ein breites Spektrum an Leichtindustrien. Führend sind hier die Hersteller elektronischer Bauelemente und Mikrochips, die dieser Industrie den Spitznamen »Silicon Glen« eingebracht haben. Dieser Zweig unterliegt angesichts des globalen Marktes jedoch starken Schwankungen. Die wichtigste Einnahmequelle für das Finanzministerium ist die Whisky-Produktion. Die Landwirtschaft spielt nach wie vor eine bedeutende Rolle, muss sich aber auf schwierigen Märkten behaupten. Die Fischindustrie leidet unter schwindenden Beständen. Schottlands Arbeitslosenrate entspricht im allgemeinen der des Königreichs, doch in einigen Regionen – zum Beispiel auf den Western Isles mit 15 Prozent – liegt sie wesentlich höher.

Gesellschaft

Die Schotten sind ein geselliges Volk, sie genießen das Zusammensein mit anderen, ob bei einem Highland-*ceilidh* (wörtlich »Besuch«), in einem Pub oder beim samstäglichen Aufmarsch der Fußballfans. Manchmal müssen sie weit reisen, um Gesellschaft zu finden: In den Highlands leben nur acht Menschen pro Quadratkilometer.

Dudelsackspieler

Der Kirchenbesuch ist, abgesehen von den Gälisch sprechenden Gebieten, in denen der Sonntag als Ruhetag gilt, rückläufig. In vielen Städten wird bis in die Morgenstunden Unterhaltung geboten, in ländlichen Gebieten sind die Öffnungszeiten kürzer und die Restaurants oft früher geschlossen.

Schottland ist bekannt als die Heimat des Golfs, doch Fußball ist zweifellos die nationale Leidenschaft und England der Lieblingsgegner. Andere populäre Sportarten sind Wandern, Skifahren, Rugby, *Shinty* und Curling. Die jährlichen Highland Games sind ein großes Fest mit Whisky und Musik *(siehe S. 28f)*.

Wintersonnenwende *Up Helly Aa* auf Shetland

Ärmliche Landwirtschaft auf den Western Isles

Die Schotten leben und essen gern üppig: Viel Fleisch, Fisch und Pommes frites machen satt – und im Übermaß auch dick. Dazu haben die Schotten den höchsten Alkohol- und Tabakkonsum in Großbritannien.

KULTUR UND KUNST

Schottland bietet hervorragende Kunstveranstaltungen – großzügig unterstützt vom Scottish Arts Council.

Das Edinburgh Festival and Fringe *(siehe S. 78f)* ist weltweit das größte Festival seiner Art. Die schottische Filmindustrie hat nach dem Erfolg von *Trainspotting* (1993) einen enormen Aufschwung genommen. Das gilt auch für die Musikszene, von der Oper über gälische Lieder, *pibroch* (klassischer Dudelsackmusik) bis hin zu internationalen Bands wie »Simple Minds«, »Runrig«, »Texas« und »Wet Wet Wet«. Die traditionelle Musik erlebte in den letzten Jahrzehnten mit alten Instrumenten aus verschiedenen Kulturkreisen eine Renaissance. Bands wie »Macumba« verbinden effektvoll Dudelsäcke mit brasilianischer Perkussion. Im Bereich Tanz werden die wunderbaren schottischen Volkstänze, die Highland- und *Ceilidh*-Tänze sowie Steptanz geboten, eine Tradition, die aus der Bretagne wieder eingeführt wurde.

Obwohl nur etwa 50 000 Schotten Gälisch sprechen, wird die Sprache durch erhöhte Zuschüsse für gälische Radio- und Fernsehprogramme gefördert. Auch die zahlreichen angesehenen schottischen Schriftsteller und Dichter haben eine große Anhängerschaft und genießen internationalen Erfolg *(siehe S. 24f)*.

Edinburgh's Festival Fringe Office, Detail

Bläuliches Wasser im Loch Achray im Zentrum der Trossach Mountains, nördlich von Glasgow

Die Geologie Schottlands

SCHOTTLAND IST MIT MILLIONEN Jahre altem Gestein eine wahre Fundgrube für Geologen. Neben dem harten Granitgneis auf den Western Isles, der vor Beginn des Lebens auf der Erde entstand, zeugen die Felsen von Lava-Eruptionen, Gebirgsbildungen, Eiszeiten und sogar von einer Zeit, als Schottland durch den Iapetus-Ozean von England getrennt war. Vier Hauptverwerfungslinien durchziehen Schottland von Nordosten nach Südwesten und bilden die geologischen Hauptzonen.

VERWERFUNGSLINIEN

- - Moine Thrust
- - Great Glen Fault *(siehe S. 148 f)*
- - Highland Boundary Fault
- - Southern Uplands Fault

Der Gabbro *(dunkler Fels) der Cuillin Hills auf Skye entstand im Tertiär aus unterirdischem Magma, als die Dinosaurier ausgestorben waren und die Säugetiere zunahmen.*

Felsschichten in Treppenform

Durch Einwirkung von Gezeiten und Wellen erodiert die vorhandene Küstenlinie.

ENTWICKLUNG

Schottland — Äquator
Iapetus-Ozean
England

☐ Alte Landmasse

Vor etwa 500 Millionen Jahren gehörte Schottland zum gleichen Kontinent wie Nordamerika, während England Teil Gondwanas war. Nach 75 Millionen Jahren der Kontinentalverschiebung stießen die beiden Länder nahe den heutigen Grenzen zusammen.

Plateaus auf den Hügeln der Insel sind die sichtbaren Reste eines einst gewaltigen Basalt-Lavastroms.

Skandinavien
Schottland

☐ Vereisung in der letzten Eiszeit
··· Heutige Festlandgrenzen

Die letzte Eiszeit, die vor 10 000 Jahren endete, ist das geologisch jüngste Kapitel in Schottlands Erdgeschichte. Zu dieser Zeit war Schottland wie Skandinavien vereist.

Lewisian Gneis gehört zu den ältesten Gesteinen, die in der unteren Erdkruste vor drei Milliarden Jahren gebildet und aufgefaltet wurden. Hart, unfruchtbar und grau, formt er auf den Western Isles flache Hochebenen mit Tausenden von Lochs.

DIE GEOLOGIE SCHOTTLANDS

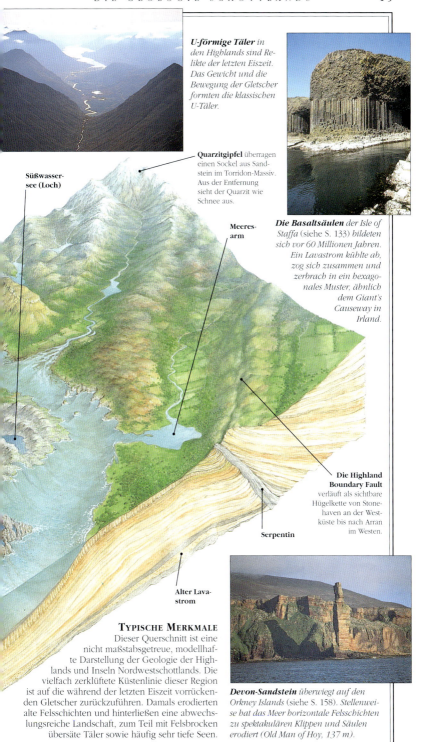

U-förmige Täler in den Highlands sind Relikte der letzten Eiszeit. Das Gewicht und die Bewegung der Gletscher formten die klassischen U-Täler.

Quarzitgipfel überragen einen Sockel aus Sandstein im Torridon-Massiv. Aus der Entfernung sieht der Quarzit wie Schnee aus.

Süßwassersee (Loch)

Meeresarm

Die Basaltsäulen der Isle of Staffa (siehe S. 133) bildeten sich vor 60 Millionen Jahren. Ein Lavastrom kühlte ab, zog sich zusammen und zerbrach in ein hexagonales Muster, ähnlich dem Giant's Causeway in Irland.

Die Highland Boundary Fault verläuft als sichtbare Hügelkette von Stonehaven an der Westküste bis nach Arran im Westen.

Serpentin

Alter Lavastrom

TYPISCHE MERKMALE

Dieser Querschnitt ist eine nicht maßstabsgetreue, modellhafte Darstellung der Geologie der Highlands und Inseln Nordwestschottlands. Die vielfach zerklüftete Küstenlinie dieser Region ist auf die während der letzten Eiszeit vorrückenden Gletscher zurückzuführen. Damals erodierten alte Felsschichten und hinterließen eine abwechslungsreiche Landschaft, zum Teil mit Felsbrocken übersäte Täler sowie häufig sehr tiefe Seen.

Devon-Sandstein überwiegt auf den Orkney Islands (siehe S. 158). Stellenweise hat das Meer horizontale Felsschichten zu spektakulären Klippen und Säulen erodiert (Old Man of Hoy, 137 m).

Landschaft und Tierwelt Schottlands

HEIMISCHE TIERE

Es gibt keine großen oder gefährlichen Tiere in freier Wildbahn, jedoch einige seltene, die sonst kaum auf den Britischen Inseln zu finden sind. Shetland-Ponys und Hochlandrinder verbindet man vom Namen her sofort mit Schottland; Steinadler oder Rotwild werden Sie außerhalb der Highlands wohl kaum zu sehen bekommen.

SCHOTTLAND IST EIN LAND DER GEGENSÄTZE: Eine rauhe Bergwelt geht über in die sanft gewundenen Täler der Lowlands, dramatische Klippen kontrastieren mit dichten Wäldern. Tief in den Highlands und auf den Inseln trifft man am ehesten auf Schottlands reiche Tierwelt. Einst verbreitete Arten sind vom Aussterben bedroht; sie und ihr Habitat zu erhalten, hat hohe Priorität.

Goldhähnchen

DIE KÜSTE

Die endlose, windgepeitschte Küste bietet eine einzigartige Gelegenheit, Schottlands Tierwelt zu beobachten. Inseln wie Skye *(siehe S. 152f)* sind Heimat von unzähligen Seevögeln wie Papageitauchern, Lummen und Dreizehenmöven. Der Bass Rock vor der Ostküste nahe North Berwick beherbergt eine Tölpel-Kolonie. Auch Robben, Wale und Delphine sind hier zu Hause.

Papageientaucher

SEEN (LOCHS) UND FLÜSSE

Schottland ist übersät mit Meeresarmen, Süßwasserseen und Flüssen, die einer Vielzahl an Tier- und Insektenarten Lebensraum bieten. Meeresarme wie jene auf der Insel North Uist sind Heimat von Wildlachsen und Ottern. Letztere sieht man jedoch eher in Tierreservaten, wie dem in Kylerhea auf der Insel Skye. Viele schottische Flüsse wie der Tay sind für Angler ein Paradies zum Fischen. Verbreitet leben hier u. a. Lachse und Forellen.

Libelle

Kegelrobben *sind an der schottischen Felsküste von Shetland oder North Rona heimisch.*

Wilde Otter *leben an vielen Teilen der schottischen Küste und in den Meeresarmen. Anders als ihre asiatischen Vettern haben sie Schwimmhäute zum Fangen und Fressen der Beute.*

Dreizehenmöven *mit ihrem weiß-grauen Gefieder sind an den Kliffs weit verbreitet, von St Abb's Head an der Ostküste bis Handa Island vor der Nordwestküste (siehe S. 157).*

Lachse *schwimmen jedes Jahr zum Laichen in die Seen und Flüsse. Sie reisen meilenweit stromaufwärts und überwinden dabei auch Wasserfälle.*

LANDSCAFT UND TIERWELT SCHOTTLANDS

Shetland-Ponys stammen von den nördlichen Inseln gleichen Namens, sind aber auch auf dem Festland heimisch. Sie sind klein und haben ein borstiges Fell.

Hochlandrinder, seit dem 16. Jh. in Schottland gezüchtet, haben lange Hörner und ein zottiges Fell.

Der Steinadler ist eines von Schottlands Wahrzeichen. Der majestätische Vogel fängt seine Beute in lautlosem Sturzflug.

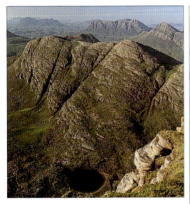

GEBIRGE UND MOOR

In den Hügeln und Gebirgen Schottlands gedeihen noch seltene arktische und alpine Pflanzen, in den Mooren und Lowlands wachsen Heide und Gras. Diesen landschaftlichen Kontrast sieht man überall in den Highlands und auf den Inseln, wie hier auf Mull. Raubvögel, wie z. B. Adler und Turmfalken, bevorzugen dieses Terrain. Rotwild äst in der kargen Moorlandschaft.

Turmfalke

Schafe grasen frei in den Mooren und Bergen Schottlands, tragen aber Markierungen, damit sie der Züchter wiedererkennt.

Rothirsche sind in Europa weit verbreitet und können in den Highlands gut beobachtet werden. Ihre Signalfärbung leuchtet im Sommer am schönsten. Im Frühjahr verlieren die Hirsche ihr Geweih.

WÄLDER UND WALDLAND

Einige der Wälder sind Teil eines Naturschutzparks. Waldland wie das in den Borders ist der geeignete Zufluchtsort für Rothörnchen und Goldhähnchen. Baummarder und Wildkatzen bevorzugen das felsigere Terrain der Highland-Wälder. Birken- und Eichenwälder verteilen sich über das Land.

Baummarder

Wildkatzen sind selten in den Waldgebieten anzutreffen. Ihr stämmiger Körper, ihr dichtes Fell und der kurze Schwanz unterscheiden sie von Hauskatzen.

Rothörnchen sind viel seltener als Grauhörnchen, doch beide Arten benutzen ihren buschigen Schwanz für die Fortbewegung und Verständigung.

Von der Burg zum Schloss

Es gibt kaum einen romantischeren Anblick in ganz Großbritannien als ein schottisches Schloss auf einer Insel oder an einem See. Früher, als Raubüberfälle und kriegerische Auseinandersetzungen zwischen den Clans zur Tagesordnung gehörten, dienten sie als sichere Schutzburgen. Von den frühen *brochs* der Pikten entwickelten sich über die normannische Burg im 14. Jahrhundert die typisch schottischen Turmbauten. Wenige Jahrhunderte später, als die Verteidigung kaum noch eine Rolle spielte, entstanden die herrlichen Schlösser.

Detail der Barockfassade, Drumlanrig Castle

Burg und Ringmauer

Dieser Burgtyp existiert seit dem 12. Jahrhundert. Die Burgen standen auf zwei Anhöhen, auf der oberen der Bergfried und Hauptturm des Chiefs, auf der unteren die Behausungen der übrigen Bewohner, beide durch eine Mauer oder einen Pfahlzaun geschützt.

Bergfried, Hauptturm des Chiefs, Ausguck

Ruine von Duffus Castle, Morayshire

Duffus Castle (ca. 1150) wurde entgegen den Gepflogenheiten der damaligen Zeit aus Stein gebaut und überragt das flache Land nördlich von Elgin.

Ringmauer zum Schutz der Burg

Mitunter aufgeschüttete Anhöhe aus Erde oder Stein

Frühe Turmbauten

Die ersten Turmbauten, die als leichte Befestigungsanlagen dienten, stammen aus dem 13. Jahrhundert. Ursprünglich im Rechteck angelegt, thronte in der Mitte ein einzelner, in mehrere Stockwerke unterteilter Turm mit schlichtem Äußeren und wenigen Fenstern. Verteidigt wurde von oben; wenn mehr Platz gebraucht wurde, wurden weitere Türme angebaut.

Brustwehr mit Zinnen für die Wachen

Claypotts Castle (um 1570) mit hervorstehenden Dachstuben

Braemar Castle (um 1630), ein Komplex aus mehreren Türmen

Neidpath Castle, errichtet auf einem Felsvorsprung über dem Tweed, ist ein L-förmiger Turmbau aus dem 14. Jahrhundert. Die einstige Feste Charles' II weist heute noch Spuren der Belagerung durch Oliver Cromwell auf.

Schmucklose, gerade Mauern mit Schießscharten als Fenster

SPÄTERE TURMBAUTEN

Obwohl sich niemand mehr verteidigen musste, wurde der alte Baustil lange beibehalten. Im 17. Jahrhundert fügte man dem ursprünglichen Turm Flügelanbauten hinzu, wodurch erstmals Burghöfe entstanden. Zinnenkränze und Mauertürmchen blieben zur Dekoration erhalten.

Drum Castle mit ursprünglichem Bergfried (13. Jh.) und Anbau (1619)

- Zimmer des Burgpfarrers mit Geheimzugang
- Ursprüngliches Turmhaus aus dem 15. Jahrhundert
- Eckturm mit Treppenaufgang
- Anbau aus dem 16. Jahrhundert
- Hervorstehendes Ziertürmchen

Das Traquair House (siehe S. 87) *der Familie Tweed ist das älteste bewohnte Haus in Schottland. Das schmucklose Äußere geht auf das 16. Jahrhundert zurück, als an dem alten Turmbau eine Reihe von Anbauten vorgenommen wurden.*

Blair Castle *(siehe S. 139)* mit mittelalterlichem Turm

SCHLÖSSER

Beim Bau der Schlösser wurde schließlich ganz auf die Verteidigungsfunktion verzichtet und nur noch nach ästhetischen Gesichtspunkten gebaut, auch wenn hin und wieder Einflüsse aus der Ritterzeit unverkennbar sind. Als Vorbilder dienten Schlösser aus ganz Europa, vor allem jedoch aus Frankreich.

Dunrobin Castle (um 1840), Sutherland

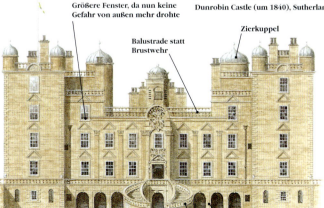

- Größere Fenster, da nun keine Gefahr von außen mehr drohte
- Balustrade statt Brustwehr
- Zierkuppel
- Kolonnade im Renaissancestil
- Barock geschwungene Treppe

Drumlanrig Castle (siehe S. 88) *aus dem 17. Jahrhundert mit zahlreichen typisch schottischen Merkmalen sowie Renaissance-Einflüssen wie geschwungener Treppe und Fassade.*

Schottische Gärten

SCHOTTLAND HAT EINE Vielfalt an schönen Gärten. Manche, wie Pitmedden, sind wegen der Architektur berühmt, andere wegen besonderer Pflanzen. Rhododendren gedeihen im sauren, torfigen Boden. Der Royal Botanic Garden in Edinburgh zeigt eine besondere Farbenpracht. Einige Gärten sind eindrucksvoll von Seen und Bergen umgeben oder um herrschaftliche Anwesen herum angelegt. Gärten im Einflussbereich des Golfstroms wie Inverewe bieten Besuchern subtropische Flora in nördlichen Breiten. Diese Gärten zählen zu Schottlands prächtigsten.

Inverewe Garden (siehe. S. 156) *ist bekannt für seine üppige subtropische Flora. Farne, Lilien, riesige Vergissmeinnicht und Palmen sind nur einige der 2500 im milden Klima gedeihenden Arten.*

Die Crarae Gardens (siehe S. 130) *liegen an einem Hang mit Blick auf Loch Fyne und sind von altem Waldbestand umgeben. Alle Spazierwege führen im Zentrum über einen hübschen Bach. Im Frühling beeindrucken sie mit ihrer Rhododendronblüte, im Herbst stehen die Bäume in Flammen.*

Die Botanic Gardens, Glasgow (siehe. S. 103), *haben eine interessante Sammlung an Orchideen, Begonien und Kakteen. Kibble Palace, ein Gewächshaus mit Kuppeldach, zeigt Baumfarne aus aller Welt.*

Logan Botanic Garden, *ein Außenposten des Royal Botanic Garden in Edinburgh, beherbergt ein von Mauern umgebenes Areal mit Kohlpalmen und eine offene Waldlandschaft. Der Golfstrom lässt hier subtropische Pflanzen wachsen.*

RHODODENDREN

Dies sind drei Exemplare von 900 Rhododendronarten. Die erste ist tropisch, in Schottland im Glashaus gezogen; die zweite eine immergrüne Sorte; die dritte eine Azalee, die früher als eigene Spezies betrachtet wurde. Es gibt schuppenblättrige und nichtschuppenblättrige Rhododrenden.

Macgregoriae

Augustini

Medway

SCHOTTISCHE GÄRTEN

Den Drummond Castle Gardens verlieh man durch Buchsbaumhecken die Form eines Andreaskreuzes. Gelbe und rote Rosen sowie Löwenmaul sorgen für Farbe, eine Sonnenuhr bildet den Mittelpunkt.

DER GOLFSTROM

Die schottische Westküste überrascht den Besucher mit zahlreichen Gärten voll blühender tropischer und subtropischer Pflanzen. Obwohl Schottland genauso weit nördlich liegt wie Sibirien, ist es hier wegen des Golfstroms wesentlich wärmer. Inverewe ist der berühmteste der »Golfstromgärten« mit Pflanzen aus Südamerika, Südafrika und dem Südpazifik. Weitere Gärten sind Achamore auf der Isle of Gigha und Logan Botanic Garden nahe Stranraer.

Baumfarne, begünstigt vom Golfstrom, Logan Botanic Garden

Pitmedden Garden wurde 1675 angelegt und später vom National Trust for Scotland als strenger französischer Garten wiederhergestellt. Auf zwei Ebenen liegen Blumenbeete, zwei Gartenlauben, Hecken und im Zentrum eine herrliche Fontäne.

Crathes Gardens gruppieren sich in Form geschnittener und duftender Rabatten um das Turmhaus, Crathes Castle (siehe S. 145). Es gibt acht thematisch unterschiedliche Gärten, z.B. den im Stil von Gertrude Jekyll angelegten Golden Garden.

Dawyck Botanic Garden gehört ebenfalls zum Royal Botanic Garden Edinburghs und ist auf seltene Bäume, unter ihnen die Dawyck-Buche, blühende Sträucher und Narzissen spezialisiert.

Der Royal Botanic Garden, Edinburgh (siehe S. 68), ist international bekannt als Forschungszentrum und berühmt für seine einmalige Pflanzenvielfalt. Gebettet in gepflegte Rasenflächen, wachsen hier fast 17 000 verschiedene Arten. In den Glashäusern gedeihen exotische Pflanzen.

Schottische Erfindungen

Marmelade

Trotz seiner geringen Größe und Einwohnerzahl hat Schottland bemerkenswert viele Erfinder hervorgebracht. Das ausgehende 18. sowie das 19. Jahrhundert waren voller Kreativität und wurden deshalb auch Periode der schottischen Aufklärung genannt. Viele technologische, medizinische und mechanische Erkenntnisse stammen aus dieser Zeit, z. B. die Erfindung von Dampfmaschine, Fahrrad, Antiseptikum und Telefon. Die Fabriken, Universitäten und Labors brachten Männer hervor, die kühn und zukunftsorientiert dachten. Ihre revolutionären Ideen und Experimente führten zu Erfindungen, die unsere moderne Gesellschaft entscheidend geformt haben.

Elektrisches Licht *(1834) wurde von James Bowman Lindsay erfunden, der galvanische Zellen neu anordnete.*

Logaritmentafeln *(1594) wurden von John Napier für das einfache Multiplizieren und Dividieren von großen Zahlen erstellt. Für diese Arbeit benötigte er 20 Jahre.*

Parallelbewegung steuerte alle Ventile gleichzeitig.

Ein Schwungrad übertrug die Energie, so dass die Maschine rund lief.

Kolbenstange

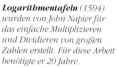

Der Luftreifen *(John Dunlop, 1887), ursprünglich von RW Thomson patentiert, wurde später von Dunlop für Fahrräder und schließlich für Autos weiterentwickelt.*

Golfschläger *wurden ursprünglich von Schreinern wie Old Tom Marris aus Holz handgefertigt. Ab 1890 wurden Golfschläger mit Aluminiumköpfen benutzt.*

Die Kolben-Dampfmaschine *(James Watt, 1782) war eine Verbesserung der damaligen Dampfmaschine. Das neue Modell wurde als Antrieb für alle möglichen Maschinen bald zur treibenden Kraft der Industriellen Revolution. Die neue Leistungseinheit (Watt) wurde nach ihrem Erfinder benannt.*

Das Fahrrad *(Kirkpatrick Macmillan, 1839), ursprünglich bekannt als Veloziped, wurde erst in den 1760er Jahren in nennenswerten Mengen produziert und verkauft.*

SCHOTTISCHE ERFINDUNGEN

Farbfotografie (1861) wurde von James C. Maxwell, einem schottischen Physiker, entwickelt, der als erster mit der Dreifarbenfotografie experimentierte und koloriertes Wasser für ein Foto seines Tartans nutzte.

Antiseptika (Joseph Lister, 1865) in Form von Karbolsäure waren ein bedeutender Durchbruch in der Medizin. Lister entdeckte, dass sie, bei der Wundbehandlung und im Operationssaal versprüht, Keimen und Infektionen vorbeugten.

Spraydüse
Dampferzeuger
Behälter für Karbolsäure

Die Thermosflasche (Sir James Dewar, 1892) war zunächst als Vakuumbehälter für Flüssiggase konzipiert. Später ging sie in Massenproduktion, da sie hervorragend die Temperatur heißer und kalter Getränke hält.

Das Telefon (Alexander Graham Bell, 1876), der wissenschaftliche Durchbruch, der die Kommunikationsformen der Menschheit revolutionierte, übertrug den Ton mittels Elektrizität.

Penizillin (Alexander Fleming, 1928) ist eine Entdeckung, die die Medizin vollkommen veränderte. Es war das erste Antibiotikum zur Heilung von Krankheiten. Ab 1940 verwendete man es, um das Leben von Soldaten zu retten.

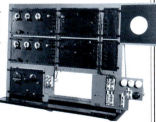

Den Radarempfänger (Robert Watson-Watt, 1935) nutzte man lange vor dem Zweiten Weltkrieg. Schon 1935 hatte das Watson-Watt-Team das erste funktionierende Radarabwehrsystem fertiggestellt.

Der erste Fernseher (John Logie Baird, 1926), war schwarz-weiß und nicht fähig, Ton und Bild gleichzeitig zu senden. Dennoch wurde er als bedeutende Erfindung begrüßt. 1928 führte Baird die Möglichkeit, farbige Bilder auszustrahlen, vor.

Dolly wurde 1996 von einem Forscherteam des Edinburgher Roslin Institutes geklont. Es war der erste erfolgreiche Klonversuch aus einem Schaf. Dolly gebar 1998 ein Junges, starb aber schon 2003.

Dichter und Denker

VON MITTELALTERLICHEN POETEN über Robert Burns bis zu Irvine Welsh haben sich Schriftsteller in den drei literarischen Sprachen Schottlands – Schottisch, Englisch und Gälisch – einen Platz in den literarischen Strömungen Europas sowie Schottlands erobert. Drei Jahrhunderte nach der Auflösung des Parlaments hat Schottland 1999 ein neues eröffnet. Die politische Dezentralisierung folgt auf drei Dekaden innerer Unruhe, in denen die Literatur neue Erfolge errang.

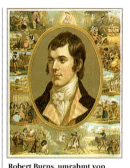

Robert Burns, umrahmt von Illustrationen seiner Werke

DAS GOLDENE ZEITALTER VOR DER AUFKLÄRUNG

OFT GESEHEN ALS das Goldene Zeitalter der schottischen Literatur, zeigte das Jahrhundert vor der Reformation von 1560 enge Verbindungen zum Kontinent und eine große Tradition in der Dichtung, die mit den Werken William Dunbars und Robert Henrys ihren Höhepunkt fand. John Barbour schuf den Heldenmythos der Nation mit *The Bruce* (1375). Weitere frühe Werke waren *Kingis Quair* (um 1424) von James I und Blind Harrys *Wallace* (um 1478).

Dunbar stach mit seiner brillanten Dichtung heraus, von *Lament for the Makars* (1508), einer Elegie, bis hin zu seiner »Schimpf«-Poesie. Henrysons Werk zeigt Einfühlungsgabe, wenn er in *The Testament of Cresseid* (1480) die Legende aus weiblicher Sicht erzählt. Gavin Douglas übersetzte 1513 Vergils *Äneis* ins Schottische. Das Goldene Zeitalter endete mit Sir David Lindsays Stück *A Satire of the Three Estates* von 1540. Die Balladentradition ist noch heute lebendig.

AUFKLÄRUNG UND ROMANTIK

DER INTELLEKTUELLE ERFOLG der Aufklärung war Resultat des sich ausweitenden Schulsystems. Zu den Denkern der Zeit gehörten Adam Smith (1723– 1790), der die Wirtschaftslehre entwarf, und Adam Ferguson (1723–1816), Begründer der Soziologie. Auch William Robertson (1721–1793) und David Hume (1711–1776) prägten die moderne Geschichte entscheidend. Humes Vermächtnis lag in der Philosophie – sein rigoroser Empirismus verletzte die christliche Orthodoxie. Die Kontroverse »Glaube vs. Wissenschaft« begann. James Macpherson veröffentlichte 1760 die *Ossian Chronicles*, die Dokumentation seiner Entdeckung alter keltischer Traditionen auf den Hebriden. Der Roman thematisierte die Sehnsucht nach alten Zivilisationen und die Fortschrittsangst der Romantik. Wie Robert Ferguson schrieb auch Allan Ramsey seine Gedichte auf Schottisch.

Der gefeierteste Literat, Robert Burns (1759–1796), war ein Mensch seiner Zeit. Sein »heaventaught ploughman« passte sich der Mode an, verriet aber gute Ausbildung. Burns' Werk umfasst Liebeslyrik und Satire *(Holy Willie's Prayer)*, Nationalismus und radikale Ideale (*A Man's a Man for a' That*).

Der Philosoph David Hume

DAS 19. JAHRHUNDERT

TROTZ DER BEDEUTUNG von Edinburgh für die schottische Kultur gehörte es zum guten Ton, des Ruhmes wegen nach London zu gehen. Vorbilder waren Mitte des 18. Jahrhunderts James Boswell und Tobias Smollett.

Die Dichtung Walter Scotts (1771–1832) hatte phänomenalen Erfolg. Seine Romane, vor allem *Waverley* (1814), waren ruhmgekrönt. Francis Jeffreys meinungsbildendem, liberalem *Edinburgh Review* stand das konservative Tory-Blatt *Blackwood's* gegenüber. Sein Herausgeber James Hogg schrieb später den gotischen Roman *Private*

Karte von Robert Louis Stevensons *Schatzinsel*, nach einer Insel im Firth of Forth

Memoirs and Confessions of a Justified Sinner (1824). Nach Susan Ferrier und John Galt war das Niveau, trotz der erstaunlichen Karriere von Margaret Oliphant, mäßig. Thomas Carlyle beschrieb Edinburgh um 1830 als provinziell.

Später reagierte auch Robert Louis Stevenson (1850–1894) auf die Ängste der Ära. Mit *Dr Jekyll and Mr Hyde* hob er sich stark ab von der Sentimentalität der hausbackenen Heimatdichtung, vertreten durch Barrie und Crockett. Barries Dramen bedienten oftmals wie die *Sherlock-Holmes*-Krimis von Arthur Conan Doyle (1859–1930) den bourgeoisen Geschmack.

Arthur Conan Doyles Sherlock Holmes in *The Graphic* (1901)

Rob-Roy-Filmposter (1995), zu Walter Scotts Roman von 1817

FRÜHES 20. JAHRHUNDERT

GEORGE DOUGLAS BROWNS gegen die Heimatdichtung gerichteter Roman *The House with the Green Shutters* (1901) läutete die Wiedergeburt seriöser Literatur ein, Hugh MacDiarmids Dichtung (1920er Jahre) den Aufbruch in die Moderne. *A Drunk Man Looks at the Thistle* (1926) verbindet schottische Dialekte mit politischem und sozialem Kommentar zu einem der großen symbolistischen Werke der Zeit. Auch Edwin Muir gewann internationale Anerkennung, gefolgt von Sidney Goodsir Smith und William Soutar. Erzählerisches Format erreichten Neil Gunn (*Butcher's Broom*, 1933) und Lewis Grassic Gibbon (*A Scots Quair*, 1932–34). Andere Autoren waren Willa Muir, Nan Shepherd und Fionn MacColla. John Buchan schrieb Thriller. Nationalistische Impulse wurden durch den Faschismus verdrängt. Nach dem Zweiten Weltkrieg ging man neue Wege.

NACH 1945

SORLEY MACLEAN schrieb in Gälisch über den Verfall der alten Highland-Kultur. Norman MacCaigs Karriere begann mit einem metaphysischen Manierismus; George Bruce und Robert Garioch kritisierten die Fesseln von Natur und sozialer Klasse.

Edwin Morgan feiert die Kunst und die Moderne (*Sonnets from Scotland*, 1984). Liz Lochhead produziert originelle Dramen und Gedichte. Jackie Kay erforscht die Erfahrungen schwarzer Bürger in Schottland. Impulse für das Theater kamen von James Bridie, Bill Bryden und John Byrne. Mit Romanen voller schwarzem Humor gelangte Muriel Spark zu internationalem Ruhm (*The Prime of Miss Jean Brodie*, 1961). Realismus gab es bereits vor William McIlvanneys Erfolg mit *The Big Man* (1985).

Nach Alasdair Grays bizarrem *Lanark* (1981) erreichten die Inhalte der Literatur der Gegenwart, in der Iain Banks ein Bestseller ist (*The Crow Road*, 1992). Tom Leonards Gedichte regten zum Gebrauch städtischer Umgangssprache an. James Kelman verlieh ihr neue Dimensionen. Sein preisgekröntes Werk *How Late it Was, How Late* (1994) beschreibt das Alltagsleben vor kafkaeskem Hintergrund.

Irvine Welshs Porträt der Drogenkultur ist weltberühmt, doch fehlt den Nachfolgern von *Trainspotting* (1993) dessen Schwung und Tiefe. Die Dramen in AL Kennedys Erzählungen sind ergreifend (*So I am Glad*, 1995). Ian Rankins erlangte mit seinen in Edinburgh spielenden Kriminalromanen internationalen Ruhm (*Black & Blue*, 1997).

Poster für die Filmversion von Irvine Welshs Roman

Clans und Tartans

ERSTMALS ERWÄHNT WERDEN CLANS, vergleichbar mit einer Großfamilie, und ihre Oberhäupter, die Chiefs, im 12. Jahrhundert. Schon damals trugen sie als Hochländer die buntkarierten Wolltücher mit dem Tartan genannten Muster. Alle Mitglieder eines Clans trugen den Namen des Chiefs, auch wenn sie nicht blutsverwandt waren. Die Mitglieder der Clans befolgten einen Ehrenkodex und waren Krieger, die ihre Herden mit ihrem Leben verteidigten. Nach der Schlacht von Culloden *(siehe S. 146)* fiel das Land der Clans an die Krone, und das Tragen der Kilts war nahezu hundert Jahre lang verboten.

Die Mackays, *auch als Morgan-Clan bekannt, kamen im Dreißigjährigen Krieg zu Ruhm und Ehre.*

Die MacLeods *sind norwegischer Herkunft. Ihr Chief bewohnt das Dunvegan Castle auf Skye.*

Die MacDonalds *galten als der mächtigste Clan und hielten den Titel »Lords of the Isles«.*

Die Mackenzies *erhielten 1362 von David II die Ländereien von Kintail (siehe S. 151).*

Die Campbells, *ein gefürchteter Clan, der 1746 gegen die Jakobiten kämpfte (siehe S. 147).*

DER CHIEF

Der Chief war der uneingeschränkte Herrscher, zugleich Richter und Anführer in der Schlacht, dem absoluter Gehorsam entgegengebracht wurde. Um seine Männer zu den Waffen zu rufen, schickte der Chief einen Läufer mit brennendem Kreuz aus.

Bonnet mit Adlerfedern, Clanwappen und Pflanzenabzeichen.

Dolch

Beschlagene Felltasche aus Dachsfell.

Feileadhmor, großes Umhängetuch um Schulter und Taille.

Mit Korbgriff versehener Säbel

Das Black Watch Regiment, *das 1729 gegründet wurde, um den Frieden im Hochland zu sichern, gehörte zu den Regimentern, denen es erlaubt war, Tartans zu tragen. Der Zivilbevölkerung war dies bei Strafe untersagt.*

CLANS UND TARTANS

Die Sinclairs kamen im 11. Jh. aus Frankreich; 1455 wurden sie Earls of Caithness.

Die Frazers erreichten 1066 mit William the Conqueror das Land.

George IV, in der traditionellen Hochlandkleidung, besuchte Edinburgh 1822 im Jahr der Wiedereinführung des Kilts. Viele Tartankaros stammen aus dieser Zeit.

Die Gordons waren tapfere Soldaten. Ihr Motto lautete: «Mut anstatt List.»

Die Stuarts, Schottlands Königsfamilie, hatten das Motto: «Niemand fügt uns ungestraft Schaden zu.»

CLANGEBIETE
Die zehn wichtigsten Clans sind auf dieser Karte eingezeichnet. Die gezeigten Muster sind moderne Versionen der originalen Designs.

Der Douglas-Clan taucht in der schottischen Geschichte oft auf, sein Ursprung ist jedoch unbekannt.

ABZEICHEN

Jeder Clan schmückte sich mit einer Pflanze. Man trug sie auf der Mütze, vor allem am Tag der Schlacht.

Die schottische Kiefer der MacGregors von Argyll.

Die Vogelbeere gehörte zum Clan Malcolm.

Efeu symbolisierte den Gordon-Clan von Aberdeenshire.

Die Kratzdistel war einst das Abzeichen der Stuarts.

Wollgras trugen die Hendersons.

DIE CLANS HEUTE

Im Gegensatz zu früher bleibt der Kilt heute offiziellen Anlässen vorbehalten. Das einteilige *feileadh-mor* wurde durch das *feileadh-beag* (kleines Tuch) ersetzt. Es besteht aus etwa sieben Meter Tuch und wird auf der Vorderseite mit einer Silberspange festgemacht. Auch wenn die Clans heute nur noch dem Namen nach bestehen, ist jeder Schotte auf seine Zugehörigkeit zu einem Clan mächtig stolz. Viele Besucher in Großbritannien können die Spur ihrer Vorfahren im Hochland zurückverfolgen.

Moderne, formelle Hochlandkleidung

Highland Games und Musik

DIE HIGHLANDS UND INSELN Schottlands sind seit Jahrhunderten Zentrum gälischer Kultur. Gälisch wird heute zwar nur noch selten gesprochen, doch das Erbe dieser Kultur lebt in der Musik und den Aktivitäten der Menschen fort. Der Dudelsack, das traditionelle Highland-Instrument, wird weltweit mit Schottland in Verbindung gebracht, und die Highland Games sind eine Synthese von gälischen Bräuchen in Musik, Tanz und Kräftemessen.

Das Mundrohr braucht der Spieler, um den Sack so gleichmäßig wie möglich durch das Mundstück mit Luft zu füllen.

Der Kopfschmuck wird traditionell aus Straußenfedern gefertigt.

Pibroch ist die klassische Musik in der Welt der Pfeifen. Solisten erzeugen mit ruhigen, melancholischen Melodien einen Klang, der für das Ohr angenehmer ist als der fast disharmonische einer Dudelsackgruppe.

Die Spielpfeife ist ein Rohr mit acht Grifflöchern für die Melodie.

Die Brummer oder Stimmer sind drei Rohre, die die Tonlage angeben. Bass und die zwei höheren Brummer sind im Quint-Abstand zueinander gestimmt.

Der Sack aus Tierleder wird durch das Mundrohr mit Luft gefüllt; durch den Druck des Ellbogens wird sie wieder hinausgedrückt.

DIE DUDELSÄCKE

Dudelsäcke sind seit Jahrhunderten der traditionelle Klang der Highlands und sollen durch die Römer nach Großbritannien gekommen sein. Nach der Schlacht von Culloden 1746 wurden sie ebenso wie die Tracht elf Jahre lang verboten, da sie die Rebellion gegen die englische Herrschaft förderten. Der Dudelsack ist inzwischen eins der bekanntesten Wahrzeichen Schottlands.

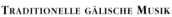

TRADITIONELLE GÄLISCHE MUSIK

Musik spielte immer eine wichtige Rolle in den gälischen Gemeinden. Harfe und Akkordeon sind Solo-Instrumente, und *Ceilidh*-Gruppen hört man häufig.

Das Akkordeon begleitet die ceilidhs, seit die Kleinpächter im Hochland und auf den Inseln Schottlands zu tanzen begannen.

Die Harfe stammt aus Irland, wurde aber um 1800 in Schottland eingeführt. Die clarsach erfreut sich neuer Popularität.

Ceilidh-Gruppen sind eine Alternative zur Akkordeonbegleitung des modernen ceilidh (gälisch für »Besuch«). Zur Gruppe gehören gewöhnlich die Fiedel, das Akkordeon und die Blechflöte.

HIGHLAND GAMES

Die schottischen Highlands sind sowohl für ihre Musik als auch für ihre Spiele berühmt. Diese fanden erstmals vor Jahrhunderten statt und dienten wohl militärischen Zwecken, da die Clanchefs bei diesem Kräftemessen die stärksten Männer auswählen konnten. Die Highland Games werden jährlich in Braemar *(siehe S. 38)* sowie in Oban und Dunoon abgehalten. Darüber hinaus werden historische Schlachten und Aufstände nachgespielt.

Nachspielen von Schlachten *ist bei den modernen Clans eine sehr beliebte Art, des Freiheitskampfes ihrer Vorväter zu gedenken. Dieses Bild zeigt das Nachspielen des 250. Jahrestages der Schlacht von Culloden.*

Die Highland Games (oder Gatherings) *finden in heutiger Form seit ca. 1820 statt. Wettbewerbe sind Baumstammschleudern, Gewichtwerfen, Dudelsackpfeifen, Singen, Tanzen und Hammerwerfen. Für Besucher, die das erste Mal zusehen, ist das Durcheinander von Geräuschen und Aktivitäten überwältigend.*

Hammerwerfen *bedeutet, durch eine kreisende Bewegung die Drehung des Hammers (ein Gewicht am unteren Ende eines Stabes) zu beschleunigen, bevor er über das Feld geschleudert wird. Gewinner ist der, dessen Hammer am weitesten fliegt.*

Baumstammschleudern *gehört zu den bekanntesten Disziplinen und erfordert Kraft und Technik. Der Athlet muss den Baumstamm so werfen, dass er sich um 180 Grad dreht und der Länge nach landet.*

Highland-Tänze *sind Teil der Spiele. Oft haben sie symbolische Bedeutung – so stellt der Kreis in einem Reel den Kreislauf des Lebens dar. Beim Schwerttanz werden die Schwerter leichtfüßig, ohne berührt zu werden, übersprungen.*

Gewichtwerfen *ist ein harter Test von Kraft und Durchhaltevermögen. Die Männer stehen mit dem Rücken zur Stange, über die sie das Gewicht werfen. Nach jedem erfolgreichen Versuch wird die Stange höher gelegt, bis nur noch ein Mann übrigbleibt.*

Schottischer Whisky

WHISKY IST FÜR SCHOTTEN so wichtig wie Champagner für Franzosen. Ein Schottlandbesuch ist in jedem Fall unvollständig, wenn man das feurige Getränk nicht mindestens einmal probiert hat. Alle Malt Whiskys werden ähnlich hergestellt, jedoch haben Umgebung, Lagerung und Reifung einen so starken Einfluss auf Geschmack und Charakter des Getränks, dass jeder Whisky einzigartig ist. Es gibt keinen »besten«, der eine eignet sich mehr als Drink, ein anderer eher als Aperitif. Alle hier genannten Destillerien stellen hochwertige, von Kennern hochgeschätzte Single Malt Scotch Whiskys her.

Glenlivet wird zum nahe gelegenen Bahnhof transportiert (1920)

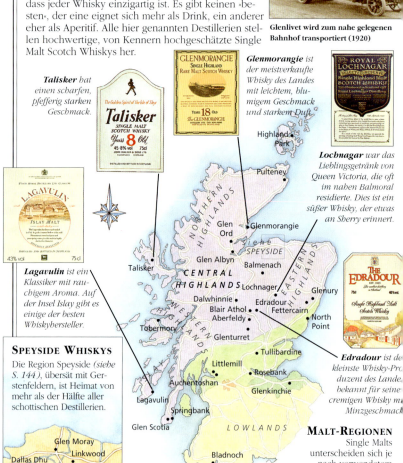

Talisker hat einen scharfen, pfefferig starken Geschmack.

Glenmorangie ist der meistverkaufte Whisky des Landes mit leichtem, blumigem Geschmack und starkem Duft.

Lochnagar war das Lieblingsgetränk von Queen Victoria, die oft im nahen Balmoral residierte. Dies ist ein süßer Whisky, der etwas an Sherry erinnert.

Lagavulin ist ein Klassiker mit rauchigem Aroma. Auf der Insel Islay gibt es einige der besten Whiskyhersteller.

Edradour ist de[r] kleinste Whisky-Pro[du]zent des Lande[s,] bekannt für seine[n] cremigen Whisky m[it] Minzgeschmack[.]

SPEYSIDE WHISKYS

Die Region Speyside (siehe S. 144), übersät mit Gerstenfeldern, ist Heimat von mehr als der Hälfte aller schottischen Destillerien.

Macallan gilt gemeinhin als der »Rolls Royce of Single Malts«. Er reift in Sherryfässern und besitzt einen vollmundigen Geschmack.

MALT-REGIONEN

Single Malts unterscheiden sich je nach verwendetem Wasser: Moor- und Fließwasser. Die Karte zeigt die Whisky-Regionen Schottlands. Jeder Whisky unterscheidet sich durch kleine, aber feine Geschmacksvariationen.

Glenlivet ist der bekannteste der Speyside-Malts, es gibt ihn seit 1880.

LEGENDE

● Single-Malt-Destillerien

SCHOTTISCHER WHISKY

WHISKY-HERSTELLUNG

Die traditionellen Zutaten sind Gerste, Hefe und Wasser. Auf Gälisch hieß der Whisky *usquebaugh*, was soviel wie Lebenswasser bedeutet. Die Destillation dauert drei Wochen, lagern muss Whisky mindestens drei Jahre, und zwar in großen Eichenfässern, bevor er voll ausgereift ist. »Blended«, also verschnittener Whisky, tauchte zum ersten Mal in Edinburgh um 1860 auf.

Gerstenhalm

1 *Mälzen ist der erste Schritt. Die Gerste wird gewässert, auf die Vordarre verteilt und regelmäßig gewendet. Wenn die Gerste anfängt zu keimen, entsteht das Grünmalz. Beim Keimvorgang werden Enzyme freigesetzt, die die Stärke in Zucker umwandeln.*

2 *Nach zwölf Tagen wird die Gerste in einem Darrofen über Torffeuer getrocknet und der Keimvorgang unterbrochen. Der Torfrauch verleiht dem Malz und dem Whisky seinen unverkennbaren Geschmack. Das Malz wird gereinigt und gemahlen.*

3 *In riesigen Maischbottichen wird mit heißem Wasser die Maische angesetzt. Das Malz wird getränkt, löst sich auf und verwandelt sich in eine zuckerhaltige Lösung, genannt »Würze«, die zur Vergärung abgesondert wird.*

4 *Die Gärung setzt ein, wenn der abgekühlten Würze in Holzbottichen die Hefe hinzugefügt wird. Die Mischung wird stundenlang gerührt, bis sich die Hefe in Alkohol verwandelt und eine klare Flüssigkeit, die vergorene Maische, übrigbleibt.*

5 *Nachdem die vergorene Maische in kupfernen Destillierapparaten zweimal gebrannt wurde, entsteht der junge Whisky mit 57 Volumenprozent Alkohol.*

6 *Die Reifung ist der letzte Schritt. Der Whisky reift in Eichenfässern mindestens drei Jahre lang. Je länger er reift, desto besser der Whisky. Manche lagern bis zu 50 Jahre.*

Traditionelle Trinkgefäße, *quaichs*, aus Silber

Blended Whiskys sind Verschnitte von bis zu 50 verschiedenen Sorten.

Single Malts werden in einer Destillerie gebrannt und nicht verschnitten.

Essen und Trinken

DER SCHOTTISCHE SPEISEPLAN enthält reichlich Fisch und Fleisch, oft einfach, ohne schwere Saucen, zubereitet. Moorhuhn, Reh, Angusrind, Lachs, Forelle und die vielen schottischen Käsesorten werden sehr geschätzt. Das kalte, feuchte Klima und die flache Scholle sind günstiger für den Hafer- als für den Weizenanbau. Hafer ist Bestandteil von traditionellen Speisen, wie z. B. Porridge, Haferkeksen und *haggis*.

Porridge

Räucherhering (Kippers) *ist frischer, am Rücken aufgeschnittener, gesalzener und über dem Feuer geräucherter Hering. Man isst ihn zum Frühstück mit Toast.*

Toastbrot

Brotsauce

Moorhuhn-braten mit knusprigem Schinken

Geröstete Brotstücke

Grüne Bohnen

Vogelbeergelee

Game chips

Moorhuhn *ist ein sehr beliebtes Federwild. Ein junger, gebratener Vogel ist köstlich, vor allem mit »game chips« (hauchdünn geschnittenen fritierten Kartoffeln), hausgemachter Brotsauce und Gemüse.*

Scotch broth *ist eine leichte, dünne Suppe mit Lamm- bzw. Rindernacken oder -schulter, serviert mit Gemüse und Perlgraupen.*

Cock-a-leekie-Suppe *ist ein bekanntes schottisches Gericht aus zerkleinertem Huhn, Lauch, Reis und Backpflaumen, geköchelt in der Brühe des gekochten Huhns.*

Cullen skink *ist eine delikate Suppe aus geräuchertem Schellfisch, Milch und Kartoffelpüree. Sie hat ihren Ursprung in Cullen, einem Dorf am Morey Firth.*

HAGGIS

Haggis ist zweifellos das berühmteste Gericht Schottlands. Neben dem Tartan-Kilt und dem Dudelsack gilt es als das bekannteste Symbol Schottlands, das am 25. Januar, der Burns Night, besonders gewürdigt wird. Der ungewöhnliche Pudding wurde vom Dichter Robert Burns *(siehe S. 89)* in einem Gedicht verewigt, das heute, so will es der Brauch, laut verlesen wird. Zum passenden Zeitpunkt wird der *haggis* dann angeschnitten. Er enthält gewürzte Schafsinnereien und Hafermehl und wird mit Rüben und Kartoffeln verzehrt.

Aberdeen-Angus-Steak *ist ein Favorit bei allen Fleischliebhabern und schmeckt am besten medium mit einer Pilz-Wein-Sauce, knusprigen Pommes frites und gemischtem Gemüse.*

ESSEN UND TRINKEN

Venison (Wildbret) sollte vor dem Abschmecken mit Gewürzen, Wein und Essig zehn Tage lang eingelegt, dann gebraten und in Scheiben geschnitten werden.

Stovies, eine Mischung aus Zwiebeln und Kartoffeln, wird mit dem Bratfett des Sonntagsbratens zubereitet.

Skirlie, eine Mixtur aus Hafermehl und Zwiebeln wird mit reichlich Thymian und anderen Kräutern gewürzt.

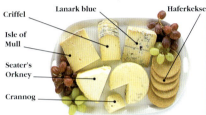

Lanark blue — Haferkekse
Criffel
Isle of Mull
Seater's Orkney
Crannog

Pochierter Lachs schmeckt am besten, wenn er in einer Brühe aus Wasser, Wein und Gemüse gart. Dabei nimmt das rote Fleisch ein zartes Rosa an. Lachs wird in den Flüssen der Ostküste gefangen.

Schottischer Käse ist legendär: Die Vielfalt reicht von harten cheddarartigen Sorten bis zu weichem, cremigem oder mit Kräutern und Knoblauch gewürztem Käse. Probieren Sie den Käse mit Haferkeksen.

Schottische Pfannkuchen schmecken gut zur tea time. Am besten isst man sie warm, mit Butter und Marmelade, Honig oder Sirup.

Butterscotch tart, ein leckerer Nachtisch, ist ein Teig mit Karamelfüllung, abgedeckt mit lockerem Baiser. Nur für die, die es richtig süß mögen.

Orangenmarmelade — Grapefruitmarmelade mit Ingwer

Marmelade entstand um 1700 in Dundee, als der Kaufmann James Keiller auf einer Ladung unverkäuflicher, bitterer Orangen sitzenblieb. Seine Frau Janet verarbeitete sie zu einer bis heute beliebten Marmelade.

Dundee cake

Crabbie's Ingwerwein — Glayva-Likör — Ein Pint Bitter — Ein Pint Lager — Irn-bru-Sodagetränk

Dundee cake *und* **Shortbread** sind zwei klassische Delikatessen. Der schwere, süße Kuchen enthält Gewürze und getrocknetes Obst sowie Mandeln. Shortbread schmeckt gut mit Fruchtjoghurt.

Getränke umfassen die übliche Bandbreite an Weinen, Bier, Schnaps, Likören und Soft Drinks. In schottischen Bars trinkt man gern ein Pint Bitter oder »heavy«. Es gibt viele Liköre auf Whisky-Basis, z. B. Glayva. Irn-bru erfrischt und ist alkoholfrei.

Schottland mit dem Auto

DIE ZEHN ROUTEN auf dieser Karte zeigen besonders schöne Autoausflüge. Einige sind Rundstrecken, die von einer größeren Stadt ausgehen; andere können mit längeren Fahrten kombiniert werden. Hauptstraßen sind in den Highlands selten, doch der Zustand der kleineren Straßen ist gut, mit mäßigem Verkehr außerhalb der Hochsaison von Juli bis August. Die in der Legende angegebene Fahrtdauer geht von normalen Bedingungen, ohne längeren Aufenthalt, aus. Mehr Informationen finden Sie auf den Seiten 214f.

Den hohen Nordwesten *befährt man auf einer Rundstrecke von Braemore Junction nahe Ullapool aus auf mehreren einspurigen Straßen Richtung Westen, vorbei an Crofter-Siedlungen und einigen der ältesten Felsen Britanniens. Bei Ullapool erreichen Sie die Hauptstraße.*

Von Kyle of Lochalsh *aus sieht man auf dieser Route entlang der Westküste großartige Gebirge und die Küste von Wester Ross, inklusive Loch Carron, Torridon, Loch Maree, Gairloch und Inverewe Gardens.*

LEGENDE ZU DEN ROUTEN

- Die Border-Abteien & Scott's View
  195 km (120 Meilen), 3–4 Stunden
- Walter Scotts Land
  185 km (115 Meilen), 3–4 Stunden
- Dörfer von Fife und bei St Andrews
  195 km (120 Meilen), 3–4 Stunden
- Östliche Grampians u. Royal Deeside
  180 km (110 Meilen), 4 Stunden
- Die Berge von Breadalbane
  180 km (110 Meilen), 4 Stunden
- Loch Lomond u. die Trossachs
  225 km (140 Meilen), 5 Stunden
- Inveraray u. die Mountains of Lorne
  225 km (140 Meilen), 4 Stunden
- Glencoe u. Road to the Isles
  160 km (100 Meilen), 3 Stunden
- Meeresarme der Westküste
  195 km (120 Meilen), 4 Stunden
- Der hohe Nordwesten
  160 km (100 Meilen), 3–4 Stunden

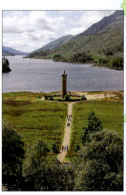

Die Road to the Isles (siehe S.136f) *beginnt in Crianlarich, führt durch das Rannoch Moor nach Glencoe (siehe S. 134) und vorbei an Fort William. Die raue Landschaft auf dem Bild sehen Sie am Ende der Route.*

0 Kilometer 50

0 Meilen 50

Loch Lomond *ist die erste Sehenswürdigkeit auf der Fahrt nach Inverary und zu den Mountains of Lorne. Hinter Tarbet überquert man einen Pass und fährt nach Inveraray (18. Jh.; siehe S. 130) und vorbei am Kilchurn Castle.*

SCHOTTLAND MIT DEM AUTO

ROUTENINFOS

Gefahren: Achten Sie in den Highlands auf Tiere und scharfkantige Steine. Einfache Straßen sind oft nur einspurig zu befahren. Bei Schnee können Straßen gesperrt sein.

Tanken: Tanken Sie in der Stadt voll, auf dem Land gibt es nur wenige Tankstellen.

Die Fahrt durch Royal Deeside in den östlichen Grampians verbindet Perth mit Aberdeen und führt über einen 700 m hohen Pass zum Balmoral Castle hinab. Die Strecke ab Braemar finden Sie auf den Seiten 144 f.

St Andrews (siehe S. 123) und die historischen Fischerdörfer der Halbinsel Fife erreicht man von Edinburgh über die Forth Bridge, zurück geht es vorbei am Jagdschloss der Stuarts bei Falkland (siehe S. 124).

Eine Tour durch Walter Scotts Heimat umfasst das River Tweed Valley mit seinen schönen Hügeln, Marktstädten und der Baumschule in Dawyck.

Melrose Abbey ist eines der Highlights auf einer Tour durch Grenzland-Städte, zu den berühmten Abteien und Scott's View – einem der schönsten Aussichtspunkte Südschottlands. Details finden Sie auf Seite 85.

Stirling ist mit seinem Schloss der Ausgangspunkt für die Erkundung der Berge von Breadalbane. Die Route führt durch Callander, vorbei an Rob Roys Grab und am Loch Earn. Dann windet sich die Straße über einen Bergpass ins Glen Lyon hinab und führt weiter durch Crieff.

Diese Route von Glasgow führt vorbei an Loch Lomond, an Lochearnhead und Balquhidder. Nördlich von Callander geht es westlich in die Trossachs. Zurück über Drymen gibt es eine Verbindung zum Loch Lomond.

DAS JAHR IN SCHOTTLAND

DIE MEISTEN Besucher kommen zwischen Mai und August, um das beste Wetter, das lange Tageslicht und den Besuch von Weltklasse-Ereignissen, wie z. B. des Edinburgh International Festival oder des Glasgow International Jazz Festival, zu genießen. Die Landschaft lockt Fremde wie Schotten, und im Sommer sind z. B. Loch Ness (Monstersuche) oder Royal Deeside (Balmoral Castle, die schottische Residenz der königlichen Familie) sehr überlaufen. Außerhalb der Saison eröffnet ergiebiger Schneefall in den Highlands die Möglichkeit zum Snowboarden oder Skifahren. Neuerdings erhöht die starke Werbung für den Neujahrstag – in Schottland Hogmanay genannt – die Besucherzahl um die früher eher ruhige Jahreswende. Fast jede Woche rund um das Jahr, besonders aber im Sommer, findet irgendwo in Schottland ein Festival statt.

Poster für das Edinburgh Fringe

Farbenprächtiger Stechginster im Frühjahr

FRÜHLING

ENDE APRIL taut der Schnee in den Bergen, der Lachs schwimmt die Flüsse hinauf, und das Land bereitet sich auf Besucher vor. Es gibt ausgezeichnete Festivals und wichtige Sportereignisse. Die britische Sommerzeit, zu der die Uhren eine Stunde vorgestellt werden, beginnt Ende März.

MÄRZ

Cairngorm Snow Festival *(drittes Wochenende)*, Aviemore. Tagsüber Aktivitäten im Cairngorm-Skigebiet, abends Straßenumzüge in Aviemore.

APRIL

Puppet and Animation Festival *(zwei Wochen, früher Apr)*. In 70 schottischen Orten finden Workshops und Ausstellungen statt.
International Science Festival *(zwei Wochen, früher Apr)*, Edinburgh. Ein Wissenschaftsfestival an vielen Veranstaltungsorten.
Scottish Grand National *(Mitte Apr)*, Ayr Racecourse. Schottlands größtes Querfeldeinrennen.
The Melrose Sevens *(Mitte Apr oder Anfang Mai)*, Melrose, Borders. Veranstaltung der Rugby-Union.
Glasgow Art Fair *(Ende Apr)*. Ausstellungen verschiedener Kunstgalerien; der Hauptpavillon liegt am George Square.
Royal Scottish Academy Annual Exhibition *(Ende Apr)*, RSA, Edinburgh.
Shetland Folk Festival *(Ende Apr)*. Traditionelle schottische Musik vor Inselkulisse.
Beltane *(30. Apr)*, Calton Hill, Edinburgh. Heidnisches Fest zur Begrüßung des Sommers.

MAI

Scottish Rugby Union Cup Final *(Mitte Mai)*, Murrayfield Stadium, Edinburgh. Schottlands Rugby-Veranstaltung.
Scottish Cup Final *(Mitte Mai)*, Hampden Park, Glasgow. Schottlands Fussball-Paradeveranstaltung.
International Children's Festival *(dritte Woche)*, Edinburgh. Darstellende Künste.
Traquair Beer Festival *(letztes Wochenende)*, Traquair House, Innerleithen, Borders.

Ein Rugbyspiel im Murrayfield Stadium, Edinburgh

DURCHSCHNITTLICHE TÄGLICHE SONNENSCHEINDAUER

Sonnenstunden
Wenn man auch Schottland nicht mit Sonne verbindet, sind die Sommer doch von sehr langen Tagen gekennzeichnet. Grund dafür ist die Lage in hohen Breitengraden. Daraus resultiert die relativ hohe Anzahl an Sonnenstunden zwischen Mai und Juli.

SOMMER

DIES IST DIE betriebsamste Jahreszeit. Fast jede Stadt und jedes Dorf hat eine eigene Version der Highland Games. Die Tage sind lang – auf Shetland gibt es zur Sonnenwende keine richtige Nacht. Im Süden geht die Sonne um 4.30 Uhr auf und gegen 22 Uhr unter.

Das traditionelle Baumstammwerfen bei den Highland Games

JUNI

Hawick Common Riding *(Anfang Juni)*. Kontrolle der Distriktgrenzen zu Pferd.
RSAC Scottish Rally *(Mitte Juni)*, Dumfries und Galloway. Haupt-Motorsport-Ereignis.
Eyemouth Seafood Festival *(Mitte Juni)*, Berwickshire. Musik, Handwerk und Fisch.
St Magnus Festival *(dritte Woche)*, Orkney. Kunstereignis.
The Longest Day *(21. Juni)*. Kein formelles Fest, aber Feiern auf Hügeln wie dem Arthur's Seat in Edinburgh in den längsten Tag hinein.

Royal Highland Show *(Ende Juni)*, Ingliston, Edinburgh. Landwirtschaftsmesse.
Traditional Boats Festival *(letztes Wochenende)*, Hafen von Portsoy, Banffshire. Fischereiausstellung.

JULI

Game Conservancy Scottish Fair *(erstes Wochenende)*, Scone Palace, Perth. Jagd- und Angelveranstaltung.
Glasgow International Jazz Festival *(erstes Wochenende)*. Verschiedene Veranstalter.
T in the Park *(zweites Wochenende)*, Balado, Fife. Großes Rockfestival.
Loch Lomond Golf Tournament *(Mitte Juli)*, Alexandria. Teil der Golftour.

AUGUST

Traquair Fair *(erstes Wochenende)*, Innerleithen, Borders. Folkmusik, Theater und Marktstände.
Edinburgh Festival *(im Aug)*. »The Festival« umfasst

Moorhuhnschießen am »Glorious Twelfth« im August

ein internationales Kunstfestival, ein Fringe-Festival und weitere Veranstaltungen zu Film, Fernsehen, Büchern, Jazz und Blues (siehe S. 78f).
Edinburgh Military Tattoo *(ganzer Aug)*. Musikparade und -schau auf der Edinburgh Castle Esplanade.
Glorious Twelfth *(12. Aug)*. Beginn der Moorhuhnjagdsaison.
World Pipe Band Championships *(Mitte Aug)*, Glasgow Green. Dudelsackwettbewerb, begleitet von Highland Games.
Great Scottish Run *(dritter So)*, Glasgow. Ein Halbmarathon für jedermann.

Trommeln und Märsche beim Edinburgh Military Tattoo im August

DURCHSCHNITTLICHE NIEDERSCHLÄGE (EDINBURGH)

Niederschlag
Die Ostküste verzeichnet regelmäßig weniger Regen als der Rest des Landes. Auf den nördlichen Inseln, den Inneren und Äußeren Hebriden und in den Western Highlands ist die Niederschlagswahrscheinlichkeit dreimal so hoch wie in Edinburgh, Tayside oder auf Fife.

Leuchtende Herbstfarben am Tay

HERBST

Erwischt man einen schönen Herbsttag auf dem Land, ist das Leuchten der Farben spektakulär. Schottlands Leben wird allmählich ruhig, doch der aufmerksame Besucher findet immer noch etwas Sehenswertes. Im Oktober gibt es eine Woche Schulferien, die traditionell dafür gedacht waren, dass die Kinder bei der Kartoffelernte mithelfen konnten.

SEPTEMBER

Ben Nevis Hill Race *(erster Sa)*, Fort William. Wettlauf auf den höchsten Berg von Großbritannien.
Braemar Gathering *(erstes Wochenende)*, Braemar, Aberdeenshire. Die führenden Highland Games *(siehe S. 29)*, bei denen Mitglieder der königlichen Familie anwesend sind.
Leuchars Air Show *(Mitte Sep)*, RAF Leuchars, Fife. Flugschau mit Attraktionen.
Ayr Gold Cup *(Mitte Sep)*, Ayr Racecourse. Prestige-Flachlandrennen für Pferde.
Open Doors Day *(letzter Sa)*, Edinburgh. Organisiert von der Cockburn Association, sind einige der schönsten Privatgebäude der Stadt zur Besichtigung geöffnet. Wenden Sie sich für nähere Informationen an die Cockburn Association (0131 557 86 86).
Wigtown Book Festival *(letzte Woche)*, Wigtown, Dumfries & Galloway. Schottlands Hauptstadt des Buches erwartet Bücherwürmer und Leseratten mit einer Vielzahl von Veranstaltungen rund um das Buch.

Kugelstoßen in Braemar

OKTOBER

Royal National Mod *(zweite Woche)*, jährlich wechselnder Veranstaltungsort. Förderung der gälischen Sprache und Kultur.
World Piping Championships *(letzter Sa)*, Blair Castle, Blair Atholl. Wettbewerb für Top-Dudelsackpfeifer.

NOVEMBER

St Andrew's Week *(letzte Woche)*, St. Andrews. An vielen Orten finden zwanglose Feiern *(ceilidhs)* mit schottischem Essen und Getränken statt.
St Andrew's Night *(30. Nov)*. Nationaltag des schottischen Schutzpatrons. Viele Abendgesellschaften.

FEIERTAGE

Gesetzliche Feiertage gelten für ganz Schottland. Auf regionaler Ebene gibt es weitere, nur für bestimmte Gegenden geltende Feiertage.

Neujahr *(1.–2. Jan)*. Zwei Tage in Schottland, ein Tag in England.
Karfreitag *(Ende März oder Anfang April)*. Ostermontag ist kein Feiertag in Schottland.
Maifeiertag *(erster Mo im Mai)*.
Spring Bank Holiday *(letzter Mo im Mai)*.
Summer Bank Holiday *(erster Mo im August)*.
1. Weihnachtstag *(25. Dez)*
2. Weihnachtstag *(26. Dez)*.

DURCHSCHNITTLICHE TEMPERATUR (EDINBURGH)

Temperatur

Dieses Diagramm zeigt das mittlere Minimum und Maximum der monatlichen Temperatur in Edinburgh. Der Westen Schottlands ist eher wärmer als der Osten, während die Highlands arktisch kalt sein und heftige Schneefälle haben können.

WINTER

Dies ist die Jahreszeit der kurzen Tage und der Kälte, aber Weihnachts- und Neujahrsfeiern sind ein Trost. Der *Haggis*-Konsum steigt Ende Januar zu den Burns Night Partys sichtbar an. Die ruhige Zeit eignet sich bestens zum Besuch schottischer Museen und Galerien.

DEZEMBER

Edinburgh's Hogmanay *(Ende Dez bis Anfang Jan)*. Die größte Neujahrsfeier der Welt. An mehreren Tagen Veranstaltungen, auch Prozessionen und Theater. Höhepunkt ist die große Straßenparty zu Silvester.

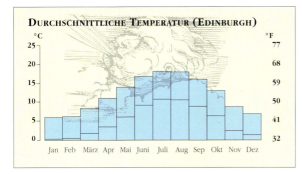

Edinburghs Royal Mile voller Menschen, die Hogmanay feiern

JANUAR

The Ba' Game *(1. Jan)*, Kirkwall, Orkney Islands. Eine uralte Tradition, das neue Jahr willkommen zu heißen. Dazu gehört ein Ballspiel der jungen Männer in den Straßen.
Celtic Connections *(zweite Hälfte des Monats)*, Glasgow. Zwei Wochen Musik und *ceilidhs* zu einem keltischen Leitmotiv.
Burns Night *(25. Jan)*. Schottland feiert die Geburt seines Nationaldichters mit Lesungen und »Burns Suppers«. *Haggis*, Kartoffeln, Rüben und Whisky gehören auf jeden Fall dazu.
Up Helly Aa *(letzter Do)*, Lerwick, Shetland Islands. Feuerfest zur Wintermitte.

FEBRUAR

Inverness Music Festival *(letzte Woche)*, Inverness. Eine Woche Musik und Tanz, klassisch und traditionell.

Schnee und Eis bedecken die Hochlagen der Highlands im Winter

DIE GESCHICHTE DES LANDES

SCHOTTLAND WURDE DURCH RELIGION *und Innenpolitik gespalten, von einem reicheren und mächtigeren Nachbarn begehrt und 400 Jahre lang als wichtiger Partner im Machtkampf zwischen England, Frankreich und Spanien umworben wie bestraft. Es erlebte Aufstieg und Niedergang, erwarb sich Romantik aus der Tragödie, Genialität aus der Armut und bewies einen ununterdrückbaren Geist.*

»Sie verbringen ihre Zeit in Kriegen, und wenn es keinen Krieg gibt, bekämpfen sie einander«, lautet eine Beschreibung der Schotten um 1500. Zur Freude des Besuchers ist ein Großteil dieser turbulenten Geschichte noch greifbar und sichtbar.

Die frühesten Siedler waren, wie man annimmt, keltische Iberer, die ihren Weg entlang der Mittelmeerküste nach Schottland fanden und dort vor etwa 8000 Jahren ankamen. Um 2000 v. Chr. errichteten ihre Nachfahren majestätische Monolithe, die man über das ganze Land verstreut findet. Deren Anordnung bei Callanish auf den Western Isles zeugt von einer fortgeschrittenen Kenntnis der Astronomie. Damals baute man auch unterirdische Rundhäuser und Forts, die auf häufige Invasionen und Kriege verweisen.

Kunstvoll gravierter piktischer Stein in Aberlemno, Angus

82 n. Chr. drangen die Römer in »Kaledonien«, wie sie dieses Land nannten, ein, und Tacitus berichtete von Siegen gegen die Pikten (das »bemalte Volk«) sowie andere Stämme. Doch gelang es den Römern nicht, Kaledonien zu erobern, denn ihre Mittel waren zu begrenzt. Statt dessen bauten sie den Hadrianswall von Wallsend an der Ostküste bis nach Bowness-on-Solway im Westen und später weiter nördlich den kürzeren Antoniuswall, um die Kaledonier auszugrenzen. Obwohl das Land vom übrigen Britannien isoliert war, geht man davon aus, dass der ursprüngliche schottische Kilt auf die römische Tunika oder Toga zurückgeht. Um 400 n. Chr. hatten die Römer ihre nördlichen Vorposten verlassen, und Schottland wurde in vier Stämme mit je einem eigenen König aufgeteilt: die Reiche der Pikten, der Briten und der Angeln im Süden des Landes sowie der Schotten, der kleinsten, ursprünglich aus Irland stammenden Gruppe im Südwesten.

Im späten 4. Jahrhundert reiste der Schotte St. Ninian nach Rom und baute nach seiner Rückkehr in Whithorn eine Kirche. Er führte in »Dalriada«, dem Königreich der Schotten, das Christentum ein.

ZEITSKALA

4000 v. Chr.	2500 v. Chr.	1000 v. Chr.	500 n. Chr.
3100 v. Chr. Skara-Brae-Siedlung, Orkney, nach Sturm begraben	**2900–2600 v. Chr.** Monolithe bei Callanish und andernorts zeugen von fortgeschrittener astronomischer Kenntnis	**300 v. Chr.** Beginn der Eisenzeit: Waffen werden verbessert	**82–84 n. Chr.** Vorstoß der Römer, doch erobern sie »Kaledonien« nicht
			121 n. Chr. Bau des Hadrianswalls
			400 n. Chr. Römer verlassen kaledonische Vorposten. Pikten, Schotten, Briten und Angeln gründen eigene Königreiche

Skara Brae

Römische Münze

◁ *Rückkehr von Mary, Queen of Scots, nach Edinburgh* 1561, *von James Drummond (1816–1877)*

CHRISTENTUM UND VEREINIGUNG

Das Christentum, erst um *Whithorn* an der *Solway Coast* angesiedelt, setzte sich durch, als der große Krieger-Missionar aus Irland, St. Columban, nach Schottland kam und 563 auf der Hebrideninsel Iona sein Kloster gründete. Von seinem Eifer beflügelt, breitete sich die neue Religion rasch aus. Bis zum Jahr 800 hatte Iona großen Einfluss gewonnen, Columbans Mönche arbeiteten schließlich in ganz Europa.

Die keltische, am klösterlichen Leben orientierte Kirche blieb ihrem Wesen nach einsiedlerisch. Im Zentrum standen Andacht und Gelehrsamkeit. Zu Kunstwerken aus dieser Zeit gehört das berühmte *Book of Kells*. Das reich verzierte Manuskript (8./9. Jahrhundert) soll auf Iona begonnen und später zur Aufbewahrung nach Irland gebracht worden sein.

Eine Seite aus dem schmuckvollen *Book of Kells*, nun aufbewahrt im Trinity College, Dublin

Die allen gemeinsame Religion erleichterte die Verschmelzung der Stämme. 843 vereinigten sich Pikten und Schotten unter Kenneth MacAlpin. Dabei verloren die einstmals so starken Pikten ihre Eigenständigkeit. Geblieben sind ihre herrlichen Steingravuren mit verwobenen Mustern und eine wundersame Mythologie. 890 begannen die verheerenden Wikingerüberfälle. Danach waren die Western Isles 370 Jahre lang, Shetland und Orkney fast 600 Jahre lang besetzt. Die drohenden Überfälle veranlassten die Briten, sich »Scotia« anzuschließen. 1018 wurden die Angeln besiegt, und Schottland wurde zum ersten Mal ein vereintes Königreich.

FEUDALISMUS UND CLANS

Unter dem starken Einfluss von Margaret, seiner englischen Frau, vollzog Malcolm III (1057–93) eine Abkehr von der gälischen Kultur und Sprache, die den größten Teil Schottlands prägten, und wandte sich der englischen Kultur des Südens zu. Diese Kluft wurde unter dem »guten König« David I (1124–53) noch größer. Auf seinem Land entstanden Städte (*Burghs*), die für jährliche Abgaben an den König besondere Handelsprivilegien erhielten. Er führte auch ein nationales Rechtssystem sowie Gewichte und Maße ein, und in den Lowlands ein anglo-normannisches Feudalsystem.

Wikinger-Axt

Die Macht Davids I basierte auf einer meist französisch sprechenden Aristokratie und einem System der Landpacht. Der Versuch Davids I, dieses System dem Norden aufzuzwingen, scheiterte, denn dort hatte man

ZEITSKALA

563 Columban gründet ein Kloster auf Iona und verbreitet das Christentum, eine Hilfe bei der Einigung der Stämme

Kreuz des hl. Martin, Iona

1018 König Malcolm von Scotia schlägt die Angeln. Sein Enkel Duncan vereint Schottland; ausgeschlossen bleiben die von Wikingern besetzten Inseln

| 600 | 700 | 800 | 900 | 1000 |

685 Der Piktenkönig Bruide schlägt die Angeln von Northumbria bei Forfar in Angus

843 Pikten und Schotten werden unter Kenneth MacAlpin vereint. Untergang der Kultur der Pikten

890 Besetzung der Northern und Western Isles durch die Wikinger

seine eigenen »Könige«, die Lords der Inseln. In den Highlands entwickelte sich ein ganz anderes, auf Verwandtschaft, d. h. auf Clans basierendes System. Der Chief war ein Patriarch, der im Namen seines Volkes Land besaß. Diese Position war vererbbar, das Oberhaupt musste sich jedoch seinem Clan gegenüber verantworten und konnte im Unterschied zu den Feudalherren, deren Macht in dem Rechtsanspruch auf ihr Land basierte, durch gemeinsamen Beschluss abgesetzt werden. Dieser Unterschied spiegelte sich auf nationaler Ebene: In England wurde der Monarch als König von England bezeichnet, in Schottland dagegen als «King of Scots».

Der Löwe von Schottland, 1222

DIE UNABHÄNGIGKEITSKRIEGE UND DIE SCHLACHT VON BANNOCKBURN

Der Löwe des schottischen Wappens erschien erstmals 1222 auf dem Siegel Alexanders II in einer relativ friedlichen Periode einer ansonsten von Unruhen gekennzeichneten Zeit, in der Schottland mehrmals auseinanderzubrechen drohte.

Als die Tochter Alexanders III 1290 im Kindesalter starb, gab es keinen Thronfolger. Edward I von England setzte einen Marionettenkönig ein, befehligte 1296 eine Invasion und verschleppte den »Schicksalsstein«, den schottischen Krönungsthron, nach London. Schottland lag am Boden und schien verloren. Doch William Wallace führte einen Aufstand an und entfachte bis zu seiner Gefangennahme und Hinrichtung sechs Jahre später die Hoffnung der Schotten neu. Robert the Bruce gelang es, eine Armee aufzustellen, die mit ihrem Sieg über die Engländer in der Schlacht von Bannockburn, nahe Stirling, am 23. Juni 1314 den Lauf der Geschichte veränderte: Die Schotten sahen sich einer übermächtigen englischen Armee gegenüber, die weitaus bessere Waffen besaß. Doch Bruce hatte Schauplatz und Strategie klug gewählt, und die Schotten errangen trotz der geschickten Bogenschützen und Kavallerie Englands den Sieg. Die Unabhängigkeit Schottlands war zurückgewonnen, doch erst 1329 wurde ihr souveräner Status durch eine päpstliche Bulle (sechs Tage nach Bruces Tod) anerkannt. Dennoch dauerten die Kriege mit England weitere 300 Jahre an.

Robert the Bruce im Kampf in der Schlacht von Bannockburn (1314)

24–53 David I setzt normannisches Feudalsystem durch. Clanem in den Highlands

1154 Der »Süden« fällt an England

Edward I (1239–1307)

1263 Rückgewinn der Western Isles

1296 Edward I bringt den ›Schicksalsstein‹ von der Scone Abbey nach Westminster

1314 Robert the Bruce schlägt Engländer bei Bannockburn

1320 Schotten schicken die Declaration of Arbroath, ihre Unabhängigkeitserklärung, an den Papst

1326 Sitzung des ersten schottischen Parlaments

1328–29 Unabhängigkeit und Souveränität durch Vertrag mit England und päpstliche Bulle bestätigt

Die Stuarts

1371 begann die lange Dynastie der Stuarts, einer mit Intelligenz und Gespür gesegneten, aber für Tragödien anfälligen Familie. James I führte Rechtsreformen durch und genehmigte die erste Universität. James III heiratete die Tochter von König Christian von Norwegen und gewann damit Orkney und Shetland. James IV beendete seine Herrschaft durch eine Fehleinschätzung in der Schlacht von Flodden, in der 10 000 Schotten umkamen. Die berühmteste der Stuarts war Mary, die Königin der Schotten (1542–1587), die den Thron schon als Kind bestieg.

Die in Frankreich erzogene Mary war schön, intelligent, liebenswürdig und geistreich, ihre Herrschaft aber nicht unproblematisch. Sie war Katholikin in einem Land, das zum Protestantismus überwechselte, und eine Bedrohung für Elizabeth I, deren Anspruch auf den englischen Thron umstritten war. Marys unkluge Wahl ihrer Ehemänner befremdete potentielle Anhänger.

Als sie mit 18 Jahren nach Schottland zurückkehrte, war Mary bereits die Witwe des französischen Thronerben. Nur sechs turbulente Jahre war sie Schottlands Königin. Sie heiratete erneut, es kam jedoch zu einem Skandal, als ihr zweiter Ehemann ihren Sekretär ermordete und danach sich selbst. Sie heiratete ein drittes Mal, jedoch akzeptierten weder die Kirche noch die Öffentlichkeit diesen Schritt. Nach ihrer Entthronung und Gefangennahme floh Mary aus ihrem Gefängnis nach England, wo sie jedoch weitere 18 Jahre lang eingesperrt und schließlich auf Befehl ihrer Cousine Elizabeth hingerichtet wurde.

Der protestantische Märtyrer George Wishard stirbt 1546 auf dem Scheiterhaufen

Reformation

Bis zu Marys Herrschaft war in Schottland wie auch im übrigen Europa die römisch-katholische die offizielle Religion. Die Kirche Roms war mächtig, reich, selbstsüchtig und hatte sich vom Volk entfernt. Als Martin Luther 1517 in Deutschland die Reformation einleitete, griff der Protestantismus auch auf Schottland über. Führend war hier der aufwieglerische Prediger John Knox (siehe S. 58), der nicht zögerte, Mary zu denunzieren. Es folgte eine lange Ära religiöser Konflikte, zunächst zwischen den Anhängern Roms und den Protestanten. Als man den Katholizismus, abgesehen von uneinnehmbaren Hochburgen in den Highlands und auf den Inseln, ausgerottet hatte, flammten die Konflikte zwischen Presbyterianern und Episkopalen auf. Dabei ging es um die unterschiedlichen Kirchenstrukturen und die Form der Andacht. Ihre Fehden dauerten 150 Jahre an.

Mary, Queen of Scots, aus dem Hause Stuart

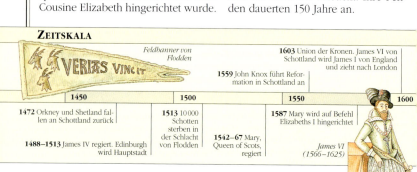

Zeitskala

- 1472 Orkney und Shetland fallen an Schottland zurück
- 1488–1513 James IV regiert. Edinburgh wird Hauptstadt
- Feldbanner von Flodden
- 1513 10 000 Schotten sterben in der Schlacht von Flodden
- 1542–67 Mary, Queen of Scots, regiert
- 1559 John Knox führt Reformation in Schottland an
- 1587 Mary wird auf Befehl Elizabeths I hingerichtet
- 1603 Union der Kronen. James VI von Schottland wird James I von England und zieht nach London
- James VI (1566–1625)

UNION MIT ENGLAND

Marys Sohn, James VI, hatte 36 Jahre lang regiert, als er englischer Thronfolger wurde. 1603 verlegte er seinen Hof nach London (wohin er seine Golfschläger mitnahm). Schottland behielt zwar sein eigenes Parlament, fand es wegen der restriktiven englischen Gesetze aber immer schwieriger, eigenständig Handel zu treiben. 1698 versuchte man, das englische Außenhandelsmonopol zu brechen, indem man eine eigene Kolonie in Panama gründete. Der Plan scheiterte und führte zu Schottlands finanziellem Ruin.

Englisch-schottischer Unionsvertrag, unterzeichnet am 22. Juli 1706 und angenommen 1707

Der erste Vorschlag, die beiden Parlamente zu einigen, wurde von der Öffentlichkeit abgelehnt. Einflussreiche Schotten sahen die Union jedoch als Garantie für gleiche Handelsrechte. England betrachtete sie als Sicherung der protestantischen Thronfolge, denn die abgesetzten Stuarts drohten, den katholischen Zweig wieder einzusetzen. James VII wurde 1698 abgesetzt und floh nach Frankreich. 1707 wurde die Union ausgerufen und das schottische Parlament aufgelöst.

Der Prediger John Knox

BONNIE PRINCE CHARLIE UND DIE JAKOBITEN

1745 landete Prinz Charles Edward Stuart, Enkel James' VII, mit sieben Männern heimlich an der westlichen Highland-Küste. Die von Frankreich versprochene militärische Unterstützung blieb jedoch aus. Sein Aufruf zur Entmachtung des hannoveranischen Usurpators George II stieß bei den Highland-Chiefs auf wenig Resonanz. Zudem wurde sein erstaunlich erfolgreicher Vorstoß durch die unentschlossene Führung vereitelt. Die Rebellenarmee stand schon 200 km vor London und versetzte die Stadt in Panik, als sie sich plötzlich mutlos zurückzog. Bei Culloden, nahe Inverness, besiegte die hannoveranische Armee (mit vielen Schotten, da dies keine Frage des Nationalismus war) die Jakobiten (Stuarts) am 16. April 1746. Bonnie Prince Charlie wurde 6 Monate lang fieberhaft verfolgt, trotz einer ausgesetzten Belohnung von 30 000 Pfund aber nie verraten.

Schottische Jakobiten mit Federhut werden von Royalisten bei Glen Shiel in den Highlands angegriffen, 1719

1642 Bürgerkrieg in England

1692 Massaker von Glencoe – Ermordung der MacDonalds durch Soldaten Campbells soll Exempel statuieren

MacDonald-Schild

1745–46 Jakobitenaufstand. Bonnie Prince Charlie will den Thron zurückgewinnen, verliert aber Schlacht von Culloden und flieht

| 1650 | 1700 | 1750 |

1689 James VII verliert bei Versuch, den Katholizismus wieder einzuführen, seinen Thron

1698 1. Darien(Panama)-Expedition, um Handelskolonie zu gründen. Bank of Scotland gegründet

1706–07 Union der Parlamente. Schottisches Parlament aufgelöst

1726 Straßenbau unter General Wade

1746 Abschaffung feudaler Rechtsprechung

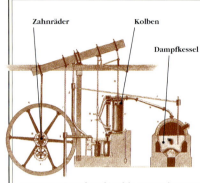

James Watts Dampfmaschine führte zur Verlagerung von der Wasser- zur Dampfkraft

DAS NACHSPIEL VON CULLODEN UND DIE »SÄUBERUNGSWELLE«

Culloden war der Wendepunkt in der Geschichte der Highlands. Die Schlacht wurde mit unglaublich repressiven Maßnahmen vergolten. Ein Gesetz verbot das Tragen von Tartans und Waffen sowie das Dudelsackspielen. Die Blutsbande zwischen Oberhaupt und Volk wurden zerschlagen und eine Gesellschaftsform vernichtet. Die Chiefs übernahmen die Rolle der Feudalherren, und das Land, das sie einst im Namen des Volkes besessen hatten, wurde ihr Privateigentum. Als sie befanden, dass ihr Land günstig für die Schafzucht sei, wurden die dort lebenden Menschen verjagt (»Highland-Clearances«).

Die Ausweisung oder »Entvölkerung« begann um 1760. Manchmal ging sie dank finanzieller Anreize friedlich vonstatten, meist wurde sie aber mit Gewalt und Brandschatzung erzwungen. Die bekannteste fand 1814 auf den Ländereien des Herzogs von Sutherland statt. Als um 1860 durch Königin Victoria die Highlands, die Hirschjagd und Sportgelände der letzte Schrei wurden, waren die Täler Schottlands so verlassen wie heute.

INDUSTRIALISIERUNG UND SCHOTTISCHE AUFKLÄRUNG

Während die Highlands entvölkert wurden, erlebte der Süden einen ungeahnten Aufschwung. Im 18. Jahrhundert waren Glasgows Tabaklords lange Zeit in Europa marktbeherrschend. Leinen, Baumwolle und Kohle wurden zu wichtigen nationalen Industrien.

Die Wirtschaft und Gesellschaft verändernde Industrielle Revolution, ermöglicht durch James Watts Erfindung der Dampfmaschine, verhalf der Nation zu Reichtum (jedoch auf Kosten von Gesundheit und sozialen Bedingungen). Sie verwandelte Glasgow in die »Werkstatt des Reiches«. Die Stadt behielt diesen Ruf bis zum Verfall ihrer Schiffbauindustrie im 20. Jahrhundert.

Im 18. Jh. brachte Schottland auch viele Dichter und Denker hervor *(siehe S. 24f)*, z. B. den Philosophen Da-

Eine Werft in Clydeside, nun geschlossen

ZEITSKALA

1769 James Watt patentiert die Dampfmaschine

1814 »Das Jahr der Brände« oder die Sutherland-Säuberungswelle

1786 Robert Burns veröffentlicht *Poems, Chiefly in the Scots Dialect*

1832 Sir Walter Scott in der Dryburgh Abbey begraben

1840 Eine blühende Schiffbau- und Baumwollindustrie lassen Glasgows Bevölkerung auf 200 000 ansteigen

1848 Queen Victoria nutzt Balmoral als Rückzugsort; schottische Kultur kommt bei Engländern in Mode

Frühes Telefon

1886 Crofterssetz sichert Pachsitz und faire Pa

1876 Alexander Graham Bell läs erstes Telefon p tentieren

| 1775 | 1800 | 1825 | 1875 |

vid Hume, den Ökonom Adam Smith und den »Barden der Menschlichkeit«, Robert Burns. Im 19. Jh. war Schottlands Architektur führend in Europa, wovon die Entwicklung in Edinburghs New Town *(siehe S. 64 f)* zeugt. Den kühnen Plan, ein Wohnzentrum abseits der übervölkerten Altstadt zu gründen, verwirklichte man 1770. Die groß angelegte Erweiterung von 1822 war ein Modell, dessen Eleganz bis heute ihresgleichen sucht. Zu den berühmteren Bewohnern dieser klassischen georgianischen Häuser zählte Sir Walter Scott, einer der ersten Bestseller-Romanciers der Welt.

In dieser als Schottische Aufklärung bekannten Ära tat sich Thomas Telford im Ingenieurswesen hervor und suchten immer mehr Schotten ihr Glück bei der Erforschung und Entwicklung fremder Länder.

Ölbohrinseln sorgen Ende des 20. Jahrhunderts für Wohlstand

DER PROZESS DER DEZENTRALISIERUNG

Die praktische Umsetzung des Unionsvertrags machte deutlich, dass England und Schottland keinesfalls gleichberechtigt sein sollten. Politisches Zentrum war nun Westminster und somit jeder politisch ambitionierte Schotte gezwungen, Schottland zu verlassen. Dies und ein Ungleichgewicht zugunsten Englands führten zur Verwurzelung des Gefühls von Ohnmacht in der schottischen Psyche. Zahlreiche Reformen hoben zwar das Ungleichgewicht, nicht aber das Gefühl der politischen Entfremdung auf. Die Scottish National Party, gegründet 1934, gilt bei vielen als zu extrem, und ihre Popularität schwankt. Die Förderung von Nordseeöl seit Ende der 1960er Jahre hat Schottlands Wirtschaft und seine finanzielle Fähigkeit zur Selbstregierung gestärkt. 1997 führte die Labour-Regierung ein Referendum durch, die Schotten stimmten mehrheitlich für die Wiedereinsetzung eines eigenen Parlaments Anfang 1999.

Das Parlament kann nur beschränkt Steuern erheben, ihm unterstehen aber die Bereiche Erziehung, Gesundheit, Sozialarbeit, Wohnungsbau, Transport, Recht, wirtschaftliche Entwicklung, Innenpolitik, Umwelt, Landwirtschaft, Forstwirtschaft, Fischerei, Sport und Künste. Viele sehen hierin einen Neubeginn, der ihrer Kultur, ihrer Identität und ihrem Erbe zu neuer Blüte verhelfen wird.

SNP-Demonstrationen 1977 ermutigen die Wähler, »Ja« zur schottischen Dezentralisierung zu sagen

»Schicksalsstein«

1945 Alexander Fleming gewinnt Nobelpreis		1967 Nordseeöl-Förderung beginnt	1996 »Schicksalsstein« *(siehe S. 60)* kehrt nach Schottland zurück	1999 Schottisches Parlament wieder eingesetzt
88 Scottish Labour ty von James Keir rdie gegründet	**1920er** Hugh MacDiarmid macht Schottisch wieder zur Literatursprache			
1900	**1925**	**1950**	**1975**	**2000**
1914–18 000 Schotten en im Ersten Weltkrieg	**1934** Scottish National Party gegründet			
	1931 Wirtschaftskrise – 65 Prozent Arbeitslose auf Clyde-Werften			

Führer durch die Regionen

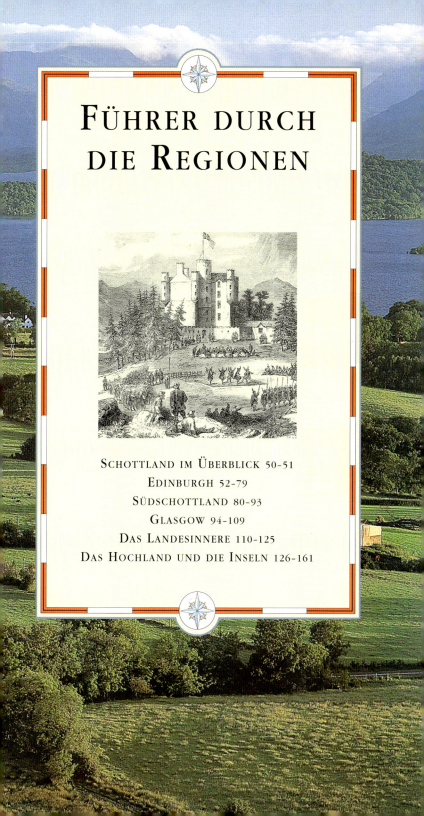

Schottland im Überblick 50-51
Edinburgh 52-79
Südschottland 80-93
Glasgow 94-109
Das Landesinnere 110-125
Das Hochland und die Inseln 126-161

Schottland im Überblick

DIE SCHOTTISCHE Landschaft, die sich von saftigen Weiden im Süden über schroffe Felslandschaften und archäologische Schätze nördlich von Edinburgh bis hinauf zu den Inseln in fast arktischen Breiten erstreckt, bietet eine in Großbritannien einzigartige Vielfalt. Glasgow und Edinburgh sind beliebte Städte mit vielen Sehenswürdigkeiten. Im nordwestlichsten Teil des Landes finden sich auf einem der ältesten Gesteine der Welt einige der ältesten kulturellen Zeugnisse Schottlands.

Western Isles

Skye (siehe S. 152f) ist bekannt für urwüchsige Felsformationen und wilde, zerklüftete Küsten. An der Ostseite erhebt sich der Kilt Rock. Das Muster der Klippen erinnert an die schottische Nationaltracht. Daher stammt auch der Name des Felsen.

DAS HOCHLAN
DIE INSE
Seiten 126

Die Trossach Mountains (siehe S. 116f) sind ein Wald- und Seengebiet zwischen Highlands und Lowlands, inmitten dessen sich die einzigartigen Hänge von Ben Venue über die stillen Wasser des Loch Achray erheben.

Strathclyde

GLASG
Seiten 94

Culzean Castle (siehe S. 92f), erbaut von Schottlands berühmtestem Architekten Robert Adam (1728–1792), thront als Felsenburg zwischen dem Meer und einem ausgedehnten Landschaftspark.

◁ **Loch Lomond in den Highlands**

SCHOTTLAND IM ÜBERBLICK

Die Cairngorm Mountains (siehe S. 140f) *sind berühmt für ihre Flora und Fauna sowie zahlreiche historische Denkmäler, darunter auch der Steinbogen bei Carrbridge aus dem 18. Jahrhundert.*

Royal Deeside (siehe S. 144f) *in den Grampians wird seit 1852, als Königin Victoria Balmoral Castle kaufte, mit der Königsfamilie assoziiert.*

Edinburgh (siehe S. 52ff): *Hauptstadt Schottlands. Zwischen mittelalterlicher Burg und Palace of Holyroodhouse liegt die Royal Mile mit historischen Gebäuden, wie dem schottischen Parlamentsgebäude und dem Haus von John Knox. In der Neustadt dominieren georgianische Herrenhäuser.*

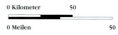

Die Burrell Collection (siehe S. 104f) *in einem geräumigen, gläsernen Bau aus dem Jahre 1983 am südlichen Stadtrand von Glasgow birgt eine der größten Kunstsammlungen der Stadt.*

| 0 Kilometer | 50 |
| 0 Meilen | 50 |

EDINBURGH

DIE HISTORISCHE BEDEUTUNG EDINBURGHS, *der Hauptstadt Schottlands, ist unbestritten. Überall in der Stadt finden sich alte Gebäude, und das schottische Parlament tagt nahe der königlichen Residenz Palace of Holyroodhouse. Die Vielfalt historischer und künstlerischer Attraktionen lockt Besucher aus aller Welt in die Stadt.*

Der Burgberg Edinburghs ist schon seit etwa 1000 v. Chr. befestigt, was angesichts seiner strategischen Lage über den Firth of Forth nicht verwundert. Die Burg beherbergt das älteste Gebäude der Stadt, St Margaret's Chapel (11. Jahrhundert). Wenige Jahre später gründete Margarets Sohn, König David I, eine Meile östlich die Holyrood Abbey. Die Stadt, die sich entlang der »Royal Mile«, der Verbindungsstraße zwischen diesen beiden Gebäuden, ausbreitete, wurde ein beliebter königlicher Aufenthaltsort, gleichwohl Edinburgh erst unter James IV (1488–1513) die Hauptstadt Schottlands wurde. 1498 ließ der König den Palace of Holyroodhouse als königliche Residenz errichten und machte Edinburgh zum Verwaltungszentrum.

Die Übervölkerung der Altstadt zwang Reich und Arm, auf engstem Raum zusammenzuleben. Der Bau einer georgianischen New Town im späten 18. Jahrhundert bot den Wohlhabenden eine Ausweichmöglichkeit, doch immer noch verbindet man Edinburgh mit sozialen Extremen. Die Stadt hat hohe Gerichtshöfe, ist nach London das wichtigste Finanzzentrum Großbritanniens sowie Sitz des Schottischen Parlaments. Bankiers und Anwälte geben den Ton an: Die kühnsten Bauprojekte der vergangenen Jahre wurden von Finanzunternehmen in Auftrag gegeben. Doch die nach dem Zweiten Weltkrieg gebauten Wohnsiedlungen erinnern noch heute an die Armut der Altstadt.

Edinburgh verfügt über viele schöne Museen und Galerien. Während des Internationalen Festivals im August kommen zu den 400 000 Einwohnern nochmal mindestens soviele Besucher in die Stadt.

Auftritt eines Jongleurs beim alljährlichen Edinburgh Festival

◁ **Der Grassmarket, überragt vom imposanten Edinburgh Castle**

Überblick: Edinburgh

DAS ZENTRUM EDINBURGHS wird durch die Princes Street, die Haupteinkaufsstraße, in zwei Hälften geteilt. Im Süden liegt »Old Town«, die vom Burgberg im Westen bis zum Palace of Holyroodhouse im Osten entlang der Royal Mile entstand. Ende des 18. Jahrhunderts begann man im Norden der Princes Street mit dem Bau der »New Town«. Das Viertel mit seinen eleganten Fassaden und breiten Straßen gilt bis heute als erstklassiges Beispiel georgianischer Stadtarchitektur. In der Princes Street finden sich Kunstgalerien, das hoch aufragende Scott Monument, der als Wahrzeichen geltende Uhrenturm des Balmoral Hotels sowie Waverley Station, der Hauptbahnhof der Stadt.

North Bridge (eröffnet 1772), die Hauptverbindung zwischen Alt- und Neustadt

Königliche Soldaten des Edinburgh Castle

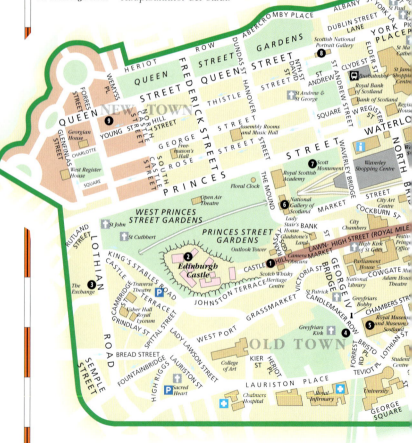

IN EDINBURGH UNTERWEGS

Edinburghs Zentrum lässt sich bequem zu Fuß erforschen. Alternativ kann man den Bus oder ein schwarzes Taxi nehmen. Lassen Sie den eigenen Wagen stehen, denn die Straßen sind in der Regel verstopft und Parkplätze schwer zu finden. Die Behörden versuchen seit einiger Zeit, die Nutzung von Privatwagen einzuschränken. Auf allen Hauptstraßen gibt es spezielle Spuren für Busse, Taxis und Fahrräder. Auch die Vororte der Stadt haben ein hervorragendes Netz an Fahrradwegen.

SEHENSWÜRDIGKEITEN AUF EINEN BLICK

Historische Viertel, Straßen und Gebäude
Edinburgh Castle S. 60f ❷
Greyfriars Kirk ❹
New Scottish Parliament ❸
New Town S. 64f ❾
Palace of Holyroodhouse ⓫
Royal Mile S. 56ff ❶
The Exchange ❸

Denkmäler
Scott Monument ❼

Wahrzeichen
Calton Hill ❿
Holyrood Park und Arthur's Seat ⓮

Museen, Galerien und Ausstellungen
National Gallery of Scotland ❻
Our Dynamic Earth ⓬
Royal Museum und Museum of Scotland ❺
Scottish National Portrait Gallery ❽

LEGENDE

	Detailkarte *siehe S. 64f*
	Royal Mile
	Wichtige Sehenswürdigkeit
	Touristisch interessante Gegend
🚌	Busbahnhof
🚆	Bahnhof
P	Parken
i	Information
⊠	Post
✚	Krankenhaus
✝	Kirche

SIEHE AUCH
- *Übernachten* S. 166f
- *Restaurants* S. 176ff

Royal Mile ❶

Die ROYAL MILE erstreckt sich über vier alte Straßen (vom Burgfelsen bis Canongate), die im mittelalterlichen Edinburgh die Burg mit dem Palace of Holyroodhouse verbanden. Von Stadtmauern eingezwängt, wuchs die »Old Town« in die Höhe. Manche Miethäuser hatten bis zu 20 Etagen. In den 66 Gassen und Höfen abseits der Hauptstraße ist Edinburghs mittelalterliche Vergangenheit noch gegenwärtig.

Adler vor Gladstone's Land

ZUR ORIENTIERUNG

Gladstone's Land ist ein restauriertes Kaufmannshaus (17. Jh.).

Im Scotch Whisky Heritage Centre erfährt man alles über das Nationalgetränk.

Die Camera Obscura, deren Observatorium eine gute Sicht auf die Stadt bietet.

Edinburgh Castle

CASTLEHILL

LAWNMARKET

Lady Stair's House *Dieses Haus (17. Jh.) zeigt Leben und Werke der Schriftsteller Burns, Scott und Stevenson.*

The Hub bildet das Zentrum des Edinburgh Festivals.

Camera Obscura
(0131) 226 37 09. tägl.
Die unteren Stockwerke des Gebäudes stammen aus dem frühen 17. Jahrhundert. Hier lebte einst der Laird of Cockpen. 1852 fügte Maria Short die obere Etage, die Aussichtsterrasse und die Camera Obscura hinzu, eine große Lochkamera, die das Leben und Treiben in der Stadt zeigt. Damals ein Wunder, ist sie noch immer eine der Hauptattraktionen der Stadt.

Gladstone's Land
(NTS) 477B Lawnmarket.
(0131) 226 58 56.
Apr–Okt Mo–Sa 10–17, So 14–17 Uhr.
Das sorgfältig restaurierte Kaufmannshaus (17. Jh.) zeigt das Leben in einem typischen Altstadtgebäude, bevor die Übervölkerung die Reichen in die nordwestlich gelegene, georgianische New Town trieb.
»Lands«, wie man sie damals nannte, waren hohe, schmale, auf kleinen Grundstücken errichtete Gebäude. Das sechsstöckige Haus von 1617 wurde nach dem Erbauer, dem Kaufmann Thomas Gledstanes, benannt. Es hat noch die ursprünglichen Arkadenlauben an der Stadtseitenfassade.

Das Haus ist extravagant möbliert, enthält aber auch Gegenstände wie Überschuhe aus Holz, die man in den schmutzigen Straßen tragen musste und die an die weniger erfreulichen Seiten des damaligen Altstadtlebens von Edinburgh erinnern.

Eine Truhe im herrlichen Painted Chamber soll ein Geschenk eines holländischen Kapitäns an einen schottischen Kaufmann sein, der ihn vor einem Schiffbruch bewahrte.

Ein ähnliches Haus, Morocco's Land *(siehe S. 59)*, befindet sich östlich auf dem Canongate.

Das Schlafzimmer in Gladstone's Land

ROYAL MILE

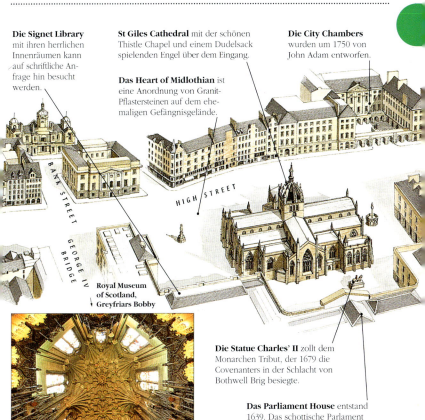

Die Signet Library mit ihren herrlichen Innenräumen kann auf schriftliche Anfrage hin besucht werden.

St Giles Cathedral mit der schönen Thistle Chapel und einem Dudelsack spielenden Engel über dem Eingang.

Die City Chambers wurden um 1750 von John Adam entworfen.

Das Heart of Midlothian ist eine Anordnung von Granit-Pflastersteinen auf dem ehemaligen Gefängnisgelände.

Royal Museum of Scotland, Greyfriars Bobby

Die Statue Charles' II zollt dem Monarchen Tribut, der 1679 die Covenanters in der Schlacht von Bothwell Brig besiegte.

Das Parliament House entstand 1639. Das schottische Parlament tagte hier von 1640 bis zu seiner Auflösung nach der Vereinigung beider Parlamente im Jahr 1707.

Rippengewölbe in der Thistle Chapel, St Giles Cathedral

🏛 Writers' Museum

Lady Stair's House, Lady Stair's Close. ((0131) 529 49 01. ◯ Mo–Sa. Diese prächtige alte Stadtvilla entstand 1622. Um 1720 erwarb Elizabeth, Dowager Countess of Stair, die Villa, die seitdem Lady Stair's House heißt. Der offizielle Name verweist auf das Museum mit Erinnerungsstücken von Robert Burns, Sir Walter Scott und Robert Louis Stevenson.

🏛 Parliament House

Parliament Sq, High St. ((0131) 225 25 95. ◯ Mo–Fr. & eingeschränkt. Das italienisch anmutende Gebäude wurde um 1630 für das schottische Parlament errichtet. Seit der Union der Parlamente *(siehe S. 45)* im Jahr 1707 ist es Sitz des schottischen Gerichtshofs. Ein Besuch lohnt sich, nicht nur wegen der vielen Advokaten mit ihren Roben und Perücken, sondern auch wegen der wunderschönen Buntglasfenster in der großen Halle, die an die Eröffnung des Zivilgerichts durch König James V im Jahre 1532 erinnern.

🔒 St Giles Cathedral

Royal Mile. ((0131) 225 94 42. ◯ Mo–Sa 9–19, So 13–17 Uhr. Offiziell als die High Kirk (Kirche) of Edinburgh bekannt, wird St Giles ironischerweise im Volksmund als Kathedrale bezeichnet. Obwohl sie im 17. Jahrhundert zweimal Bischofssitz war, leitete John Knox von hier aus die Reformation, die das von der Autorität der Bischöfe unabhängige Gemeindeleben betonte. Eine Tafel zeigt an, wo die Marktstandbesitzerin Jenny Geddes 1637 einen Sieg für die Covenanters errang, als sie ihren Stuhl einem englischen Prediger entgegenschleuderte.

Das gotische Äußere der Kathedrale wird von einem Turm (15. Jh.) dominiert, der als einziger von den Restaurierungsarbeiten (19. Jh.) verschont blieb. Innen beeindruckt die Thistle Chapel mit dem Wappenschnitzwerk am Ziergiebel. Die Kapelle ehrt die Ritter, verstorbene wie lebende, des altehrwürdigen Order of the Thistle (Distelorden). Auf der königlichen Bank im Preston-Flügel nimmt Königin Elizabeth II bei ihren Besuchen in Edinburgh Platz.

Dudelsack spielender Engel, Kathedrale

Unterer Teil der Royal Mile

Zwischen High Street und Canongate führt die Royal Mile an zwei Denkmälern der Reformation vorbei: am Haus von John Knox und an der Tron Kirk. Canongate war einst ein unabhängiger Bezirk, der den Kanonikern der Abbey of Holyrood gehörte. Teile der Südseite wurden schön restauriert. Jenseits von Morocco's Land erstreckt sich die zweite Hälfte der Straße (800 m) zum Palace of Holyroodhouse.

Zur Orientierung

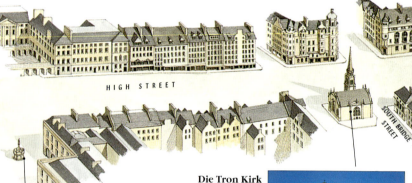

HIGH STREET

Mercat Cross markiert das Stadtzentrum. Hier wurde Bonnie Prince Charlie *(siehe S. 153)* 1745 zum König ernannt.

Die Tron Kirk *wurde 1630 für die Presbyterianer erbaut, die St Giles Cathedral verließen, als dort der Bischof von Edinburgh regierte.*

🏛 John Knox's House
45 High St. (0131) 556 95 79.
Mo–Sa 10–16.30 Uhr. eingeschränkt. nach Vereinbarung.
John Knox (1513–1572), Führer der protestantischen Reformation und Pfarrer von St Giles, gehörte zu den bedeutendsten Persönlichkeiten Schottlands. Der 1536 zum Priester geweihte Knox erkannte die Notwendigkeit zu religiösem Wandel. Nach der Besetzung von St Andrews Castle durch die Protestanten 1547 verbüßte er eine zweijährige Strafe als Galeerensklave in der französischen Marine. Danach ging er nach London und Genf, um für die Sache der Protestanten zu werben.

1559 kehrte er nach Edinburgh zurück. In seinem Stadthaus (1450) auf der Royal Mile, das seinen Namen trägt, verbrachte er die letzten Monate seines Lebens. Es gehört zu den wenigen aus dieser Zeit erhaltenen Gebäuden. Ausstellungsstücke verdeutlichen Knox' Leben im Kontext der politischen und religiösen Unruhen seiner Zeit.

Mann-im-Mond-Roboter (1880), Museum of Childhood

🏛 Museum of Childhood
42 High St. (0131) 529 41 42.
Mo–Sa (So während Edinburgh Festival).
eingeschränkt. www.cec.org.uk
Das Museum ist weit mehr als eine Spielzeugsammlung. Es bietet Einblick in Freud und Leid der Kinderwelt. 1955 von Stadtrat Patrick Murray gegründet, war es weltweit das erste Museum, das sich mit der Kindheit befasste. Die Sammlung umfasst Arzneien, Schulbücher und altmodisches Spielzeug. Mit seiner Musikbox und den antiken Spielautomaten gilt das Museum als das lauteste der Welt.

🏛 Canongate Tolbooth: The People's Story Museum
163 Canongate. (0131) 529 40 57.
Mo–Sa 10–17 Uhr (So während Edinburgh Festival).
Edinburghs Museum der Sozialgeschichte ist im Canongate Tolbooth (1591) unterge-

John Knox's House
Im ältesten Haus der Stadt (1450) lebte in den 1560er Jahren der Prediger John Knox. Im Zimmer, in dem er gestorben sein soll, erinnern Exponate an sein Leben.

Morocco's Land bildet eine Mietskaserne aus dem 17. Jahrhundert nach. Es verdankt seinen Namen einer den Eingang schmückenden Statue eines Mauren.

Museum of Edinburgh Canongate Tolbooth

CANONGATE

Im Moubray House sollte 1707 der Unionsvertrag unterschrieben werden, doch das Volk zwang die Oberen zum Rückzug an einen anderen Ort.

Museum of Childhood
Obgleich von einem Stadtrat, der Kinder nicht mochte, für Erwachsene gegründet, zieht dieses lebendige Museum nun Scharen von jungen Besuchern an.

---

bracht. Das Gebäude mit dem großen Uhrturm war Zentrum der Burgh (freien Stadt) of Canongate. Bis Mitte des 19. Jahrhunderts diente es als Gericht, Gefängnis und Tagungsort des Stadtrates. Seit 1954 beherbergt es ein Museum. Im Mittelpunkt steht das Leben der Bürger vom späten 18. Jahrhundert bis zur Gegenwart mit Themen wie Gesundheitswesen, Gewerkschaften und Arbeit. Gezeigt werden auch die Unruhen, Krankheiten und die Armut des 19. Jahrhunderts. Bereiche wie Krieg, Fußball und Punkrock vervollständigen den Einblick in das Leben Edinburghs.

LEBEN UNTER DER OLD TOWN

Bis zum 18. Jahrhundert lebten die meisten Edinburgher an oder unter der Royal Mile und der Cowgate. Die alten verlassenen Keller und Untergeschosse, in denen es keine richtige Wasserversorgung, kein Tageslicht und keine Belüftung gab, waren Zentren des Lebens und der Industrie. Cholera, Typhus und Pocken waren hier an der Tagesordnung. Mary King's Close, unter den City Chambers, wurde um 1645 von einer Pestepidemie heimgesucht, die keiner der Anwohner überlebte.

Viele dieser Räume sind seit 2003 der Öffentlichkeit zugänglich. Führungen organisiert The Real Mary King's Close (0870) 243 99 01 60.

Zelle im Canongate Tolbooth: The People's Story Museum

🏛 Museum of Edinburgh
142–146 Canongate. ☎ (0131) 529 41 43. ◯ Mo–Sa 10–17 Uhr (So während Edinburgh Festival).
Huntly House wurde im frühen 16. Jahrhundert erbaut und während des englischen Überfalls auf Edinburgh 1544 zerstört. Anschließend restauriert, diente es erst als Familienstadthaus, dann als Apartmenthaus, bis es im 19. Jahrhundert zum Slum verkam. 1924 kaufte die Stadt das Gebäude und eröffnete 1932 das Museum. Die Sammlung zur Regionalgeschichte enthält Exponate wie neolithische Axtblätter, römische Münzen und Glaswaren. Eine Abteilung ist Feldmarschall Earl Haig, dem Obersten Befehlshaber der britischen Armee im Ersten Weltkrieg, gewidmet.

Edinburgh Castle ❷

Deckenbalken im Palas

Die Bauzeit des auf einem Basaltfelsen in den Himmel ragenden Schlosses mit wechselvoller Geschichte – es war Burg, königliche Residenz, Militärgarnison und Gefängnis – betrug mehrere Jahrhunderte. Schon in der Bronzezeit soll sich hier eine Befestigung befunden haben. Die Anfänge des Schlosses gehen jedoch auf König Edwin of Northumbria im 6. Jahrhundert zurück, der Edinburgh Stadt auch den Namen gegeben haben soll. Das Schloss war bis zur Union mit England 1603 *(siehe S. 45)* Königsresidenz, aber erst nach der parlamentarischen Vereinigung mit England 1707 wurden die schottischen Königsinsignien hier über hundert Jahre lang gehütet. Es ist heute Aufbewahrungsort des berühmten »Schicksalssteins«, der 1996 von England zurückgegeben wurde.

Schottische Krone
Die Krone geht auf James V zurück und ist im Palast zu besichtigen.

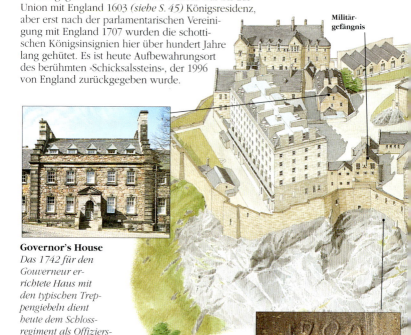

Militärgefängnis

Governor's House
Das 1742 für den Gouverneur errichtete Haus mit den typischen Treppengiebeln dient heute dem Schlossregiment als Offiziersmesse.

Verliese
Die französischen Wandzeichnungen von 1780 erinnern an die vielen Gefangenen, die während der Kriege gegen Frankreich (18. und 19. Jh.) hier schmachteten.

Mons Meg

Die vor St Margaret's Chapel stehende Belagerungskanone Mons Meg wurde 1449 in Belgien für den Herzog von Burgund gegossen, der sie seinem Neffen James II von Schottland schenkte. James setzte sie 1455 auf Threave Castle gegen die Familie Douglas ein *(siehe S. 89)*, James IV richtete sie gegen Norham Castle in England. 1682 zersprang sie bei einem Salut zu Ehren des Duke of York, später war sie im Tower von London, bis sie auf Wunsch von Walter Scott 1829 nach Edinburgh zurückkehrte.

Nicht versäumen

★ Palas

★ Palast

EDINBURGH CASTLE

INFOBOX

Castle Hill. (0131) 225 9846.
Apr–Okt tägl. 9.30–18 Uhr;
Nov–März tägl. 9.30–17 Uhr
(letzter Einlass 45 Min. vor Schließung).
w www.historic-scotland.gov.uk

Argyle Battery
Von diesem Wall bietet sich ein Blick nach Norden über die Princes Street auf die »New Town«.

★ **Palast**
Mary Stuart brachte in diesem Palast (15. Jh.) ihren Sohn, den späteren James VI, zur Welt. Hier werden die schottischen Kronjuwelen aufbewahrt.

Eingangstor

Royal Mile

Die Esplanade ist der militärische Paradeplatz *(siehe S. 79)*.

Die Half Moon Battery wurde um 1570 zur Verteidigung des Ostflügels errichtet.

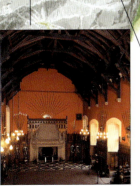

★ **Palas**
In dem von einer Holzdecke geschmückten, im 15. Jahrhundert errichteten Palas trat bis 1639 das schottische Parlament zusammen.

St Margaret's Chapel
Auf dem Buntglasfenster ist die heiliggesprochene Königin, die Frau Malcolms III, der die Kapelle geweiht ist, dargestellt. Die höchstwahrscheinlich von ihrem Sohn David I erbaute Kapelle ist das älteste Gebäude der Burg.

Das Standard Life Building im Finanzzentrum der Stadt

The Exchange ❸

Lothian Rd, West Approach Rd und Morrison St.

THE EXCHANGE, westlich der Lothian Road, ist das bedeutendste neue Sanierungsgebiet im Zentrum Edinburghs. Der einst unansehnliche Bezirk erhielt 1985 mit dem Festival Square und dem Sheraton Grand Hotel ein neues Gesicht. Drei Jahre später plante die Stadt, das Viertel in ein Finanzzentrum zu verwandeln. Die Vermögensverwaltungsgesellschaft Baillie Gifford eröffnete 1991 Rutland Court auf der West Approach Road.

Das 1995 eingeweihte **Edinburgh International Conference Centre** auf der Morrison Street entwarf Terry Farrell. Seither ist ein Baufieber ausgebrochen. Standard Life eröffnete 1997 eine neue Zentrale in der Lothian Road, 1998 ließ Scottish Widows einen kühnen Neubau errichten.

Edinburgh International Conference Centre
(0131) 300 30 00.
www.eicc.co.uk

Greyfriars Kirk ❹

Greyfriars Place. (0131) 226 54 29.
Ostern–Okt Mo–Sa; Nov–Mär Do.

GREYFRIARS KIRK spielt eine Schlüsselrolle in Schottlands Geschichte: Hier schlossen sich 1638 die Protestanten zum National Covenant zusammen, um König Charles I an der Durchsetzung einer Episkopalkirche zu hindern. Greyfriars war erst wenige Jahre zuvor (1620) auf dem Gelände eines Franziskanerklosters entstanden.

Im gesamten, von Blutvergießen und religiöser Verfolgung geprägten 17. Jahrhundert diente der Kirchhof als Massengrab für die hingerichteten Covenanters, die Kirche als Gefängnis für Covenanter-Truppen, festgenommen nach der Schlacht von Bothwell Brig 1679. Ein Märtyrerdenkmal erinnert an diese Zeit. Die ursprüngliche Kirche, 1845 abgebrannt, wurde später wieder aufgebaut.

In erster Linie verdankt Greyfriars Kirk ihre Bekanntheit dem Hund Bobby, der von 1858 bis 1872 am Grab seines Herrn lebte. Sein Denkmal steht vor der Kirche.

Denkmal für Greyfriars Bobby

Royal Museum und Museum of Scotland ❺

Chambers St. (0131) 225 75 34.
Mo–Sa 10–17 Uhr, So 12–17 Uhr.
www.nms.ac.uk

DIE BEIDEN GEBÄUDE, die nebeneinander auf der Chambers Street stehen, könnten nicht unterschiedlicher sein. Das ältere der Museen, **The Royal Museum of Scotland**, ist ein viktorianischer Palast. Das von Captain Francis Fowke entworfene Gebäude wurde 1888 fertiggestellt. Es war zunächst ein Museum über das industrielle Leben, schloss jedoch später eine große Auswahl an Exponaten ein, die alles von ausgestopften Tieren bis zu ethnografischen und technologischen Gegenständen umfasst. Sie sind alle in Räumen zu sehen, die von der großen, beeindruckenden Haupthalle abgehen.

Es gab jedoch nicht genügend Platz, um Schottlands beeindruckende Antiquitätensammlung zu zeigen. Deshalb zwängte man sie in Räume der National Portrait Gallery in der Queen Street oder lagerte sie in Magazinen. Bereits in den 1950er Jahren gab es Vorschläge, ein neues Gebäude für die wertvollen historischen Schätze des Landes zu errichten. Die Regierung subventionierte das Projekt aber erst 1990. Die Arbeiten auf einem Grundstück neben dem Royal Museum of Scotland auf der Chambers Street begannen 1993, die Bauzeit betrug fünf Jahre.

Das Ergebnis ist das **Museum of Scotland**, ein überzeugender, zeitgenössischer Entwurf der Architekten Gordon Benson und Alan Forsyth. Es wurde im Dezember 1998 eröffnet und gilt als einer der wichtigsten Neubauten Schottlands in der zweiten Hälfte des 20. Jahrhunderts.

Das Museum erzählt die Geschichte des Landes, angefangen bei seiner Geologie und Naturgeschichte über die frühen Völker Schottlands, die Jahrhunderte, in denen Schottland ein eigenständiges Königreich war, bis hin zu den spä-

Der Monymusk-Reliquienschrein (9. Jh.) in Edinburghs Museum of Scotland

teren industriellen Entwicklungen. Gezeigt wird u. a. das St Fillan's Crozier, das 1314 bei Bannockburn vor der schottischen Armee hergetragen worden sein soll. Auch der Monymusk-Reliquienschrein aus dem Jahr 800 ist hier ausgestellt. Der Schrein dient als Behälter für die sterblichen Überreste des christlichen Missionars St. Columban *(siehe S. 42)*.

National Gallery of Scotland ❻

The Mound. (0131) 604 62 00.
Mo–Sa 10–17 Uhr, So nachm.
www.nationalgalleries.org.uk

DIE NATIONAL GALLERY of Scotland, eine der schönsten Kunstgalerien Schottlands, lohnt allein wegen ihrer britischen und europäischen Gemälde (15.–19. Jahrhundert) einen Besuch.

An dunkelroten Wänden hängen hinter einer Fülle von Statuen und anderen Kunstwerken unzählige Gemälde. Zu den Highlights schottischer Werke gehören die Gesellschaftsporträts von Allan Ramsay und Henry Raeburn, z. B. Raeburns *Reverend Robert Walker Skating on Duddingston Loch*, das zu Beginn des 19. Jahrhunderts entstanden sein soll.

Zur Sammlung früher flämischer Werke zählt Gerard Davids fast comic-strip-artige Behandlung der Nikolauslegende *Drei Legenden des hl. Nikolaus*, die Anfang des 16. Jahrhunderts entstand. Neben Werken von Raphael, Tizian und Tintoretto findet man auch die anderer europäischer Maler, so Velazquez' *Alte Frau beim Eierkochen* von 1620. Ein ganzer Raum ist den *Sieben Sakramenten* (um 1640) von Nicolas Poussin gewidmet. Zu den ausgestellten flämischen Malern gehören Rembrandt, Van Dyck und Rubens. Wichtige britische Werke stammen von Ramsay, Reynolds und Gainsborough.

Rev Robert Walker Skating on Duddingston Loch

Scott Monument ❼

Princes Street Gardens East.
tägl.

SIR WALTER SCOTT (1771–1832), geboren in Edinburgh, gehört zu den wichtigsten Figuren der schottischen Literaturgeschichte *(siehe S. 86)*. Scott war zunächst Jurist, widmete sich aber wegen des Erfolgs seiner Balladen und historischen Romane bald ganz der Literatur. Seine Werke erzählen von Abenteuern, Ehre und Ritterlichkeit und halfen, dieses Bild Schottlands im Ausland zu verbreiten.

Sir Walter war nicht nur ein gefeierter Romancier. Als bedeutende Persönlichkeit des öffentlichen Lebens organisierte er 1822 den Besuch König Georges IV in Edinburgh. Nach Scotts Tod 1832 wurde ihm zu Ehren das Denkmal auf der Princes Street errichtet. Der herrliche gotische Turm, von George Meikle Kemp entworfen und 1840 fertiggestellt, ist 61 Meter hoch. Im Erdgeschoss befindet sich eine Statue von Sir Walter Scott, ein Werk von Sir John Steell. In dem riesigen Bau, der erst vor kurzem restauriert wurde, führen 287 Stufen zur obersten Plattform hinauf. Dort wird der Besucher mit einer herrlichen Sicht über das Stadtzentrum und über den Forth of Fife belohnt.

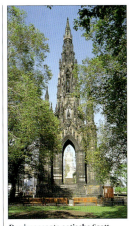

Das imposante gotische Scott Monument auf der Princes Street

Scottish National Portrait Gallery ❽

1 Queen St. (0131) 556 89 21.
Mo–Sa 10–17 Uhr, So nachmittag.
nach Vereinbarung.
www.natgalscot.ac.uk

EINE INFORMATIVE Ausstellung über das Haus Stuart ist nur eine der Attraktionen in der Scottish National Portrait Gallery. Sie zeigt die Geschichte von zwölf Stuart-Generationen, von Robert the Bruce bis zu Königin Anne. Zu den Memorabilien gehören der Schmuck von Mary, Queen of Scots, und das Kochgeschirr, das Bonnie Prince Charlie *(siehe S. 153)* in der Schlacht von Culloden zurückließ. Im Obergeschoss gibt es viele Porträts berühmter Schotten, z. B. von Robert Burns.

Van Dyck: *Prinzessin Elizabeth und Prinzessin Anne*, Nat. Portrait Gallery

Im Detail: New Town ❾

Albert Monument, Charlotte Square

Der erste Teil von Edinburghs »New Town« wurde im 18. Jahrhundert gebaut, um die überbevölkerte und unhygienische mittelalterliche Altstadt zu entlasten. Charlotte Square im Westen war der Glanzpunkt der ersten Bauphase, deren neues architektonisches Konzept alle weiteren Phasen beeinflusste. Besonders beeindruckend ist das Moray Estate – eine Reihe großer Häuser bildet einen Halbmond, ein Oval und ein Polygon. Der gezeigte Spaziergang führt durch dieses Gebiet monumentaler georgianischer Stadtplanung.

Moray Place
Das Polygon, Glanzstück des Moray Estate, besteht aus imposanten Häusern und Apartments, von denen viele noch bewohnt sind.

The Water of Leith, ein kleiner Fluss, fließt durch eine Schlucht unterhalb der Dean Bridge. Ein Uferweg führt nach Stockbridge.

Dean Bridge
1829 nach einem Entwurf von Thomas Telford erbaut, bietet diese Brücke Sicht auf den Water of Leith und flussaufwärts auf die Wehre und alten Mühlen von Dean Village.

Ainslie Place, ein von Stadthäusern gebildetes Oval und Herzstück des Moray Estate, verbindet Randolph Crescent und Moray Place.

Nicht versäumen

★ **Charlotte Square**

★ **The Georgian House**

New-Town-Architekten

Die treibende Kraft bei der Schaffung der New Town war George Drummond (1687–1766), Edinburghs Bürgermeister. James Craig (1744–1795) gewann 1766 den Wettbewerb für den Gesamtentwurf. Robert Adam (1728–1792) bereicherte Charlotte Square um klassische Elemente. Robert Reid (1774–1856) entwarf Heriot Row und Great King Street, und William Playfair (1790–1857) den Royal Circus. Die monumentalen Bauten des Moray Estate waren das Werk von James Gillespie Graham (1776–1855).

No. 14 war von 1813 bis 1843 Residenz von Richter und Chronist Lord Cockburn.

0 Meter 100
0 Yards 100

Legende

– – – Routenempfehlung

Robert Adam

★ The Georgian House

No. 7 gehört dem National Trust for Scotland und ist der Öffentlichkeit zugänglich. Mit neuem Anstrich in den ursprünglichen Farben und mit schönen Antiquitäten möbliert, gibt es Einblick in den Lebensstil der Edinburgher Oberschicht des 18. Jahrhunderts.

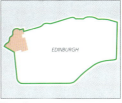

ZUR ORIENTIERUNG
Siehe Edinburgh-Karte S. 54 f

Bute House ist die offizielle Residenz des *First Ministers* des Schottischen Parlaments.

★ Charlotte Square

Der Platz wurde 1792–1811 gebaut, um hier feudale Stadthäuser für die erfolgreichen Kaufleute der Stadt zu errichten. In den meisten Gebäuden befinden sich heute Büros.

No. 39 Castle Street war Heim des Romanciers Sir Walter Scott *(siehe S. 86)*.

Princes Street Gardens

Princes Street entstand in der ersten Bauphase der New Town. Die Nordseite ist von Geschäften gesäumt; die Gärten liegen im Süden unterhalb der Burg.

West Register House war ursprünglich St George's Church, entworfen von Robert Adam.

No. 9 war von 1870 bis 1877 das Haus des Chirurgen Joseph Lister *(siehe S. 23)*. Er entwickelte Methoden zur Verhinderung von Infektionen bei und nach Operationen.

EDINBURGH

Blick von Edinburgh Castle über die Türme der Stadt bis hin zu dem in der Ferne gelegenen Calton Hill

Calton Hill ❿

Stadtzentrum Ost, via Waterloo Pl.

Auf dem Calton Hill, am östlichen Ende der Princes Street, findet man eines von Edinburghs denkwürdigsten Wahrzeichen: einen halb fertigen Parthenon. Mit dem Bau des Nationalmonuments für die Toten der Napoleonischen Kriege begann man 1822, aber die Mittel versiegten und es wurde nie vollendet. In den letzten 170 Jahren ist die Scham über den Zustand des Monuments einer Art Zuneigung gewichen.

Zum Glück wurde der nahe gelegene Turm, der an den Sieg von Trafalgar erinnert, schon 1816 fertiggestellt. Dieser Turm, das sogenannte **Nelson Monument**, sollte einem Teleskop ähneln. Er bietet einen herrlichen Blick über Edinburgh und Umgebung.

Das klassische Thema setzt sich auf der Spitze des Calton Hill mit dem **City Observatory** fort, 1818 von William Playfair nach dem Athener Turm der Winde entworfen. Die *Astronomical Society of Edinburgh* bietet hier kostenlose Vorträge an. Führungen werden nur nach Voranmeldung durchgeführt.

Ein weiteres klassisches Gebäude, die alte **Royal High School**, um 1820 auf der Regent Road errichtet, wurde von Thomas Hamilton nach dem Vorbild des Theseus-Tempels in Athen entworfen. Sie wurde oft als möglicher Sitz des schottischen Parlaments genannt und war Mittelpunkt der Vigil for Scottish Democracy, die zwischen 1992 und 1997 für Selbstverwaltung eintrat. Daran erinnert die Steinpyramide östlich des National Monument auf dem Calton Hill. Sie enthält einige »Geschenk«-Steine, u. a. einen Auschwitz-Stein, der eines dort ermordeten schottischen Missionars gedenkt.

Die letzte Ruhestätte von Thomas Hamilton befindet sich südlich des Waterloo Place auf dem **Old Calton Cemetery**. Hier ruhen auch der Philosoph David Hume sowie andere berühmte Persönlichkeiten Edinburghs.

🚇 **Nelson Monument**
📞 *(0131) 556 27 16.* ⏲ *Mo–Sa (Apr–Sep nur Mo nachm.).* 🏛 **City Observatory**
Calton Hill. 📞 *(0131) 556 43 65.*
⏲ *nur nach Vereinbarung.*

Die prachtvolle Fassade des Holyrood Palace, nach einem Feuer (17. Jh.) vollständig renoviert

Palace of Holyroodhouse ⓫

Ostende der Royal Mile. **Palace** 📞 *(0131) 556 73 71.* ⏲ *tägl. 9.30–16.45 Uhr.* **Queen's Gallery** 📞 *(0131) 556 10 96.* ⏲ *tägl. 9.30–16.30 Uhr.*

Die offizielle schottische Residenz von Königin Elizabeth II wurde 1498 von James IV auf dem Gelände einer Abtei erbaut. Später lebten hier James V und seine Frau, Mary of Guise. Um 1670 wurde die Burg für Charles II umgebaut. Die königlichen Gemächer (einschließlich Thronsaal und Speisezimmer) werden für festliche Amtsführungen und Bankette genutzt, wenn die Queen den

Das City Observatory, Beispiel klassischer griechischer Architektur

Palast besucht. Ein Gemach im »James-V-Turm« wird v. a. mit der Herrschaft Marys, der Queen of Scots *(siehe S. 44)*, assoziiert, da Lord Darnley, Marys eifersüchtiger Ehemann, wahrscheinlich hier 1566 ihren getreuen italienischen Sekretär David Rizzio ermorden ließ. Mary war im sechsten Monat schwanger, als sie Zeugin des Mordes wurde. David Rizzios Körper wies sechsundfünfzig Stichwunden auf.

Der letzte der Anwärter auf den englischen Thron, Bonnie Prince Charlie, hielt zu Beginn des Jakobitenaufstands 1745 *(siehe S. 45)* in Holyroodhouse hof und blendete die Edinburgher Gesellschaft mit seinen großen Festen.

Die neu eröffnete Queen's Gallery zeigt Ausstellungsstücke der Royal Collection.

Our Dynamic Earth ⓬

Holyrood Road. ☎ *(0131) 550 78 00.*
◯ *Apr–Okt tägl. 10–17Uhr, Nov–März Mi–So.* 🏛 ✎ ♿
🌐 *www.dynamicearth.co.uk*

Our Dynamic Earth ist eine Dauerausstellung über unseren Planeten. Der Besucher erlebt eine Reise von den geologischen Anfängen der Erde bis zum ersten Auftreten von Leben. Weitere Schwerpunkte sind die Klimazonen der Erde und eine Reihe von dramatischen Naturerscheinungen wie etwa Flutwellen und Erdbeben. Durch hochmoderne Beleuchtung und interaktive Techniken können 90 Minuten lang Spezialeffekte mit informativem und unterhaltsamem Inhalt produziert werden.

Das mit 1000 Sitzen bestückte Amphitheater vor dem Ausstellungsgebäude wurde von Sir Michael Hopkins entworfen. Die moderne Silhouette des unterhalb der Salisbury Crags gelegenen Ausstellungsgebäudes steht in krassem Gegensatz zu der natürlichen Umgebung.

New Scottish Parliament ⓭

Holyrood Rd. ☎ *(0131) 348 50 00.*
🌐 *www.scottish.parliament.uk*

Nach jahrzehntelangem Ruf nach größerer politischer Selbstbestimmung wurde 1997 per Volksentscheid die Wiedereinführung eines schottischen Parlaments beschlossen *(siehe S. 47)*, das jedoch in einigen Bereichen vom Parlament in London abhängig bleibt. Ein Grundstück an der Holyrood Road wurde für das Gebäude des neuen Parlaments ausgewählt. Anfang 1998 wurde weltweit ein Wettbewerb ausgeschrieben, um einen geeigneten Architekten zu finden. Der Gewinner war Enric Miralles, bekannt durch die Bauten für die Olympischen Spiele von Barcelona 1992. Das neue Parlamentsgebäude soll 2004 bezugsfertig sein.

Wappen James' V, Holyrood Palace

Holyrood Park und Arthur's Seat ⓮

Haupteingang via Holyrood Park Rd, Holyrood Rd und Meadowbank Terrace.

Der an den Palace of Holyroodhouse angrenzende Park umfasst 260 Hektar. Der 250 Meter hohe Hügel, bekannt als Arthur's Seat, ist eigentlich ein Vulkan, der jedoch bereits seit 350 Millionen Jahren erloschen ist. Das Gebiet ist mindestens seit der Zeit König Davids I, der 1153 starb, königlicher Jagdgrund und seit dem 16. Jahrhundert zugleich königlicher Park.

Der Name Holyrood, der soviel wie »heiliges Kreuz« bedeutet, geht auf eine Episode im Leben von David I zurück. Als den König 1128 während der Jagd ein Hirsch von seinem Pferd stieß, hielt er, so die Legende, plötzlich ein Kreuz in den Händen, um das Tier abzuwehren. Aus Dankbarkeit gründete der König die Holyrood Abbey.

Der Name Arthur's Seat ist wohl eine Verfälschung von Archer's Seat, eher eine prosaische Erklärung des Namens denn die Verbindung mit dem legendären König Arthur.

Im Park gibt es drei kleine Seen. St Margaret's nahe dem Palast ist mit seinen Schwänen und seiner Lage unterhalb der Ruinen von St Anthony's Chapel der romantischste. Dunsapie Loch, der abgeschiedenste, liegt 112 m über dem Meeresspiegel an der Ostseite von Arthur's Seat. Duddingston Loch, auf der Südseite des Parks, ist Heimat von Wildvögeln.

Die **Salisbury Crags** mit ihrem dramatischen Profil sind ebenso wie Arthur's Seat kilometerweit sichtbar. Die Crags bilden eine Parabel aus roten Felsen, die sich vom Holyrood Palace über die Steilseite des Hügels hinaufwinden. Ein unbefestigter Weg, die Radical Road, führt am Fuß des Hügels entlang.

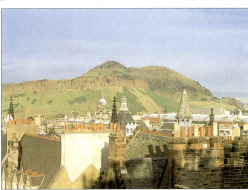

Arthur's Seat und die Salisbury Crags überragen die Stadt

Abstecher

OBWOHL LEITH UNTRENNBAR mit Edinburgh verbunden ist, bestehen seine Einwohner darauf, dass sie nicht in der Stadt selbst wohnen. Neben den Docks hat Leith viele Attraktionen zu bieten. In der Nähe liegt der Royal Botanic Garden. Dean Village hat Galerien und Antiquitätenläden. Westlich der Stadt befinden sich das Hopetoun House und der Linlithgow Palace, im Osten locken Haddington und eine wilde, romantische Küste.

LEGENDE

- Stadtgebiet
- ✈ Flughafen
- Bahnhof
- — Intercity-Verbindung
- Autobahn
- Hauptstraße
- Nebenstraße

SEHENSWÜRDIGKEITEN AUF EINEN BLICK

Dean Village ❸
East Lothian Coast ❽
Forth Bridges ❹
Haddington ❼
Hopetoun House ❺
Leith ❷
Linlithgow Palace ❻
Royal Botanic Garden ❶

Ein Exemplar aus dem Palmenhaus im Royal Botanic Garden

Royal Botanic Garden ❶

Inverleith Row. ☎ (0131) 552 71 71.
🚍 ◯ tägl. 10–19 Uhr (Nov–Feb bis 16 Uhr, März und Okt bis 18 Uhr);
● 25. Dez, 1. Jan ♿ 📷
🌐 www.rbge.org.uk

DER HERRLICHE Garten liegt nördlich der New Town jenseits des Water of Leith, der von den Pentland Hills durch Edinburgh fließt und bei Leith in den Firth of Forth mündet. Der Garten ersetzte einen Heilkräutergarten nahe Holyroodhouse, den zwei Ärzte 1670 anlegten. 1820 wurde er an seinen jetzigen Standort verlegt und seitdem fortlaufend vergrößert. Zugang hat man von Osten (mit guten Busverbindungen) und von der Westseite (mit besseren Parkmöglichkeiten). Der Garten liegt auf einem Hügel und bietet eine schöne Aussicht auf die Stadt.

Im südöstlichen Bereich gibt es einen phantastischen Felsgarten, im nordöstlichen eine informative, überdachte Ausstellung. Gewächshäuser in traditionellem wie modernem Stil sind unterschiedlichen Klimazonen gewidmet und bieten an Regentagen hervorragenden Unterschlupf. Lassen Sie sich nicht die alpine Ausstellung nordwestlich der Gewächshäuser oder den Gang durch die Rhododendren entgehen.

Leith ❷

Nordwestlich des Stadtzentrums, über den Leith Walk erreichbar.

LEITH HAT EINEN historischen Hafen und trieb jahrhundertelang Handel mit Skandinavien, dem Baltikum und Holland. Schon immer der Hafen Edinburghs, wurde Leith 1920 in die Stadt eingegliedert und zu einem ihrer Vororte.

Im mittelalterlichen Kern enger Gassen und Kais befinden sich einige historische Lager- und Kaufmannshäuser aus dem 13. und 14. Jahrhundert. Im 19. Jahrhundert wurden die Docks wesentlich erweitert. Viele Hafengebäude stammen aus dieser Zeit.

Schiffbau und Hafenumschlag sind rückläufig, doch in den letzten Jahren erlebte Leith durch den Umbau von Lagerhäusern in Bürogebäude, Wohnhäuser und Restaurants eine Wiedergeburt. Der Shore and Dock Place bietet verschiedene Restaurants und die meisten Meeresfrüchte-Bistros Edinburghs *(siehe S. 177f)*.

Die ehemalige britische **Royal Yacht Britannia**, die in Leiths neuem Ocean Terminal – einer wichtigen Sehenswürdigkeit – zu bewundern ist, macht den Hafen noch wesentlich attraktiver.

🚢 **Royal Yacht Britannia**
Ocean Terminal, Leith Docks.
☎ (0131) 555 88 00. ◯ tägl. 📷 ♿
🌐 www.royalyachtbritannia.co.uk.

Die britische Royal Yacht Britannia am Ocean Terminal von Leith

Legers *The Team at Rest* (1950), Scottish Gallery of Modern Art

Dean Village ❸

Nordwestlich des Stadtzentrums.

Das interessante Dorf liegt im Tal des Water of Leith wenige Minuten nordwestlich des Charlotte Square *(siehe S. 54)*. Die Wassermühlen entlang des Flusses wurden durch attraktive Gebäude aus unterschiedlichen Epochen ersetzt. Nach Dean Village gelangt man vom Randolph Crescent aus über die Bell's Brae. Ein Uferweg schlängelt sich zwischen historischen Gebäuden hindurch und überquert an mehreren Stellen den Fluss.

Flussaufwärts erreicht man von Dean Village aus nach wenigen Minuten eine Fußgängerbrücke und eine Treppe, über die man zur **Scottish Gallery of Modern Art and Dean Gallery** gelangt. Der Haupteingang für Fahrzeuge sowie für weniger ambitionierte Fußgänger befindet sich auf der Belford Road.

Flussabwärts von Dean Village führt der Uferweg unter der großartigen, von Thomas Telford entworfenen Hochbrücke hindurch am St Bernard's Well vorbei zum dörflichen Stockbridge. Antiquitäten- und Kuriositätenläden findet man auf der Südseite des Flusses in der St Stephen Street. Der Uferweg führt weiter Richtung Nordwesten, vorbei am Royal Botanic Garden. Via Royal Circus und Howe Street erreicht man bald das Stadtzentrum.

Steinhäuser (17. Jh.) an der Bell's Brae

🏛 Scottish Gallery of Modern Art and Dean Gallery
Belford Road. ☎ (0131) 624 62 00. ◐ tägl. 🖼 nur Sonderausstellungen. ♿
🌐 www.natgalscot.ac.uk.

Forth Bridges ❹

Lothian. 🚆 🚌 *Dalmeny, Inverkeithing.*

Die kleine Stadt South Queensferry wird von den beiden großen Brücken dominiert, die den Forth über eine Länge von 1,5 Kilometern überspannen und den Ort mit Inverkeithing verbinden. Die Eisenbahnbrücke, weltweit die erste größere Stahlbrücke, wurde 1890 eröffnet. Sie ist eine der großartigsten technischen Errungenschaften der spätviktorianischen Ära.

Ihre massiven Ausleger werden von über acht Millionen Nieten zusammengehalten, der gestrichene Bereich umfasst etwa 55 Hektar. Der Ausspruch »als würde man die Forth Bridge streichen« hat heute die Bedeutung von unermüdlichen Bemühen. Diese Eisenbahnbrücke inspirierte den beliebten schottischen Schriftsteller Iain Banks *(siehe S. 25)* 1986 zu *The Bridge*.

Die Straßenbrücke war bei ihrer Eröffnung 1964 die größte Hängebrücke außerhalb der USA, doch diesen Rang macht ihr nun die Humber Bridge in England streitig. Die beiden Brücken sieht man am besten von der Promenade in South Queensferry. Die Stadt verdankt ihren Namen Königin Margaret *(siehe S. 61)*, die mit ihrem Mann, König Malcolm III, im 11. Jahrhundert regierte. Sie benutzte die Fähre, um von Edinburgh zu ihrem Palast in Dunfermline zu gelangen *(siehe S. 124)*.

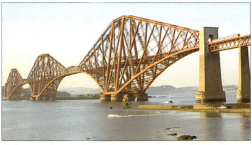

Blick von South Queensferry auf die riesige Forth-Eisenbahnbrücke

Hopetoun House ❺

The Lothians. 📞 (0131) 225 38 58.
🚆 Dalmeny, dann Taxi. 🕐 Mitte Apr–Sep tägl. 10–17 Uhr. 📷 ♿ begrenzt.
✉ 🌐 www.hopetounhouse.com

In der Parklandschaft am Firth of Forth liegt eines der schönsten im Stil von Versailles erbauten Schlösser Schottlands. Das ursprüngliche Gebäude, von dem nur der Mittelteil erhalten ist, wurde 1707 vollendet und später in William Adams Erweiterung integriert. Der hufeisenförmige Grundriss und das üppige Innere sind ein Musterbeispiel klassizistischer Architektur des 18. Jahrhunderts. Beeindruckend sind die roten und gelben Salons mit Stuckverzierung und Kaminsimsen. Der jetzige Marquess of Linlithgow ist Nachfahre des ersten Earl of Hopetoun, für den das Haus gebaut wurde.

Eine Holztafel über der Haupttreppe zeigt das Hopetoun House

Linlithgow Palace ❻

Kirk Gate, Linlithgow, Lothian.
📞 (01506) 84 28 96. 🚆 🅿
🕐 Apr–Sep tägl. 9.30–18.30 Uhr; Okt–März Mo–Sa 9.30–16.30 Uhr, So nachmittag. 📷 ♿ eingeschränkt.

Der am Ufer des Linlithgow Loch stehende ehemalige königliche Palast ist eine der meistbesuchten Ruinen von Schottland. Die Überreste stammen größtenteils von einem

Brunnen in den Ruinen von Linlithgow Palace

Gebäude, das James I 1425 nach einem Feuer bauen ließ; einige Teile sind älter (14. Jh.). Die Ausmaße des Palastes zeigt die 28 Meter lange Great Hall mit riesigem Kamin und großen Fenstern. Den Brunnen im Hof schenkte James V 1538 seiner Frau, Mary of Guise, zur Hochzeit. Seine Tochter Mary, Queen of Scots *(siehe S. 44)*, wurde 1542 hier geboren.

Die angrenzende Church of St Michael ist Schottlands größter vorreformatorischer Kirchenbau und ein Musterbeispiel für den gotischen Stil Schottlands. Die Kirche (13. Jh.) wurde durch das Feuer von 1424 zerstört, das heutige Gebäude im 16. Jahrhundert fertiggestellt.

Haddington ❼

East Lothian. ℹ National Contact Centre (0845) 225 51 21.

Das attraktive Städtchen liegt 24 Kilometer östlich von Edinburgh. Während der Unabhängigkeitskriege des 13. und 14. Jahrhunderts wurde es mehrmals zerstört, ein weiteres Mal im 16. Jahrhundert. Die agrarische Revolution verhalf Haddington zu Reichtum. Davon zeugen historische Häuser, Kirchen und andere öffentliche Gebäude. Restaurierungsarbeiten halfen, den Charakter der Stadt zu erhalten. Der Tyne umschließt die Stadt und lädt zu schönen Uferspaziergängen ein (»Ein Spaziergang durch Haddington« ist bei Zeitschriftenhändlern erhältlich). Die Pfarrkirche St Mary's südöstlich des Zentrums stammt von 1462 und ist eine der größten der Region. Teile der alten Kirche, während der Belagerung von 1548 zerstört, wurden in jüngster Zeit wieder aufgebaut. Südlich der Stadt liegt das **Lennoxlove House** mit seinem alten Turmhaus.

🏛 **Lennoxlove House**
📞 (01620) 82 37 20. 🕐 Ostern–Okt nur Mi–Do u. Sa–So nachm. 📷

East Lothian Coast ❽

ℹ National Contact Centre (0845) 225 51 21.

Die Küste von East Lothian, die sich östlich von Musselburgh über 65 Kilometer erstreckt, bietet Möglichkeiten zum Windsurfen, Golfspielen und Wandern. An der Küste wechseln sich Strände, Wälder, Golfplätze, Klippen und

Die historisch bedeutende und heute ruhige Stadt Haddington am Tyne

ABSTECHER

Ackerland ab. Obwohl die A198 und die A1 nur kurz an der Küste entlangführen, bieten sie Zufahrt zu einigen öffentlichen Parkplätzen (im Sommer gegen geringe Gebühr). Von dort kann man zum Ufer laufen. Der wohl beste Strand für Wassersport ist Gullane. Yellowcraig nahe Dirleton, eine weitere hübsche Bucht, liegt etwa 400 Meter vom Parkplatz entfernt. Der Limetree Walk in der Nähe von Tyninghame führt zum Strand Ravensheugh Sands (10 Minuten zu Fuß über einen Waldweg). Belhaven Bay, westlich von Dunbar, ist ein großer Strand, von dem aus man an der Mündung des Tyne entlangspazieren kann. Barn Ness, östlich von Dunbar, hat einen geologischen Naturpfad und einen Leuchtturm. Skateraw Harbour ist trotz des Tornes-Atomkraftwerks im Osten eine hübsche kleine Bucht. Die schöne Bucht bei Seacliff ist über eine private Mautstraße erreichbar, die etwa drei Kilometer östlich von North Berwick die A198 verlässt. Die geschützte Bucht bietet eine phantastische Sicht auf das glitzernde Weiß des Bass Rock, Heimat einer der größten Tölpel-Kolonien Großbritanniens.

Will man den Felsen aus der Nähe sehen, kann man von North Berwick aus eine Bootsfahrt unternehmen (nur im Sommer). Im städtischen **Scottish Seabird Centre** ist es möglich, das Vogelleben vom Felsen und von der Insel Fidra aus zu filmen, ohne es zu stören. Weitere Küstenattraktionen sind das **Dirleton Castle** und das auf einem Felsen nahe des Seacliff-Strands gelegene **Tantallon Castle**. Ein kleines Industriemuseum bei Prestonpans und Vogelbeobachtungen in der Aberlady Bay lohnen einen Besuch, ebenso wie North Berwick und Dunbar.

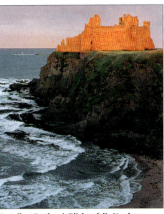

Tantallon Castle mit Blick auf die Nordsee

Dirleton Castle
(01620) 85 03 30. tägl.
Tantallon Castle
(01620) 89 27 27. Apr–Sep tägl.; Okt–März Do vorm.
Scottish Seabird Centre
(01620) 89 02 22. tägl.
W www.seabird.co.uk

EAST LOTHIAN COASTAL WALK

Für einen attraktiven Küstenspaziergang empfiehlt sich der Fußweg von der Gullane Bay nach North Berwick. Der Pfad folgt der Küste, führt zwischen Sandstränden und niedrigen, felsigen Landspitzen über grasiges Heideland und bietet Sicht auf die im Norden gelegene Küste von Fife. Unterwegs sieht man viele kleine Inseln und auf dem letzten Wegstück nach North Berwick im Osten die weißen Hänge des Bass Rock.

ROUTENINFOS

Start: Gullane Bay.
Ziel: North Berwick.
Länge: 10 km (6 Meilen); 3 Std.
Anfahrt: per Auto; Bus zwischen Edinburgh und North Berwick hält am Start- und Zielpunkt.
Schwierigkeitsgrad: leicht (nur ein steiler Abschnitt).

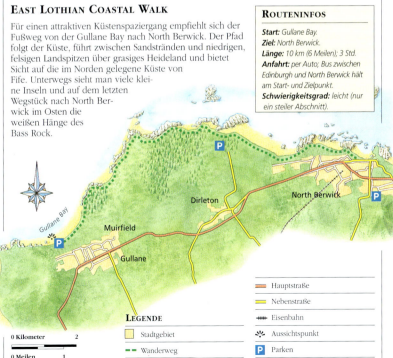

Läden und Märkte in Edinburgh

Obwohl in den Außenbezirken der Stadt neue Einkaufszentren entstehen, gehört die Princes Street nach wie vor zu den interessantesten Einkaufsmeilen auf den Britischen Inseln. Mit dem alten Schloss, das sich an der Südseite oberhalb der Gärten erhebt, ist sie eine malerische Einkaufsstraße. Neben Ladenketten rühmt sich die Stadt eines eigenen großartigen Kaufhauses, Jenners, das seit über 150 Jahren hier ansässig ist. Lohnenswerte Einkaufsziele außerhalb der Princes Street sind Valvona & Crolla, Schottlands bester Delikatessenladen, eine Reihe von hervorragenden Fachgeschäften und Ausstattern für Highland-Kleidung und mehrere ausgezeichnete Weinhandlungen.

Buntes Wemyssware-Porzellan

Kaufhäuser

Entlang der Princes Street gibt es gute Kaufhäuser, von denen das **House of Fraser** zu den besten zählt. **Jenners** gegenüber dem Scott Monument – Ende der 1830er Jahre an einer anderen Stelle gegründet und später hierher verlegt – gehört zu den Top-Adressen von Edinburgh. Berühmt ist sein Weihnachtsbaum in der Vorhalle. **John Lewis**, Teil einer landesweiten Kette, befindet sich in einem architektonisch interessanten Gebäude an der Leith Street. Vor kurzem eröffnete in Edinburgh eine Filiale von **Harvey Nichols**.

Kleidung

Designermode für Männer und Frauen gibt es bei Jenners und im House of Fraser *(siehe Kaufhäuser)*. **Corniche** auf der Jeffrey Street bietet interessantere, attraktivere Mode für Frauen von Designern wie Moschino und Mugler, während **Jane Davidson** ein traditionelleres Angebot hat. In der George Street liegen einige Geschäfte für Frauen, z. B. **Phase Eight** und **Escada**. **Cruise** hat getrennte Geschäfte für Damen- und Herrenmode. Schicke Anzüge findet man auch bei **Thomas Pink** und **Austin Reed**. Die **Schuh**-Kette führt modisches Schuhwerk für Männer und Frauen. Geschäfte auf der Royal Mile wie **Ragamuffin** verkaufen interessante Strickwaren. Auch einige Ausstatter für maßgeschneiderte Kilts findet man auf der Royal Mile; **Hector Russell** gehört zu den besten. **Kinloch Anderson** in Leith ist ebenfalls ausgezeichnet und informiert zudem über die Geschichte des Tartan. **Graham Tiso** ist führend im Bereich Alltagsbekleidung. In seinem Geschäft in Leith bekommt man Stiefel, Rucksäcke und Regenkleidung.

Traditionelle Highland-Tracht und Zubehör, angeboten auf der Royal Mile

Essen und Trinken

Edinburgh hat den Ruf, die besten Restaurants Schottlands zu besitzen, und zeichnet sich auch durch erstklassige Lebensmittelgeschäfte aus. **Valvona & Crolla**, ein Delikatessenhandel in Familienbesitz, gilt als einer der besten in Großbritannien und erst recht in Schottland. Er hat gutes Brot und eine preisgekrönte italienische Weinsammlung. Neben der **Peckham's**-Kette gibt es noch **Glass & Thompson**, die die New Town mit Delikatessen versorgen. **Iain Mellis'** Stammhaus verkauft herrlichen Käse, **MacSweens** bieten phantastischen *haggis*, und **Real Foods** gehört zu den ältesten Reformkostläden Edinburghs.

Erstklassige Weinhändler sind **Peter Green** und **Cockburns of Leith**, aber auch Ketten wie **Oddbins**, während **Cadenheads** seltene Whiskysorten verkauft. **Justerini & Brooks** ist der angesehenste Wein- und Spirituosenhändler im Stadtzentrum.

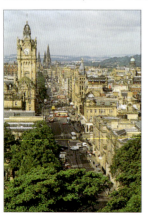

Princes Street, gesehen vom Calton Hill

The Wine Basket bietet ein breites Angebot an Bieren von kleinen unabhängigen Brauereien.

BÜCHER UND ZEITSCHRIFTEN

DER BUCHHANDEL von Edinburgh wird von der Kette **Waterstone's** mit zwei Filialen in der Princes Street dominiert (die westlich gelegene Zweigstelle hat ein schönes Café). Ein dritter Buchladen befindet sich nicht weit entfernt in der George Street. **Ottokar's** verfügt über Filialen in George Street und Cameron Toll. **The International Newsagents** auf der High Street führt viele ausländische Zeitungen und Magazine.

KUNST, DESIGN UND ANTIQUITÄTEN

ORIGINAL-KUNSTWERKE bieten eine Reihe von Galerien in der Stadt. **The Scottish Gallery** in der New Town verkauft alles von Schmuck zu unter 100 £ bis zu Werken bekannter schottischer Künstler für Preise von 10 000 £ an aufwärts. Die Waren im **Printmakers Workshop** sind etwas günstiger. Hier findet man eine gute Auswahl an Drucken. Die **Collective Gallery** führt experimentelle Kunst. **Inhouse** bietet schöne Designer-Möbel. Antiquitätenliebhaber sollten sich in Victoria Street, St Stephen's Street, Grassmarket und Causewayside umsehen. Unbewegliches Inventar bietet **Edinburgh Architectural Salvage Yard**: viktorianische Badewannen, Bäder, Treppen und Türen.

Schön gemustertes Edinburgh-Kristall, ein beliebtes Souvenir

AUF EINEN BLICK

KAUFHÄUSER

Harvey Nichols
30-34 St Andrew's Sq,
EH2 2AD.
(0131) 524 83 88.

House of Fraser
145 Princes St, EH2 4YZ.
(0131) 225 24 72.

Jenners
48 Princes St, EH2 2YJ.
(0131) 225 24 42.

John Lewis
69 St James Centre,
EH1 3SP.
(0131) 556 91 21.

KLEIDUNG

Austin Reed
41 George St,
EH2 2HN.
(0131) 225 67 03.

Corniche
2 Jeffrey St, EH1 1DT.
(0131) 556 37 07.

Cruise (Herren)
94 George St, EH2 3DF.
(0131) 226 35 24.

Cruise (Damen)
31 Castle St, EH3 2DN.
(0131) 220 44 41.

Escada
35a George St, EH2 2HN.
(0131) 225 98 85.

Graham Tiso
41 Commercial St, EH6 6JD.
(0131) 554 91 01.

Hector Russell
137–141 High St,
EH1 1SE.
(0131) 558 12 54.

Jane Davidson
52 Thistle St, EH2 1EN.
(0131) 225 32 80.

Kinloch Anderson
Commercial St, EH6 6EY.
(0131) 555 13 90.

Phase Eight
47b George St,
EH2 2HT.
(0131) 226 40 09.

Ragamuffin
276 Canongate, EH8 8AA.
(0131) 557 60 07.

Schuh
6 Frederick St, EH2 2HB.
(0131) 220 02 90.

Thomas Pink
32 a Castle St, EH2 3 HT.
(0131) 225 42 64.

ESSEN UND TRINKEN

Cadenheads
172 Canongate,
EH8 8DF.
(0131) 556 58 64.

Cockburns of Leith
7 Devon Place, EH12 5HJ.
(0131) 337 60 05.

Glass & Thompson
2 Dundas St, EH3 6HZ.
(0131) 557 09 09.

Iain Mellis
30a Victoria St, EH1 2JW.
(0131) 226 62 15.

Justerini & Brooks
45 George St, EH2 2HT.
(0131) 226 42 02.

MacSweens
Dryden Rd, Bilston Glen,
Loanhead, EH20 9LZ.
(0131) 440 25 55.

Oddbins
37b George St, EH2 2HN.
(0131) 220 34 88.

Peckham's
155 Bruntsfield Place,
EH10 3DG.
(0131) 229 70 54.

Peter Green
37a Warrander Park Rd,
EH9 1HJ.
(0131) 229 59 25.

Real Foods
37 Broughton St, EH1 3JU.
(0131) 557 19 11.

Valvona & Crolla
19 Elm Row, EH7 4AA.
(0131) 556 60 66.

The Wine Basket
134 Dundas St, EH3 5DQ.
(0131) 557 25 30.

BÜCHER UND ZEITSCHRIFTEN

The International Newsagents
351 High St, EH1 1PW.
(0131) 225 48 27.

Ottokar's
57 George St,
EH2 2JQ.
(0131) 225 44 95.

Waterstone's
128 Princes St, EH2 4AD.
(0131) 226 26 66.

KUNST, DESIGN UND ANTIKES

Collective Gallery
28 Cockburn St, EH1 1NY.
(0131) 220 12 60.

Edinburgh Architectural Salvage Yard
Unit 6,
Couper St, EH6 6HH.
(0131) 554 70 77.

Inhouse
28 Howe St, EH3 6TG.
(0131) 225 28 88.

Printmakers Workshop
23 Union St, EH1 3LR.
(0131) 557 24 79.

The Scottish Gallery
16 Dundas St, EH3 6HZ.
(0131) 558 12 00.

Schottische Spezialitäten

SCHOTTLAND LOCKT DEN BESUCHER mit einer großen Auswahl an Waren und Souvenirs. Die meisten Lebensmittel findet man in Edinburghs Lebensmittelläden sowie Wein- und Spirituosenhandlungen, die auch Tabak führen. Einige Fachgeschäfte verkaufen ungewöhnlichere schottische Produkte, von handgefertigtem Schmuck bis zu Kleidungsstücken, z. B. Tartan-Kilts und Strickwaren. Manche Gebiete Schottlands sind auf bestimmtes Kunsthandwerk spezialisiert: Orkney auf Schmuck, Caithness und Edinburgh auf elegante Glasgravuren.

Schottische Tabakmischung

Briefbeschwerer aus Caithness-Glas

Edinburgher Kelchglas

Amethyst-Brosche   Keltische Brosche

Keltische Ohrringe

Schottisches Glas ist schön verziert. In den Caithness-Glasfabriken in Oban, Perth und Wick kann man bei der Herstellung der feinen Muster zusehen.

Schottischer Schmuck spiegelt entweder das Herstellungsgebiet, eine Kultur (z. B. die keltische) oder eine Kunstrichtung wie Art nouveau wider. Die ineinander verwobenen Muster des oben gezeigten Schmucks symbolisieren die Sehnsucht nach ewigem Leben.

Aus Hirschhorn werden Gebrauchsgegenstände wie dieser Aschenbecher und dekorative Objekte geschnitzt.

Dolch (»sgian dubh«)

Felltasche   Gürtel

Klassischer schottischer Kilt

Tartan-Krawatte und -Schal

Schottische Tartans waren ursprünglich große Wollschals (oder Plaids), die die Highlander im 15. und 16. Jahrhundert trugen. Heute versteht man unter Tartan ganz bestimmte, in Wollstoff eingewebte Muster. Sie basieren auf jahrhundertealten Entwürfen und werden für Kilts und viele andere Artikel verwendet.

Schottische Textilien mit ganz eigenem Charakter sind die dicken Strickwaren von den Inseln: Tweedstoffe wie der Harris-Tweed mit seinem feinen Karo, weichster Kaschmir, aus dem Pullover, Jacken und Schals hergestellt werden, sowie Schaffelldecken.

Wollpullover

Tweedjacke

SCHOTTISCHE SPEZIALITÄTEN

ABGEPACKTE LEBENSMITTEL

Lebensmittel werden von Schottlandbesuchern gern als Souvenir oder Geschenk gekauft. Die Teestunde mit Leckereien wie Dundee-Cake, Butter Shortbread, Abernethy-Keksen, Pfannkuchen und Ingwerkeksen ist bei den Schotten sehr beliebt. Haferkekse werden traditionell zu Käse, aber auch zu Pasteten verzehrt und mit Honig oder Marmelade bestrichen. Auch getoastet und mit viel Butter serviert, schmecken sie äußerst köstlich.

Vegetarischer haggis **Traditioneller haggis**

Haggis, das berühmteste schottische Produkt (siehe S. 32), besteht aus Schafsinnereien und Hafermehl. Es gibt auch fleischlose oder mit Rehfleisch oder Whisky verfeinerte Sorten.

Traditionelles Butter Shortbread **Haferkekse**

Schottische Abernethy-Kekse

Milch-Vanille-Fudge **LochRanza-Whisky-Fudge**

Fudge ist ein extrem süßes Konfekt, das fast ausschließlich aus Zucker und Kondensmilch besteht. Es gibt viele unterschiedliche Aromen, u. a. Rum, Rosinen, Walnuss, Schokolade, Whisky.

GETRÄNKE

Als Heimat vieler Destillerien und Brauereien wird Schottland wohl am ehesten mit alkoholischen Getränken assoziiert. Das vielfältige Angebot umfasst unter anderem regional gebrautes Bier und Ale, viele Sorten schottischen Whiskys (siehe S. 30f) und eine Reihe von Spirituosen und Likören, wie z. B. Drambuie und Glayva. Doch Schottland ist auch berühmt für sein Bergquellwasser, das mit oder ohne Kohlensäure sowie mit Obstgeschmack von Birnen oder Melonen verkauft wird.

Historische Ale-Sorten

Bier und Ale spielen eine wichtige Rolle in Schottland. Im Pub trinkt man gern ein Pint, doch kann man sie auch in Flaschen kaufen. Das Sortiment umfasst zudem Obst- und Heide-Ale, die nach alten Highlandrezepten hergestellt werden.

Kaledonisches Quellwasser

Whisky ist zweifellos die berühmteste schottische Spirituose. Es gibt eine riesige Auswahl an Sorten, jede mit einem einzigartigen Geschmack (siehe S. 30f). Drambuie ist ein auf Whisky basierender Likör mit Kräutergeschmack.

Drambuie **Glenfiddich** **LochRanza** **Glen Ord** **Bell's**

Unterhaltung in Edinburgh

Die meisten Leute assoziieren Unterhaltung in Edinburgh mit den im August stattfindenden Festivals. Die schottische Hauptstadt ist aber darüber hinaus Musik-, Tanz- und Theaterzentrum. Das Filmhouse ist ein bedeutender Treffpunkt innerhalb der Kunstfilmgruppe. Manche Leute behaupten, dass Edinburghs Nachtklubs heute so gut wie die in Glasgow sind. Viele Bars bieten eine große Auswahl an schottischem Whisky und Ale, während die vielen in den letzten Jahren entstandenen Café-Bars garantieren, dass man nun auch zu später Stunde noch eine gute Tasse Kaffee bekommt. Schottlands nationales Rugbystadion, Murrayfield, ist Gastgeber internationaler Rugbyspiele.

Eine Postkarte wirbt für das Edinburgh Festival

Informationsquellen

Das zweimonatliche Kunst- und Unterhaltungsmagazin *The List* führt alle Ereignisse in Edinburgh und Glasgow auf.

Theater und Tanz

Edinburghs sehr populäres **The King's Theatre** bietet Pantomime und Aufführungen von Tourneetheatern. Das Management hat auch das **Edinburgh Festival Theatre** *(siehe Klassische Musik und Oper)* unter sich, das vorrangig Ballett und zeitgenössischen Tanz zeigt, aber auch Shows für Kinder und Aufführungen im Varietéstil im Programm hat. Im **Edinburgh Playhouse** laufen oft international erfolgreiche Musicals, wie z. B. »Les Misérables«, während **The Traverse** eher experimentelle Werke vorstellt und die Karriere junger schottischer Autoren fördert. **The Royal Lyceum** hat meist bekannte klassische Stücke und Adaptionen auf dem Spielplan, zeigt hin und wieder jedoch auch neuere Werke. Das Theaterensemble der Universität Edinburgh tritt im **Bedlam** auf, der **Theatre Workshop** und **St Bride's** präsentieren innovative Produktionen.

Edinburgh Festival Theatre, Bühne für Tanz, Musik und Oper

Klassische Musik und Oper

Aufführungen der Scottish Opera und des Royal Scottish National Orchestra, beide mit Sitz in Glasgow, finden im imposanten **Edinburgh Festival Theatre** statt, das 1994 eröffnet wurde. Edinburgh ist Heimat des international anerkannten Scottish Chamber Orchestra, das in **The Queen's Hall** auftritt. Auch an kleineren Veranstaltungsorten der Stadt gibt es Konzerte, z. B. in der **Reid Concert Hall** der Edinburgh University und in **St Cecilia's Hall**. **St Giles Cathedral** bietet die Kulisse für Konzerte kleiner Gruppen, z. B. Streichquartette.

Rock, Jazz und World Music

Größere Rockkonzerte von Bands wie REM oder U2 finden manchmal im Murrayfield Stadium *(siehe Sport)* statt. Das Edinburgh Playhouse *(siehe Theater und Tanz)* ist auch Bühne für bekannte Popstars. In einigen Nachtklubs der Stadt finden oft kleinere Sessions – einschließlich Jazz und Weltmusik – statt *(siehe Café-Bars, Bars und Klubs)*. In der Queen's Hall *(siehe Klassische Musik und Oper)* werden auch kleinere Shows aufgeführt. Folk- und Jazzmusiker treten im **Tron Ceilidh House** oder im **Jazz Joint** auf.

In einigen Pubs kann man Folk- und Jazzmusik live erleben – hierüber informiert *The List*. **The Assembly Rooms** veranstalten *ceilidhs* (traditionelle Highland-Tanzabende).

Kino

Edinburgh verfügt heute wie viele Großstädte über Multiplex-Kinos. **UGC**, **UCI** und das **Odeon Multiplex** sind relativ weit vom Zentrum entfernt. Nur wenige Minuten sind es von der Princes Street zum neuen **OMNI** mit seinen zwölf Leinwänden. **The Dominion** ist ein altmodisches, gemütliches Kino in Familienbesitz. **The Cameo** zeigt Late-night-Shows und ausgefallene moderne Klassiker. **The Filmhouse** ist das Filmkunsttheater der Stadt und Zentrum des International Film Festival.

Logo des Film Festival

Der prunkvolle Saal des King's Theatre, eröffnet 1906

UNTERHALTUNG

Eröffnungsfeier eines Fünf-Nationen-Rugbyturniers, Murrayfield

SPORT

Das imposante **Murrayfield Stadium** ist das nationale Rugby-Zentrum, in dem von Ende Januar bis März internationale Spiele stattfinden. Das ganze Jahr hindurch werden hier auch Wettbewerbe in der Leichtathletik ausgetragen. In der Stadt spielen zwei Fußballteams, **Heart of Midlothian** im Westen und **Hibernian** in Leith. Im **Meadowbank Stadium and Sports Centre** spielt die Basketball-Liga.

CAFÉ-BARS, BARS UND KLUBS

Café-Bars gehören inzwischen zum Stadtbild Edinburghs, mit der Broughton Street als Zentrum. Einige sind eher auf Nachtleben ausgerichtet, z. B. **The Iguana**, **Indigo Yard**, **Po-Na-Na** und **The City Café**. Gute Beispiele für herkömmliche Bars sind **The Café Royal**, **Bennet's**, **The Cumberland** oder **The Bow Bar**. Alle servieren in Schottland gebrautes Ale vom Fass und eine breite Palette an schottischen Malt Whiskys. Klubs mit gutem Ruf, in denen auch von Zeit zu Zeit Live-Bands auftreten, sind **The Bongo Club**, **The Liquid Room** und **The Venue**.

AUF EINEN BLICK

THEATER UND TANZ

Bedlam
11b Bristow Place, EH1 1E2.
(0131) 225 98 93.

Edinburgh Playhouse
18–22 Greenside Place, EH1 3AA.
(0870) 606 34 24.

The King's Theatre
2 Leven St, EH3 9Ql.
(0131) 529 60 00.

The Royal Lyceum
30b Grindlay St, EH3 9AX.
(0131) 248 48 48.

St Bride's
10 Orwell Terrace, EH11 2DZ.
(0131) 346 14 05.

Theatre Workshop
34 Hamilton Place, EH3 5AX.
(0131) 226 54 25.

The Traverse
10 Cambridge St, EH1 2ED.
(0131) 228 14 04.

KLASSISCHE MUSIK UND OPER

Edinburgh Festival Theatre
13-29 Nicolson St, EH8 9FT.
(0131) 529 60 00.

The Queen's Hall
Clerk St, EH8 9JG.
(0131) 668 20 19.

Reid Concert Hall
Bristo Sq, EH19 1HD.
(0131) 650 43 67.

St Cecilia's Hall
Cowgate, EH1 1LJ.
(0131) 650 24 23.

St Giles Cathedral
Royal Mile, EH1 1RE.
(0131) 225 94 42.

ROCK, JAZZ UND WORLD MUSIC

Assembly Rooms
George St, EH2 2LR.
(0131) 220 43 49.

Jazz Joint
8–16a Morrison St, EH3 8JB.
(0131) 221 12 88.

Tron Ceilidh House
9 Hunter Sq, EH1 1RR.
(0131) 226 09 31.

KINO

The Cameo
38 Home St, EH3 9LZ.
(0131) 228 41 41.

The Dominion
18 Newbattle Terrace, EH10 4RT.
(0131) 447 47 71.

The Filmhouse
88 Lothian Rd, EH3 9BZ.
(0131) 228 26 88.

Odeon Multiplex
120 Wester Hailes Rd, EH14 1SW
(0131) 453 15 69.

OMNI Edinburgh
Greenside Place, EH1 3BN.
(0131) 524 77 72.

UCI
Kinnaird Park, Newcraighall, EH15 3RD.
(0131) 669 07 77.

UGC
Fountain Park, EH11 1AF.
(0131) 228 87 88.

SPORT

Heart of Midlothian
Tynecastle Stadium, Gorgie Rd, EH11 2NL.
(0131) 200 72 00.

Hibernian
Easter Road Stadium, 12 Albion Place, EH7 5QG.
(0131) 661 21 59.

Meadowbank Stadium and Sports Centre
139 London Rd, EH7 6AE.
(0131) 661 53 51.

Murrayfield Stadium
Murrayfield, EH12 5PJ.
(0131) 346 50 00.

CAFÉ-BARS, BARS UND KLUBS

Bennet's
8 Leven St, EH3 9LG.
(0131) 229 51 43.

The Bongo Club
14 New St, EH8 8DW.
(0131) 558 76 04.

The Bow Bar
80 West Bow, EH1 2HH.
(0131) 226 76 67.

The Café Royal
19 W Register St, EH2 2AA.
(0131) 556 18 84.

The City Café
19 Blair St, EH1 1QR.
(0131) 220 01 27.

The Cumberland
1–3 Cumberland St, EH3 6RT.
(0131) 558 31 34.

The Iguana
41 Lothian St, EH1 1HB.
(0131) 220 42 88.

Indigo Yard
7 Charlotte Lane, EH2 4QZ.
(0131) 220 56 03.

The Liquid Room
9c Victoria St, EH1 2HE.
(0131) 225 25 64.

Po-Na-Na
43b Frederick St, EH2 1EP.
(0131) 226 22 24.

The Venue
15–21 Calton Rd, EH8 8DL.
(0131) 557 30 73.

Edinburgh Festival

Fringe-Straßenkünstler mit Maske

August ist hier ein Synonym für »Festival«. Das Edinburgh International Festival gehört mit Theater, Tanz, Oper, Musik und Ballett zu den führenden Kunstfestivals der Welt. Parallel dazu entwickelte sich das »Fringe«, das nun sogar größer ist als das offizielle Festival. Beide sind ebenso wie das Edinburgh International Film Festival seit über 50 Jahren international bekannt und beliebt. Die britische Armee ist mit dem Military Tattoo beteiligt. Seit kurzem finden auch das Edinburgh Book Festival und das Jazz & Blues Festival im August statt. Die Festivals locken rund eine halbe Million Besucher an.

Eingang zum Fringe-Informationsbüro auf der Royal Mile

Edinburgh International Festival

Als kulturellen Kontrapunkt zu den Entbehrungen im Nachkriegseuropa, in dem viele Städte zerstört waren und Lebensmittelrationierungen sogar die Siegermächte betrafen, veranstaltete Edinburgh 1947 sein erstes Kunstfestival. Es gewann zunehmend an Größe und Ansehen und gehört nun zu den bedeutendsten der Welt. Das Programm umfasst klassische Musik, traditionelles Ballett, zeitgenössischen Tanz, Oper und Drama. Die Veranstaltungsorte sind über die ganze Stadt verstreut (siehe S. 77).

Das Finale des International Festival ist ein großartiges Schauspiel: Rund 250 000 Menschen drängen sich dann im Stadtzentrum zusammen, um ein herrliches Feuerwerk zu erleben. Den wenigen Glücklichen mit Karten für den Ross Bandstand in den Princes Street Gardens bietet das Scottish Chamber Orchestra ein Feuerwerkskonzert.

The Fringe

Das Fringe-Festival begann mit wenigen Aufführungen als Alternative zum offiziellen International Festival ebenfalls im Jahr 1947. Ein Jahrzehnt später gehörte es einfach zum Pflichtprogramm von Amateuren, studentischen Theatergruppen und alternativen Gruppen, an diesem Festival teilzunehmen. Dazu musste man nichts weiter tun, als im August einen Platz in der Stadt zu ergattern. Schon seit längerem gibt es ein für das Festival verantwortliches Verwaltungsgremium, und in jüngster Zeit ziehen professionell organisierte Veranstaltungen die Besuchermassen an.

Die Assembly Rooms in der George Street (siehe S. 77) und das Pleasance Theatre in The Pleasance bieten Shows mit Fernsehstars, die nicht in das offizielle Programm des International Festival hineinpassen.

Das Fringe Festival ist recht ursprünglich geblieben; in Gemeindehallen und an vielen anderen Stellen wird eine breite Palette dargeboten, die von Musicals, aufgeführt von Schulkindern, bis hin zu gewagten Interpretationen von Kafka-Werken reicht.

Besucher genießen Sonne und Straßenkunst auf der Royal Mile

Edinburgh International Film Festival

Wie die anderen etablierten, in Edinburgh stattfindenden Festivals entstand auch das International Film Festival 1947. Obwohl der Schwerpunkt zunächst auf dem Dokumentarfilm lag, wurde das Programm bald um Kunstfilme und populäre Kinofilme erweitert.

Das Festival erfand »die Retrospektive« als Mittel, die komplette Arbeit eines Filmemachers zu studieren. Filme von Woody Allen und Steven Spielberg hatten hier Premiere. Seit seinem Neuanfang

Die Massen drängen sich beim Fringe um die Straßenkünstler

EDINBURGH FESTIVAL

Das Military Tattoo beim Edinburgh Castle hat Tausende von Zuschauern

1995 ist das Festival in vier Hauptbereiche aufgegliedert. Die Kategorien gliedern sich in: Arbeiten junger britischer Talente, Weltpremieren, Filmstudie und die Retrospektive.

Die Filme werden in erster Linie im Filmhouse in der Lothian Road gezeigt, doch in gewissem Maße nimmt mittlerweile jedes Kino im Stadtzentrum an diesem Festival teil *(siehe auch S. 77)*.

EDINBURGH MILITARY TATTOO

DAS GROSSARTIGE Military Tattoo erfreut sich seit 1950 besonderer Beliebtheit. In jenem Jahr beschloss das Militär, an Edinburghs International Festival im August mit Vorführungen martialischer Tapferkeit, einer bunten Parade und mit Musik auf der malerischen Castle Esplanade teilzunehmen.

Auf der tribünengesäumten Esplanade begeistern sich jeden Sommer rund 200 000 Besucher für das Tattoo. Das großartige Schauspiel ist Vorbote der anderen im August stattfindenden Kunstfestivals. Musikkapellen und Musiker der Streitkräfte anderer Länder werden regelmäßig eingeladen, beim Tattoo mitzuwirken. Highlight ist das von den Burgzinnen vorgetragene *pibroch (siehe S. 28)* eines Solo-Pfeifenspielers.

Bücherverkauf in einem Festzelt beim Edinburgh Book Festival

EDINBURGH BOOK FESTIVAL

ALLJÄHRLICH IM AUGUST wird in der georgianischen Umgebung des Charlotte Square im Stadtzentrum ein Mini-Dorf aus Festzelten errichtet. Das Dorf ist zwei Wochen lang Gastgeber von Buch-Veranstaltungen und Vorträgen von Schriftstellern, Romanciers und Dichtern bis hin zu Kochbuch- und Kinderbuchautoren. Schottische Autoren sind hierbei stets gut vertreten.

Zunächst fand das Book Festival nur alle zwei Jahre statt, doch seit 1998 ist es nun fester Bestandteil der August-Festivals geworden.

Ein bemalter Straßenkünstler spielt eine Statue

EDINBURGH JAZZ & BLUES FESTIVAL

ANFANG AUGUST kommt eine Reihe internationaler Jazzmusiker nach Edinburgh, um zusammen mit den führenden Jazzmusikern Schottlands aufzutreten. Die Queen's Hall in der Clerk Street *(siehe S. 76)* ist Hauptveranstaltungsort dieser Konzerte. Am Eröffnungstag, einem Samstag, gibt es auch Open-air-Veranstaltungen auf dem Grassmarket in der Old Town. Die Blueskonzerte haben einen eigenen Veranstaltungsort. Sie sind ebenfalls sehr beliebt und locken viele Musiker aus England und den USA an.

AUF EINEN BLICK

Edinburgh International Festival
The Hub, Edinburgh's Festival Centre, Castlehill, Royal Mile, EH1 2NF.
(0131) 473 20 10.
www.go-edinburgh.co.uk

The Fringe
The Fringe Office,
180 High St, EH1 1QS.
(0131) 226 52 57.
www.edfringe.com

Edinburgh International Film Festival
88 Lothian Rd, EH3 9BZ.
(0131) 228 40 51.
www.edfilmfest.org.uk

Edinburgh Book Festival
Scottish Book Centre,
137 Dundee St, EH11 1BG.
(0131) 228 54 44.
www.edinburghfestivals.co.uk

Edinburgh Jazz & Blues Festival
Assembly Direct,
89 Giles St, EH6 6BZ.
(0131) 553 40 00.
Box office: (0131) 467 52 00.
www.jazzmusic.co.uk

Military Tattoo
Edinburgh Tattoo,
32 Market St, EH1 1QB.
(0131) 225 11 88.
www.edintattoo.co.uk

SÜDSCHOTTLAND

SÜDSCHOTTLAND VEREINT MALERISCHE LANDSCHAFTEN *mit historischen Burgen und Abteien. Infolge der Grenzkriege des 13. Jahrhunderts sind viele der alten Gebäude befestigt. Die sanften Hügel von The Scottish Borders (Grenzlandregion) und die zerklüfteten Gipfel von Dumfries & Galloway waren am stärksten von diesem jahrhundertelangen Konflikt zwischen Schottland und England betroffen.*

1296 begannen die Unabhängigkeitskriege der Schotten gegen die Engländer, unter denen Südschottland am meisten zu leiden hatte. Der Zwist dauerte drei Jahrhunderte lang, da zunächst die Unabhängigkeit Schottlands und später die Allianz mit Frankreich für Spannungen zwischen Schottland und England sorgten. Dryburgh, eine der schönsten Border-Abteien der Region (12. Jh.), wurde 1322 von den Engländern niedergebrannt, ein zweites Mal im Jahre 1544.

Die praktische Unabhängigkeit des Border District führte zu neuen Konflikten. Hier regierten mächtige Familien gemäß des Mitte des 12. Jahrhunderts eingeführten Ortsrechts. Wenn die schottischen Könige nicht gegen England kämpften, griffen sie das Grenzland an, um es wieder unter ihre Kontrolle zu bringen. Über die Jahrhunderte spielten sich große Dramen der schottischen Geschichte im Süden ab: Die Guerillas von Robert the Bruce besiegten die Engländer 1307 in Glen Trool, aber Flodden, nahe Coldstream, war 1513 Schauplatz der größten militärischen Niederlage – König James IV von Schottland und Tausende seiner Männer fielen im Kampf.

Heute scheinen die friedlichen Marktstädte des Grenzlandes und die Berglandschaft in Dumfries & Galloway die gewaltsame Geschichte Lügen zu strafen. Das Gebiet hat sich mit seiner Textilindustrie und literarischen Verbindungen einen Namen gemacht, denn Sir Walter Scott lebte in Abbotsford. Die Ruinen der großen Abteien, Burgen und Schlachtfelder halten jedoch die Vergangenheit wach.

Angeln in den ruhigen Wassern des Tweed, der sich durch das Grenzland schlängelt

◁ **Die majestätischen Ruinen und bunten Gärten der Melrose-Abtei, einer der vier großen Grenzland-Abteien**

Überblick: Südschottland

SÜDSCHOTTLAND prägen eine vielfältige Landschaft und kleine charaktervolle Städte, die Region wird jedoch von Besuchern, die es nach Edinburgh, Glasgow oder in die Highlands zieht, gern übersehen. Das Glen Trool in Dumfries & Galloway liegt zwischen zerklüfteten Bergen. Die Hügel im Grenzland weiter östlich sind sanfter, bieten dafür klassische Panoramen wie Scott's View nahe Melrose. Mit vielen Urlaubsorten lockt die Ayrshire-Küste, und auch die ruhige, malerisch gelegene Solway-Firth-Küste ist ein beliebtes Ausflugsziel.

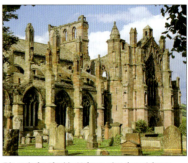

Die gotische Abtei in Melrose, eine der reichsten Abteien Schottlands

SÜDSCHOTTLAND

IN SÜDSCHOTTLAND UNTERWEGS

In Ost-West-Richtung oder umgekehrt zu reisen, kann schwierig sein, da alle Hauptwege von Edinburgh und Glasgow in Nord-Süd-Richtung verlaufen. Die Busverbindungen lassen etwas zu wünschen übrig, doch es gibt von Edinburgh und Glasgow gute Zugverbindungen entlang der Ostküste Richtung Ayrshire sowie eine Verbindung von Glasgow nach Stranraer, dem Fährhafen nach Nordirland. Um landschaftlich schöne Gebiete abseits der Küste zu erkunden, nimmt man am besten ein Auto.

LEGENDE

▬▬	Autobahn
▬▬	Hauptstraße
▬▬	Panoramastraße
--	Panoramaweg
～	Fluss
☀	Aussichtspunkt

Klarer Wintertag in den Pentland Hills

SEHENSWÜRDIGKEITEN AUF EINEN BLICK

Abbotsford House ❼
Burns Heritage Trail ⓯
Caerlaverock Castle ⓰
Culzean Castle S. 92ff ㉑
Drumlanrig Castle ⓭
Eildon Hills ❹
Galloway Forest Park ⓳
Jedburgh ❸
Kelso ❷
Kirkcudbright ⓱
Melrose Abbey ❻
New Lanark ⓫
Peebles ❾

Pentland Hills ❿
St Abb's Head ❶
Sanquhar ⓬
The Rhinns of
 Galloway ⓴
Threave Castle ⓮
Traquair House ❽
Whithorn ⓲

Tour
Tour durch das
 Grenzland ❺

SIEHE AUCH

- **Übernachten** S. 167f
- **Restaurants** S. 178

Die Klippen und Felsen von St Abb's Head

St Abb's Head ❶

The Scottish Borders. 🚆 Berwick-upon-Tweed. 🚌 ab Edinburgh. 📞 (01890) 77 14 43. ⏰ Ostern–Okt tägl. 10–17 Uhr.

DIE KLIPPEN von St Abb's Head, die an der Südspitze von Schottland 90 Meter hoch emporragen, bieten einen wunderbaren Blick auf die Vogelwelt. Im Mai und Juni nisten in diesem 80 Hektar großen Naturschutzgebiet mehr als 50 000 Vögel, darunter Eissturmvögel, Seetaucher, Dreizehenmöwen und Papageientaucher.

Das Städtchen weist einen noch voll funktionstüchtigen Hafen an der Ostküste Großbritanniens auf. Wer sich zum Klippenspaziergang entschließt, beginnt am besten beim Visitors' Centre, in dem man sich vorab über alles Wissenswerte informieren kann.

Kelso ❷

The Scottish Borders. 👥 6035. 🚌 ℹ The Square (0870) 608 04 04. ⏰ Ostern–Okt. 🌐 www.visitscottishborders.com

KELSO HAT EINEN hübschen Ortskern mit Hauptplatz, der von georgianischen und viktorianischen Gebäuden gesäumt ist. Auf dem **Kelso Race Course** werden regelmäßig Pferderennen abgehalten. Die Attraktion der Stadt ist die Ruine einer **Abtei** aus dem 12. Jahrhundert, eine der ältesten und reichsten Abteien der Region, gegründet von David I. Sie wurde im Krieg gegen England 1545 beschädigt. **Floors Castle** am Nordrand musste weniger leiden. Die 1720 von William Adam erbaute Burg wurde von William Playfair 1837 umgestaltet.

ℹ **Kelso Race Course**
📞 (01573) 22 47 67.
🏰 **Floors Castle**
📞 (01573) 22 33 33. ⏰ Ostern–Okt tägl.

Jedburgh ❸

The Scottish Borders. 👥 4250. 🚌 ℹ Murray's Green (01835) 86 34 35. 🌐 www.visitscottishborders.com

DIE STADT BIETET das 1820 erbaute, pseudomittelalterliche **Jedburgh Castle**. Es diente erst als Gefängnis; heute ist es Museum mit Exponaten zur Geschichte der Region und einer Ausstellung über das Leben in einem Gefängnis des 19. Jahrhunderts.

Um 1500 wurde das **Mary, Queen of Scots' House** erbaut, das man nach dem Besuch der Königin 1566 so benannte. Das Haus wurde 1987 (dem 400. Jahrestag der Hinrichtung der Königin) in ein Museum über Marys Leben umgewandelt. Unter den Exponaten befindet sich eine Kopie ihrer Totenmaske. **Jedburgh Abbey** ist eine der vier Border-Abteien (12. Jh.), die mit den Klöstern Dryburgh, Kelso und Melrose ein Quartett bildet. Die Abteikirche mit Fensterrose ist sehenswert.

🏰 **Jedburgh Castle**
📞 (01835) 86 32 54. ⏰ Ostern–Okt tägl. (So nur nachmittags).
🏛 **Mary, Queen of Scots' House**
📞 (01835) 86 33 31. ⏰ März–Nov tägl.
🏛 **Jedburgh Abbey**
📞 (01835) 86 39 25. ⏰ tägl.

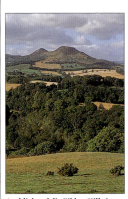

Ausblick auf die Eildon Hills im Spätsommer

Eildon Hills ❹

The Scottish Borders. 🚌 ℹ Melrose (0870) 608 04 04. ⏰ Ostern–Okt.

DIE DREI GIPFEL der Eildon Hills beherrschen die Landschaft. Mid Hill ist mit 422 Metern der höchste, North Hill war einst Sitz einer Festung aus der Bronzezeit und später einer Römerfestung. Der bekannteste Name der Region ist wohl der Dichter Sir Walter Scott *(siehe S. 86)*, der für diese Hügel eine besondere Zuneigung empfand. Die nach ihm benannte Aussicht **Scott's View** liegt östlich von Melrose, nahe Dryburgh Abbey. Der Aussichtspunkt bietet einen schönen Panoramablick auf das Tweed Valley.

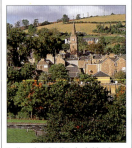

Jedburghs Abteikirche bildet das Zentrum der attraktiven Stadt

Tour durch das Grenzland ●

Das Grenzland (The Borders) ist übersät mit den Resten alter Gebäude, die einst im Konflikt zwischen England und Schottland zerstört wurden. Am eindrucksvollsten sind die Abteien, deren großartige Architektur Zeugnis über ihre einstige geistige und politische Macht gibt. Zur Regierungszeit Davids I gegründet (12. Jh.), wurden die Abteien 1545 durch Henry VIII zerstört.

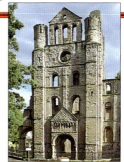

Kelso Abbey ②
Als größte Abtei im Grenzland wurde Kelso 1128 gegründet, die Fertigstellung dauerte 84 Jahre.

Melrose Abbey ⑥
In diesem vormals reichsten Kloster Schottlands soll das Herz von Robert the Bruce begraben liegen *(siehe S. 86)*.

Floors Castle ①
Unweit des Tweed liegt das Schloss der Dukes of Roxburgh (18. Jh.); es ist von Ostern bis Oktober zu besichtigen.

Scott's View ⑤
Hier stand Walter Scott am liebsten und blickte über das Grenzland. Als man ihn zur letzten Ruhe geleitete, machte auch der Trauerzug hier halt.

Dryburgh Abbey ④
Das, was am Ufer des Tweed übriggeblieben ist, stellt vielleicht die eindrucksvollste Klosterruine Schottlands dar. Walter Scott liegt hier begraben.

LEGENDE
— Routenempfehlung
— Andere Straße
☀ Aussichtspunkt

ROUTENINFOS
Länge: 50 km.
Rasten: Lassen Sie Ihr Auto bei Dryburgh Abbey stehen und gehen Sie nördlich zur Fußgängerbrücke über den Tweed.

0 Kilometer 3
0 Meilen 3

Jedburgh Abbey ③
Das Kloster stammt im wesentlichen aus dem 12. Jahrhundert, Teile gehen jedoch auf die Kelten (9. Jh.) zurück. Im Visitors' Centre erfährt man Wissenswertes über die Augustinermönche.

Die Ruinen von Melrose Abbey

Melrose Abbey ❻

Abbey St, Melrose, The Scottish Borders. ((01896) 82 25 62. ○ tägl. 10–16.30 Uhr. ⌨ ♿ eingeschränkt.

Die ROSAFARBENEN Ruinen eines der schönsten Klöster im Grenzland zeugen vom Schicksal derer, die den englischen Invasoren im Weg standen. Das 1136 von König David I für den Orden der Zisterzienser von Yorkshire erbaute Kloster wurde immer wieder beschädigt, so in den Jahren 1322 und 1385. Wie viele andere wurde es unter Henry VIII im Jahre 1545 endgültig zerstört, als Strafe dafür, dass die Schotten einer Heirat zwischen seinem Sohn und der jungen schottischen Königin Mary nicht zugestimmt hatten. Zu erkennen sind heute noch die Umrisse von Kloster, Küche und Abteikirche mit dem hoch aufragenden Ostfenster und den mittelalterlichen Mauerverzierungen. Zu den gut erhaltenen Steinmetzarbeiten an der Südseite gehören ein wasserspeiendes Schwein, das auf dem Dudelsack bläst, sowie weitere Tierfiguren, darunter ein Hahn mit einer Suppenkelle.

Das einbalsamierte Herz, das 1920 hier entdeckt wurde, wird dem Gönner der Abtei, Robert the Bruce, zugeschrieben. Er hatte verfügt, dass sein Herz nach seinem Tod einen Kreuzzug ins Heilige Land mitmachen sollte. Es wurde jedoch nach Melrose Abbey zurückgebracht, nachdem sein Träger James Douglas in Spanien umgekommen war *(siehe S. 89)*.

Abbotsford House ❼

Galashiels, The Scottish Borders. ((01896) 75 20 43. 🚌 von Galashiels. ○ Mitte März–Mai u. Okt tägl. 14–17 Uhr (So nachmittags); Juni–Sep tägl. 10–17 Uhr. 💷 ♿ eingeschränkt.

Nur wenige Häuser spiegeln den Charakter ihres Besitzers so sehr wider wie der Wohnsitz Walter Scotts, in dem er die letzten 20 Jahre seines Lebens zubrachte. 1811 kaufte er hier eine Farm, der er im Andenken an die Mönche der Melrose Abbey, die hier den Tweed überquerten, bald den Namen Abbotsford gab.

Anstelle des ursprünglichen Hauses ließ sich der Dichter mit den Einnahmen, die er mit seinen Romanen erzielte, einen schlossartigen Herrensitz bauen.

Scotts Bibliothek enthält rund 9000 seltene Bücher, und seine Waffensammlung weist ihn als Liebhaber der heroischen Vergangenheit aus. Zu den Wertstücken gehören Rob Roys Schwert *(siehe S. 117)*, ein Kruzifix von Mary Stuart sowie eine Haarlocke von Bonnie Prince Charlie. Zu besichtigen sind das überraschend kleine Arbeitszimmer des Dichters und das Zimmer mit Blick auf den Fluss, in dem er 1832 starb.

SIR WALTER SCOTT

Scott (1771–1832) war von Beruf Anwalt. Zu Ruhm gelangte er jedoch als Schriftsteller, dessen Gedichte und Romane (v. a. die *Waverly*-Romane), in denen er das Leben der Clans verklärte, zu einem neuen schottischen Nationalbewusstsein führten. Seine Organisation des Besuchs von George IV in Edinburgh war eine Sympathiewerbung für die Nationaltracht des Landes, deren Tragen danach wieder erlaubt wurde. Er arbeitete als Gericht im Parliament House *(siehe S. 57)* und war 30 Jahre lang Sheriff von Selkirk. Er liebte das schottische Grenzland, besonders die Trossach Mountains *(siehe S. 116 f)*, denen er mit seinem Roman *Die Dame vom See* (1810) ein Denkmal setzte. Seine letzten Jahre verbrachte er mit dem Abtragen der Schulden (über 114 000 Pfund), die ihm der Bankrott seines Verlegers eingebracht hatte. Er starb schließlich schuldenfrei und wurde in der Dryburgh Abbey begraben.

Der Palas von Abbotsford mit Waffen und Rüstungen

SÜDSCHOTTLAND

Traquair House [8]

Peebles, The Scottish Borders. [(01896) 83 03 23]. von Peebles. Ostern–Okt tägl. 12–17 Uhr; Jul, Aug 10.30–17.30 Uhr. eingeschränkt. www.traquair.co.uk

DAS ÄLTESTE bewohnte Haus Schottlands ist untrennbar mit der religiösen und politischen Geschichte der letzten 900 Jahre verbunden. Der zunächst befestigte Turmbau und spätere Herrensitz *(siehe S. 19)* war fünf Jahrhunderte lang Hochburg der Stuarts. Auch Mary Stuart weilte hier, und ihr Bett ziert eine Decke, die sie selbst bestickt hat. Zahlreiche persönliche Briefe und eine Sammlung von gravierten Gläsern der Jakobiten erinnern an die Zeit der Hochland-Aufstände.

Die großen Gittertore («Bear Gates»), die 1745 nach dem Besuch von Bonnie Prince Charlie geschlossen wurden, sollen erst wieder geöffnet werden, wenn einmal ein König aus dem Hause Stuart den Thron besteigt.

Am Geheimgang zur Kammer des Priesters erkennt man, wie schwer es die katholischen Familien hatten, bevor der katholische Glaube schließlich um 1829 legalisiert wurde.

Marys Kreuz, Traquair House

Peebles [9]

The Scottish Borders. 8000. von Galashiels. 23 High St (0870) 608 04 04.

DAS CHARMANTE Grenzstädtchen bietet einige faszinierende Sehenswürdigkeiten, darunter das **Tweeddale Museum**, in dem Abgussteile des Parthenon-Frieses ausgestellt sind, ebenso Abgüsse eines Frieses aus dem Jahre 1812 mit einer Darstellung des Einzugs Alexanders des Großen nach Babylon. Ganz in der Nähe zeigt das **Scottish Museum of Ornamental Plasterwork** herrliche Deckenverzierungen. Die von einer Mauer umzäunten **Kailzie Gardens** sind ein beliebtes Ziel für Tagesausflügler aus Edinburgh.

🏛 Tweedale Museum
[(01721) 72 48 20]. Ostern–Okt Mo–Sa; Nov–März Mo–Fr.

🏛 Scottish Museum of Ornamental Plasterwork
[(01721) 72 02 12]. Mo–Fr. erste 2 Wochen im Aug.

❀ Kailzie Gardens
[(01721) 72 00 07]. tägl.

Pentland Hills [10]

The Lothian. Edinburgh, dann Bus. Regional Park Headquarters, Edinburgh (0131) 445 33 83.

DER LANGGESTRECKTE Höhenzug südwestlich von Edinburgh gehört zu den schönsten Wandergebieten im ganzen Tiefland. Den Spaziergängern bieten sich viele markierte Wanderwege, während die Sportlicheren den Lift hinauf auf die Skipiste nehmen, um von dort zum 493 Meter hohen Allermuir zu gelangen. Alle begeisterten, geübten Bergwanderer können sich an die Gipfelroute von Caerketton nach West Kip wagen.

Östlich der A703 steht die kunstvoll verzierte **Rosslyn Chapel** aus dem 15. Jahrhundert. Ursprünglich sollte sie als Kirche dienen, aber nach dem Tod ihres Erbauers, William Sinclair, wurde sie zur Grabstätte für seine Nachkommen. Der kunstvolle Apprentice Pillar erinnert an den Lehrling, der den Pfeiler verzierte und danach aus Neid über das gelungene Werk von seinem Meister erschlagen wurde.

🛈 Rosslyn Chapel
[(0131) 440 21 59]. tägl. www.rosslynchapel.org.uk

Reichverziertes Deckengewölbe der Rosslyn Chapel

Die klassischen Arbeiterhäuser von New Lanark aus dem 18. Jahrhundert am Ufer des Clyde

New Lanark ⓫

Clyde Valley. 150. Lanark.
Horsemarket, Ladyacre Rd, Lanark
(01555) 66 16 61. Mo.
www.seeglasgow.com

GEGRÜNDET WURDE die an den malerischen Wasserfällen des Clyde gelegene Stadt 1785 von dem Industriellen David Dale. Dank der einfachen Versorgung der wasserbetriebenen Mühlen entwickelte sich New Lanark bis um das Jahr 1800 zum bedeutendsten Zentrum der Baumwollproduktion in Großbritannien. Die sozialen und wirtschaftlichen Reformen Dales sowie seines Nachfolgers und Schwiegersohns Robert Owen zeigten, dass wirtschaftlicher Erfolg nicht zu Lasten der Arbeiter gehen musste.

Die **New Millenium Experience** erlaubt einen Blick in die Lebensumstände der arbeitenden Klasse im frühen 19. Jahrhundert.

UMGEBUNG: 24 Kilometer nördlich von New Lanark liegt im Clyde-Tal Blantyre. Das David Livingstone Memorial, das Geburtshaus von David Livingstone, erinnert an den berühmtesten Sohn der Stadt.

DAVID LIVINGSTONE

Schottlands großer Missionar, Arzt und Entdecker wurde 1813 in Blantyre geboren und arbeitete bereits mit zehn Jahren in einer Baumwollfabrik. Nach 1840 reiste er zur »Förderung des Handels und der Christenheit« dreimal nach Afrika. Berühmtheit erlangte er als erster Europäer, der die Victoriafälle sah. 1873 starb er auf der Suche nach der Nilquelle. Bestattet ist Livingstone in Westminster Abbey in London.

🏛 **New Millenium Experience**
New Lanark Visitor Centre.
(01555) 66 13 45. tägl. 11–17 Uhr. nach Vereinbarung.

Sanquhar ⓬

Dumfries & Galloway. 2500.
Postamt, High St
(01659) 501 86.

DIE KLEINE STADT spielte eine wichtige Rolle in der Geschichte der Presbyterianer. Um 1680 wurden zwei Schriften gegen die Position der Bischöfe ans Marktkreuz geschlagen, an dessen Stelle heute ein Obelisk aus Granit steht. Die erste Schrift stammte von einem Lehrer namens Richard Cameron, dessen Anhänger sich im Cameronian Regiment zusammenschlossen. Das georgianische **Tolbooth** wurde 1735 vom Architekten William Adam gebaut und beherbergt heute eine heimatkundliche Sammlung und das Fremdenverkehrsamt. Das Postamt von 1763 ist das älteste erhaltene Postgebäude Großbritanniens.

Drumlanrig Castle ⓭

Thornhill, Dumfries & Galloway.
(01848) 33 02 48. Dumfries, weiter mit dem Bus. Mai–Aug Mo–Sa 11–16, So 12–16 Uhr.

DRUMLANRIG CASTLE entstand zwischen 1679 und 1691 anstelle einer Feste der Familie Douglas aus dem 15. Jh. Hinter den vielen Türmen und Erkern verbergen sich eine wertvolle Kunstsammlung und viele Andenken an die Jakobiten,

Geschwungene Treppe und Eingang von Drumlanrig Castle

z. B. Bonnie Prince Charlies Feldkessel, Schärpe und Geldbörse. Zu den Kunstschätzen in den eichengetäfelten Zimmern gehören Werke von da Vinci, Holbein und Rembrandt. Das Wappen mit dem gekrönten und geflügelten Herzen erinnert an den berühmten Douglas-Vorfahren »The Good Sir James«, auch »Black Douglas« genannt. Ihm war das Herz von Robert the Bruce während des Kreuzzugs anvertraut. Als er bereits tödlich verwundet war, schleuderte er das Herz den Mauren entgegen, um das Gelöbnis des früheren Königs zu erfüllen.

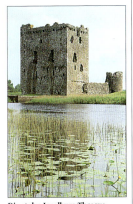

Die stolze Inselburg Threave Castle am Dee

Threave Castle ⑭

(NTS) Castle Douglas, Dumfries & Galloway. (01556) 50 26 11. ≠ Dumfries. ○ Apr–Sep tägl.

Der riesige Turm des »Black Douglas« aus dem 14. Jahrhundert steht auf einer Insel im Dee und dominiert den bestausgerüsteten mittelalterlichen Flusshafen Schottlands.

Douglas' Kämpfe gegen die Stuarts führten nach zwei Monaten Belagerung 1455 zur Aufgabe – nachdem James II die Kanone »Mons Meg« eingesetzt hatte. Threave Castle wurde endgültig zerstört, als die presbyterianischen Belagerer die katholische Burg bezwangen. Im Inneren sind nur noch die Wände der Küche, des Palas und der Dienstbotenquartiere erhalten geblieben.

Die Fassade des Burns Cottage, Geburtsort von Robert Burns

Burns Heritage Trail ⑮

South Ayrshire, Dumfries & Galloway.
🛈 Dumfries (01387) 25 38 62, Ayr (01292) 67 81 00.
W www.dumfriesandgalloway.co.uk

Robert Burns (1759–1796) hinterließ ein enorm breitgefächertes Werk, von satirischer Poesie bis hin zu Liebesliedern. Sein Status als Nationaldichter ist bis heute unangefochten, und ein offizieller Burns Heritage Trail führt die Besucher zu den Orten, an denen der Dichter in Südwestschottland gelebt hat.

In Dumfries befasst sich das **Robert Burns Centre** mit seinen Jahren in der Stadt; im **Burns House**, in dem er von 1793 bis 1796 lebte, sind Erinnerungsstücke ausgestellt. Sein Grab befindet sich auf dem St Michael's Churchyard.

Die **Ellisland Farm** am Ufer des Nith stellt Memorabilien des Dichters aus, darunter einige Stücke der Familie Burns.

Das **Burns House and Museum** in einem seiner früheren Wohnhäuser liegt in Mauchline, 18 km östlich von Ayr.

Alloway, südlich von Ayr, ist das Zentrum des Burns Trail. Im **Tam O'Shanter Experience** werden auf Burns' Hexengedichten basierende Filme und Videos gezeigt. **Burns Cottage**, das Geburtshaus des Poeten, stellt unter anderem Manuskripte aus. Die Ruine der Alloway Kirk strahlt noch den Geist jener Zeit aus.

🏛 **Robert Burns Centre**
Mill Rd, Dumfries. ((01387) 26 48 08. ○ Apr–Sep tägl. 10–17 Uhr; Okt–März Di–Sa.

🏛 **Burns House**
Burns St, Dumfries. ((01387) 25 52 97. ○ Apr–Sep tägl. 10–17 Uhr; Okt–März Di–Sa.

🏛 **Ellisland Farm**
Holywood Rd, Auldgirth. ((01387) 74 04 26. ○ Apr–Sep tägl. 10–17 Uhr; Okt–März Di–Sa. 🎫 ♿

🏛 **Burns House and Museum**
Castle St, Mauchline. ((01290) 55 00 45. ○ Mai–Okt Di–So 10–17 Uhr. 🎫 ♿ eingeschränkt.

🏛 **Tam O'Shanter Experience**
Murdoch's Lane, Alloway. ((01292) 44 37 00. ○ tägl. 9–17 Uhr. 🎫 ♿ 📷 nach Vereinbarung.

🏛 **Burns Cottage**
Alloway. ((01292) 44 37 00. W www.robertburns.org ○ tägl. 10–16 Uhr. 🎫 ♿

SCHOTTISCHE STOFFE

Die Tuchweberei hat im Grenzland eine lange Tradition. Bereits im Mittelalter blühte der Wollhandel, als flämische Mönche Handel mit dem europäischen Festland aufnahmen. Im 19. Jahrhundert, als der Handwebstuhl durch Maschinen ersetzt wurde, gelangte das Clyde-Tal durch Baumwolle zu Wohlstand und Ansehen. Die Paisley-Muster gehen auf indische Vorlagen zurück.

Ein farbenfrohes Paisley-Muster

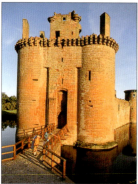

Das märchenhafte Caerlaverock Castle mit seinen roten Steinmauern

Caerlaverock Castle ⓰

Nahe Dumfries, Dumfries & Galloway.
(01387) 77 02 44.
tägl. 9.30–18.30 Uhr.
www.historic-scotland.net

Die imposante Festung aus rotem Stein mit ihrem Burggraben ist die schönste mittelalterliche Burg im Südwesten Schottlands. Sie steht 14 Kilometer südlich von Dumfries und wurde um 1270 aus dem Mauerwerk einer älteren, nahe gelegenen Burg errichtet.

Caerlaverock wurde in den Unabhängigkeitskriegen berühmt, als Edward I, König von England, es 1300 belagerte und einen Präzedenzfall im mehr als drei Jahrhunderte langen Kampf schuf. Chronisten der Abenteuer Edwards beschreiben die Burg fast so, wie man sie heute vorfindet, obwohl sie von englischen und schottischen Truppen zwischen dem 14. und 16. Jahrhundert teilweise zerstört und einige Male wieder aufgebaut wurde. In dieser Zeit war Caerlaverock Castle die Festung der Familie Maxwell, deren Wappen über der Tür prangt. Es war der Kampf zwischen Robert Maxwell, dem ersten Earl of Nithsdale und Anhänger Charles' I, und seinem Gegner, einer Covenanter-Armee, der 1640 zur Zerstörung der Burg führte.

Kirkcudbright ⓱

Dumfries & Galloway. 3600.
Harbour Sq (01557) 33 04 94.
Ostern–Okt tägl.

Die attraktive Stadt an der Spitze der Kirkcudbright Bay und der Mündung des Dee hat eine lange künstlerische Vergangenheit. Der Tolbooth aus dem späten 16. Jahrhundert ist nun das **Tolbooth Art Centre** mit Ausstellungen der Werke von Kirkcudbrights Künstlern aus der Zeit von 1880 bis heute. Der berühmteste von ihnen ist Edward Hornel (1864–1933), ein Freund der Glasgow Boys, der prächtige Bilder japanischer Frauen malte. Werke von ihm sind auch in seinem ehemaligen Broughton House (High Street) zu sehen.

MacLellan's Castle im Stadtzentrum wurde 1582 vom damaligen Bürgermeister von Kirkcudbright gebaut. Die Ruinen der Dundrennan-Abtei stammen aus dem 12. Jahrhundert. Mary, Queen of Scots, flüchtete von hier aus im Mai 1568 nach England.

🏛 **Tolbooth Art Centre**
High St. (01557) 33 15 56.
Mo–Sa.

MacLellan's Castle
(01557) 33 18 56. Apr–Sep tägl.; Okt–März Sa u. So.

Whithorn ⓲

Dumfries & Galloway. 1000.
Stranraer. Dashwood Sq, Newton Stewart (01671) 40 24 31.
www.dumfriesandgalloway.co.uk

Der Name der ersten christlichen Andachtsstätte Schottlands (Withorn bedeutet weißes Haus) geht auf eine 397 vom Heiligen Ninian gebaute weiße Kapelle zurück, von der keine Relikte übrig geblieben sind. Archäologische Ausgrabungen bezeugen jedoch Siedlungen der Wikinger, Northumbrier und Schotten aus dem 5. bis 19. Jahrhundert. Das Informationszentrum **The Whithorn Story** berichtet multimedial über die Ausgrabungen und eine Sammlung behauener Steine, darunter einer aus dem Jahr 450.

🏛 **The Whithorn Story**
45–47 George St. (01988) 50 05 08.
Apr–Okt tägl.
www.whithorn.com

Galloway Forest Park ⓳

Dumfries & Galloway. Stranraer.
Clatteringshaws Visitor Centre (01644) 42 02 85, Glen Trool Visitor Centre (01671) 40 24 20, Kirroughtree Visitor Centre (01671) 40 21 65.
www.forestry.gov.uk

Dieser wildeste Landstreifen Südschottlands ist von einzigartiger Schönheit und auch

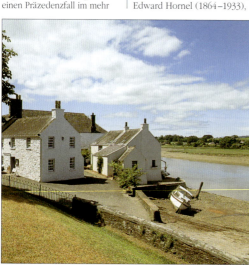

Traditionelle Steinbauten an der Küste bei Kirkcudbright

Loch Trool, Schauplatz eines Siegs von Robert the Bruce

historisch interessant. Der Park erstreckt sich über 670 Quadratkilometer direkt nördlich von Newton Stewart. Landschaftlicher Höhepunkt ist Loch Trool. Bei Caldons Wood am Westende des Sees kennzeichnet das Martyrs' Monument den Ort, an dem 1685 sechs Covenanters beim Gebet getötet wurden. Bruce's Stone am Nordufer erinnert an das Jahr 1307, als Robert the Bruce die englischen Truppen besiegte. Die Hügel nördlich des Loch Trool sind bemerkenswert hoch. Der Bennan misst 562 Meter, der Benyellary 719 Meter. Mit 843 Metern ist der Merrick der höchste Berg Südschottlands. Eine Rundwanderung von Loch Trool bis zum Gipfel des Merrick und wieder zurück über den silbernen Sand des Loch Enoch im Osten ist 15 Kilometer lang. Sie führt über unebene Pfade, ist aber auf jeden Fall lohnenswert.

The Rhinns of Galloway [20]

Dumfries & Galloway. Stranraer. Stranraer, Portpatrick. Stranraer. 28 Harbour St, Stranraer (01776) 70 25 95.

Die Halbinsel im äußersten Südwesten Schottlands wird durch Loch Ryan und die Luce Bay vom übrigen Land getrennt. Zu den Sehenswürdigkeiten gehört der **Logan Botanic Garden**, der 1900 nahe Port Logan angelegt wurde. Das durch den Golfstrom milde Klima lässt subtropische Pflanzen gedeihen.

Stranraer am Loch Ryan ist das Wirtschaftszentrum und Fährhafen für Nordirland. Das nahe gelegene **Portpatrick** ist hübscher. Zu sehen sind hier eine Kirchenruine aus dem Jahr 1629 und die Ruinen des Dunskey Castle (16. Jh.).

🌷 **Logan Botanic Garden**
Bei Port Logan, Stranraer. (01776) 86 02 31. März–Okt tägl.

WANDERUNG DURCH DEN GALLOWAY FOREST

Die Wanderung führt durch wilde Hügellandschaften vorbei an schönen Lochs. Geeignetes Schuhwerk, wasserfeste Kleidung und eine Karte sind notwendig. Vom Parkplatz geht es zu einer Hütte hinunter. Überqueren Sie die Brücke und nehmen Sie nordöstlich den Pfad durch ein Feld. Nach 1,5 km durch das Gairland-Burn-Tal gelangen Sie zum Loch Valley. Weiter nördlich liegt Loch Neldricken. Von dort aus können Sie die gleiche Route zurück nehmen. In diesem Gebiet wechseln sich einst vergletscherte Hügel und kleine, vor Jahrtausenden entstandene Bergseen ab. Ist die Zeit knapp oder das Wetter schlecht, nehmen Sie den kürzeren Weg um Loch Trool.

LEGENDE

- - - Fussweg
=== Zufahrtsstraße
🌼 Aussichtspunkt
P Parken

ROUTENINFOS

Start: Bruce's-Stone-Parkplatz, Nordseite von Loch Trool.
Länge: 10 km.
Anfahrt: Auf der A714, ca. 14 km nördlich von Newton Stewart, abbiegen, dann 8 km (5 Meilen) auf Zufahrtsstraße.

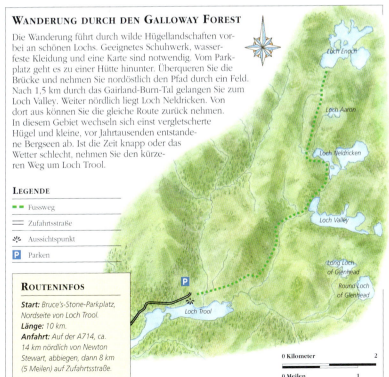

Culzean Castle ㉑

Robert Adam von George Willison

DIESE FELSENBURG liegt inmitten eines riesigen Parks. Sie war im 16. Jahrhundert der Landsitz der Earls of Cassillis, wurde zwischen 1777 und 1792 von dem neoklassizistischen Architekten Robert Adam umgebaut und 1970 restauriert. Der umgebende Park wurde 1969 Schottlands erster öffentlicher Landschaftspark, in dem Landwirtschaft und kunstvoll angelegte Gärten gleichermaßen vertreten sind. Auf diese Weise wird das Nebeneinander von Arbeit und Muße auf einem großen Landsitz verdeutlicht.

Culzean Castle von Nasmyth (um 1815)

Lord Cassillis' Gemächer mit der für das 18. Jahrhundert typischen Einrichtung, einschließlich eines Ankleidezimmers von 1740.

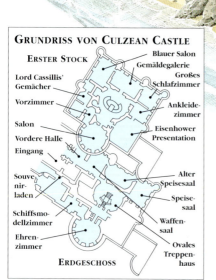

GRUNDRISS VON CULZEAN CASTLE

ERSTER STOCK
- Blauer Salon
- Gemäldegalerie
- Großes Schlafzimmer
- Lord Cassillis' Gemächer
- Vorzimmer
- Ankleidezimmer
- Salon
- Vordere Halle
- Eingang
- Eisenhower Presentation
- Souvenirladen
- Alter Speisesaal
- Speisesaal
- Schiffsmodellzimmer
- Waffensaal
- Ehrenzimmer
- Ovales Treppenhaus

ERDGESCHOSS

Im Uhrenturm mit der Uhr aus dem 19. Jahrhundert befanden sich ursprünglich die Ställe, in denen auch die Kutschen untergebracht waren. Heute beherbergt das Gebäude Wohn- und Unterrichtsräume.

NICHT VERSÄUMEN

★ Salon

★ Ovales Treppenhaus

CULZEAN CASTLE

Waffensaal
An den Wänden hängen Bajonette und Feuersteinpistolen – Ausrüstung des West Lowland Fencible Regiment vor dem drohenden Einfall Napoleons.

Fountain Court
Dieser etwas tiefer liegende Garten ist ein guter Ausgangspunkt für eine Besichtigungstour.

INFOBOX

(NTS) 6 km von Maybole, Ayrshire. (01655) 88 44 00. Ayr, dann Bus. **Burg** Apr–Okt tägl. 10–17.30 Uhr. **Gelände** tägl. bei Tageslicht.

Die Eisenhower Presentation in der oberen Etage ehrt den General für seine Verdienste während des Zweiten Weltkriegs.

Kutschenweg

★ Salon
In den Originalfarben des 18. Jhs. restauriert, liegt dieser Salon auf einem Felsen 46 Meter hoch über dem Firth of Clyde. Neben Louis-XVI-Stühlen liegt hier eine Kopie des von Adam entworfenen runden Teppichs.

★ Ovales Treppenhaus
Das Treppenhaus mit dem großen Oberlicht und den ionischen und korinthischen Säulen gilt als eine der Meisterleistungen Adams.

GLASGOW

GLASGOW PRÄSENTIERT SICH FRECH – *durch das Aussehen seiner neuen Gebäude, wie z. B. des ausgefallenen Erweiterungsbaus des Scottish Exhibition Centres, das Modeangebot in den Designerläden und die Schlagfertigkeit seiner Bewohner. In den 1970er Jahren war Glasgow eine etwas orientierungslose Stadt mit einer verblassenden industriellen Geschichte, doch seither hat sich viel geändert.*

Glasgows Stadtzentrum am Nordufer des Clyde ist seit Urzeiten bewohnt. Die Kelten nannten es »Glas cu«. Schon vor über 2000 Jahren waren die Römer hier, und im 6. Jahrhundert ließ sich eine Religionsgemeinschaft in dieser Region nieder. Vom 12. Jahrhundert an spielte Glasgow eine wichtige Rolle als Handelsstadt.

Historische Gebäude wie das Stadthaus Provand's Lordship (15. Jh.) erinnern an die vorindustriellen Wurzeln, doch das moderne Glasgow gedieh durch den Reichtum des Britischen Empires und der Industriellen Revolution. Im 18. Jahrhundert importierte man Zucker, Rum und Tabak aus den Kolonien, im 19. Jahrhundert wurde Glasgow zum Zentrum der Baumwollproduktion. Später verlegte man sich auf den Schiff- und Maschinenbau. Viele arme Menschen aus den Highlands, von den schottischen Inseln und aus Irland zogen in die Stadt. Zwischen 1780 und 1880 stieg die Bevölkerungszahl von 40 000 auf über 500 000. Die Stadtgrenzen verlagerten sich, und trotz einer Wirtschaftskrise zwischen den beiden Weltkriegen klammerte man sich bis in die 1970er Jahre, als traditionelle Fertigkeiten nicht mehr gefragt waren, an den Status als Industriegigant. Es galt, schwierige Zeiten zu überwinden, doch Glasgow meldete sich zurück: 1990 als Europäische Kulturhauptstadt und 1999 als Architekturhauptstadt Großbritanniens. Im Rahmen eines gigantischen Projekts wird das Hafengebiet für rund 500 Millionen Pfund umgestaltet und modernisiert.

Moderne Brasserien in der aufgeputzten Merchant City von Glasgow

◁ Buntglasfenster, eine der Arbeiten des Architekten und Designers Charles Rennie Mackintosh

Überblick: Glasgow

Die Strassen in Glasgows Stadtzentrum verlaufen rasterartig von Ost nach West und von Nord nach Süd am Nordufer des Clyde. Hier liegen die wichtigsten Bahnhöfe, Geschäfte und das Fremdenverkehrsbüro (George Square). Außerhalb des Zentrums ist die Byres Road westlich des Kelvingrove Parks mit ihren Bars und Restaurants nahe der Universität Mittelpunkt des »West End«. Im Pollok Country Park im Südwesten befindet sich die wunderbare Burrell Collection.

Detail der modernen Fassade des Mungo Museums

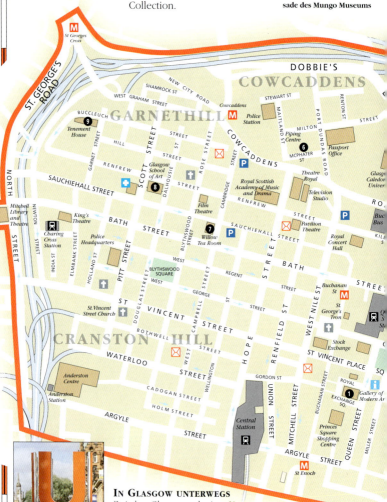

Unverkennbar: das »U« der Glasgower U-Bahn

In Glasgow unterwegs

Zwischen Glasgow und seinen Vororten gibt es gute Zugverbindungen. Die Stadt hat ein U-Bahn-System, das nördlich und südlich des Clyde in einer Schleife um das Zentrum führt (seltenere Verbindungen an Sonntagen). Die Autobahn M8 führt durch das Zentrum und verbindet Inverclyde und den westlich gelegenen Flughafen mit Edinburgh im Osten. Busse oder Taxis sind geeignete Alternativen.

GLASGOW

SEHENSWÜRDIGKEITEN AUF EINEN BLICK

Historische Straßen und Gebäude
George Square ❷
Glasgow Cathedral und Necropolis ❺
Pollok House ⓱
Willow Tea Room ❼

Museen und Sammlungen
Burrell Collection S. 104f ⓲
Gallery of Modern Art ❶
Glasgow Science Centre ❿
Hunterian Art Gallery ⓭
Kelvingrove Art Gallery and Museum ⓫

Museum of Transport ⓬
People's Palace ⓯
Provand's Lordship ❸
St Mungo Museum of Religious Life and Art ❹
Tenement House ❾

Parks und Gärten
Botanic Gardens ⓮

Kunstzentren
Glasgow School of Art ❽
House for an Art Lover ⓰
Piping Centre ❻

Sauchiehall Street, das Herz des geschäftigen Einkaufsviertels

SIEHE AUCH
- *Übernachten* S. 168f
- *Restaurants* S. 178ff

LEGENDE
- Wichtige Sehenswürdigkeit
- Busbahnhof
- Bahnhof
- M U-Bahn-Station
- P Parken
- Information
- Post
- Krankenhaus
- Kirche

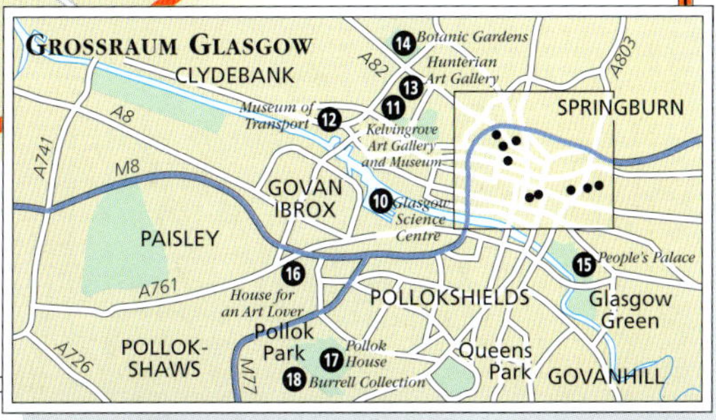

GROSSRAUM GLASGOW

Die imposanten City Chambers auf dem George Square. Eine Statue von Sir Walter Scott krönt die Hauptsäule

Gallery of Modern Art ❶

Queen Street. (0141) 229 19 96.
Mo–Mi u. Sa 10–17 Uhr, Do 10–20 Uhr, Fr u. So 11–17 Uhr.
W www.goma.glasgow.gov.uk

Der frühere Sitz der Royal Exchange von Glasgow (der Börsenplatz der Stadt) wurde 1829 errichtet. Teil des Gebäudes ist eine hier Ende des 18. Jahrhunderts erbaute Villa. Direkt nach Ende des Zweiten Weltkriegs übernahm die Stadtverwaltung das Gebäude, das dann über viele Jahre als Bibliothek diente. Schließlich wurde hier 1996 die Gallery of Modern Art eröffnet. Sie zählt zu den

Prunkvoller Turm der Gallery of Modern Art

bedeutendsten zeitgenössischen Kunstgalerien in Großbritannien. Die GoMA zeigt eine beeindruckende Sammlung von Werken herausragender Glasgower Künstler. Zu sehen sind außerdem interessante Wechselausstellungen mit Gemälden schottischer wie internationaler Künstler. Häufig setzen sich diese mit aktuellen sozialkritischen Themen auseinander. Die gesellschaftliche Situation von sogenannten Randgruppen ist dabei oft zentral.

George Square ❷

Stadtzentrum. **City Chambers** (0141) 287 20 00. Mo–Mi u. Fr, Führungen 10.30 und 14.30 Uhr.
Merchant House (0141) 221 82 72. nach Vereinbarung.

Der George Square wurde im späten 18. Jahrhundert als Wohnviertel angelegt, die in der viktorianischen Ära erfolgte Sanierung sicherte ihm jedoch den Status als Mittelpunkt der Stadt. Von der Umgestaltung Ende des 19. Jahrhunderts blieb lediglich das Millenium Hotel (1807) an der Nordseite des Platzes verschont.

In den 1870er Jahren entstanden viele Gebäude, u. a. die ehemalige Post (1876) an der Südostseite sowie das **Merchant House** (1877) an der Westseite.

Letzteres ist Sitz von Glasgows Handelskammer. Die 1781 gegründete Organisation ist die älteste ihrer Art im Königreich.

Das imposanteste Gebäude auf dem George Square sind die **City Chambers** auf der Ostseite. Von William Young im Stil der italienischen Renaissance entworfen, wurden sie 1888 von Königin Victoria eröffnet. Das prunkvolle Gebäude mit den eleganten, marmor- und mosaikverzierten Räumen gehört zu den beeindruckendsten seiner Art in Schottland.

Provand's Lordship ❸

3 Castle St. (0141) 287 26 99.
10–17; Fr u. So 11–17 Uhr.

Provand's Lordship wurde 1471 für den Kanonikus gebaut. Das älteste Haus Glasgows ist heute ein Museum. Die niedrigen Decken und die karge Einrichtung vermitteln einen guten Eindruck vom Leben einer wohlhabenden Familie im 15. Jahrhundert. Mary, Queen of Scots (siehe S. 44), mag hier gewohnt haben, als sie 1566 ihren Cousin und Ehemann, Lord Darnley, in Glasgow besuchte.

Provand's Lordship, Glasgows ältestes Gebäud

St Mungo Museum of Religious Life and Art ❹

2 Castle St. (0141) 553 25 57.
tägl. 10–17 Uhr. nach Vereinbarung.

Glasgow hat tiefe religiöse Wurzeln. Die Stadt entwickelte sich aus einer Siedlung, deren erster Bau in von dem Priester Mungo gegründetes Kloster war (6. Jh.). Mungo starb Anfang des 7. Jahrhunderts und liegt unterhalb der Kathedrale von Glasgow begraben. Die Kathedrale stammt aus dem 12. Jahrhundert und steht auf vom Heiligen Ninian 397 gesegnetem Grund.

Detail des St Mungo Museums

In den letzten Jahren legte die steigende Anzahl Besucher der Kathedrale die Einrichtung eines Informationszentrums nahe. Da trotz der Bemühungen der Society of Friends of Glasgow Cathedral nicht genügend Mittel aufgebracht werden konnten, beschloss die Stadtbehörde, ein größeres Projekt, das Museum of Religious Life and Art, zu finanzieren. Das neben der Kathedrale auf dem ehemaligen Burggelände der Bischöfe von Glasgow (13. Jh.) gelegene Museum sieht aus wie ein jahrhundertealtes befestigtes Haus, obwohl es erst 1993 fertiggestellt wurde.

Das Obergeschoss erzählt die Religionsgeschichte des Landes aus einer bewusst neutralen Perspektive. Katholizismus, Protestantismus und andere Glaubensrichtungen des modernen Schottland sind hier vertreten. Berichtet wird über das Leben der großen muslimischen Gemeinde, die seit 1884 ihre eigene Moschee hat, wie auch über die Gläubigen aus Glasgow, die zum Bahaismus übergetreten sind.

Die anderen Etagen sind der Kunst gewidmet. Highlight der Ausstellung ist Salvador Dalís *Christus vom heiligen Johannes vom Kreuz* (1951), das trotz der Kontroversen über sein Thema 1952 nach Glasgow gebracht wurde. Das Gemälde wurde 1961 mutwillig beschädigt, später aber wieder restauriert. Es hat nun seinen Platz neben religiösen Kunstwerken wie Grabscheiben aus dem neolithischen China (2000 v. Chr.), zeitgenössischen Gemälden der Aborigines Australiens und herrlichem schottischen Buntglas vom Beginn des 20. Jahrhunderts.

Untersucht werden auch Fragen von fundamentaler Bedeutung für Angehörige aller Religionen (Krieg, Verfolgung, Tod, Leben nach dem Tod) und aus so weit entfernten Kulturen wie Westafrika und Mexiko. Im das Museum umgebenden Gelände gibt es einen von Yasutaro Tanaka geschaffenen Zen-Garten. Solche Gärten sind seit Beginn des 16. Jahrhunderts als Kontemplationshilfe in jedem japanisch-buddhistischen Tempel zu finden.

Dalís *Christus vom heiligen Johannes vom Kreuz* im Museum of Religious Life and Art

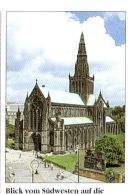

Blick vom Südwesten auf die mittelalterliche Kathedrale

Glasgow Cathedral und Necropolis ❺

Cathedral Square. **Cathedral**
(0141) 552 68 91. Ostern–Apr Mo–Sa 9.30–18, So 14–17 Uhr; Nov–Ostern Mo–Sa 9.30–16, So 14–16 Uhr. **Necropolis** tägl. 24 Std.

Als eine der wenigen Kathedralen, die der Zerstörung während der schottischen Reformation *(siehe S. 44)* entgingen, ist die Glasgow Cathedral ein seltenes Beispiel einer fast vollständig erhaltenen Kirche aus dem 13. Jahrhundert.

Sie wurde auf dem Gelände einer vom Heiligen Mungo, Bischof von Strathclyde (6. Jh.) und Schutzpatron der Stadt, gegründeten Kapelle errichtet. Einer Legende nach legte dieser den Leichnam eines Heiligen namens Fergus auf einen von zwei Stieren gezogenen Karren und ließ ihn an den von Gott bestimmten Ort bringen. Dort, wo die Tiere anhielten, baute Mungo seine Kirche.

Wegen der Hanglage wurde die Kathedrale auf zwei Ebenen erbaut. Die Krypta beherbergt das Grab des Heiligen Mungo, das von einer Phalanx reich verzierter Bündelpfeiler umgeben ist. Das Blacader Aisle soll über einem vom Heiligen Ninian geweihten Friedhof erbaut worden sein.

Hinter der Kathedrale blickt der Reformer John Knox *(siehe S. 44)* von einer Säule aus über einen viktorianischen Friedhof auf die Stadt. Die Nekropolis ist mit Denkmälern für die Toten der Glasgower Kaufmannsfamilien gefüllt.

Piping Centre ❻

30–34 McPhater St. ☎ (0141) 353 02 20. ◯ tägl. 10–16.30 Uhr.

Das Dudelsackzentrum öffnete 1996 in einer umgebauten Kirche seine Pforten und zeigt anschaulich die Geschichte der Dudelsackmusik in Schottland. Es beherbergt u. a. das **National Museum of Piping**, das die Herkunft des Instrumentes dokumentiert. Die Exponate zeigen, dass bereits im 14. Jahrhundert Dudelsäcke hergestellt wurden. Doch erst im 17. und 18. Jahrhundert erlebte das Instrument in den Highlands seine wahre Blüte. Dies war die Ära der MacCrimmons of Skye (Pfeifer der Chefs des Clans MacLeod), in der man komplexe Melodien (*ceol mor*, »große Musik«) für die Clantreffen oder Schlachten komponierte.

Traditioneller Dudelsack

Willow Tea Room ❼

217 Sauchiehall St. ☎ (0141) 332 05 21. ◯ Mo–Sa 9–17, So 13–17 Uhr.

Dieser Salon ist der einzig übrig gebliebene einer ganzen Reihe von Tea Rooms, die Charles Rennie Mackintosh *(siehe S. 101)* zur Jahrhundertwende für die Restaurantbesitzerin Miss Kate Cranston gestaltete. Jedes Detail in diesem Raum entwarf der Designer eigenhändig.

Besonders der 1904 geschaffene **Room de Luxe** zeigt die Exzentrik des Schöpfers: Silbernes und malvenfarbenes Mobiliar, buntes Glas und eine herrliche Eingangstür schaffen ein Ambiente, in dem man herrlich dekadent seinen Nachmittagstee einnehmen kann.

Die von Mackintosh geschaffene Innenneinrichtung des Willow Tea Room

Fassade der Glasgow School of Art, ein Meisterwerk Mackintoshs

Glasgow School of Art ❽

167 Renfrew St. ☎ (0141) 353 45 26. ◯ Mo–Sa (nach Vereinbarung). eingeschränkt.
🌐 www.gsa.ac.uk

Die Glasgow School of Art gilt allgemein als die beste architektonische Leistung in der an Höhepunkten reichen Karriere des Charles Rennie Mackintosh. Sie wurde zwischen 1897 und 1909 erbaut, als Ergebnis eines gewonnenen Architekturwettbewerbs. Wegen finanzieller Probleme wurde sie in zwei Bauabschnitten realisiert. Die früher gebaute Osthälfte erscheint sehr streng und wurde von einem zeitgenössischen Kritiker mit einem Gefängnis verglichen. Die spätere Westhälfte mutet etwas sanfter an.

Architekturstudenten führen Sie durch die Furniture Gallery, den Board Room und die Bibliothek, ein Meisterwerk der Raumkomposition. Welche Teile des wunderbaren Gebäudes zur Besichtigung offen stehen, hängt vom Lehrplan der Studenten ab, denn das Haus ist in erster Linie immer noch eine überaus aktive und sehr erfolgreiche Kunsthochschule.

Tenement House ❾

(NTS) 145 Buccleuch St. ☎ (0141) 333 01 83. ◯ März–Okt tägl. 14–17 Uhr. nach Vereinbarung.

Das Tenement House gleicht mehr einer Zeitkapsel als einem Museum: Wer über die Schwelle tritt, kann hier erfahren, wie sich das Leben in einem Glasgower Mietshaus des frühen 20. Jahrhunderts abgespielt hat. Glasgow verdankt einen großen Teil seiner Vitalität und Nachbarschaftlichkeit dem Leben in den Mietshäusern. Leider haben diese viktorianischen und edwardianischen Häuser heute einen schlechten Ruf und wurden so vielfach einfach abgerissen.

Das Tenement House war das Zuhause von Miss Agnes Toward, die hier von 1911 bis 1965 lebte. Während dieser Zeit wurde es kaum verändert, und weil Agnes einfach nichts wegwerfen konnte, ist das Haus heute ein Schatzkästchen der Sozialgeschichte. Im Salon, den man nur bei besonderen Anlässen benutzte, ist noch das Teegeschirr zu bestaunen. Die Küche mit Kohleofen und Etagenbett ist vollgestopft mit Utensilien längst vergangener Zeiten wie dem altmodischen Waffeleisen, einem Waschbrett und einer Wärmflasche aus Stein. Lavendelwasser und Medizin der Bewohnerin sind noch immer im Bad zu sehen, so als wäre Agnes vor 70 Jahren nur kurz ausgegangen.

Die erhaltene edwardianische Küche im Tenement House

Glasgower Künstler

Detail, House for an Art Lover

ENDE DES 19. JAHRHUNDERTS war Glasgow ein wichtiger Künstlertreffpunkt. Einflussreiche Maler wie Sir James Guthrie und Robert McGregor errangen hier ihre Erfolge. Wegen des Snobismus der Edinburgher Kunstszene suchten jedoch viele Künstler außerhalb Schottlands ihren Ruhm. Nach der Londoner Ausstellung 1890 kam der Begriff der »Glasgower Schule« auf, die Künstler selbst bezeichneten sich aber lieber als die »Glasgow Boys«. Der Jugendstilkünstler Charles Rennie Mackintosh trug mit seinem Genie viel zum kreativen Leben der Stadt sowie zu der neuen Glasgow School of Art bei; die Kunsthochschule wurde in zwei Phasen 1899 und 1909 erbaut. In jüngerer Zeit beschrieb man mit dem Begriff Glasgow Boys jene Künstlergeneration, die in den 1970er und 1980er Jahren die Glasgow School of Art besucht hat.

Stirling Station *von William Kennedy (1859–1918)* zeigt Wartende auf einem Bahnsteig. Die bunten Farben und der Dampf der Lokomotiven tragen zur lebendigen Atmosphäre des dargestellten Bahnhofs bei.

A Star (1891) von Sir John Lavery *ist ein typisches Werk des Porträtmalers. In Belfast geboren, studierte er in Glasgow und war Vertreter der von Whistler und den Impressionisten beeinflussten Glasgower Schule.*

The Wayfarer *von Edward Arthur Walton (1860–1922) lenkt den Blick des Betrachters mit Hilfe des sich schlängelnden Weges in die Ferne.*

1901 von Mackintosh entworfen, wurde das House for an Art Lover (siehe S. 103) erst 1996 gebaut. Das Design des Gebäudes und das Interieur basieren auf den Originalplänen.

Mackintoshs Tulpen *auf schachbrettartigem Hintergrund sind ein Musterbeispiel für das Jugendstil-Dekor und zeigen den Gegensatz organischer und geometrischer Formen.*

Mackintoshs typische runde Formen *erkennt man auf diesem Detail einer Glastüre im House for an Art Lover.*

CHARLES RENNIE MACKINTOSH

Glasgows berümtester Designer (1868–1928) kam mit 16 Jahren auf die Glasgow School of Art. Nach dem Erfolg des Willow Tea Room entwickelte er sich zum führenden Vertreter des Jugendstils. Seine Mischung geschwungener und gerader Linien ist typisch für den Stil des beginnenden 20. Jahrhunderts.

Glasgow Science Centre ❿

50 Pacific Quay. (0141) 420 50 00. tägl. www.gsc.org.uk

Der beeindruckende glänzende Turm dieses neuen Technologieparks ist ein unverwechselbares Erkennungszeichen der Stadt. Im Jahr 2001 wurde der mit Titan verkleidete Komplex am Südufer des River Clyde eröffnet. Der Bau kostete 75 Millionen Pfund.

Das dreistöckige Zentrum zeigt die Welt der gewöhnlichen, alltäglichen Technologie sowie eine Vielzahl an dynamischen, interaktiven Ausstellungen, Labors und Multimedia-Vorstellungen. Das einzige IMAX-Kino Schottlands befindet sich gleich nebenan und zeigt atemberaubende Bilder der natürlichen und wissenschaftlichen Welt. Der sich drehende, 100 Meter hohe Turm bleibt vorerst aus technischen Gründen geschlossen. Fußgänger können das Gelände vom Nordufer des River Clyde über die 1988 erbaute Bell's Bridge erreichen.

Kelvingrove Art Gallery and Museum ⓫

Argyle St, Kelvingrove. (0141) 287 26 99. bis Mitte 2006. **McLellan Galleries** Sauchiehall St. (0141) 565 41 00 Mo–Do u. Sa 10–17 Uhr, Fr u. So 11–15 Uhr.

Ein imposantes rotes Backsteingebäude, Kelvingrove, beherbergt Schottlands

George Henrys *Japanese Lady with a Fan* (1894), Kelvingrove

populärste Kunstgalerie und ist Sitz einer großartigen Kunstsammlung. Die Galerie ist zur Zeit wegen Umbauarbeiten geschlossen. Kunstinteressierte können in den McLellan Galleries mehr als 200 Gemälde bewundern. Die einzelnen Stücke repräsentieren verschiedene Themen der Hauptsammlung und wurden entsprechend angeordnet. Bekannt sind Kelvingroves Sammlungen niederländischer und flämischer Malerei des 17. Jahrhunderts (z. B. Rembrandt) sowie britischer Künstler des 19. Jahrhunderts (z. B. Turner und Constable). Auch den Werken schottischer Künstler *(siehe S. 101)* ist ausreichend Raum gewidmet. Zu den Höhepunkten gehören zwei Arbeiten des Glasgower Designers Charles Rennie Mackintosh.

Museum of Transport ⓬

1 Bunhouse Rd. (0141) 287 20 00. Mo–Do u. Sa 10–17, Fr u. So 11–17 Uhr.

Mit Sitz in Kelvin Hall spiegelt das Museum den einstigen rasanten industriellen Aufschwung der Stadt wider. Schiffsmodelle, Dampfmaschinen, Autos und Motorräder wecken die Erinnerung an die Zeit des 19. und des frühen 20. Jahrhunderts, als Glasgow die zweitwichtigste Industriestadt des British Empire war. Das alte Glasgow wird durch Originalfilme zum Leben erweckt, und die Rekonstruktion einer Straße von 1938 mit Jugendstilfassaden, Kino und U-Bahn-Station fasziniert jeden.

Rekonstruktion einer Straße von 1938 mit U-Bahn-Station, Museum of Transport

Hunterian Art Gallery ⓭

82 Hillhead St. (0141) 330 54 31. Mo–Sa 9.30–17 Uhr. 24. Dez–5. Jan.

Ursprünglich errichtet als Unterbringungsort für einige Gemälde, die der frühere Student und Mediziner Dr. William Hunter (1718–1783) der Universität hinterließ, birgt die Hunterian Art Gallery Schottlands bedeutendste Gemäldesammlung. Zu sehen sind Gemälde europäischer Künstler ab dem 16. Jahrhundert. Die Sammlung mit Werken von Charles Rennie Mackintosh *(siehe S. 101)* wird durch eine Rekonstruktion des Hauses No. 6 Florentine Terrace abgerundet,

Kelvingrove Art Gallery und die Glasgow University von Süden gesehen

in dem der Künstler von 1906 bis 1914 lebte. Die schottische Malerei ist vertreten durch William McTaggart (1835–1910) und v. a. durch den in Paris ausgebildeten James McNeill Whistler (1834–1903), der zahlreiche Maler der Glasgower Schule beeinflusste.

Whistlers *Sketch for Annabel Lee* (um 1869), Hunterian Art Gallery

Botanic Gardens ⓮

Great Western Rd. ☏ (0141) 334 2422. ⏰ Sonnenauf- bis -untergang. ♿ 🅿 nach Vereinbarung.

Dieser Park im Herzen des West End liegt am Ufer des Kelvin. Ursprünglich 1817 an anderer Stelle errichtet, wurde der Standort 1839 verlegt. Drei Jahre später wurden die Botanic Gardens der Öffentlichkeit zugänglich gemacht. Neben den Gewächshäusern mit Palmen und tropischen Pflanzen ist vor allem der **Kibble Palace** einen Besuch wert. Dieser Glaspalast wurde vom viktorianischen Ingenieur John Kibble am Loch Long in den Highlands erbaut und etwa 1870 an seinen heutigen Platz gebracht, was seinem einstigen Glanz ein wenig geschadet hat.

People's Palace ⓯

Glasgow Green. ☏ (0141) 554 02 23. ⏰ Mo–Do, Sa 10–17; Fr u. So 11–17 Uhr. ♿

Das viktorianische Sandsteingebäude wurde 1898 als Kulturmuseum für die Bewohner des Glasgower East End erbaut. Es zeigt alles von Gewerkschaftsflaggen über Plakate der Suffragetten bis hin zu den bananenförmigen Stiefeln des Komikers Billy Connolly. Das Museum gibt einen Überblick über die Stadt und ihre Bewohner vom 12. bis zum 20. Jahrhundert. Der exotische Wintergarten mit Tropenpflanzen und Vögeln lädt zum Ausruhen ein.

House for an Art Lover ⓰

Bellahouston Park, Dumbreck Rd. ☏ (0141) 353 47 91. ⏰ tägl. 10–16 Uhr. ⬤ Fr und bei Veranstaltungen. 📷 ♿

Die Pläne für das »Haus für einen Kunstliebhaber« wurden 1900 von Charles Rennie Mackintosh und seiner Partnerin Margaret Macdonald als Wettbewerbsbeitrag bei einem deutschen Magazin ein-

Mackintosh-Klavier im Musikzimmer, House for an Art Lover

gereicht. Dieser Wettbewerb sah vor, einen Landsitz für einen eleganten und gebildeten Kunstliebhaber zu entwerfen. Da es sich um eine rein theoretische Übung handelte, konnte das Designerpaar ohne Rücksicht auf Kosten und Logistik planen und gewann für seinen Entwurf einen Sonderpreis.

Mehr als 80 Jahre blieben diese Entwürfe ungenutzt, bis sich der Ingenieur Graham Roxburgh, der bereits andere Mackintosh-Interieurs in Glasgow renoviert hatte (darunter die Craigie Hall), entschloss, das House for an Art Lover zu bauen. 1989 begannen die Bauarbeiten, fertiggestellt wurde das Haus 1996. Es ist Sitz eines digitalen Design-Studios und eines Studienzentrums für Studenten der Glasgow School of Art, daran angeschlossen ist ein Café.

Die Räume im Erdgeschoss geben einen hervorragenden Einblick in die Visionen von Mackintosh und das künstlerische Talent seiner Partnerin. Der Oval Room mit seinen harmonischen Proportionen erstrahlt in einer einzigen hellen Farbe und war als Damenzimmer geplant. Blickfang des Musikzimmers ist das herrliche Piano.

Die Haupthalle ist dunkler gehalten als die anderen Zimmer und führt zum Speisesaal mit großer Tafel und Kamin. Im gesamten Haus beeindruckt die Liebe zum Detail – einschließlich der Außenfassade, die ebenfalls eine künstlerische Meisterleistung von Mackintosh darstellt.

Eines der Gewächshäuser der Botanic Gardens in Glasgow

GLASGOW

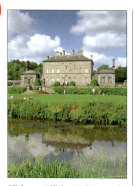

Blick aus südlicher Richtung auf das georgianische Pollok House

Pollok House ⑰

(NTS) 2060 Pollokshaws Rd. ☎ (0141) 616 64 10. ☐ Apr–Okt tägl. 10–17 Uhr, Nov–März tägl. 11–16 Uhr. ♿ nur Apr–Okt.

DAS POLLOK HOUSE zählt zu den schönsten Wohnhäusern des 18. Jahrhunderts und enthält eine der wertvollsten Sammlungen spanischer Malerei in Großbritannien. Das schlichte Äußere des 1750 fertiggestellten neoklassizistischen Mittelteils verrät nichts von dem pompösen Inneren. Die Familie Maxwell bewohnt das Haus seit dem 13. Jahrhundert, die männliche Linie starb jedoch mit John Maxwell, der die Eingangshalle hinzufügte sowie Garten und Park entwarf, aus. Über dem Familiensilber, Porzellan, geschliffenem Glas und handbemalten chinesichen Tapeten hängen Gemälde der holländischen und britischen Schule, allen voran William Blakes *Sir Geoffrey Chaucer and the Nine and Twenty Pilgrims* (1745) und William Hogarths Porträt von James Thomson, dem Verfasser des Textes zu *Rule Britannia*.

Die spanische Sammlung mit Werken aus dem 16. bis 19. Jahrhundert wird angeführt von El Grecos *Frau mit Pelz* (1541), das in der Bibliothek hängt. Im Salon sind Werke von Goya und Estéban Murillo zu sehen. 1966 übergab Anne Maxwell Macdonald das Haus samt Grundstück an die Stadt Glasgow. Auf dem Gelände befindet sich auch die Burrell Collection.

Burrell Collection ⑱

DEM REICHEN Schiffsreeder William Burrell (1861–1958) verdankt Glasgow diese wundervolle Sammlung mit wertvollen Kunstgegenständen verschiedenster Art. Sie sind in einem 1983 eigens für die Sammlung errichteten Gebäude untergebracht. Wenn die Sonne scheint, leuchten die Buntglasfenster in den herrlichsten Farben, während die gedämpften Tapeten mit dem Park zu verschmelzen scheinen.

Statue eines Lohan
Dieser als Gott verehrte Heilige stammt aus der Ming-Dynastie (1484).

Hutton Castle Drawing Room
Nachbildung des Malzimmers von Burrells Hutton Castle aus dem 16. Jahrhundert in der Nähe von Berwick-upon-Tweed. Eingangshalle und Speisesaal sind ebenfalls zu besichtigen.

Stierkopf
Dieser in der Türkei gefundene Bronzekopf aus dem 7. Jh. v. Chr. gehörte zu einem Kesselhenkel.

Hornby Portal
Dieser Teil des Torbogens zeigt ein Wappen. Das Portal (14. Jh.) stammt aus dem Hornby Castle in Yorkshire.

Haupteingang

NICHT VERSÄUMEN

★ **Buntglasfenster**

★ **Wandteppiche**

GLASGOW

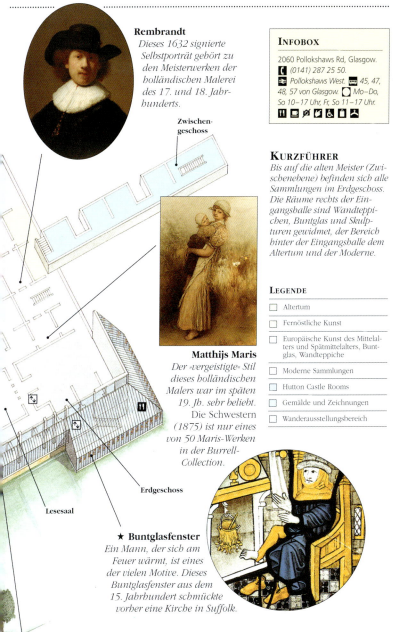

Rembrandt
Dieses 1632 signierte Selbstporträt gehört zu den Meisterwerken der holländischen Malerei des 17. und 18. Jahrhunderts.

Zwischengeschoss

Matthijs Maris
Der »vergeistigte« Stil dieses holländischen Malers war im späten 19. Jh. sehr beliebt. Die Schwestern (1875) ist nur eines von 50 Maris-Werken in der Burrell-Collection.

Erdgeschoss

Lesesaal

INFOBOX
2060 Pollokshaws Rd, Glasgow.
(0141) 287 25 50.
Pollokshaws West. 45, 47, 48, 57 von Glasgow. Mo–Do, So 10–17 Uhr, Fr, So 11–17 Uhr.

KURZFÜHRER
Bis auf die alten Meister (Zwischenebene) befinden sich alle Sammlungen im Erdgeschoss. Die Räume rechts der Eingangshalle sind Wandteppichen, Buntglas und Skulpturen gewidmet, der Bereich hinter der Eingangshalle dem Altertum und der Moderne.

LEGENDE
- Altertum
- Fernöstliche Kunst
- Europäische Kunst des Mittelalters und Spätmittelalters, Buntglas, Wandteppiche
- Moderne Sammlungen
- Hutton Castle Rooms
- Gemälde und Zeichnungen
- Wanderausstellungsbereich

★ Buntglasfenster
Ein Mann, der sich am Feuer wärmt, ist eines der vielen Motive. Dieses Buntglasfenster aus dem 15. Jahrhundert schmückte vorher eine Kirche in Suffolk.

★ Wandteppiche
Dieser Ausschnitt der Szenen aus dem Leben Christi und der Jungfrau Maria, eine Schweizer Arbeit in Wolle (um 1450), repräsentiert nur einen Teil der Teppichausstellung.

Läden und Märkte in Glasgow

Glasgow selbst hat nur etwa 625 000 Einwohner, doch als Zentrum eines großen Ballungsgebiets im westlichen Zentralschottland ist es die Haupteinkaufszone für fast die Hälfte der schottischen Bevölkerung. Diese Beliebtheit verdankt Glasgow seinem Ruf als modebewussteste schottische Stadt. Dies und Glasgows wirtschaftlicher Aufschwung in den 1990er Jahren führten zur Eröffnung vieler sehr schöner Geschäfte, Boutiquen und Malls. Im Gegensatz dazu stellt der Besuch des farbenfrohen Barras-Straßenmarktes am Wochenende ein traditionelleres, wenn auch ein wenig anarchischeres Einkaufserlebnis dar.

Ortak-Brosche

St Enoch Centre, eine der Einkaufspassagen

Kaufhäuser und Einkaufszentren

Die imposanten Buchanan Galleries bieten Einkaufszentren wie **John Lewis**. Das **Italian Centre** im **Princes Square** umfasst Designer-Boutiquen, das St Enoch Centre beherbergt das Warenhaus **Debenhams**. Traditionellstes Kaufhaus ist jedoch **House of Fraser**.

Märkte

Ein absolutes Muss ist der Besuch des Wochenmarktes **The Barras** im östlichen Stadtzentrum. »The Barras« ist eine dialektale Variante von »The Barrows« (Karren) aus der Zeit, als Waren noch vom Karren verkauft wurden.

Auf dem heutigen Platz zwischen Gallowgate und London Road wird seit den 1920er Jahren ein Markt veranstaltet. Jedes Wochenende kommen Tausende von Schnäppchenjägern auf der Jagd nach altem Trödel, billiger Kleidung oder CDs.

Mode

Viele von Glasgows Designermode-Shops befinden sich in den Einkaufspassagen im Zentrum. Darüber hinaus verkauft **Cruise** alle bekannten Designermarken für Männer und Frauen. **Diesel**, eine der freizeitbetonten Modemarken, hat eine Verkaufsstelle in der Buchanan Street. Dort findet sich auch **Karen Millen**, ein Geschäft für die schicke, berufstätige Frau. In den Buchanan Galleries gibt es auch Herrenausstatter. **Schuh** ist eine Ladenkette mit einem großen Angebot an modischen Schuhen für beide Geschlechter; **Pied à Terre** führt gute Damenschuhe. **Ella Bulloch** ist der beste Ort, um Hüte zu kaufen oder zu leihen. Luxuriöse Unterwäsche bietet **Pampas Lingerie**.

Überall in der Stadt gibt es Secondhand-Läden. **Mr Ben** verkauft Bekleidung mit amerikanischem Chic der 1950er Jahre, **Starry Starry Night** hingegen Kleidung im klassischeren, traditionelleren Stil.

Graham Tiso ist der beste Laden für Freizeitkleidung. Er hat alles von Stiefeln über Jacken bis zur Bergsteigerausrüstung. Tartan-Liebhaber sollten zu **Hector Russell** gehen, einem Highland-Ausstatter, der maßgeschneiderte Kilts verkauft.

Delikatessen

Glasgows bestes Delikatessengeschäft ist **Fratelli Sarti**, ein traditionsreicher italienischer Laden, der auch gute Weine verkauft. Die Delikatessenkette **Peckham's** hat eine Verkaufsstelle in der Glassford Street mit einer guten Auswahl. Der als der beste Käsehändler im Land geltende **Iain Mellis** eröffnete 1995 einen Laden in Glasgow.

Glenlivet Whisky

Traditioneller »Karren«-Obststand auf Glasgows Barras Market

Es ist das beste Geschäft im Westen Schottlands für selbstgemachten Käse aus nicht-pasteurisierter Milch. **Roots and Fruits** ist Glasgows führender Obst- und Gemüseladen, **Grass Roots** verkauft leckeres Brot. Neben nationalen Ketten wie **Oddbins**, die Bier, Wein und Spirituosen verkaufen, gibt es **The Whisky Shop** auf dem Princes Square und den **Ubiquitous Chip Wine Shop**.

BUCHLÄDEN

Argyle Street: eine typische Glasgower Einkaufsstraße

Glasgow bietet viele Buchläden. **Borders Books** in der Buchanan Street und **Waterstone's** in der Sauchiehall Street sind Buchläden mit einer großen Auswahl und netten Cafés. Auch **Ottakar's** in den Buchanan Galleries lohnt einen Besuch.

KUNST UND DESIGN

Einige kleine Galerien bieten ihre ausgestellten Kunstwerke zum Verkauf. Viele liegen in den Straßen hinter dem Tron Theatre, z. B. das **Glasgow Print Studio** und **Art Exposure**. Bei der **Glasgow Art Fair**, die jährlich Mitte April in Glasgows Galerien stattfindet, kann man zeitgenössische Kunstwerke erstehen. Für Antiquitätenliebhaber gibt es das **Heritage House** am Yorkhill Quay oder **Lansdowne Antiques** in der Park Road. Möbel und Innenausstattungen bieten **Designworks** oder **Inhouse**.

AUF EINEN BLICK

KAUFHÄUSER UND EINKAUFSZENTREN

Debenhams
97 Argyll St, G2 8AR.
(0141) 221 00 88.

House of Fraser
21–45 Buchanan St, G1 3HR.
(0141) 221 38 80.

Italian Centre
7 John St, G1 1HP.
(0141) 552 63 68.

John Lewis
Buchanan Galleries, G1 2GF.
(0141) 353 66 77.

Princes Square
48 Buchanan St, G1 3JX.
(0141) 221 03 24.

MODE

Cruise
180 Ingram St, G1 1DN.
(0141) 572 32 32.

Diesel
116–121 Buchanan St, G1 2JW.
(0141) 221 52 55.

Ella Bulloch
461 Clarkston Rd, G44 2LW.
(0141) 633 00 78.

Graham Tiso
129 Buchanan St, G1 2JA.
(0141) 248 48 77.

Hector Russell
110 Buchanan St, G1 2JN.
(0141) 221 02 17.

Karen Millen
36 Buchanan St, G1 3JX.
(0141) 243 21 36.

Mr Ben
Unit 6, King's Court, G1 2RB.
(0141) 553 19 36.

Pampas Lingerie
78 Hyndland Rd, G12 9UT.
(0141) 357 23 83.

Pied à Terre
Unit 20, Princes Square, Buchanan St, G1 3JD.
(0141) 221 04 63.

Schuh
118–120 Argyle St, G2 8BH.
(0141) 248 73 31.

Starry Starry Night
19–21 Dowanside Lane, G12 9BZ.
(0141) 337 18 37.

DELIKATESSEN

Fratelli Sarti
133 Wellington St, G2 2XD.
(0141) 248 22 28.

Grass Roots
20 Woodlands Road, G3 6UR.
(0141) 353 32 78.

Iain Mellis
492 Great Western Rd, G12 8EW.
(0141) 339 89 98.

Oddbins
26 Hope St, G2 6AA.
(0141) 248 30 82.

Peckham's
Glassford St, G1 1UG.
(0141) 553 06 66.

Roots & Fruits
351 Byres Rd, G12 8AU.
(0141) 339 51 64.

Ubiquitous Chip Wine Shop
12 Ashton Lane, G12 8SJ.
(0141) 334 50 07.

The Whisky Shop
Unit 12 Princes Square, 48 Buchanan St, G1 3JX.
(0141) 226 84 46.

BUCHLÄDEN

Borders Books
98 Buchanan St., G1.
(0141) 222 77 00.

Waterstone's
153–157 Sauchiehall St, G2 3EW.
(0141) 332 91 05.

KUNST UND DESIGN

Art Exposure
19 Parnie St, G1 5RJ.
(0141) 552 77 79.

Designworks
38 Gibson St, G12 8NX.
(0141) 339 95 20.

Glasgow Art Fair
(0141) 553 19 37.

Glasgow Print Studio
22 King St, G1 5QP.
(0141) 552 07 04.

Heritage House
3b Yorkhill Quay Estate, G3 8QE.
(0141) 334 49 24.

Inhouse
24–26 Wilson St, G1 1SS.
(0141) 552 33 22.

Lansdowne Antiques
10 Park Rd, G4 9JG.
(0141) 339 72 11.

Unterhaltung in Glasgow

Die Dance Music der 1990er Jahre hat in Glasgow, der Stadt mit dem wohl ausgelassensten Nachtleben Schottlands, ein ideales Zentrum gefunden. Mit den beiden Rock-Veranstaltungsorten im Scottish Exhibition and Conference Centre und Barrowlands als weiterem etablierten Veranstaltungsort ist die Popmusik gut vertreten. Die Stadt hat eine Reihe bekannter Kinos sowie das Glasgow Film Theatre, ein beliebtes Filmkunsttheater. Glasgow bietet viele Kultur-Events, darunter das jährlich im Januar stattfindende Celtic Connections Festival, ein internationales Folk-Festival. Einige große Orchester, das Scottish Ballet und die Scottish Opera haben in der Stadt ihren Sitz. Das Citizens' ist ein angesehenes Theater, Tramway und Arches bieten große, innovative Produktionen.

Eine Flagge feiert Glasgow als »die freundliche Stadt«

Die Scottish Opera führt im Theatre Royal *Eugen Onegin* auf

Informationsquellen

Das zweimonatliche Kunst- und Unterhaltungsmagazin *The List* führt alle in Glasgow und Edinburgh stattfindenden Ereignisse auf.

Klassische Musik und Oper

Schottlands Nationaloper, die Scottish Opera, ist im **Theatre Royal** untergebracht und führt etwa acht Opern pro Spielzeit auf.

Die **Glasgow Royal Concert Hall**, Spielstätte des Royal Scottish National Orchestra, eröffnete 1990, als Glasgow Kulturhauptstadt Europas war. Hier treten auch große internationale Orchester auf. Die Spielzeit dauert von Oktober bis April, mit weiteren Konzerten während des Jahres. Kleinere Veranstaltungen bieten die beiden Hallen der **Royal Scottish Academy of Music and Drama**; auch an zahlreichen weiteren Orten in der Stadt werden Theaterstücke und Konzerte aufgeführt.

Rock, Jazz und World Music

Rockbands treten an mehreren Orten auf: im Auditorium des **Scottish Exhibition and Conference Centre** und im **Armadillo** im gleichen Zentrum. Die meisten Rockkonzerte finden jedoch im **Barrowlands** statt. Jazz-Sessions gibt es im **Cottier's Theatre**. Die Royal Concert Hall veranstaltet das Celtic Connections Festival und wie der **Old Fruitmarket** auch internationale Konzerte.

Musiker vor den City Chambers während eines Jazzfestivals

Kinos

Das **UGC Multiplex** bietet Filme auf 18 Leinwänden, das **Odeon at the Quay** am Südufer des Clyde wartet mit zwölf Sälen auf. Das **Glasgow Film Theatre**, auch schlicht als GFT bekannt, zeigt Kunstfilme sowie fremdsprachige Filme. Einen Besuch lohnt außerdem das neue **IMAX-Theatre** in Glasgow.

Die schicke Café-Bar im Tron Theatre im Stadtzentrum

Theater und Tanz

Das schottische Ballett hat seinen Sitz im Theatre Royal *(siehe Klassische Musik und Oper)*. Hier gastieren auch klassische und zeitgenössische ausländische Tanztruppen und bekannte Theatertruppen aus anderen britischen Städten auf ihren Tourneen.

Das **Citizens' Theatre** bietet gute Stücke, von griechischen Tragödien bis zu modernen Dramen, und rühmt sich zu Recht, Schottlands bestes Theater zu sein. **Tramway**

UNTERHALTUNG

und **Arches** zeigen großartige Avantgarde-Shows und sind berühmt für ihre experimentelle Kunst. Kleinere Produktionen werden sowohl im **Tron** als auch im Cottier's Theatre *(siehe Rock, Jazz und World Music)* angeboten. Kommerzielle Produktionen wie Musicals und Pantomime sind im beliebten **King's** zu sehen.

Altes Straßenschild für das West End

BARS UND KLUBS

DER BESUCHER KANN zwischen traditionellen Pubs mit Altstadt-Flair und zeitgenössischen Bars wählen. Die Einheimischen treffen sich gern in den altmodischen Pubs, wie z. B. dem **Horseshoe** im Stadtzentrum, dem **Griffin** in der Bath Street und dem **Halt**. Moderne Bars sind seltener, doch das **Bargo** in der Merchant City und die Bar auf der ersten Etage im **Cul de Sac** im West End sind gut besucht. Die Klubkultur der Stadt ist berühmt. Jeder Klub bietet an den einzelnen Abenden verschiedene Musikstile an, z. B. Hip-Hop, House, Techno oder Drum-'n'-Bass. Arches *(siehe Theater und Tanz)*, **Sub Club**, **The Tunnel**, **Archaos** und die zwei neuen Clubs **Arta** und **Mas**, gehören zu den besten.

SPORT

GLASGOW HAT DIE erfolgreichsten Fußballklubs des Landes, **Celtic** und die **Glasgow Rangers**. Jeder der beiden Vereine hat ein großes, beeindruckendes Stadion. Während der Fußballsaison von August bis Mai findet in der Regel mindestens ein Spiel pro Woche statt. Schottlands renoviertes **Hampden National Stadium** ist Austragungsstätte der inländischen Cup-Finals und großer internationaler Fußballspiele.

Celtic-Fans auf den Tribünen feuern ihr Fußballteam an

AUF EINEN BLICK

KLASSISCHE MUSIK UND OPER

Glasgow Royal Concert Hall
2 Sauchiehall St, G2 3NY.
(0141) 353 80 00.
www.qrch.com

Royal Scottish Academy of Music and Drama
100 Renfrew St, G2 3DB.
(0141) 332 50 57.

Theatre Royal
282 Hope St, G2 3QA.
(0141) 332 90 00.
www.theatreroyalglasgow.com

ROCK, JAZZ UND WORLD MUSIC

Barrowlands
244 Gallowgate, G4 0TS.
(0141) 552 46 01.

Cottier's Theatre
93 Hyndland St, G11 5PX.
(0141) 357 38 68.

Old Fruitmarket
Albion St, G1 1NQ.
(0141) 552 59 08.

Scottish Exhibition and Conference Centre/Armadillo
Finnieston, G3 8YW.
(0141) 248 30 00.

KINO

Glasgow Film Theatre
12 Rose St, G3 6RB.
(0141) 332 81 28.

IMAX-Theatre
50 Pacific Quay, G51 1FA.
(0141) 420 50 00.

Odeon at the Quay
Paisley Road West, G5 8NP.
(0141) 418 01 11.

Odeon City Centre
56 Renfield St, G2 1NF.
(0141) 332 34 13.

UGC Multiplex
7 Renfrew St, G1 2LR.
(0141) 353 66 99.

THEATER UND TANZ

Arches
30 Midland St, G1 4PR.
(0901) 022 03 00.

Citizens' Theatre
119 Gorbals St, G5 9DS.
(0141) 429 00 22.

King's
294 Bath St, G2 4JN.
(0141) 240 11 11.

Tramway
25 Albert Drive, G41 2PE.
(0845) 330 35 01.

Tron
63 Trongate, G1 5HB.
(0141) 552 42 67.

BARS UND KLUBS

Archaos
25–27 Queen St, G1 3EF.
(0141) 204 31 89.

Arta
13 Walls St, G1.
(0141) 552 21 01.

Bargo
80 Albion St, G1 1NY.
(0141) 553 47 71.

Cul de Sac
44–46 Ashton Lane, G12 8SJ.
(0141) 334 47 49.

Griffin
226 Bath St, G2.
(0141) 331 51 71.

Halt
160 Woodlands Rd, G3 6LF.
(0141) 564 15 27.

Horseshoe
17 Drury St, G2 5AE.
(0141) 229 57 11.

Mas
Royal Exchange Sq, G1.
(0141) 248 44 20.

The Sub Club
22 Jamaica St, G1 4QD.
(0141) 248 46 00.

The Tunnel
84 Mitchell St, G1 3NA.
(0141) 204 10 00.

SPORT

Celtic
Celtic Park, 95 Kerrydale St, G40 3RE.
(0141) 551 86 53.

Glasgow Rangers
Ibrox Stadium, G51 2YX.
(0141) 600 19 93.

Hampden National Stadium
Hampden Park, Letherby Drive, G42 9BA.
(0141) 620 40 00.

DAS LANDESINNERE

DAS LANDESINNERE SCHOTTLANDS *ist voller Kontraste: Wilde, malerische, Landschaften stehen großen, modernen Industriestädten gegenüber. Hier verlief einst die Grenze zwischen den englischsprachigen Lowlands und den gälischen Highlands. Noch heute spürt man bei einer Reise nach Norden diese Gegensätze.*

Der Highland Boundary Fault verläuft durch Mittelschottland, von Arran im Südwesten bis nach Stonehaven an der Nordostküste. Die Bruchlinie bildet die Grenze zwischen den Highlands und den Lowlands. Hier kontrastieren Berglandschaft und grünes Weideland. Jahrhundertelang trafen an dieser natürlichen Grenze zwei sehr unterschiedliche Kulturen aufeinander: Im Norden und Westen sprach man Gälisch und fühlte sich den Clan-Chiefs verpflichtet. Diese Lebensweise wurde im 18. Jahrhundert mit zunehmender Dominanz der englisch geprägten Lowlands zu einer Art Randerscheinung.

In den Lowlands, mit Kohlevorräten in Gebieten wie Lanarkshire und den Lothians, gedieh Schottlands Industrie, während die Highlands entvölkert und schließlich nur noch als Sportgelände und für die Schafzucht genutzt wurden.

In Mittelschottland existieren die Gegensätze von Highland und Lowland, industrialisierter Gegenwart und vorindustrieller Vergangenheit eng nebeneinander. Stirling Castle (16. Jh.) liegt in der Nähe petrochemischer Fabriken und Kraftwerke am Oberlauf des Forth. Vom industrialisierten Glasgow, der größten Stadt Schottlands, gelangt man schnell zu den ruhigen Trossachs und den Hügeln von Arran. Das erste mit einem Kohlehochofen betriebene Eisenwerk Schottlands wurde 1759 in Carron errichtet, nicht weit entfernt von Falkirk, wo Bonnie Prince Charlie 13 Jahre zuvor einen seiner letzten Militärsiege als britischer Thronanwärter errang. Perth und Dundee, zwei wichtige Handelszentren, liegen nur unweit der wilden Landschaft der südlichen Highlands. Kein anderes Gebiet in Schottland ist so sehr von tiefen Gegensätzen geprägt.

Blick von der Goat Fell Ridge, nahe Brodick, über die eindrucksvollen Berge von Arran

◁ Einige herrschaftliche Anwesen in Mittelschottland bieten auf ihrem Gelände Golfplätze

Überblick: Das Landesinnere

Das Landesinnere ist bemerkenswert kontrastreich. Die Goat-Fell-Bergkette auf der vor der Westküste gelegenen Isle of Arran bietet die aufregendsten Wanderwege Schottlands, während die Isle of Bute im Norden ein eher beschauliches Touristenziel ist. Auf dem Festland bildet die wildromantische Bergregion der Trossachs nahe Callander einen Kontrast zum Tiefland des Forth Valley weiter östlich, über dem wiederum Stirling Castle im Schatten der Ochil Hills thront. Perth dagegen liegt einzigartig am Tay. Am Firth of Tay, wo man den Blick weit schweifen lassen kann, befindet sich Dundee, Schottlands vierte Großstadt.

Loch Katrine in den Trossach Mountains

Im Landesinneren unterwegs

Die Hauptzentren auf dem Festland wie Stirling, Perth und Dundee sind bequem von Edinburgh oder Glasgow aus mit dem Zug oder über die Autobahn zu erreichen, doch für die Berge im Binnenland (z. B. die Trossachs) empfiehlt sich ein Auto. Arran oder Bute erreicht man am besten per Auto oder Zug von Glasgow aus und dann per Autofähre von den Häfen an der Ayrshire-Küste (Ardrossan, Wemyss Bay). Die Inseln sind ideal für Fahrradtouren.

DAS LANDESINNERE

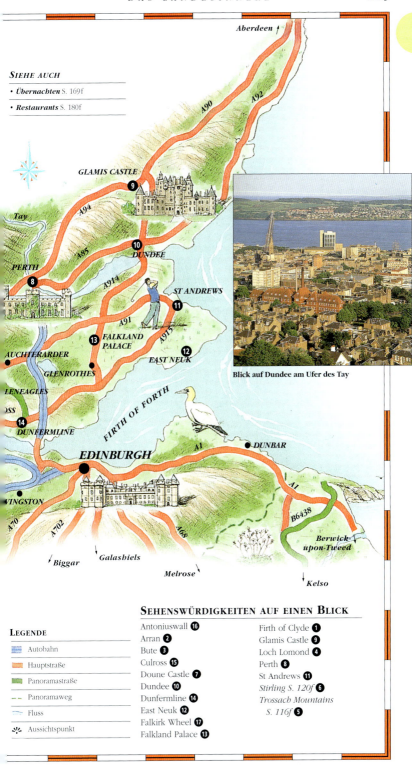

Blick auf Dundee am Ufer des Tay

SEHENSWÜRDIGKEITEN AUF EINEN BLICK

Antoniuswall ⓰
Arran ❷
Bute ❸
Culross ⓯
Doune Castle ❼
Dundee ❿
Dunfermline ⓮
East Neuk ⓬
Falkirk Wheel ⓱
Falkland Palace ⓭

Firth of Clyde ❶
Glamis Castle ❾
Loch Lomond ❹
Perth ❽
St Andrews ⓫
Stirling S. 120f ❻
Trossach Mountains
S. 116f ❺

LEGENDE

- Autobahn
- Hauptstraße
- Panoramastraße
- -- Panoramaweg
- Fluss
- ☼ Aussichtspunkt

SIEHE AUCH

- *Übernachten* S. 169f
- *Restaurants* S. 180f

Firth of Clyde ❶

Grafschaften westlich von Glasgow. 🚆 Helensburgh und Dumbarton im Norden; Troon und Ayr im Süden. ⛴ von Largs nach Great Cumbrae; von Gourock nach Dunoon. ℹ Largs (01292) 67 81 00; Dumbarton (01389) 74 23 06.
🌐 www.scottish.heartlands.org

Wie es von einer Wasserstraße, die Glasgow, das einstige Wirtschaftszentrum des Britischen Empires *(siehe S. 46)*, mit der Irischen See und dem Atlantik verbindet, zu erwarten ist, erinnert vieles am Firth of Clyde an die industrielle Vergangenheit. **Greenock**, etwa 40 Kilometer westlich von Glasgow, war einst ein bedeutendes Schiffbauzentrum. Die Stadt ist nicht sehr schön, aber die **McLean Museum and Art Gallery**, die über den Ingenieur James Watt *(siehe S. 22)* informiert, lohnt einen Besuch. Am Princes Pier starten die Vergnügungsfahrten über den Clyde. **Dumbarton** am Nordufer, 24 Kilometer von Glasgow entfernt, stammt aus dem 5. Jahrhundert. Sein altes Schloss thront auf einem Felsen hoch über der Stadt.

Der Firth selbst ist L-förmig, verbreitet sich im Nordwesten hinter der Erskine Bridge und geht dann auf der Höhe von Gourock Richtung Süden in offeneres Gewässer über. Kip Marina im nahe gelegenen **Inverkip** ist ein wichtiger Yachthafen, und viele Orte an der Ayrshireküste sind seit viktorianischer Zeit Urlaubsorte. In Largs, wo sich 1263 Schotten und Wikinger bekämpften, befindet sich ein Multimediazentrum über die

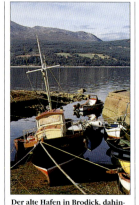

Der alte Hafen in Brodick, dahinter die Goat-Fell-Bergkette

Wikinger in Schottland. Mit der Fähre gelangt man zu der vor der Küste liegenden **Great Cumbrae Island**, deren größte Stadt Millport an einer malerischen Bucht liegt. Der Westen des Firth of Clyde, dessen Berge und Lochs an die Cowal-Halbinsel grenzen, ist wenig erschlossen. Die einzig nennenswerte Stadt ist **Dunoon**, die ein viktorianisches Urlaubsgebiet war und noch immer vom Tourismus lebt. Lange Zeit waren hier am Holy Loch amerikanische Atom-U-Boote stationiert, so dass ein starker amerikanischer Einfluss zu spüren war. Heute ist der militärische Stützpunkt geschlossen.

🏛 **McLean Museum and Art Gallery**
Union St, Greenock. 📞 (01475) 71 56 24. 🕐 Mo–Sa.

Arran ❷

North Ayrshire. 👥 4500. ⛴ von Ardrossan nach Brodick; von Claonaig (Isle of Mull) nach Lochranza (nur Apr–Okt). ℹ Brodick (01770) 30 21 40.

Arran soll seit dem Ende der letzten Eiszeit besiedelt sein. Das zeigen die neolithischen Grabkammern auf der Insel, wie die bei **Torrylinn** nahe Lagg im Süden. Um **Machrie** an der Westküste findet man auch Steinkreise aus der Bronzezeit.

Um 800 n. Chr. kamen die Wikinger und hinterließen in mehr als vier Jahrhunderten ihre Spuren. Nach der Schlacht von Largs 1263, als Alexander III die Normannen schlug, kaufte Schottland den Wikingern 1266 Arran ab.

Heute ist Arran bei Besuchern vor allem wegen seiner Golfplätze in Brodick, der Whiting Bay und Lamlash *(siehe S. 189)* beliebt. Auch geangelt wird hier gern.

Brodick ist die einzige echte Stadt auf der Insel. In den eher bergigen Inselbereichen befinden sich die schönsten Bergwanderwege Mittelschottlands.

Die **Goat Fell Ridge** östlich des Glen Rosa und westlich von **Beinn Tarsuinn** ist eine wild zerklüftete Landschaft.

Robert the Bruce weilte nach seiner Heimkehr nach Schottland 1307 auf Arran. Sein Gefolge hatte zuvor die Garnison im von Anhängern des Königs von England besetzten **Brodick Castle** überfallen. Der Legende nach sah Bruce von Arran aus das Signalfeuer an der Ayrshireküste, das ihm die Möglichkeit einer Rückkehr auf das Festland und eines Feldzugs gegen die Engländer *(siehe S. 43)* anzeigte. Trotz vieler Anbauten sind Teile des Schlosses noch aus dem 13. Jahrhundert.

Golfer auf Arran

🏰 **Brodick Castle**
(NTS) Brodick. 📞 (01770) 30 22 02.
Castle 🕐 Apr–Okt tägl.
Park 🕐 tägl.

Anlegestelle in Largs für die Fähren zur Great Cumbrae Island

Majestätisch thront Ben Lomond mit seinem Schneegipfel über Loch Lomond, Teil des West Highland Way

Bute ❸

Argyll & Bute. 👥 7000. ⛴ von der Wemyss Bay nach Rothesay; von Colintraive n. Rhubodach. 🚌 von Dunoon. ℹ Rothesay (01700) 50 21 51.

Bute ist fast eine Verlängerung der Cowal-Halbinsel, die kleine Fähre von Colintraive benötigt nur fünf Minuten für die Fahrt über die Kyles of Bute nach Rhubodach. Da Bute von Glasgow schwer zu erreichen ist, wählen die meisten Reisenden den Weg über die Wemyss Bay am Firth of Clyde zur Hauptstadt der Insel, Rothesay.

Bute, seit der Bronzezeit besiedelt, ist nur 25 Kilometer lang und maximal acht Kilometer breit. Die Ruinen der Kapelle am St Ninian's Point an der Westküste stammen aus dem 6. Jahrhundert; **Rothesay Castle**, heute ebenfalls eine Ruine, stammt überwiegend aus dem 12. Jahrhundert. Im 13. Jahrhundert kämpften die Inselbewohner gegen die Wikinger. Seit den letzten 120 Jahren spielt Bute eine Rolle als Erholungsort.

Eine seiner Hauptattraktionen ist das **Mount Stuart House**, fünf Kilometer südlich von Rothesay. Das große, 1877 vom dritten Marquis of Bute erbaute aristokratische Haus liegt in einem Park aus dem 18. Jahrhundert. Das schöne gotische Gebäude spiegelt das Interesse des Marquis an Mythologie, Religion und Astronomie wider.

♦ **Rothesay Castle**
Castle Hill St, Rothesay. ℂ (01700) 50 26 91. ⏱ Apr–Sep tägl.; Okt–März Sa–Do vorm. (So nur nachm.).

♦ **Mount Stuart House**
Mount St. ℂ (01700) 50 38 77. ⏱ Mai–Mitte Okt Mi, Fr–Mo; Mitte Okt–Apr Mo–Fr nach Vereinbarung.

Loch Lomond ❹

West Dunbartonshire, Argyll & Bute, Trossachs. 🚆 Balloch, Tarbet. 🚌 Balloch, Balmaha. ℹ Balloch (08707) 20 06 07.

Von Schottlands Lochs ist Lomond wohl der bekannteste. Nur 30 Kilometer nordwestlich von Glasgow gelegen, ist er leicht erreichbar. Der See ist das größte Süßwasserreservoir der Britischen Inseln. Er ist 35 Kilometer lang und misst an seiner breitesten Stelle im Süden acht Kilometer. Auf manchen der 30 Inseln stehen Ruinen. Das Nordende ist enger und tiefer.

Vom Duncryne aus, einem kleinen Hügel fünf Kilometer nordöstlich von **Balloch** an der Südküste, hat man einen exzellenten Blick auf Loch Lomond. Ein Großteil des Gebietes wurde im Jahr 2002 zu Schottlands erstem Nationalpark erklärt, der am neuen Besucherzentrum **Loch Lomond Shores** in Balloch beginnt. Die Westküste ist mit Dörfern wie z. B. **Luss** und **Tarbet** erschlossen und zieht viele Besucher an.

Der Kontrast zwischen dem Loch und **Ben Lomond** (974) ist beeindruckend. Viele Wanderer kommen hierher, denn an seinem Ostufer führt der beliebteste Fernwanderweg Schottlands, der West Highland Way *(siehe S. 191)* von Glasgow nach Fort William, entlang. Vom Balloch Pier aus starten regelmäßig Ausflugsboote rund um den See. Rennboote, Kajaks und Jetski kann man sich ausleihen, so dass Wassersportfans hier auf ihre Kosten kommen.

Blick auf Bute mit dem Kames Castle (14. Jh.) an der Spitze der Kames Bay

Trossach Mountains ❺

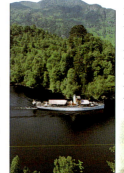

MIT SEINEN bewaldeten Hängen und einsamen Seen bildet dieses farbenfrohe Gebiet die Grenze zwischen Hoch- und Tiefland. Die Schönheit der Landschaft und die Vielfalt ihrer Fauna mit Goldadlern, Wanderfalken, Rotwild und Wildkatzen, haben zahlreiche Schriftsteller inspiriert, unter ihnen Sir Walter Scott *(siehe S. 86)*. Eine Vielzahl seiner Romane spielt hier. Ein großer Teil des Gebietes wurde im Jahr 2002 zum ersten Nationalpark Schottlands erklärt, dem *Loch Lomond and The Trossachs National Park*.

Goldadler

Loch Katrine
Der Schauplatz von Walter Scott. Roman Die Dame vom See *(1810) kann auf dem Dampfer, der den Namen des Autors trägt, erkundet werden.*

Loch Lomond
Der größte Süßwassersee Großbritanniens ging durch die Ballade eines fern der Heimat sterbenden Jakobitensoldaten in die Geschichte ein. Statt wie seine Kameraden die »high road« müsse er bei seiner Rückkehr die «low road», die Straße der Toten, nehmen.

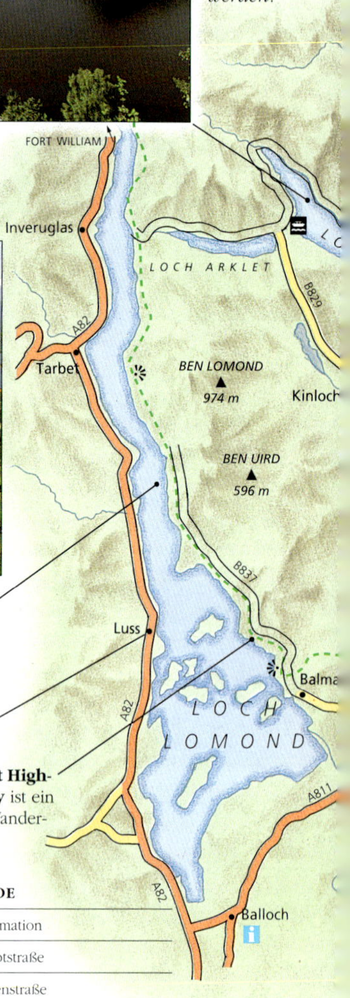

Der West Highland Way ist ein idealer Wanderweg.

Luss
Seine schmucken Reihenhäuser machen Luss, am Westrand des Loch Lomond zwischen grünen Hügeln gelegen, zu einem der schönsten Orte im Tiefland.

LEGENDE

- ℹ Information
- ▬ Hauptstraße
- ▭ Nebenstraße
- ═ Andere Straße
- ‑ ‑ Fußweg
- ☀ Aussichtspunkt

0 Kilometer 5
0 Meilen 5

TROSSACH MOUNTAINS

Inchmahome Priory
Mary Stuart versteckte sich vor ihrer Flucht nach Frankreich in diesem Inselkloster vor den Soldaten Henrys VIII.

> **INFOBOX**
>
> Central. Stirling. Callander. Ancaster Sq, Callander (08707) 20 06 28. März–Dez. **Inchmahome Priory**, an der A81 nahe Aberfoyle. (0131) 668 88 00. Apr– Sep tägl. eingeschränkt. **Sir Walter Scott Steamer:** Information telefonisch beim Besucherzentrum.

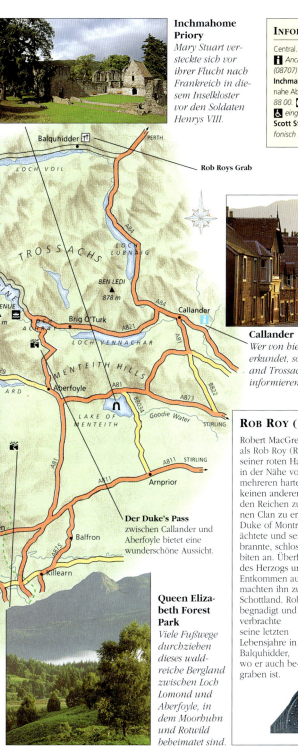

Callander
Wer von hier aus das Gebiet erkundet, sollte sich im Rob Roy and Trossachs Visitor Centre informieren.

Der Duke's Pass
zwischen Callander und Aberfoyle bietet eine wunderschöne Aussicht.

Queen Elizabeth Forest Park
Viele Fußwege durchziehen dieses waldreiche Bergland zwischen Loch Lomond und Aberfoyle, in dem Moorhuhn und Rotwild beheimatet sind.

ROB ROY (1671–1734)

Robert MacGregor, besser bekannt als Rob Roy (Red Robert) wegen seiner roten Haare, lebte als Hirte in der Nähe von Loch Arklet. Nach mehreren harten Wintern sah er keinen anderen Ausweg, als von den Reichen zu stehlen, um seinen Clan zu ernähren. Als der Duke of Montrose ihn daraufhin ächtete und sein Haus niederbrannte, schloss er sich den Jakobiten an. Überfälle auf Besitztümer des Herzogs und wiederholtes Entkommen aus dem Gefängnis machten ihn zum Robin Hood von Schottland. Rob Roy wurde 1725 begnadigt und verbrachte seine letzten Lebensjahre in Balquhidder, wo er auch begraben ist.

Stadthaus der Dukes of Argyll, Stirling, aus dem 17. Jahrhundert

Stirling ❻

Central. 👥 28 000. 🚌 🚉
ℹ️ *Dunbarton Rd (01786) 47 50 19.*
🌐 *www.scottish.heartlands.org*

Die Stadt Stirling ist um eine der bedeutendsten Burgen des Landes entstanden. Unterhalb der Burg liegt die Altstadt, von der Stadtmauer umgeben, die im 16. Jahrhundert gebaut wurde, als Mary Stuart vor Henry VIII flüchtete. In der mittelalterlichen Church of the Holy Rude, in der der Thronfolger James VI gekrönt wurde, ist eine seltene Stichbalkendecke zu sehen. Vor der Kirche steht die Fassade des unvollendeten Stadtpalastes Mar's Wark, der 1570 vom ersten Earl of Mar in Auftrag gegeben wurde; er wurde 1746 von den Jakobiten zerstört. Gegenüber befindet sich das herrliche Stadthaus der Dukes of Argyll aus dem 17. Jahrhundert.

Umgebung: Das **Bannockburn Heritage Centre** befindet sich drei Kilometer südlich von Stirling auf dem Schlachtfeld, auf dem Robert the Bruce *(siehe S. 43)* die Engländer schlug. Nach der Schlacht ließ er die Burg, die nicht in Feindeshand fallen sollte, niederreißen. Eine bronzene Reiterstatue erinnert an den schottischen Volkshelden.

ℹ️ **Bannockburn Heritage Centre**
(NTS) Glasgow Rd.
📞 (01786) 81 26 64. 🕒 März–23. Dez tägl. ⬤ 24. Dez–Feb.

◁ **Loch Ard, nahe Stirling, in den Trossachs**

Stirling Castle

Die hoch gelegene mächtige Burg, die eine wichtige Rolle in der schottischen Geschichte spielte, ist eine der besterhaltenen Renaissanceburgen des Landes. Die Legende besagt, dass König Arthur die Burg von den Sachsen eroberte, ihre Existenz vor 1124 ist aber nicht bewiesen. Die heutige Burg stammt aus dem 15. und 16. Jahrhundert; den letzten Kampf erlebte sie 1746 gegen die Jakobiten. Von 1881 bis 1964 diente Stirling Castle als Truppenunterkunft, heute begegnet man hier nur noch Urlaubern.

Wasserspeier an der Burgmauer

Robert the Bruce
Moderne Statue des schottischen Königs mit seinem Schwert nach der Schlacht von Bannockburn 1314.

Prince's Tower

Waffenlager

Burgtor

Stirling Castle zur Zeit der Stuarts, Gemälde von Johannes Vorsterman (1643–1699)

★ Palast
Das eher nüchtern eingerichtete Innere wird von 38 ornamentierten Holzmedaillons mit den Porträts der Könige von Schottland geschmückt.

Infobox

Castle Wynd, Stirling. (01786) 45 00 00. Apr–Sep tägl. 9.30–18 Uhr; Okt–März tägl. 9.30–17 Uhr außer Museum. eingeschränkt.
w www.historic-scotland.gov.uk

Im King's Old Building ist das Regimentsmuseum der Argyll and Sutherland Highlanders untergebracht.

★ Schlosskapelle
Fresken von Valentine Jenkins aus dem 17. Jahrhundert schmücken die 1594 restaurierte Kapelle.

Zwinger

Der Palas aus dem Jahre 1500 hat eine ähnliche Decke wie der Palas im Edinburgh Castle *(siehe S. 60 f.)*.

Nicht versäumen

- ★ **Palast**
- ★ **Schlosskapelle**

Der Elphinstone Tower wurde 1714 zur Geschützplatte umfunktioniert.

Die Schlachten von Stirling

Durch seine Lage nahm Stirling eine Schlüsselposition im Kampf der Schotten um ihre Unabhängigkeit ein. Sieben Schlachtfelder sind vom Schloss aus zu sehen; das 67 Meter hohe Wallace Monument bei Abbey Craig erinnert an den Sieg von William Wallace über die Engländer 1297 in Stirling Bridge, der Vorbote des Sieges von Bruce 1314 war.

Das viktorianische Wallace Monument

Grand Battery
Sieben Kanonen stehen auf dieser Brustwehr, die 1708 als Folge der Revolution von 1688 (siehe S. 45) *hinzugefügt wurde.*

Blick über den Tay auf Perth

Doune Castle ❼

Doune, Central. ☎ (01786) 84 17 42. 🚆 🚌 Stirling, dann Bus. ⏰ Apr–Sep tägl. 9.30–18 Uhr; Okt–Mär Sa–Do 9.30–16 Uhr. ⛔ 21. Dez–8. Jan. 📷 ♿ eingeschränkt.

Die im späten 14. Jahrhundert erbaute Residenz des Duke of Albany, **Doune Castle**, war bis zu ihrer Zerstörung im 18. Jahrhundert eine bedeutende schottische Feste. Seit ihrer umfassenden Restaurierung gilt sie als Musterbeispiel einer mittelalterlichen Burg und ermöglicht einen einzigartigen Einblick in einen königlichen Haushalt jener Zeit.

Durch das ehemals eigenständige Torhaus gelangt man in den inneren Burghof und von dort in den Palas mit Holzdecke und offenem Kamin. Angrenzend sieht man die Lord's Hall und das Privatgemach mit dem ursprünglichen Abtritt und Zugang zum Brunnen. Eine Reihe von Geheimgängen lässt das Ausmaß der Vorkehrungsmaßnahmen zum Schutz der königlichen Familie erkennen.

Perth ❽

Tayside. 🏛 45 000. 🚆 🚌
ℹ 45 High St (01738) 45 06 00.
🌐 www.perthshire.co.uk

Die einstige Hauptstadt von Schottland beeindruckt heute noch. In der 1126 erbauten **Church of Saint John** hielt John Knox die Predigt, die zur Zerstörung vieler Klöster führte. Das viktorianisch restaurierte **Fair Maid's House** (um 1600) zählt zu den ältesten Gebäuden der Stadt; es ist das fiktive Zuhause der Heldin in Walter Scotts Erzählung *Valentinstag oder Das schöne Mädchen von Perth* (1828).

Das **Balhousie Castle** erinnert in seinem Museum of the Black Watch an das berühmte schottische Regiment; in der **Art Gallery and Museum**, dem Stadtmuseum, sind Gemälde zur Stadtgeschichte ausgestellt.

Umgebung: Scone Palace liegt 3 km nördlich von Perth auf dem Gelände eines ehemaligen Klosters, das von Anhängern John Knox' 1559 zerstört wurde. Zwischen dem 9. und 13. Jahrhundert ruhte hier der heilige »Schicksalsstein« *(siehe S. 60 f.)*, der heute in Edinburgh Castle aufbewahrt wird; auf diesem Stein wurden die schottischen Könige gekrönt. Im Inneren des Palastes sind Stickereien von Mary Stuart zu bewundern.

⚜ **Balhousie Castle**
RHQ Black Watch, Hay St.
☎ (0131) 310 85 30. ⏰ Apr–Sep Mo–Sa; Okt–Apr Mo–Fr.
⛔ 23. Dez–4. Jan; letzter Sa im Juni.
🏛 **Art Gallery and Museum**
78 George St. ☎ (01738) 63 24 88.
⏰ Mo–Sa. ⛔ 24. Dez–4. Jan. ♿
⚜ **Scone Palace**
A93 bis Braemar. ☎ (01738) 55 23 00.
⏰ Karfreitag – Mitte Okt tägl. 📷 ♿

Glamis Castle ❾

Glamis, außerhalb Forfar, Tayside. ☎ (01307) 84 02 42. 🚆 🚌 Dundee, dann Bus. ⏰ Apr–Okt tägl. 📷 📷
♿ Erdgeschoß.

Mit seinen Ecktürmen und Zinnenwehren mutet der im 11. Jahrhundert als Jagdsitz begonnene, mächtige mittelalterliche Turmbau wie ein fran-

Glamis Castle mit Statuen von James VI (links) und Charles I (rechts)

zösisches Loire-Schloss an. Seit Jahrhunderten ist das **Glamis Castle** Stammsitz der englischen Königsfamilie, Elizabeth, die Königinmutter, hat hier ihre Kindheit verbracht.

Viele Räume, darunter auch Duncan's Hall, ältester Raum und Schauplatz des Königsmords in *Macbeth* von Shakespeare, sind hier zu besichtigen. Den Besucher erwartet eine bemerkenswerte Sammlung mit Gemälden, Teppichen und Chinoiserien aus fünf Jahrhunderten. Nicht versäumen sollte man das 1980 zum 80. Geburtstag der Königinmutter aufgestellte schmiedeeiserne Tor.

Blick von St Andrews auf die Ruine der Kathedrale

Dundee ❿

Tayside. 150 000.
7–21 Castle Street
(01382) 52 75 27. Di, Fr–So.
www.angusanddundee.co.uk

Heute ist Dundee für Gebäck und Marmelade berühmt. Im 18. und 19. Jahrhundert war die Stadt jedoch vor allem ein Schiffbauzentrum. Darüber kann man sich am besten auf den Victoria Docks informieren.

Die **HMS Unicorn** (1824), das älteste britische Kriegsschiff, fährt heute noch zur See. Am Riverside liegt die königliche **Discovery** vor Anker. Das Schiff wurde 1901 für Scotts Fahrt in die Antarktis gebaut und ist einer der letzten in Großbritannien gefertigten Segler. Die **McManus Galleries** bieten in einem viktorianischen Gebäude Wissenswertes über Stadtgeschichte, industrielle Vergangenheit, archäologische Funde und viktorianische Kunst.
UMGEBUNG: Arbroath ist bekannt für seine roten Steinbauten, die alte Abtei und den geräucherten Schellfisch. In Arbroath Abbey liegt eine Kopie der *Declaration of Arbroath*, die Schottlands Unabhängigkeit bestätigt.

🏛 HMS Unicorn
Victoria Docks. (01382) 20 09 00. tägl. 10–17 Uhr; Okt–März Mo–Fr (Fr vorm.).
21. Dez–8. Jan. eingeschränkt.
www.frigateunicorn.org

🏛 Discovery
Discovery Point. (01382) 20 12 45.
tägl. nach Vereinbarung.

🏛 McManus Gallery
Albert Institute, Albert Sq. (01382) 43 20 84. Mo–So.

Wappen des St Mary's College der St Andrews University

St Andrews ⓫

Fife. 14 000. Leuchars.
70 Market St (01334) 47 20 21. www.standrews.co.uk

Die älteste Universitätsstadt Schottlands ist heute ein Mekka für Golfer aus aller Welt *(siehe unten)*. Die drei großen Straßen und die kopfsteingepflasterten Gässchen mit ihren würdevollen Gebäuden und mittelalterlichen Kirchen laufen alle an den altehrwürdigen Ruinen der **Kathedrale** aus dem 12. Jahrhundert zusammen. Die Steine des einst größten Gotteshauses des Landes wurden später zum Bau der Stadt verwendet. **St Andrews Castle** wurde um 1200 für die Bischöfe der Stadt errichtet. Zu sehen ist heute noch der Kerker, in dem viele religiöse Gefangene darbten).

Die Golfplätze der Stadt sind gegen geringe Gebühr zugänglich. Das **British Golf Museum**, das vom Royal and Ancient Golf Club der Stadt erzählt, ist ein Muss für alle Golfbegeisterten.

⛨ St Andrew's Castle
The Scores. (01334) 47 71 96.
tägl.
🏛 British Golf Museum
Bruce Embankment. (01334) 47 88 80. Ostern–Mitte Okt tägl.; Mitte Okt–Ostern Do–Mo.

GOLF – EIN ALTES UND EHRWÜRDIGES SPIEL

Schottlands Nationalspiel *(siehe S. 188 f.)* wurde auf dem feinen Sandstrand von St Andrews erfunden. Erstmals erwähnt wurde Golf 1457, als James II das Spiel verbieten ließ, weil es angeblich seine Bogenschützen behinderte. Eine der ersten Golferinnen war Mary Stuart, die 1568 sofort nach dem Mord an ihrem Mann Darnley eine Partie gespielt haben soll.

Mary Stuart auf dem Golfplatz im Jahre 1563

Der von Rosenbüschen umrahmte Innenhof des Falkland Palace

East Neuk ⓬

Fife. 🚆 Leuchars. 🚌 Glenrothes & Leuchars. 🛈 St Andrews (01334) 47 20 21.

EINE REIHE von hübschen Fischerorten ziert die Küste der **East Neuk** (der östlichen Ecke) der Halbinsel Fife. Von hier aus wurde ein Großteil des Handels mit Europa abgewickelt, was sich heute in der flämisch angehauchten Architektur der Häuser spiegelt.

Obwohl der Fischfang als Einnahmequelle durch den Tourismus ersetzt wurde, bestimmt das Meer immer noch das Leben vieler Bewohner. In St Monans werden Boote gebaut und repariert, erster Fischerhafen ist Pittenweem. Bekannt ist dieses Städtchen darüber hinaus wegen der **St Fillan's Cave**, in der im 9. Jahrhundert ein Einsiedler lebte, mit dessen Gebeinen Robert the Bruce vor der Schlacht von Bannockburn gesegnet wurde. Zwischen den pittoresken Häusern des kleinen Städtchens Crail erhebt sich eine Kirche. Eine Legende besagt, dass der Teufel den Stein neben dem Kircheneingang von der Isle of May herbeigeschafft habe.

Anstruther besitzt schöne Gebäude aus dem 16. bis 19. Jahrhundert, in denen auch das **Scottish Fisheries Museum** mit original eingerichteten Fischerwohnungen bis hin zu Walfängerausrüstungen und Booten untergebracht ist. Von hier aus können Vogelkundler einen Bootsausflug zur **Isle of May** machen. In Lower Largo steht das Denkmal von Alexander Selkirk, dessen Abenteuer auf See Daniel Defoe zu seinem Roman *Robinson Crusoe* (1719) inspirierten. Selkirk wurde zur Strafe dafür, dass er seinem Kapitän widersprochen hatte, auf einer unbewohnten Insel ausgesetzt, auf der er vier Jahre lang lebte.

🏛 Scottish Fisheries Museum
Harbour Head, St Ayles, Anstruther. ☎ (01333) 31 06 28. ⊙ tägl. 10–17.30 Uhr.

DER SCHLOSS-VERWALTER

Die mittelalterlichen Könige setzten in der Zeit ihrer Abwesenheit zum ersten Mal Verwalter ein, die für Bewirtschaftung und Versorgung des königlichen Haushalts verantwortlich waren. Das später erbliche Amt versorgte einen Schlossverwalter oftmals mit zahlreichen Vergünstigungen, darunter auch einer luxuriösen Unterkunft.

Bett James' VI im Schlafzimmer des Verwalters, Falkland Palace

Falkland Palace ⓭

(NTS) Falkland, Fife. ☎ (01337) 85 73 97. 🚆 Ladybank, Kirkcaldy, weiter mit dem Bus. ⊙ März–Okt tägl. 10–18 Uhr (So nachm.).

DER HERRLICHE Renaissancepalast war ursprünglich Jagdsitz der Stuarts. Mit dem Bau begonnen hatte James IV um 1500, fertiggestellt hat ihn sein Sohn James V etwa 1530. Unter dem Einfluss seiner beiden französischen Frauen ließ er Ost- und Südflügel von französischen Baumeistern fertigstellen. Diese verschönerten den Ostflügel des Palastes mit Gauben, Stützpfeilern und Medaillons. In den Jahren des Commonwealth verfiel der Falkland Palace, 1715 wurde er für kurze Zeit von Rob Roy *(siehe S. 117)* bewohnt.

1887 wurde der Dritte Marquess of Bute Schlossverwalter; er ließ den Palast in seiner heutigen Form restaurieren. Die prachtvollen Räume enthalten Möbel und Porträts der Stuart-Könige.

Der 1539 für James V angelegte königliche Tennisplatz ist der älteste seiner Art in Großbritannien.

Dunfermline ⓮

Fife. 👥 45 000. 🚆 🚌
🛈 13–15 Maygate (01383) 72 09 99. ⊙ Apr–Okt.

DIE ÜBERRESTE DER **Abbey Church** (12. Jh.) mit ihrem normannischen Hauptschiff und dem neugotischen Chor erinnern ebenso wie der Palast an die alte Pracht der früheren Hauptstadt Schottlands (bis 1603), in der im 11. Jahrhundert Malcolm III, der die Abtei auch gründete, residierte. 22 schottische Könige und Königinnen, darunter auch der legendäre Robert the Bruce, sind hier begraben.

Die Ruine des **Palastes** ragt über dem herrlichen Pittencrieff Park auf. Dem berühmtesten Sohn der Stadt, Andrew Carnegie (1835–1919), war als Kind der Zutritt zum Park verboten worden. Als einer der reichsten Männer der Welt erwarb er den Park samt Palast und schenkte beides den Bewohnern der Stadt. In seiner Jugend war Carnegie nach Pennsylvania ausgewandert, wo er in der Stahlindustrie tätig war und ein enormes Vermögen machte. Rund 350 Millionen Dollar spendete er dem Wohl der Menschheit. Das **Carnegie Birthplace Museum** widmet sich seinem Leben.

🏛 Carnegie Birthplace Museum
Moodie St. 📞 (01383) 72 43 02. ⏰ tägl. (So nachmittag). 🎫 ♿

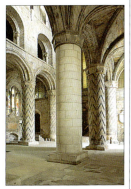

Das normannische Hauptschiff der Abbey Church, Dunfermline

Culross ⓯

Fife. 👥 450. 🚆 Dunfermline. 🚌 Dunfermline. 🛈 National Trust, The Palace (01383) 88 03 59. ⏰ Apr–Sep tägl. 11–17 Uhr. 🎫 ♿ eingeschränkt.

HIER, IN EINEM bedeutenden religiösen Zentrum des 6. Jahrhunderts, soll 514 der Heilige Mungo geboren sein.

Im 16. Jahrhundert kam die Stadt unter Sir George Bruce, der Seehandel mit Kohle und Salz betrieb, zu Wohlstand. Der Nachkomme von Robert the Bruce ließ 1575 ein System von Stollen und einen flutsicheren Förderschacht anlegen, um die Kohle gleich in Schiffe verladen zu können. 1932 hat der National Trust for Scotland mit der Restaurierung des romantischen Städtchens begonnen, das jeden Besucher entzücken wird. Mit der Besichtigung beginnt man am besten am **Visitors' Centre**, das im ehemaligen Stadtgefängnis untergebracht ist.

Der 1577 gebaute **Herrensitz** von George Bruce mit seinen Treppengiebeln und dem roten Schindeldach ist ein typisches Beispiel für die Bauweise der damaligen Zeit. Die Wand- und Deckenmalereien aus dem frühen 17. Jahrhundert im Inneren des Palastes gehören zu den schönsten in Schottland. Auf der gegenüberliegenden Seite des Platzes geht es vorbei am ältesten Haus der Stadt aus dem Jahre 1577 zum **Town House**. Dahinter gelangt man über eine Straße namens Back Causeway zum **The Study** genannten Bischofssitz aus dem Jahr 1610. Auf keinen Fall versäumen sollte man dort die norwegische Decke im Hauptraum. Setzt man seinen Weg fort, gelangt man in nördlicher Richtung zur Abteiruine und weiter zum **House with the Evil Eyes**.

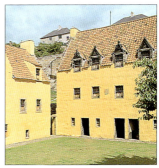

Das aus dem 16. Jahrhundert stammende Herrenhaus von George Bruce in Culross

Antoniuswall ⓰

Falkirk. 🛈 2–4 Glebe St (01324) 62 02 44. 🚆 Falkirk. ⏰ Mo–Sa.

DIE RÖMER rückten etwa 140 n. Chr. unter Kaiser Antonius zum zweiten Mal nach Schottland vor. Dort bauten sie einen rund 60 Kilometer langen Verteidigungswall, der sich vom Firth of Clyde bis zum Firth of Forth zog. Dieser Wall wurde in der Folgezeit an strategisch wichtigen Stellen weiter befestigt. Ein Teilstück steht noch in Rough Castle nahe Falkirk.

Falkirk Wheel ⓱

Lime Rd, Tamfourhill, Falkirk. 📞 (01324) 61 98 88; Besichtigung: (08700) 50 02 08. 🚆 Falkirk. ⏰ tägl. 9–18 Uhr. ⏸ Mitte Jan–Feb. 🎫 für Bootsfahrten. 🅿 🍴 🌐 www.thefalkirkwheel.co.uk

DAS EINDRUCKSVOLLE Schiffshebewerk besticht durch seine Mechanik. Die rotierende Anlage ist das Meisterstück von Schottlands ambitionierten Projekten im Bereich der Entwicklung und Pflege von Wasserstraßen. Einige früher für den Transport von Gütern bedeutende Wasserwege verloren in den 1960er Jahren aufgrund der starken Förderung des Straßenverkehrs an Bedeutung. Mit dem 35 Meter hohen Falkirk Wheel ist der Verkehr zu Wasser wieder eine echte Alternative. Damit besteht eine direkte Verbindung zwischen Glasgow und Edinburgh. Besichtigungsfahrten beginnen alle 30 Minuten.

Falkirk Wheel, ein rotierendes Schiffshebewerk

Das Hochland und die Inseln

MIT SCHOTTLAND *verbindet man Clans und Tartans, Whisky und Porridge, Dudelsack und Heidekraut – kurz, das Hochland und seine Bewohner. Dabei hatten die Gälisch sprechenden, Rinder züchtenden Highlanders über Jahrhunderte sehr wenig mit ihren Nachbarn im Süden gemein.*

Zahlreiche Spuren der nichtkeltischen Vorfahren der heutigen Highlanders findet man überall im Hochland und auf den Inseln: Steinkreise, Steintürme und Hügelgräber. Ende des 6. Jahrhunderts waren die Gälisch sprechenden Kelten aus Irland eingewandert, unter ihnen der Mönch Columban, der auf der Insel Iona eine Mönchsgemeinschaft gründete und dort das Christentum lehrte. Die Verschmelzung von christlicher und Wikingerkultur (8. und 9. Jahrhundert) erreichte ihren Höhepunkt im Bau der St Magnus Cathedral auf den Orkney-Inseln.

Von da an war die Hochlandbevölkerung mehr als tausend Jahre lang in Clans gegliedert. Ein Clan entsprach einer Großfamilie, deren Mitglieder dem Chief Gehorsam und Loyalität entgegenbrachten. Erst nach 1746, nach der fehlgeschlagenen Rebellion der Jakobiten unter Bonnie Prince Charlie *(siehe S. 153)*, wurden die Clans von den Engländern zerschlagen. Im frühen 19. Jahrhundert setzte eine Verklärung der Clans und ihrer Lebensweise ein. Dafür war zum großen Teil der Schriftsteller Walter Scott verantwortlich, aber auch Königin Victoria förderte mit ihrer Leidenschaft für Balmoral den Trend, Landsitze in Schottland zu erwerben. Hinter der Romantik verbargen sich jedoch rauhe wirtschaftliche Verhältnisse, die ganze Generationen von Highlanders zur Auswanderung nach Amerika trieben.

Auch heute noch lebt mehr als die Hälfte der Hochlandbevölkerung in Gemeinden mit weniger als tausend Einwohnern. Gutgehende Industrien wie Fischfang und Öl sowie die Whiskyherstellung lassen die Bevölkerungszahlen wieder steigen.

Papageitaucher versammeln sich auf Felsen – auf den schottischen Inseln ein gewohnter Anblick

◁ Die einsame Burg von Eilean Donan am Loch Duich in Glen Shiel

Überblick: Das Hochland und die Inseln

DEN NORDEN UND WESTEN Schottlands nehmen die Highlands ein. Für die herrlichen Berge und Täler, die zerklüfteten Küsten und die einsamen Inseln des Hochlandes ist Schottland so berühmt. Die Hauptstadt des Hochlandes, Inverness, ist ein guter Ausgangspunkt, um Loch Ness und die Cairngorm Mountains zu erkunden, während man Ben Nevis am besten von Fort Williams aus erreicht. Landeinwärts von Aberdeen liegen Royal Deeside und das Spey Valley. Die romantischen Hebriden erreicht man mit dem Schiff von Oban oder Ullapool.

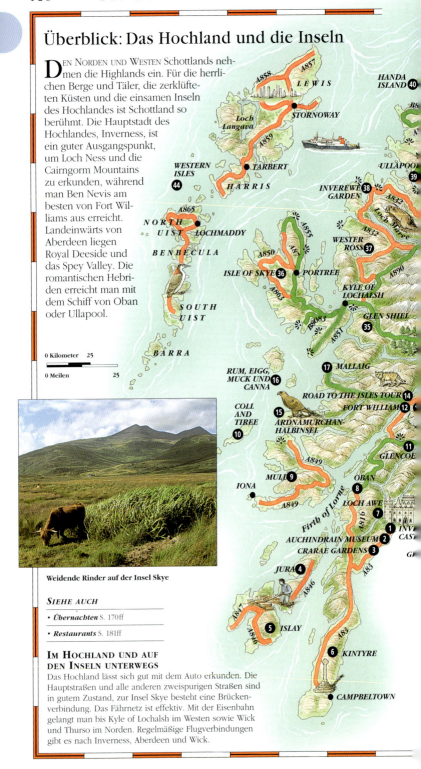

Weidende Rinder auf der Insel Skye

SIEHE AUCH

- *Übernachten* S. 170ff
- *Restaurants* S. 181ff

IM HOCHLAND UND AUF DEN INSELN UNTERWEGS

Das Hochland lässt sich gut mit dem Auto erkunden. Die Hauptstraßen und alle anderen zweispurigen Straßen sind in gutem Zustand, zur Insel Skye besteht eine Brückenverbindung. Das Fährnetz ist effektiv. Mit der Eisenbahn gelangt man bis Kyle of Lochalsh im Westen sowie Wick und Thurso im Norden. Regelmäßige Flugverbindungen gibt es nach Inverness, Aberdeen und Wick.

DAS HOCHLAND UND DIE INSELN

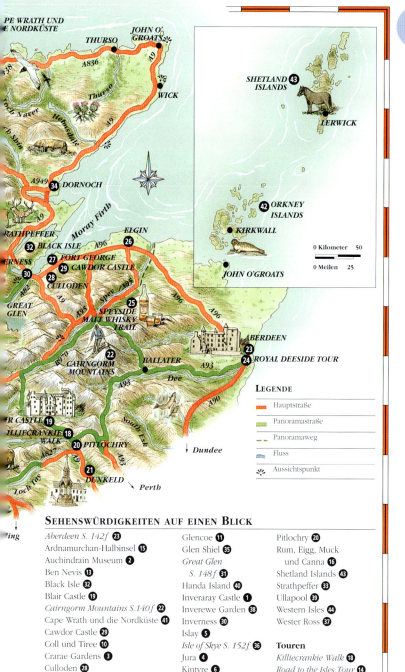

SEHENSWÜRDIGKEITEN AUF EINEN BLICK

Aberdeen S. 142f ㉓
Ardnamurchan-Halbinsel ⑮
Auchindrain Museum ②
Ben Nevis ⑬
Black Isle ㉜
Blair Castle ⑲
Cairngorm Mountains S.140f ㉒
Cape Wrath und die Nordküste ㊶
Cawdor Castle ㉙
Coll und Tiree ⑩
Crarae Gardens ③
Culloden ㉘
Dornoch ㉞
Dunkeld ㉑
Elgin ㉖
Fort George ㉗
Fort William ⑫

Glencoe ⑪
Glen Shiel ㉟
Great Glen
 S. 148f ㉛
Handa Island ㊵
Inveraray Castle ①
Inverewe Garden ㊳
Inverness ㉚
Islay ⑤
Isle of Skye S. 152f ㊱
Jura ④
Kintyre ⑥
Loch Awe ⑦
Mallaig ⑰
Mull ⑨
Oban ⑧
Orkney Islands ㊷

Pitlochry ⑳
Rum, Eigg, Muck
 und Canna ⑯
Shetland Islands ㊸
Strathpeffer ㉝
Ullapool ㊴
Western Isles ㊹
Wester Ross ㊲

Touren
Killiecrankie Walk ⑱
Road to the Isles Tour ⑭
Royal Deeside Tour ㉔
*Speyside Malt Whisky
 Trail* ㉕

Inveraray Castle ❶

Inveraray, Argyll & Bute. 🚂 Arrochar, dann Bus. ☎ (01499) 30 22 03. 🕐 Apr–Juni, Sep–Okt Sa–Do; Juli–Aug tägl. 10–17.45 Uhr. 📷 🎫 ♿ eingeschr. 🌐 www.inveraray-castle.com

Die gotische Fassade von Inveraray Castle

Dieser türmebewehrte pseudogotische Palast gehört dem mächtigen Campbell-Clan, der seit 1701 die Dukes von Argyll stellt. Er wurde 1745 von den Architekten Roger Morris und William Adam über den Ruinen eines alten Schlosses (15. Jh.) erbaut. Nach einem Brand 1877 fügte man die konischen Türme hinzu.

Das von Robert Mylne in den 1770er Jahren kreierte prächtige Innere bildet den Hintergrund für Schätze wie Regency-Möbel, eine Porzellansammlung und Porträts von Gainsborough, Ramsay und Raeburn. Beeindruckend ist die Waffenkammer: Die Campbells sammelten Waffen für den Kampf gegen die Jakobiten. In den Ställen erinnert das Combined Operations Museum an die 250 000 alliierten Soldaten, die in Inveraray während des Zweiten Weltkriegs stationiert waren.

Auchindrain Museum ❷

Inveraray, Argyll & Bute. ☎ (01499) 50 02 35. 🚂 Inveraray, dann Bus. 🕐 Apr–Sep tägl. 10–17 Uhr. 📷 ♿ eingeschränkt.

Das erste Freiluft-Museum Schottlands gewährt Einblick in das Leben eines bis ins späte 19. Jahrhundert für die Highlands typischen Dorfes. Die Gemeinde aus etwa 20 strohgedeckten Cottages wurde bis 1962 bewirtschaftet, als der letzte Einwohner in Rente ging. Man kann durch die Häuser schlendern, die meist Wohnraum, Küche und Stall unter einem Dach vereinen. Die Häuser haben Bettschränke und Binsenlichter – und vor der Tür einen Kräutergarten. Auchindrain ist ein faszinierendes Relikt aus einer Zeit, in der die Highland-Bauern noch Ackerbau für den Eigenbedarf, nicht aber zu kommerziellen Zwecken betrieben.

Ein traditioneller Pflug im Freilichtmuseum Auchindrain

Crarae Gardens ❸

Crarae, Argyll & Bute. ☎ Ostern–Okt: (01546) 88 66 14; Nov–März: (01546) 88 63 88. 🚂 Inveraray, dann Bus. 🕐 tägl. 📷 🎫 nach Vereinbarung. ♿ eingeschr. 🌐 www.crarae-gardens.org

Die von Lady Grace Campbell in den 1920er Jahren geschaffenen Crarae Gardens (siehe auch S. 20f) gelten als die schönsten Parkanlagen der West Highlands. Grace Campbell war die Tante des Forschers Reginald Farrer, dessen Mitbringsel aus Tibet den Grundstock der Sammlung exotischer Pflanzen bildeten. Heute erinnert der Park an eine Schlucht im Himalaya: Der warme Golfstrom und die hohen Niederschlägen lassen die Planzen prächtig gedeihen. Neben Rhododendren aus dem Himalaya gibt es auch exotische Pflanzen aus Tansania, Neuseeland und den USA. Die Sammlung, die im Spätfrühling am beeindruckendsten ist, wird heute noch stetig ergänzt.

Jura ❹

Argyll & Bute. 👥 250. ⛴ von Kennacraig nach Islay, von dort nach Jura. ℹ Bowmore (01496) 81 02 54.

Die karge und bergige Insel ist nur spärlich bewohnt, dafür Heimat von Rotwild. Die einzige Straße verbindet das Dorf Craighouse mit der Islay-Fähre. Das Wandern ist in der Jagdsaison von August bis Oktober verboten, doch außerhalb dieser Sperrzeit ist die Insel ein ausgezeichnetes Wandergebiet. Besonders schön sind die Hänge der drei Gipfel der Paps of Jura mit dem Beinn An Oir als höchster Erhebung (784 m). Hinter der Nordspitze der Insel liegen die berüchtigten Strudel von Corryvreckan. George Orwell, der auf die Insel kam, um seinen Roman *1984* zu schreiben, kam 1946 beinahe ums Leben, als er hier ins Wasser fiel. Laut einer anderen Legen-

Die Lagavulin-Destillerie, Islay, ist eine der besten Malt-Whisky-Brennereien Schottlands

Während des Sonnenuntergangs krönt Nebel die Paps of Jura

de soll Prinz Breackan hier bei seinem Werben um eine Prinzessin ertrunken sein: Er soll versucht haben, ein von Tauen aus Wolle, Hanf und Haarsträhnen von Mädchen gehaltenes Boot drei Tage im Strudel zu halten, bis ein Seil, in dem die Strähne eines untreuen Mädchens war, riss.

Islay ❺

Argyll & Bute. 🚶 3500. ⛴ von Kennacraig. ℹ Bowmore (08707) 20 06 17. 🌐 www.isle-of-islay.com

V ON ISLAY (gesprochen »Eye-luh«), der südlichsten der Western Isles, stammen solch geschätzte Highland-Single-Malt-Whiskys *(siehe S. 30)* wie Lagavulin und Laphroaig. Die meisten Brennereien produzieren Malt-Whisky mit dem typischen Aroma von Torf und Meer. Im Dorf Bowmore befinden sich die älteste Inselbrennerei und eine kreisrunde Kirche, die dem Teufel so wenig Verstecke wie nur möglich bieten soll. Das **Museum of Islay Life** in Port Charlotte bietet eine Fülle von Informationen zur Sozial- und Naturgeschichte der Insel. Elf Kilometer östlich von Port Ellen steht das Kildalton Cross, ein Block aus dem einheimischen grünen Stein, verziert mit Szenen aus dem Alten Testament. Es ist eines der imposantesten Keltenkreuze Großbritanniens (8. Jh.). Die Ausgrabungsstätte der mittelalterlichen Festung der Insel-Lords, **Finlaggan**, reizt archäologisch Interessierte, Vogelliebhaber kommen an den Inselstränden auf ihre Kosten. Einige der Vögel kann man im RSPB-Naturschutzgebiet in Gruinart aus der Nähe sehen.

🏛 **Museum of Islay Life**
Port Charlotte. ☎ (01496) 85 03 58.
◯ Ostern–Okt tägl. (So nachm.).
📷 ♿

Kintyre ❻

Argyll & Bute. 🚶 8000. 🚉 Oban.
🚌 Campbeltown. ℹ Campbeltown (01586) 55 20 56.
🌐 www.scottish.heartlands.org

K INTYRE, die lange, schmale Halbinsel im äußersten Süden Glasgows, bietet eine herrliche Aussicht auf die Inseln Gigha, Islay und Jura. Der 14 km lange, 1801 eröffnete Crinan Canal mit seinen 15 Schleusen ist im Sommer voller Boote und Yachten. Tarbert (gälisch) ist benannt nach der Landenge, an der sich die Stadt befindet. Sie ist so eng, dass man ein Boot aus dem Loch Fyne zum West Loch Tarbert hinüberziehen kann. Dieses Kunststück gelang zuerst dem Wikingerkönig Magnus Barfud, dem 1198 so viel Land garantiert wurde, wie er umsegeln konnte.

Weiter südlich, an Campbeltown vorbei, endet die B842 auf der Landspitze Mull of Kintyre, bekannt geworden durch Paul McCartney, der die Gegend in einem gleichnamigen Lied besang. Westlich davon liegt die Insel Rathlin, auf der Robert the Bruce eine Lektion in Sachen Geduld erhielt: Während seiner anhaltenden Kämpfe gegen England musste er so lange in einer Höhle ausharren, dass er einer Spinne beim Bau ihres Netzes zusehen konnte.

Segelboote ankern im Hafen von Tarbert, Kintyre

Loch Awe ❼

Argyll. 🚉 🚌 Dalmally. 🛈 Inveraray (01499) 30 20 63.

Der See in den südwestlichen Highlands ist mit 40 km einer der längsten Süßwasserseen Schottlands. Östlich der Stadt Lochawe liegen die malerischen Ruinen des **Kilchurn Castle**, das im 18. Jahrhundert von einem Blitz getroffen und nicht wieder aufgebaut wurde. Es liegt im Schatten des Ben Cruachan, dessen Gipfel (1125 m) man über den engen Pass of Brander erreicht, wo Robert the Bruce 1308 den MacDougal-Clan bekämpfte. Nahe des Dorfes Taynuilt erinnern die Schmelzöfen von Bonawe an die Eisenindustrie, der in den letzten Jahrhunderten ein Großteil der umgebenden Wälder zum Opfer fiel.

Das Museum an der A816 (Richtung Süden) **Kilmartin House** zeigt Artefakte lokaler prähistorischer Stätten sowie Nachbauten von Werkzeugen, Booten und Schmuck. Es vermittelt einen lebendigen Eindruck früheren Alltagslebens.

🏛 **Kilmartin House**
Kilmartin. 📞 (01546) 51 02 78. ⚪ tägl. 📷 ♿ 🌐 www.kilmartin.org

McCaig's Tower überragt Häuser und Fischerboote von Oban

Oban ❽

Argyll. 👥 8500. 🚉 🚌 ⛴
🛈 Argyll Square (01631) 56 31 22.
🌐 www.scottish.heartlands.org

Der lebhafte Hafen am Firth of Lorne, das »Tor zu den Inseln«, bietet eine wunderbare Aussicht auf die Argyll-Küste. Die »kleine Bucht«, die Oban ihren Namen gab, ist von Geschäften umgeben; überall ist frischer Fisch zu kaufen. Fähren nach Mull, Tiree, Coll, Barra, South Uist, Islay, Colonsay und Lismore verkehren regelmäßig und machen Oban zu einem vielbesuchten Ort.

Oban liegt an einem steilen Hügel unter dem mächtigen **McCaig's Tower**, einem skurrilen, unvollendeten Nachbau des römischen Kolloseums aus dem 19. Jh. Weitere Wahrzeichen sind die Kathedrale und die Ruinen des 600 Jahre alten **Dunollie Castle**, einst nördlicher Außenposten der Dalbriadic Scots. Oban besitzt Glas- und Tonwerkstätten und die Oban Distillery, die feinen Malt-Whisky herstellt.

Anfang August strömen von überall her Yachten zur West Highland Week, am Monatsende finden Obans Highland Games statt. Auch in Kilmore, Taynuilt und Tobermory auf Mull werden im Sommer Highland Games abgehalten.

Umgebung: Weiter nördlich von Oban, abseits der A85, liegt das **Dunstaffnage Castle**, in das Flora MacDonald gesteckt wurde, weil sie Bonnie Prince Charles 1746 zur Flucht aus Schottland verholfen hatte. Bei Barcaldine finden Sie das **Scottish Sealife Sanctuary**. Hier kümmert man sich um verletzte Seehunde und zeigt Unterwasseraufnahmen.

Im **Rare Breeds Park**, 3 km südlich von Oban, leben seltene Zuchttiere, z. B. Soay- und Jacobs-Schafe sowie die berühmten Highland-Rinder. Über die »Bridge over the Atlantic« (18. Jh.) erreicht man die Insel Seil. Das **Island Folk** Museum auf der kleinen Insel Easdale zeigt die Geschichte des Schieferabbaus in diesem Gebiet. Weiter südlich lädt der **Arduaine Garden** mit seiner Vielfalt an Rhododendron- und Azaleenarten zu einem Besuch im späten Frühling ein.

🏰 **Dunstaffnage Castle**
Connel. 📞 (01631) 56 24 65. ⚪ tägl.
⚪ Okt–März Do nachm. u. Fr. 📷 🎫
🐟 **Scottish Sealife Sanctuary**
Barcaldine, nahe Connel. 📞 (01631) 72 03 86. ⚪ tägl. 📷 ♿
🐑 **Rare Breeds Park**
New Barren. 📞 (01631) 77 06 08.
⚪ Apr–Okt tägl. 📷 ♿
🏛 **Island Folk Museum**
Easdale. 📞 (01852) 30 03 70.
⚪ Apr–Okt tägl. 📷 ♿
🌷 **Arduaine Garden**
(NTS) Kilmelford. 📞 (01852) 20 03 66.
⚪ tägl. 📷 ♿ 🎫 n. Vereinbarung.

Die Ruinen des Kilchurn Castle am Ufer des Loch Awe

Das malerische Häuserkaleidoskop in Tobermory, eine der Touristenattraktionen von Mull

Mull ❾

Argyll. 🚶 2800. ⛴ von Oban, Lochaline und Kilchoan; von Fionnphort, auf Mull, nach Iona.
ℹ Tobermory (01688) 30 21 82; Craignure (01680) 81 23 77.

DIE GRÖSSTE INSEL der Inneren Hebriden, Mull, hat rauhe Moore, den felsigen Gipfel Ben More und einen wunderbaren Strand bei Calgary. Die meisten Straßen führen an der Küste entlang. Mit der Mull and West Highland Railway gelangt man nach kurzer Fahrt zum prunkvollen **Torosay Castle**, dessen Gärten von Statuen gesäumt sind und dessen Inneneinrichtung eine Fülle von Gemälden und Möbeln (19. Jh.) beherbergt.

Auf einer Landspitze im Osten liegt **Duart Castle**, Sitz des Chiefs des Maclean-Clans. Hier kann man u. a. die Verliese besichtigen, in der Gefangene einer 1588 von Donald Maclean versenkten spanischen Armada-Galeone saßen. Am Nordende von Mull erstreckt sich am Wasser **Tobermory** mit seinen buntbemalten Häusern. Das einstige Fischerdorf von 1788 ist ein beliebter Yachthafen.

UMGEBUNG: Die wunderschöne Insel **Iona** ist eine der Hauptattraktionen der schottischen Westküste. Ein Kloster steht an der Stelle, an der der irische Missionar Columban 563 seinen Kreuzzug begann und Iona zur »Heimat des Christentums« in Europa machte. Auf dem Klosterfriedhof sollen 48 schottische Könige begraben sein. Im Sommer strömen die Besucher hierher. Bei gutem Wetter bietet sich ein Ausflug zu **Fingal's Cave** auf der Insel Staffa (siehe S. 15) an. Die von »Orgelpfeifen« aus Basalt umgebene Höhle inspirierte Mendelssohn zu seiner *Hebriden-Ouvertüre*. Von Fionnphort und Ulva fahren Ausflugsboote hierher und zu den sieben **Treshnish Isles**. Auf diesen unbewohnten Inseln leben Seevögel wie Papageitaucher, Tordalks und Raubmöwen. Dutchman's Cap hat die markanteste Form, die meisten Boote steuern Lunga an.

♣ Torosay Castle
Nahe Craignure. ☎ (01680) 81 24 21. **Castle** ◯ Ostern–Mitte Okt tägl. 🅿 **Park** ◯ tägl. 🅿 ♿ Park.
♣ Duart Castle
An der A849, bei Craignure.
☎ (01680) 81 23 09.
◯ Mai–Mitte Okt tägl. 🅿
🏝 Fingal's Cave und Treshnish Isles
⛴ Ostern–Okt. ☎ (01688) 40 02 42. Zeiten variieren, Infos per Anruf. 🅿

Coll und Tiree ❿

Argyll. 🚶 950. ⛴ von Oban.
✈ nur von Glasgow nach Tiree.
ℹ Oban (01631) 56 31 22.

DIESE FLACHEN, fruchtbaren Inseln im äußersten Westen der Inneren Hebriden haben die meisten Sonnenstunden Großbritanniens. Sehenswert sind die Crofter-Siedlungen, die schönen Strände und eine beeindruckende Brandung. Tirees Boden besteht zu 60 Prozent aus Muschelsand, so dass hier keine Bäume gedeihen.

Bis 1750 Wohnort des Clans der Maclean, überragt das Breacachadh Castle (15. Jh.) eine Bucht im Süden Colls. Für die Öffentlichkeit ist es nicht zugänglich.

Es gibt auf Tiree zwei eintrittsfreie Museen: das **Sandaig Thatched House Museum**, das das Leben um 1900 zeigt, und das **Skerryvore Lighthouse Museum** in Hynish – der Leuchtturm steht 20 Kilometer vor der Küste.

Traditionelles Crofter-Haus auf der Insel Coll

Die Three Sisters in Glencoe leuchten majestätisch im spätherbstlichen Sonnenschein

Glencoe ⓫

Lochaber. 🚆 Fort William.
🚌 Glencoe. 🛈 NTS Visitor Centre,
Ballachulish (01855) 81 13 07.
🕐 März–Okt tägl. 10–17 Uhr. 📷 ♿

Einen »Friedhof der Giganten« nannte Dickens Glencoe, das bekannt ist für seine furchterregende Landschaft und wilde Geschichte. Der messerscharfe Kamm des Aonach Eagach und die steilen Klippen von Buachaille Etive Mor sind auch für geübte Wanderer anspruchsvoll. Schroffe Gipfel und der wilde Fluss Coe bilden das Panorama der Glen-Wanderungen. Festes Schuhwerk, Regenkleidung und die Beachtung der Warnschilder sind unumgänglich. Routenempfehlungen, ob für eine leichte Wanderung in der Nähe des Signal Rock (von dem aus das Startsignal für das Massaker gegeben wurde) oder für eine harte Zehn-Kilometer-Tour zur Devil's Staircase, gibt das Besucherzentrum. Im Sommer bietet der NTS Ranger Service Führungen an. Östlich von Glencoe liegt Rannoch Moor, eines der verlassensten Gebiete Großbritanniens, das man besonders gut vom Sessellift des **Glencoe Ski Centre** aus überblicken kann.

Richtung Südwesten führt eine schmale Panoramastraße durch die schönen Hänge des Glen Etive bis zum Loch Etive. Dieser beeindruckende Meeresarm mündet an der Connel Bridge nördlich von Oban ins Meer.

An der Ballachulish Bridge zweigt eine Straße nach Kinlochleven ab. Das Dorf an der Spitze eines langen Loch kontrastiert mit der Bergkulisse.

⛷ **Glencoe Ski Centre**
Kingshouse, Glencoe. 📞 (01855) 85 12 26. 🕐 tägl. 📷 ♿ eingeschränkt.

DAS MASSAKER VON GLENCOE

1692 verspätete sich der Chief der MacDonalds aus Glencoe um fünf Tage, als er den Treueeid auf William III schwören sollte. Damit hatte die Regierung einen geeigneten Vorwand, ein Zentrum der Jakobiten zu zerschlagen. 130 Soldaten unter Robert Campbell wurden von den arglosen MacDonalds zehn Tage gastfreundlich bewirtet. Am Morgen des 13. Februar überfielen sie ihre Gastgeber. 38 MacDonalds wurden getötet, viele flohen in die Berge und kamen dort um. Dieser blutige Vertrauensbruch wurde zum politischen Skandal, obwohl er drei Jahre unentschuldigt und ungesühnt blieb.

Ausschnitt aus *The Massacre of Glencoe* von James Hamilton

Fort William ⓬

Lochaber. 👥 11 000. 🚆 🚌
🛈 Cameron Sq (01397) 70 37 81.
🌐 www.host.co.uk

Von FORT WILLIAM, einer der größeren Städte an der Westküste, am Fuß des Ben Nevis, führt eine Bahnfahrt mit dem **Jacobite Steam Train** oder aber mit normalen Zügen nach Mallaig *(siehe S. 137)*.

🚂 **Jacobite Steam Train**
🚆 Fort William. 📞 (01463) 23 90 26. Abfahrt 10.20 Uhr Ende Juni–Sep Mo–Fr; Ende Juli–Anf. Sep auch So.

Ben Nevis

Lochaber. 🚆 Fort William. 🚌 Glen Nevis. 🛈 Ionad Nibheis Visitor Centre, Glen Nevis (01397) 70 59 22. 🕐 Ostern–Okt tägl. 9–18 Uhr. ♿

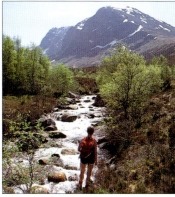

Blick von Nordwesten auf den Ben Nevis

Den Gipfel an neun von zehn Tagen im Nebel, ist Großbritanniens höchster Berg eine Mischung aus metamorphem und vulkanischem Gestein. Die steile nordöstliche Wand ist eine technische Herausforderung für erfahrene Bergsteiger. Im Gegensatz dazu pilgern Tausende von Besuchern jedes Jahr auf der sanft ansteigenden, aber langen und steinigen Route im Westen zum Gipfel. Motorräder und sogar Autos nehmen diesen Weg, und er ist Wettkampfstrecke des jährlichen Laufwettbewerbs Ben Nevis Race. Erwischt man einen sonnigen Tag, wird der Weg zum Gipfel mit einer atemberaubenden Aussicht belohnt. An einem bewölkten Tag empfiehlt sich eher ein Spaziergang durch die üppige Landschaft des **Glen Nevis**, bei dem man etwas mehr entdecken kann als auf dem Gipfel mit seiner verfallenen Wetterstation und den Gedenksteinen für tragisch verunglückte Spaziergänger und Kletterer.

Nördlich des Ben Nevis führt die **Nevis Range Gondola** zu einem Skizentrum, einem Restaurant und weiteren Einrichtungen in 650 Meter Höhe.

🚠 Nevis Range Gondola

An der A82, Torlundy. 📞 (01397) 70 58 25. 🕐 Mitte Dez–Mitte Okt tägl. (wetterabhängig).

Besteigung des Ben Nevis

Der Hauptweg zum Ben Nevis, Old Bridle Path genannt, beginnt im Glen Nevis. Zahlreiche Besucher wiegen sich aufgrund des milden Wetters im Tal in falscher Sicherheit, manchmal mit fatalen Folgen. Sie brauchen festes Schuhwerk (keine Turnschuhe), Mütze und Handschuhe und ausreichend Kleidung, weil selbst im Sommer die Temperaturen auf dem Gipfel unter Null liegen können. Nehmen Sie auch genug zu essen und zu trinken sowie eine gute Landkarte und einen Kompass mit, auch wenn Sie dies für unnötig halten. Man verliert den Weg im Nebel oder bei Schnee, besonders beim Abstieg, überraschend schnell.

Routeninfos

Start ①: Besucherzentrum.
Start ②: Achintee.
Start ③: 400 m vom Campingplatz (wenig Parkmöglichkeiten).
Länge: 16 km; etwa 6–8 Stunden für den Rundweg.
Wetterdienst: Western Highlands (09068) 50 04 42.
Schwierigkeitsgrad: Unproblematisch bei gutem Wetter, doch rascher Wetterumschwung möglich; bei Schnee extrem schwierig.

Legende

- 🟢🟢🟢 Old Bridle-Pfad
- 🟡 Nebenstraße
- 🔺 Campingplatz
- 💮 Aussichtspunkt
- 🅿 Parken
- 🛈 Information

Glen-Nevis-Wanderung

0 Meter — 1000
0 Yards — 1000

Road to the Isles Tour ⓮

DIESE MALERISCHE Tour führt durch ausgedehnte Bergtäler, vorbei an Traumstränden und winzigen Dörfern nach Mallaig, einem der Häfen für Fähren zu den Inseln Skye, Rum, Eigg, Muck und Canna. Die wunderbare Landschaft ist geprägt durch die Geschichte der Jakobiten *(siehe S. 147)*.

> **ROUTENINFOS**
> **Länge:** 72 km.
> **Rasten:** Das Glenfinnan NTS Besucherzentrum (01397 72 22 50) erläutert den Jakobitenaufstand und serviert Erfrischungen. In der Old Library Lodge in Arisaig gibt es ausgezeichnetes Essen.

Mallaig ⑦
Die Straße zu den Inseln endet in Mallaig, einem hübschen Fischerort mit einem sehr guten Hafen; eine der Fähren fährt zur Insel Skye *(siehe S. 152f)*.

Morar ⑥
Die Straße führt weiter durch Morar, bekannt für seinen weißen Sand und Loch Morar, in dem ein 12 m langes Monster namens Morag hausen soll.

Prince's Cairn ⑤
Die Straße führt über Ardnish zum Loch Nan Uamh, wo ein Steinhügel die Stelle markiert, der Bonnie Prince Charlie 1746 endgültig Schottland verließ.

Ardnamurchan-Halbinsel ⓯

Argyll. 🚢 von Fishnish, Tobermory (Mull) nach Kilchoan. 🛈 Kilchoan (01972) 51 02 22; Fort William (01397) 70 37 81; Strontian (01967) 40 23 81.

DIE HALBINSEL sowie Moidart und Morvern sind durch eine gewundene Küste, Felsgebirge und Strände geprägt. Sie gelten als Geheimtipp. Einige der schönsten Strände findet man an der Spitze der Halbinsel, dem westlichsten Punkt des Festlandes.

Das **Besucherzentrum Ardnamurchan Point** in Kilchoan gibt Aufschluss über die Geschichte der Leuchttürme; in Glenmore ist das preisgekrönte **Ardnamurchan Natural History Centre** zu sehen. Das Zentrum ist so konzipiert, dass sich Tiere darin niederlassen können, Rotwild kann auf seinem Torfdach grasen. Eine hübsche Straße führt von Salen nach Strontian, eine andere nach Acharacle. Das **Mingarry Museum** widmet sich den Themen Wilderei und illegales Whiskybrennen.

Blick von Roshven bei Arisaig hinüber zu den Inseln Eigg und Rum

🛈 **Ardnamurchan Point Visitor Centre**
Kilchoan. ☎ (01972) 51 02 10. ○ Apr–Okt tägl.

🏛 **Ardnamurchan Natural History Centre**
Glenmore. ☎ (01972) 50 02 09. ○ Apr–Okt tägl. nur Ausstellung.

🏛 **Mingarry Museum**
Mingarry. ☎ (01967) 43 16 62. ○ Ostern–Sep tägl. eingeschränkt.

Rum, Eigg, Muck und Canna ⓰

Small Isles. 👥 150. 🚢 von Mallaig oder Arisaig. nur Canna. 🛈 Mallaig (01687) 46 21 70.

JEDE DER VIER »kleinen Inseln« hat ihren eigenen Charakter, doch alle bieten Ruhe und Erholung. **Canna** ist von Klippen umrahmt und besitzt verstreut liegende archäologische Stätten. Sie gehörte einst dem

DAS HOCHLAND UND DIE INSELN

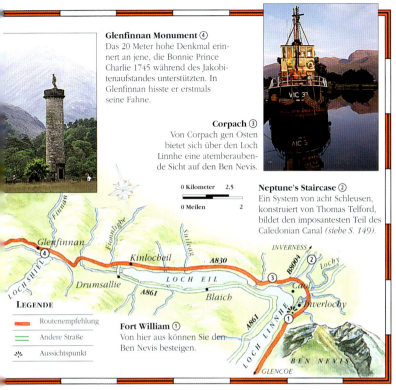

Glenfinnan Monument ④
Das 20 Meter hohe Denkmal erinnert an jene, die Bonnie Prince Charlie 1745 während des Jakobitenaufstandes unterstützten. In Glenfinnan hisste er erstmals seine Fahne.

Corpach ③
Von Corpach gen Osten bietet sich über den Loch Linnhe eine atemberaubende Sicht auf den Ben Nevis.

Neptune's Staircase ②
Ein System von acht Schleusen, konstruiert von Thomas Telford, bildet den imposantesten Teil des Caledonian Canal *(siehe S. 149)*.

Fort William ①
Von hier aus können Sie den Ben Nevis besteigen.

Legende
- Routenempfehlung
- Andere Straße
- Aussichtspunkt

---

gälischen Gelehrten John Lorne Campbell, heute dem National Trust Schottlands. Es gibt hier nur wenig Übernachtungsmöglichkeiten.

Eigg ist am abwechslungsreichsten und wird vom Sgurr of Eigg dominiert. Die schönen Strände machen ungewöhnliche Geräusche, wenn die Füße der Spaziergänger oder der Wind den »singenden Sand« berühren. Die Insulaner kauften nach einer engagierten Kampagne die Insel ihrem Grundbesitzer ab und bewirtschaften sie nun gemeinsam.

Da die Umrisse **Mucks** an ein Schwein erinnern, taufte man sie mit dem gälischen Wort dafür. Die kleinste der Inseln gehört einer Familie, die heute noch eine Farm bewirtschaftet.

Rum, die größte Insel, hat rauhe Gipfel mit altnordischen Namen, auf denen eine recht ungewöhnliche Kolonie von Schwarzschnabel-Sturmtauchern lebt. Heute ist das Scottish Natural Heritage, das zum Zentrum der Rotwildforschung wurde, Eigentümer der Insel. Früher gehörte die Insel der betuchten Bullough-Familie, die **Kinloch Castle**

Bunte Fischerboote im Hafen von Mallaig

errichtete. Sein Äußeres und die Möblierung galten bereits zu jener Zeit als revolutionär und faszinieren noch immer.

⚓ Kinloch Castle, Rum
(01687) 46 20 37. Apr–Okt tägl.; Nov–März Infos telefonisch erfragen.

Mallaig ⑰

Lochaber. 980. von Ardvasar (Skye).
(01687) 46 21 70.

Das Herz von Mallaig ist sein Hafen mit seiner Fischereiflotte und den Fähren zu den »Small Isles« und Skye. Die Atmosphäre ist eher geschäftig als müßig, doch liegt der Ort in einer wunderschönen Landschaft. Zum **Mallaig Marine World** gehören Aquarien sowie eine Fischereiausstellung.

🐟 Mallaig Marine World
(01687) 46 22 92. März–Okt tägl.; Nov–Feb Mo–Sa. Ende Jan. nach Vereinbarung.

Killiecrankie Walk ⑱

DIESE GEGEND ist berühmt für ihre Landschaft und ihre Geschichte. Der Rundweg vermittelt das Typische der Highlands. Inmitten der Berge ist der Weg eben und windet sich durch eine waldige Schlucht, vorbei am Soldier's Leap und einem Viadukt. Loch Faskally, dessen Ufer im Schatten wunderbarer Bäume liegen und der schöne Picknickplätze bereithält, wurde von Menschenhand geschaffen. Auf dem Rückweg entlang des Tummels durchquert man eines der Lieblingsgebiete Queen Victorias in den Highlands.

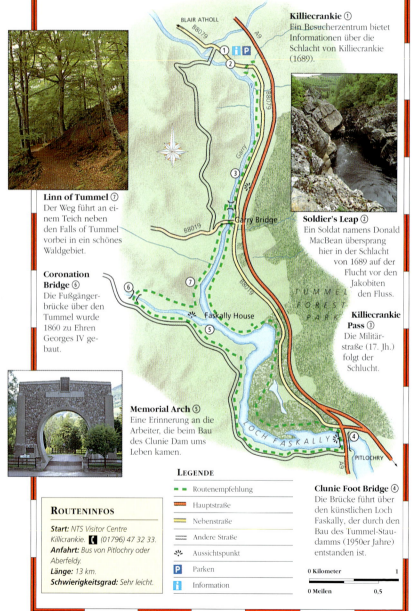

Killiecrankie ①
Ein Besucherzentrum bietet Informationen über die Schlacht von Killiecrankie (1689).

Linn of Tummel ⑦
Der Weg führt an einem Teich neben den Falls of Tummel vorbei in ein schönes Waldgebiet.

Soldier's Leap ②
Ein Soldat namens Donald MacBean übersprang hier in der Schlacht von 1689 auf der Flucht vor den Jakobiten den Fluss.

Coronation Bridge ⑥
Die Fußgängerbrücke über den Tummel wurde 1860 zu Ehren Georges IV gebaut.

Killiecrankie Pass ③
Die Militärstraße (17. Jh.) folgt der Schlucht.

Memorial Arch ⑤
Eine Erinnerung an die Arbeiter, die beim Bau des Clunie Dam ums Leben kamen.

Clunie Foot Bridge ④
Die Brücke führt über den künstlichen Loch Faskally, der durch den Bau des Tummel-Staudamms (1950er Jahre) entstanden ist.

Legende

- - - Routenempfehlung
- Hauptstraße
- Nebenstraße
- Andere Straße
- Aussichtspunkt
- **P** Parken
- **i** Information

Routeninfos

Start: NTS Visitor Centre Killicrankie. ☎ (01796) 47 32 33.
Anfahrt: Bus von Pitlochry oder Aberfeldy.
Länge: 13 km.
Schwierigkeitsgrad: Sehr leicht.

DAS HOCHLAND UND DIE INSELN

Turm und Fassade von Blair Castle in charakteristischem Weiß

Blair Castle [19]

Blair Atholl, Perthshire. (01796) 48 12 07. Blair Atholl. Apr–Okt tägl. 10–18 Uhr. eingeschränkt. www.blair-castle.co.uk

Das verschachtelte, turmbewehrte Schloss wurde in seiner 700-jährigen Geschichte so oft umgebaut, dass es einen einzigartigen Einblick in das Leben und den sich wandelnden Geschmack der schottischen Aristokratie gibt.

Im eleganten Flügel (18. Jh.) sind neben Gemälden von Meistern wie Johann Zoffany und Sir Peter Lely die Handschuhe und die Pfeife von Bonnie Prince Charlie *(siehe S. 153)* ausgestellt, der zwei Tage hier verbrachte, als er Unterstützung für den Jakobitenaufstand suchte *(siehe Seite 147)*. Von Sir Edwin Landseer stammt das Gemälde *Death of a Hart in Glen Tilt* (1850), das im Ballsaal zu sehen ist. 1844 besuchte Queen Victoria das Schloss und verlieh den Besitzern, den Dukes of Atholl, die Erlaubnis, eine Privatarmee zu halten. Dies wurde nie widerrufen – die Atholl Highlanders gibt es noch heute.

Pitlochry [20]

Perthshire. 2500. 22 Atholl Rd (01796) 47 22 15. www.pitlochry.org.uk

Berühmtheit erlangte das Städtchen durch Queen Victoria – sie pries Pitlochry als einen der besten Urlaubsorte Europas.

Im Frühsommer springen wilde Lachse auf dem Weg zu Laichplätzen über die Lachstreppe des Kraftwerkdamms flussaufwärts. Das **Power Station Visitor Centre** zeigt sein hydroelektrisches System, das mit Wasser aus dem Fluss Tummel betrieben wird.

In der **Blair Atholl Distillery** wird noch wie anno 1789 Bell's Whisky hergestellt. Natürlich gibt es ausführliche Führungen *(siehe S. 30f)*.

Eine der berühmtesten Bühnen Schottlands, das **Festival Theatre,** befindet sich in Port-na-Craig. Im Sommer wird spannendes, täglich wechselndes Programm gezeigt.

Blair Atholl Distillery
Perth Rd. (01796) 48 20 03. Ostern–Sep tägl. (So nachm.); Okt–Ostern Mo–Fr. eingeschränkt.
Festival Theatre
Port-na-Craig. (01796) 47 26 80. Mitte Mai–Okt tägl. Aufführungen. www.pitlochry.org.uk
Power Station Visitor Centre
Port-na-Craig. (01796) 47 31 52. Ende März–Okt tägl.

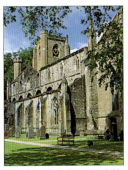

Ruine der Kathedrale von Dunkeld

Dunkeld [21]

Tayside. 2200. Birnam. The Cross (01350) 72 76 88.

Das alte, bezaubernde Dorf am Tay wurde 1689 in der Schlacht von Dunkeld, in der die Jakobiten unterlagen, fast vollständig zerstört. Die charakteristischen **Little Houses** an der Cathedral Street wurden mit viel Einfühlungsvermögen wieder aufgebaut.

Auf schattigen Wiesen am Tay stehen vor den steilen, bewaldeten Hügeln die traurigen Ruinen der **Kathedrale** aus dem 14. Jahrhundert. Der Chor wurde zur Gemeindekirche umgebaut; an der Nordwand befindet sich ein Lepraauge, durch das die von der Messe ausgeschlossenen Leprakranken den Altar sehen konnten. Als die Autorin Beatrix Potter in Dunkeld Urlaub machte, wurde sie von der Landschaft zu den Peter-Rabbit-Geschichten inspiriert.

Lachstreppe am Damm des Kraftwerks in Pitlochry

Cairngorm Mountains ㉒

Bergziege

Die Bergkette mit ihren bis zu 1309 Meter hohen Gipfeln ist das beliebteste Skigebiet Großbritanniens. Auf dem Gipfel des Cairn Gorm steht eine Wetterstation, die stets die aktuellen Wetterberichte bereithält – eine besonders wichtige Einrichtung in dieser für rasche Witterungsumschwünge bekannten Gegend. Wanderer können bedenkenlos der Beschilderung folgen. Im Sommer führt eine Seilbahn auf den Cairn Gorm, der eine phantastische Aussicht auf das Spey-Tal bietet. Manche Güter im Tal haben Informationszentren über das Hochlandleben.

Strathspey Steam Railway
Die Zugverbindung zwischen Aviemore und Broomhill existiert seit 1863.

Von Aviemore, einem der größten Ferienorte, fahren Busse in das 13 Kilometer entfernte Skigebiet.

Kincraig Highland Wildlife Park
Hier leben Bisons, Bären, Wölfe, Eber und andere Tiere, die einst in den Highlands heimisch waren.

Die Cairngorm Mountains bei Aviemore

Rothiemurchus Estate
Hochlandrinder sind nicht die einzigen Tiere auf dem Gut, das im Rahmen einer Führung durch das Gutsgelände besichtigt werden kann.

CAIRNGORM MOUNTAINS

Im Loch Garten Nature Reserve
sieht man heute wieder Fischadler, nachdem sie vor einigen Jahrzehnten beinahe ausgestorben waren.

INFOBOX

Highlands. 🚉 🚌 *Aviemore.*
🛈 *Grampian Rd, Aviemore (01479) 81 03 63.* **Cairngorm Reindeer Centre**, *Loch Morlich.* 🛈 🅲 *(01479) 86 12 28.* ⭘ tägl. **Kincraig Highland Wildlife Park** 🅲 *(01540) 65 12 70.* ⭘ tägl. (je nach Wetterlage). **Rothiemurchus Visitor Centre**, *nahe Aviemore.* 🅲 *(01479) 81 08 58.* ⭘ tägl. **Loch Garten Nature Reserve** 🅲 *(01479) 82 14 09.* ⭘ tägl. **Skifahren und Seilbahn** 🅲 *(01479) 86 12 61.*

Im Cairngorm Reindeer Centre kann man inmitten von Großbritanniens einziger Rentierherde wunderschöne Wanderungen machen.

Skifahren
Im Winter sind etwa 30 Abfahrtsstrecken an der Nordflanke der Berggruppe über Sessel- und Schlepplifte erreichbar.

Der Ben MacDhui ist nach dem Ben Nevis Großbritanniens zweithöchster Berg.

LEGENDE

🛈	Information
▬	Hauptstraße
▬	Nebenstraße
▭	Andere Straße
- -	Fußweg
※	Aussichtspunkt

DIE PFLANZENWELT DER BERGE

Mit Mischwald am Fuße der Berge und subpolaren Gipfelplateaus bieten die Cairngorm Mountains eine große Pflanzenvielfalt. Im Abernethy Forest überlebte die früher heimische kaledonische Kiefer, auf den Gipfeln gedeihen arktische Pflanzen.

Auf dem Cairngorm-Plateau gedeihen Flechten (Großbritanniens älteste Pflanzen), Hainsimse und das stängellose Leimkraut mit seinen rosa Blüten.

In geschützten Mulden wachsen alpine Pflanzen wie Hornkraut und Gänsekresse.

Kiefernwälder bedecken die mittleren Hänge; je lichter die Wälder, desto mehr scheint das Heidekraut hervor.

Mischwald, Heidekraut und Büschelgras findet man in den unteren Lagen.

Vereinfachter Querschnitt durch das Cairngorm-Plateau

Aberdeen ㉓

SCHOTTLANDS DRITTGRÖSSTE STADT und Europas Zentrum der Ölindustrie gedeiht seit der Entdeckung von Erdöl in der Nordsee Anfang der 1970er Jahre. Etwa 50 Ölfelder sind inzwischen entstanden. Die abschreckenden Konturen der »Granitstadt« werden von Blumenausstellungen in den öffentlichen Parks gemildert. Die Duthie Park Winter Gardens sind Europas größter Park. Einen schönen Blick auf Aberdeens lebhaften Hafen hat man von Footdee, einem hübschen Dorf am südlichen Ende des drei Kilometer langen Sandstrands.

Die Türme von Aberdeen erheben sich hinter dem Stadthafen

Überblick: Aberdeen

Das Stadtzentrum gruppiert sich um die etwa 1,5 km lange Union Street, die im Osten am Mercat Cross endet. Das Kreuz schmückt Castlegate, den heutigen Marktplatz. Von hier aus schlängelt sich die kopfsteingepflasterte Shiprow zum Hafen, vorbei am Provost Ross's House. Ein Bus fährt nach Old Aberdeen, etwa 1,5 km weiter nördlich, das mit seinen mittelalterlichen Straßen und engen Gassen wie ein selbständiges ruhiges Dorf wirkt. In manchen Straßen ist Autofahren nur eingeschränkt möglich.

🛕 King's College

College Bounds, Old Aberdeen.
☎ (01224) 27 37 02. ○ tägl.
Das Visitor Centre der ersten Universität der Stadt (1495) informiert über ihre Geschichte. Die interkonfessionelle Kapelle besitzt einen charakteristischen Turmaufbau, der 1633 nach einem schweren Sturm erneuert wurde. Die Buntglasfenster von Douglas Strachan geben dem Inneren einen modernen Anstrich. In die Kanzel von 1540 wurden in späterer Zeit die Köpfe der Stuart-Könige eingemeißelt.

✝ St Andrew's Cathedral

King St. ☎ (01224) 64 01 19.
○ Mai–Sep Di–Fr.
🎫 nach Vereinbarung.
St Andrew's ist die Mutterkirche der Episkopalisten in den USA. In ihr erinnert ein Denkmal an Samuel Seabury, den ersten Episkopalbischof der USA, der 1784 in Aberdeen geweiht wurde. Im Kontrast zu den weißen Wänden und Säulen zieren Wappen die Decke der Seitenschiffe. Sie repräsentieren die Staaten der USA und der Jakobitenfamilien von Aberdeenshire.

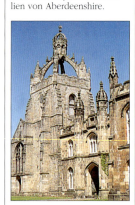

Der elegante Turmaufbau der Kapelle des King's College

🏛 Art Gallery

Schoolhill. ☎ (01224) 52 37 00.
○ tägl. 🚻 🌐 www.aberdeencity.gov.uk
Die in einem klassizistischen Gebäude liegende Art Gallery legt den Schwerpunkt ihrer Ausstellungen auf moderne Kunst. Auch eine Sammlung von Silberarbeiten aus Aberdeen befindet sich hier. Die ständige Ausstellung von Werken aus dem 18. bis 20. Jahrhundert umfasst Arbeiten von Toulouse-Lautrec, Raeburn und Reynolds. Einige Werke hinterließ der Granithändler Alex Macdonald der Galerie.

✝ St Nicholas Kirk

Union St. ☎ (01224) 64 34 94.
○ Mai–Sep tägl.; Okt–Apr Mo–Fr (vormittags). 🚻
Dies ist die älteste Pfarrkirche Schottlands (12. Jh.). Das jetzige Gebäude stammt zwar von 1752, innen sieht man aber noch Relikte aus früherer Zeit. Nach der Reformation wurde die Kirche zweigeteilt. In der Kapelle der Ostkirche kettete man mit Eisenringen vermeintliche Hexen an (17. Jh.); in der Westkirche zieren Mary Jameson (1597–1644) zugeschriebene Stickereibilder die Wände.

🏛 Maritime Museum

Shiprow. ☎ (01224) 33 77 00.
○ tägl. 🚻 🌐 www.aagm.co.uk
Eines der ältesten Wohnhäuser der Stadt, Provost Ross's House von 1593, überblickt den Hafen. Hier ist das Maritime Museum untergebracht, das der langen Seefahrtsgeschichte Aberdeens gewidmet ist. Die Ausstellung informiert über zahlreiche Themen wie Schiffbau und Schiffbruch und veranschaulicht anhand von Modellen die Arbeiten auf den Ölbohrinseln rund um die Ostküste Schottlands.

✝ St Machar's Cathedral

The Chanonry. ☎ (01224) 48 59 88.
○ tägl. 🚻 🌐 www.stmachar.com
Das älteste Granitgebäude der Stadt ist die St Machar's Cathedral (15. Jh.). Die Steinmetzarbeiten reichen zum Teil bis ins 14. Jahrhundert zurück. Das Hauptschiff dient nun als Pfarrkirche. Seine Eichendecke ist mit den Wappen von 48 Päpsten, Kaisern und Prinzen geschmückt.

ABERDEEN

PROVOST SKENE'S HOUSE

Guestrow. ((01224) 64 10 86. ☐ Mo–Sa. W www.aagm.co.uk

Einst Wohnhaus des Bürgermeisters (Provost) von Aberdeen Sir George Skene (17. Jahrhundert), ist das 1545 gebaute Haus eines der ältesten der Stadt. Erhalten geblieben ist auch die Originalmöblierung. Die Wochen vor der Schlacht von Culloden (s. S. 146) verbrachte der Duke of Cumberland hier.

INFOBOX

Grampian. 212 000. ✈ 13 km nordwestl. von Aberdeen. Guild St. Union St (01224) 28 88 28. Do–Sa.

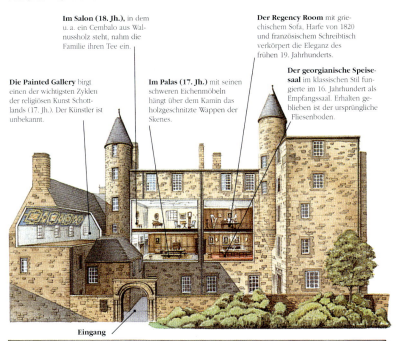

Im Salon (18. Jh.), in dem u. a. ein Cembalo aus Walnussholz steht, nahm die Familie ihren Tee ein.

Der Regency Room mit griechischem Sofa, Harfe von 1820 und französischem Schreibtisch verkörpert die Eleganz des frühen 19. Jahrhunderts.

Die Painted Gallery birgt einen der wichtigsten Zyklen der religiösen Kunst Schottlands (17. Jh.). Der Künstler ist unbekannt.

Im Palas (17. Jh.) mit seinen schweren Eichenmöbeln hängt über dem Kamin das holzgeschnitzte Wappen der Skenes.

Der georgianische Speisesaal im klassischen Stil fungierte im 16. Jahrhundert als Empfangssaal. Erhalten geblieben ist der ursprüngliche Fliesenboden.

Eingang

ZENTRUM VON ABERDEEN

Art Gallery ①
St Andrew's Cathedral ⑤
St Nicholas Kirk ②
Marischal College ④
Maritime Museum ⑦
Mercat Cross ⑥
Provost Skene's House ③

LEGENDE

Busbahnhof
Bahnhof
Fähre
Parken
Information
Kirche

0 Meter 200
0 Yards 200

Royal Deeside Tour ㉔

DEESIDE WURDE zwar seit Robert the Bruce (14. Jh.) mit dem Königshaus assoziiert, doch erst nachdem Queen Victoria 1852 Balmoral Estate erworben hatte, wurde die Region als Sommerresidenz der britischen Königsfamilie bekannt. Diese Route folgt dem Dee, einem der weltweit besten Lachsgründe, durch die wunderbare Grampian-Region.

Muir of Dinnet Nature Reserve ④
Ein Informationszentrum an der A97 ist der geeignete Ausgangspunkt für die Erkundung des wunderbaren Waldgebietes, das sich nach der letzten Eiszeit entwickelt hat.

Balmoral ⑥
30 000 Guineen zahlte Queen Victoria für das Schloss, nachdem sein Besitzer an einer Fischgräte erstickt war. Der schottische Baronial Style entsprach dem Wunsch Prinz Alberts.

Ballater ⑤
In der alten Eisenbahnstadt hängen an vielen Ladenfassaden königliche Wappen. Das hiesige Wasser galt als Heilmittel gegen Tuberkulose.

Speyside Malt Whisky Trail ㉕

Moray. Elgin (01343) 54 26 66.
www.maltwhiskytrail.com

KLIMA UND GEOLOGIE der Grampians und Spey-Täler sind so beschaffen, dass man die Hälfte aller schottischen Whisky-Brennereien entlang des Speys findet. Über die Region verstreut, können sie nur mit dem Auto besichtigt werden. Der ausgeschilderte »Malt Whisky Trail« führt zu sieben Destillerien und einer Böttcherei, alle mit ausgezeichneten Besucherzentren.

Die Whisky-Herstellung *(siehe S. 30f)* ist kein Geheimnis: Im Wesentlichen lässt man Gerste in Wasser keimen (mälzen); dann wird sie in Torfrauch getrocknet, gemahlen und mit Wasser vermischt. Anschließend lässt man sie gären; die schaumige Flüssigkeit wird zweimal destilliert. Ergebnis ist ein rauer Whisky,

Eichenfässer, in denen der reifende Whisky gelagert wird

der in alten Sherryfässern aus Eiche drei bis 16 Jahre lang gelagert wird. Während dieser Zeit erhält er sein mildes Aroma. Weltweit werden 30 Flaschen schottischen Whiskys pro Sekunde verkauft. Die Besucherzentren der einzelnen Brennereien am Whisky Trail bieten gute, einander ähnelnde Führungen durch ihre Anlagen sowie Ausstellungen zu ihrer Geschichte. Oft erhält man den Eintritt zurück, wenn man eine Flasche Whisky kauft.

Die **Speyside Cooperage** erläutert den Herstellungsprozess von anderer Seite. Hier kann man sich über die Produktion der Holzfässer informieren, in denen der Whisky schließlich gelagert wird.

DAS HOCHLAND UND DIE INSELN

ROUTENINFOS

Länge: 111 km.
Rasten: Café im Crathes Castle.
Mai–Sep tägl.; das Restaurant am Bahnhof von Ballater serviert täglich traditionelle Gerichte.

Drum Castle ①
Zum Dank für seine Dienste überließ Robert the Bruce seinem Fahnenträger 1323 diesen eindrucksvollen Wohnturm (13. Jh.).

Banchory ③
Hier wird Lavendelwasser produziert. Südlich der Stadt befindet sich die Brig o' Feugh (18. Jh.), wo man Lachse springen sehen kann.

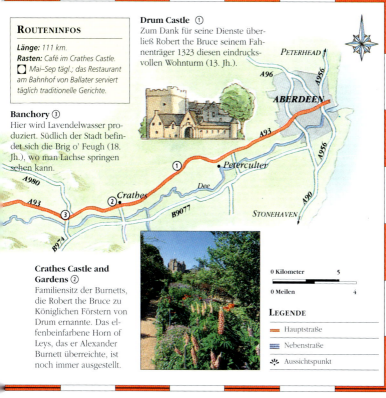

Crathes Castle and Gardens ②
Familiensitz der Burnetts, die Robert the Bruce zu Königlichen Förstern von Drum ernannte. Das elfenbeinfarbene Horn of Leys, das er Alexander Burnett überreichte, ist noch immer ausgestellt.

LEGENDE

— Hauptstraße
═ Nebenstraße
☀ Aussichtspunkt

Benromach Distillery
Forres. (01309) 67 59 68.
Juni–Aug tägl.; Sep–Mai Mo–Fr.

Cardhu Distillery
Knockando. (01340) 87 25 55.
Juni–Aug tägl.; Sep–Mai Mo–Fr.

Dallas Dhu Distillery
Forres. (01309) 67 65 48.
Apr–Sep tägl.; Okt–März Sa–Do.

Glenfiddich Distillery
Dufftown. (01340) 82 03 73.
Juni–Aug tägl.; Sep–Mai Mo–Fr.

Glen Grant Distillery
Rothes. (01340) 83 21 18.
Mitte März–Okt tägl.
eingeschränkt.

The Glenlivet Distillery
Glenlivet. (01340) 82 17 20.
Mitte März–Okt tägl.
eingeschränkt.

Speyside Cooperage
Craigellachie. (01340) 87 11 08.
Mo–Fr (Juni–Sep Mo–Sa).
eingeschränkt.

Strathisla Distillery
Keith. (01542) 78 30 44.
Apr–Okt tägl.; eingeschränkt.

Elgin ㉖

Moray. 25 000. 17 High St (01343) 54 26 66. Sa.

Mit dem kopfsteingepflasterten Marktplatz und den krummen Gassen erinnert vieles in Elgin an das Mittelalter. Von der **Kathedrale** (13. Jh.), dem »Licht des Nordens«, einer der baulichen Glanzleistungen Schottlands, sind nur Ruinen erhalten: Sie wurde 1390 vom »Wolf von Badenoch« (Sohn Roberts II) aus Rache für seine Exkommunikation durch den Bischof zerstört. Weiterer Schaden entstand 1576 durch den Befehl des Regenten Moray, das Hauptdach abzudecken. Erhalten sind u. a. ein Piktenstein und ein Becken, in das einer der Wohltäter der Stadt, Andrew Anderson, als Kind von seiner obdachlosen Mutter gelegt wurde. Das **Elgin Museum** zeigt anthropologische und geologische Ausstellungen, das **Moray Motor Museum** mehr als 40 Autos und Motorräder.

Elgin Museum
1 High St. (01343) 54 36 75.
Ostern–Okt tägl. (So nachm.).

Moray Motor Museum
Bridge St, Bishopmill. (01343) 54 49 33. Ostern–Okt tägl.

Skulptur am Vierungsturm der Kathedrale von Elgin (13. Jh.)

Luftaufnahme von Fort George in imposanter Lage

Fort George ❷⓻

Inverness. ((01667) 46 27 77. 🚆 Inverness, Nairn. ◯ tägl. 9.30–18.30 Uhr (So nachmittag).
w www.historicscotland.co.uk

Eines der herausragenden Beispiele europäischer Militärarchitektur, Fort George, liegt am Moray Firth. Es war ein idealer Standort für die Kontrolle der Highlands. 1769 vollendet, sollte es nach dem Jakobitenaufstand von weiteren Rebellionsversuchen abschrecken. Seit dieser Zeit ist es ein Garnisonsort geblieben.

Im Fort ist das **Regimental Museum** der Queen's Own Highlanders untergebracht. Manche Baracken wurden rekonstruiert, um das Leben der einfachen Soldaten vor über 200 Jahren zu zeigen. Eine Sammlung von Waffen und militärischer Ausrüstung birgt das **Grand Magazine**. Die Zinnen des Fort George sind ein geeigneter Platz, um die Delphine zu beobachten, die in den Gewässern des Moray Firth herumtollen.

Culloden ❷⓼

(NTS) Inverness. 🚆 🚌 Inverness.

Culloden ist ein Moorland, auf dem am 16. April 1746 die letzte Schlacht auf britischem Boden stattfand *(siehe S. 45)*. Hier unterlagen die Jakobiten unter Führung von Bonnie Prince Charlie *(siehe S. 153)* dem Ansturm der hannoveranischen Truppen, die 9000 Mann, angeführt vom Duke of Cumberland, für die Schlacht aufboten. Besucher können einen Streifzug über das Schlachtfeld unternehmen, die Gräber besichtigen und sich die audiovisuelle Ausstellung im **NTS Visitor Centre** ansehen.

Umgebung: Etwa 1,5 Kilometer östlich von Culloden liegen die **Clava Cairns**, hochinteressante neolithische Grabstätten.

🛈 **NTS Visitor Centre**
An der B9006 östl. von Inverness.
((01463) 79 06 07. ◯ tägl.
◯ Jan.

Cawdor Castle ❷⓽

An der B9090 (nahe A96).
((01667) 40 46 15. 🚆 Nairn, dann Bus oder Taxi. 🚌 von Inverness.
◯ Mai–Mitte Okt tägl. 10–17 Uhr.
◯ nur Garten u. Erdgeschoss.
w www.cawdorcastle.com

Mit seinem zentralen Turm, der Zugbrücke und dem Wallgraben ist Cawdor Castle wohl eines der romantischsten Schlösser der Highlands. Es ist berühmt als Schauplatz von Shakespeares tragischem König Macbeth und dessen Mord an König Duncan; historisch unbewiesen ist jedoch, ob einer der beiden je auf dem Schloss war.

Eine alte Steineiche im Kellergewölbe soll jener Baum sein, unter dem 1372 Thane Williams mit Gold beladener Esel Rast machte, als sein Herr nach einem Platz für den Bau einer Festung Ausschau hielt. Nach der Legende wurde so der Standort des Schlosses bestimmt.

Das seit 600 Jahren bewohnte Schloss (noch immer leben die Thanes of Cawdor hier) birgt seltene Gobelins und Porträts von Joshua Reynolds (1723–1792) und George Romney (1734–1802) im Schlafzimmer. Im Woodcock Room stehen Möbel aus dem 18. Jahrhundert von Chippendale und Sheraton. In der Old Kitchen erinnert der gewaltige Herd an die harte Küchenarbeit früherer Zeiten.

Auf dem riesigen Anwesen des Schlosses gibt es einen Neun-Loch-Golfplatz und wunderbare Spaziergänge.

Die Zugbrücke an der Ostseite des Cawdor Castle

Inverness ❸⓪

Highland. 🚶 60 000. 🚆 🚌
🛈 Castle Wynd (01463) 23 43 53.
w www.host.co.uk

Alle Wege in den Highlands führen nach Inverness, »Hauptstadt« der Region und Verwaltungs-, Wirtschafts- und Kommunikationszentrum für die auf 2,5 Millionen Hektar Land verstreuten Bewohner. Inverness ist die größte Stadt

The Battle of Culloden (1746), ein zeitgenössisches Bild von D. Campbell

DAS HOCHLAND UND DIE INSELN

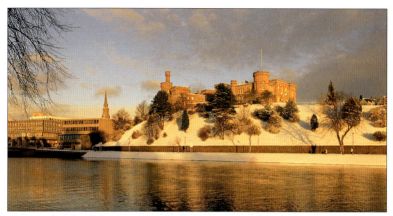

Die rote Sandsteinfassade des Inverness Castle hoch über der Stadt erglüht im Licht des Sonnenuntergangs

im Norden – mit der Atmosphäre einer Kleinstadt. Sie ist leider zum Teil durch moderne Architektur verschandelt, trotzdem lohnt sich ein Besuch, um die Blumenausstellungen im Sommer zu sehen und den Ness zu erleben, der durch das Zentrum fließt und zu dessen Charme beiträgt. Im Sommer ist der Fluss sogar mitten im Zentrum Treffpunkt vieler Lachsfischer. Über der Stadt erhebt sich **Inverness Castle**, ein viktorianischer Bau aus rotem Sandstein, heute Sitz des Gerichts. Nahe des Fremdenverkehrsbüros liegt die **Inverness Museum and Art Gallery**, die Dauer- und Wanderausstellungen sowie Workshops für Kinder bietet. Die Haupteinkaufszone erstreckt sich von hier aus fächerförmig in drei Richtungen, mit einer belebten Fußgängerzone, in der Dudelsackpfeifer und andere Musiker spielen.

Auf der anderen Seite des Flusses befindet sich das **Scottish Kiltmaker Visitor Centre**, das Teil der Hector Russell Kiltmaker Group ist. Es erklärt die Kiltherstellung und gibt Einblick in die Geschichte, Kultur und Tradition der Kilts. Etwas flussaufwärts stößt man auf das **Eden Court Theatre**, auf dessen Bühne in einem wechselnden Programm einheimische und

Kilt-Hersteller mit Stuart-Tartan

internationale Künstler auftreten. Ein Uferweg führt zu einer Fußgängerbrücke, über die man zu den **Island Walks** gelangt. An diesem schönen Ort haben sich Enten häuslich niedergelassen. Danach gelangt man – immer noch flussaufwärts – zu dem reich ausgestatteten Erlebnisbad **Inverness Sports Centre and Aquadome**. Der von 1804 bis 1822 von Thomas Telford erbaute Caledonian Canal (siehe S. 148f) wird noch genutzt und kann von der Tomnahurich Bridge aus betrachtet werden. **Jacobite Cruises** veranstalten im Sommer regelmäßig Ausflugsfahrten auf dem Loch Ness, eine wunderbare Möglichkeit, einen sonnigen Nachmittag zu genießen. Inverness

eignet sich ideal als Ausgangspunkt für eine Highland-Tour: Von hier aus sind die meisten Sehenswürdigkeiten der Region, auch Culloden acht Kilometer weiter östlich, leicht zu erreichen.

🏛 Inverness Museum and Art Gallery
Castle Wynd. ((01463) 23 71 14.
○ Mo–Sa.

🏛 Scottish Kiltmaker Visitor Centre
4–9 Huntly St. ((01463) 22 27 81. ○ Mai–Sep tägl.; Okt–Apr Mo–Sa. W www.hector-russell.com

Eden Court Theatre
Bishop's Rd. ((01463) 23 42 34. W www.edencourt.uk.com

Inverness Sports Centre and Aquadome
Bught Park. ((01463) 66 75 00. ○ tägl.

Jacobite Cruises
Tomnahurich Bridge, Glenurquhart. ((01463) 23 39 99.

DIE JAKOBITENAUFSTÄNDE

Die ersten Jakobiten (hauptsächlich Katholiken) unterstützten James VII von Schottland (James II von England), der im Zuge der »Glorreichen Revolution« (1688) vom Parlament abgesetzt wurde. Ziel war die Wiederherstellung der Stuart-Monarchie. Als der Protestant Wilhelm von Oranien den Thron bestieg, kam es 1715 und 1745 zu Aufständen. Der erste, unter James VIII begann 1715 mit

James II, von S. Cooper (1609–1672)

der Schlacht von Sheriffmuir, der zweite mit der Schlacht von Culloden, die den Jakobiten jede Hoffnung nahm und das Ende des Clansystems bedeutete. Die Highland-Kultur wurde danach mehr als ein Jahrhundert lang unterdrückt.

Great Glen ③

Folgt man dem Great Glen, einer geologischen Verwerfung, befindet man sich auf einer malerischen Strecke zwischen Inverness im Nordosten und Fort William im Südwesten. Das glazial überformte Tal entstand, als sich die Landmassen vor rund 400 Millionen Jahren in Bewegung setzten. Einer der vier Seen ist das berühmte Zuhause von Nessie: Loch Ness. Die Seen sind durch den 1822 von Thomas Telford erbauten Caledonian Canal miteinander verbunden. Wer möchte, kann das Tal per Boot erkunden, als Alternative bietet sich das Auto an.

Birkenzeisig

Great Glen

In Spean Bridge gibt es eine Wollweberei, die traditionelle Strickwaren und Tweed verkauft. Das Memorial nahe dem Dorf erinnert an alle britischen Soldaten, die im Zweiten Weltkrieg fielen. Das Gebiet um **Spean Bridge** war ihr Übungsgelände.

Loch Lochy
Lochy ist einer der Seen des Great Glen, die durch Verwerfung und glaziale Erosion entstanden sind. In den nahe gelegenen Höhlen soll sich Bonnie Prince Charlie nach der Schlacht von Culloden versteckt haben.

Nicht versäumen

★ **Loch Ness**

★ **Caledonian Canal**

Steall Waterfall
Am Fuße des Ben Nevis stürzt dieser beeindruckende Wasserfall in ein Tal voller Wildblumen. Dieser Ort ist Endpunkt einer Wanderung durch eine wilde Schlucht und eignet sich hervorragend für ein Picknick.

0 Kilometer 10
0 Meilen 10

Ben Nevis (siehe S. 135) ist Großbritanniens höchster Berg (1343 m). Seine breite, etwas eigentümliche Form lässt ihn niedriger erscheinen.

GREAT GLEN

Fort Augustus ist ein hübsches Dorf am südwestlichen Ende des Loch Ness. Von hier aus starten die Bootsfahrten um den Loch; eine Benediktinerabtei kann besichtigt werden.

INFOBOX

Highland. *Castle Wynd, Inverness (01463) 23 43 53; Cameron Sq, Fort William (01397) 70 37 81.*
The Official Loch Ness Exhibition *(01456) 45 05 73.* tägl. **Urquhart Castle** *(01456) 45 05 51.* tägl.

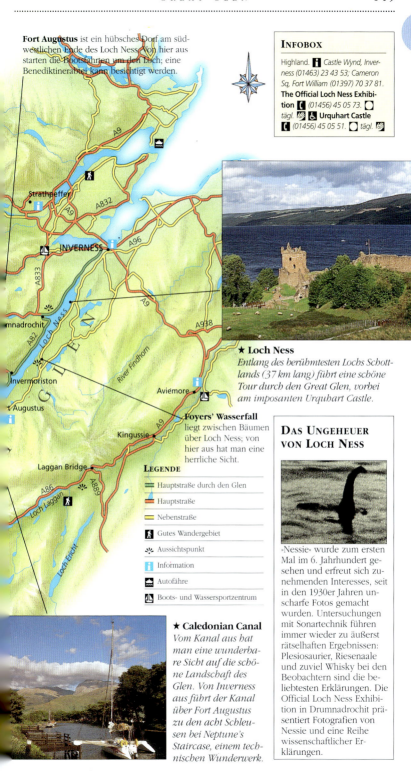

★ Loch Ness
Entlang des berühmtesten Lochs Schottlands (37 km lang) führt eine schöne Tour durch den Great Glen, vorbei am imposanten Urquhart Castle.

Foyers' Wasserfall
liegt zwischen Bäumen über Loch Ness; von hier aus hat man eine herrliche Sicht.

LEGENDE

- Hauptstraße durch den Glen
- Hauptstraße
- Nebenstraße
- Gutes Wandergebiet
- Aussichtspunkt
- Information
- Autofähre
- Boots- und Wassersportzentrum

★ Caledonian Canal
Vom Kanal aus hat man eine wunderbare Sicht auf die schöne Landschaft des Glen. Von Inverness aus führt der Kanal über Fort Augustus zu den acht Schleusen bei Neptune's Staircase, einem technischen Wunderwerk.

DAS UNGEHEUER VON LOCH NESS

»Nessie« wurde zum ersten Mal im 6. Jahrhundert gesehen und erfreut sich zunehmenden Interesses, seit in den 1930er Jahren unscharfe Fotos gemacht wurden. Untersuchungen mit Sonartechnik führen immer wieder zu äußerst rätselhaften Ergebnissen: Plesiosaurier, Riesenaale und zuviel Whisky bei den Beobachtern sind die beliebtesten Erklärungen. Die Official Loch Ness Exhibition in Drumnadrochit präsentiert Fotografien von Nessie und eine Reihe wissenschaftlicher Erklärungen.

Die Ufer der Black Isle im Moray Firth

Black Isle ㉜

Ross & Cromarty. 🚶 10 600.
🚆 🚌 *Inverness.* ℹ️ *North Kessock (01463) 73 15 05.*

DIE BOHRPLATTFORMEN im Cromarty Firth erinnern an die wirtschaftlichen Veränderungen nach den Ölfunden. Dennoch ist die Black Isle noch immer von Bauernhöfen und Fischerdörfern geprägt.

Im 18. Jahrhundert war **Cromarty** eine wichtige Hafenstadt mit florierenden Seil- und Spitzenindustrien. Viele der Kaufmannshäuser stehen noch. Das preisgekrönte Museum im **Cromarty Courthouse** zeigt die Vergangenheit der Stadt. **Hugh Miller's Cottage** ist ein Museum über den Theologen und Geologen Hugh Miller (1802–1856), der in Cromarty geboren wurde.

Fortrose rühmt sich der Ruinen einer Kathedrale (14. Jh.), und am Chanonry Point erinnert ein Stein an den Propheten Brahan Seer (17. Jh.). Er wurde von der Countess of Seaforth in einem Teerfass verbrannt, weil er die Untreue ihres Ehemanns vorhergesagt hatte. Über lokale Archäologie informiert das **Groam House Museum** in Rosemarkie.

🏛 **Cromarty Courthouse**
Church St, Cromarty. 📞 (01381) 60 04 18. 🕐 Apr–Okt tägl.; Nov–März tägl. (nachm.). ⬤ 23. Dez–Feb. 🎫
🏛 **Hugh Miller's Cottage**
(NTS) Church St, Cromarty.
📞 (01381) 60 02 45. 🕐 Mai–Sep tägl. (So nachm.). 🎫 ♿ eingeschr.
🏛 **Groam House Museum**
High St, Rosemarkie. 📞 (01381) 62 09 61. 🕐 Osterwoche nur nachm.; Mai–Sep tägl. (So nachm.); Okt–Apr Sa u. So (nachm.). 🎫 ♿ nur Erdgeschoss.

DIE »HIGHLAND CLEARANCES«

In der Blütezeit des Clansystems *(siehe S. 26f)* zahlten die Pächter den landbesitzenden Chiefs Abgaben in Form von Militärdienst. Nach der Schlacht von Culloden *(siehe S. 146)* war das Clansystem zerstört, und die Landbesitzer forderten Geldabgaben, die ihre Pächter nicht aufbringen konnten. Nach und nach wurde das Land von englischen und Lowland-Farmern aufgekauft. Im Jahr 1792, das als »Jahr des Schafes« in die Geschichte einging, vertrieb man Tausende von Pächtern z. T. mit Gewalt aus ihren Häusern, um Platz für Viehherden zu schaffen. Viele emigrierten nach Australien, Amerika und Kanada. Ihre Häuser sind heute Ruinen.

***The Last of the Clan* (1865) von Thomas Faed**

Strathpeffer ㉝

Ross & Cromarty. 🚶 1400.
🚆 *Dingwall.* 🚌 *Inverness.* ℹ️ *North Kessock (01463) 73 15 05.*

DIE STADT LIEGT 8 km östlich der Falls of Rogie und hat den Charme bewahrt, der sie in viktorianischer Zeit als Kur- und Erholungsort bekannt machte. Die riesigen Hotels und gepflegten Anlagen rufen die Tage zurück, als königliche Familien und Normalsterbliche zu den eisen- und schwefelhaltigen Quellen strömten, die Tuberkulose lindern sollten. Noch immer kann man das Wasser am **Water Tasting Pavilion** im Stadtzentrum probieren.

🏛 **Water Tasting Pavilion**
The Square. 🕐 Ostern–Okt tägl.

Dornoch ㉞

Sutherland. 🚶 2200.
🚆 *Golspie, Tain.* 🚌 *Inverness, Tain.*
ℹ️ *The Square (01862) 81 04 00.*
🌐 www.host.co.uk

MIT ERSTKLASSIGEM Golfplatz und langen Sandstränden ist Dornoch ein beliebter Urlaubsort, der seine friedliche Atmosphäre bewahrt hat. Die mittelalterliche Kathedrale wurde durch einen Clanstreit 1570 fast zerstört, und 1920 zu ihrem 700sten Geburtstag restauriert. Vor kurzem ließ der Popstar Madonna ihr Kind in dieser Kathedrale taufen. Ein Stein am Ende der River Street markiert den Platz, an dem Janet Horne als letzte vermeintliche Hexe Schottlands 1722 hingerichtet wurde.

UMGEBUNG: 19 Kilometer nordöstlich von Dornoch liegt das **Dunrobin Castle** auf einer Anhöhe über dem Meer, inmitten eines herrlichen Parks mit Landschaftsgärten. Das Schloss ist seit dem 13. Jahrhundert der Sitz der Earls of Sutherland. Viele Räume können besichtigt werden.

Erst Pilgerstätte, wurde das ruhige Städtchen **Tain** zum Verwaltungszentrum der »Highland Clearances«. In dieser Zeit wurde das Mauthaus als Gefängnis genutzt. Näheres erfährt man im Museum **Tain Through Time**.

♣ Dunrobin Castle
Nahe Golspie. (01408) 63 31 77.
Apr–Mitte Okt tägl. (So nachm.).

🏛 Tain Through Time
Tower St. (01862) 89 40 89.
Apr–Okt tägl. (So nachm.);
Nov–März nach Vereinbarung.

zentrum in Morvich bietet im Sommer Führungen an. Weiter westlich führt die Straße am romantischen **Eilean Donan Castle** vorbei, das durch einen Damm mit dem Land verbunden ist. Als Jakobitenfestung *(siehe S. 147)* wurde es 1719 von englischen Kriegsschiffen zerstört. Im 19. Jahrhundert restauriert, informiert es heute über die Jakobiten.

♣ Eilean Donan Castle
Abseits der A87, nahe Dornie.
(01599) 55 52 02. Apr–Okt tägl.

Isle of Skye ㊱

Siehe S. 152f.

Wester Ross ㊲

Ross & Cromarty. 🚉 Achnasheen, Strathcarron. 🚌 Gairloch.
ℹ Gairloch (01445) 71 21 30.

VERLÄSST MAN DEN Loch Carron in Richtung Süden, führt die A890 plötzlich in die nördlichen Highlands und die Wildnis von Wester Ross. Im Torridon-Gebiet um den Glen Torridon befinden sich einige der ältesten Berge der Welt (der Torridon-Fels ist über 600 Millionen Jahre alt). Hier leben Rotwild, Wildkatzen und wilde Ziegen. Wanderfalken und Steinadler nisten im Sandsteinmassiv des Beinn Eighe über dem Dorf Torridon, das eine atemberaubende Sicht über Applecross nach Skye bietet. In der Hauptsai-

Typische Berglandschaft im Torridon-Gebiet

son organisiert das **Torridon Countryside Centre** Führungen und informiert über die Naturgeschichte der Region.

Weiter nördlich durchquert die A832 das **Beinn Eighe National Nature Reserve**, Großbritanniens ältestes Naturschutzgebiet. Am Ufer und auf den Inseln des Loch Maree stehen Reste des alten kaledonischen Kiefernwaldbestandes, in dem Edelmarder und Wildkatzen leben. Bussarde und Steinadler nisten auf den Berggipfeln. Das **Beinn Eighe Visitor Centre** informiert über die Gegend. Entlang der Küste entstanden dank des Golfstroms exotische Parks. Der faszinierendste sind die Inverewe Gardens *(siehe S. 156)*.

🏛 Torridon Countryside Centre
(NTS) Torridon. (01445) 79 12 21.
Mai–Sep tägl. (So nachm.)

✠ Beinn Eighe Visitor Centre
Bei Kinlochewe, an der A832. (01445) 76 02 58. Mai–Sep tägl.

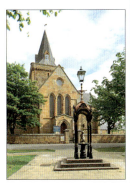

Der streng gehaltene Kathedralenhof von Dornoch

Glen Shiel ㉟

Skye & Lochalsh. 🚉 Kyle of Lochalsh.
🚌 Glen Shiel. ℹ Bayfield House, Bayfield Lane (01478) 61 21 37.

DIE GIPFEL der Five Sisters of Kintail erheben sich am Nordende des Loch Cluanie – dort, wo die A87 das Glen Shiel erreicht – und dominieren die atemberaubende Landschaft. Das **Besucher-**

Westseite der Five Sisters of Kintail, Aussicht von einer Anhöhe über Ratagan

Isle of Skye

Otter in der Nähe von Kylerhea

Die grösste Insel der Inneren Hebriden erreicht man über die Brücke, die den Inselort Kyleakin mit Kyle of Lochalsh verbindet. Einer turbulenten geologischen Vergangenheit verdankt die Insel ihre überaus abwechslungsreiche und reizvolle Landschaft. Das Spektrum unterschiedlichster Naturräume reicht von den stark zerklüfteten Vulkanplateaus im Norden über die schroffen Felsen von Cuillins bis zu den grünen Weiden im Süden mit Schaf- und Rinderherden und den Croft-Ruinen der durch die »Clearances« vertriebenen Kleinpächter *(siehe S. 150)*. Auch die Fischerei ist ein wichtiger Wirtschaftszweig der Inselbewohner. In die Geschichte eingegangen ist Skye als Zufluchtsort von Bonnie Prince Charlie.

In Skeabost befindet sich die Ruine einer Kapelle des hl. Columban, auf dem angrenzenden Friedhof stehen mittelalterliche Grabsteine.

Grab von Flora MacDonald

Dunvegan Castle
Seit mehr als 700 Jahren ist Dunvegan Castle Stammsitz des MacLeod-Clans. Sein kostbarster Besitz ist die Fairy Flag, ein Seidenbanner, das Zauberkräfte besitzen soll.

Aus der Talisker-Destillerie in Carbost kommt einer der besten Hochlandwhiskys, oft als »Lava der Cuillins« bezeichnet.

Cuillins
Großbritanniens schönste Bergkette ist zu Fuß von Sligachan zu erreichen. Im Sommer gibt es eine Bootsverbindung von Elgol zum abgeschiedenen Loch Coruisk. Bonnie Prince Charlie soll auf seiner Flucht durch das Moor gerufen haben: »Selbst der Teufel wird mir hierher nicht folgen!«

Legende

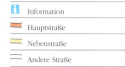

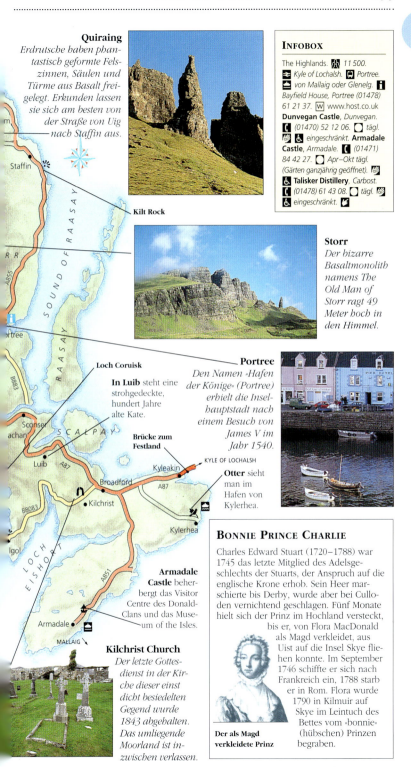

ISLE OF SKYE

Quiraing
Erdrutsche haben phantastisch geformte Felszinnen, Säulen und Türme aus Basalt freigelegt. Erkunden lassen sie sich am besten von der Straße von Uig nach Staffin aus.

INFOBOX

The Highlands. 11 500. Kyle of Lochalsh. Portree. von Mallaig oder Glenelg. Bayfield House, Portree (01478) 61 21 37. W www.host.co.uk **Dunvegan Castle**, Dunvegan. (01470) 52 12 06. tägl. eingeschränkt. **Armadale Castle**, Armadale. (01471) 84 42 27. Apr–Okt tägl. (Gärten ganzjährig geöffnet.) **Talisker Distillery**, Carbost. (01478) 61 43 08. tägl. eingeschränkt.

Kilt Rock

Storr
Der bizarre Basaltmonolith namens The Old Man of Storr ragt 49 Meter hoch in den Himmel.

Loch Coruisk

In Luib steht eine strohgedeckte, hundert Jahre alte Kate.

Brücke zum Festland

KYLE OF LOCHALSH

Portree
Den Namen »Hafen der Könige« (Portree) erhielt die Inselhauptstadt nach einem Besuch von James V im Jahr 1540.

Otter sieht man im Hafen von Kylerhea.

BONNIE PRINCE CHARLIE

Charles Edward Stuart (1720–1788) war 1745 das letzte Mitglied des Adelsgeschlechts der Stuarts, der Anspruch auf die englische Krone erhob. Sein Heer marschierte bis Derby, wurde aber bei Culloden vernichtend geschlagen. Fünf Monate hielt sich der Prinz im Hochland versteckt, bis er, von Flora MacDonald als Magd verkleidet, aus Uist auf die Insel Skye fliehen konnte. Im September 1746 schiffte er sich nach Frankreich ein, 1788 starb er in Rom. Flora wurde 1790 in Kilmuir auf Skye im Leintuch des Bettes vom »bonnie« (hübschen) Prinzen begraben.

Der als Magd verkleidete Prinz

Armadale Castle beherbergt das Visitor Centre des Donald-Clans und das Museum of the Isles.

Kilchrist Church
Der letzte Gottesdienst in der Kirche dieser einst dicht besiedelten Gegend wurde 1843 abgehalten. Das umliegende Moorland ist inzwischen verlassen.

Dämmerung über der abgeschiedenen Hochebene auf der Nordseite von Skye ▷

Inverewe Gardens 38

An der A832, bei Poolewe, Highland.
(01445) 78 12 00. Mitte März–Okt tägl. www.nts.org.uk

Die als nationales Kulturgut geltenden Inverewe Gardens locken jährlich über 130 000 Besucher an. In diesem Botanischen Garten wächst eine außergewöhnliche Vielfalt an Bäumen, Sträuchern und Blumen aus der ganzen Welt, obwohl er auf einer nördlichen Breite von 57,8 Grad liegt.

Inverewe wurde 1862 von dem zwanzigjährigen Osgood Mackenzie angelegt, der ein direkt neben dem Gut seiner Familie liegendes, 4860 Hektar großes Stück Ödland erhielt. Mackenzie pflanzte zunächst Schutz bietende Bäume und schuf dann mit importierter Erde einen von Mauern umgebenen Garten. Dabei stellte er fest, dass das durch den nordatlantischen Golfstrom *(siehe S. 21)* begünstigte Klima das Wachstum von exotischen Arten förderte.

Bis 1922 hatte die Pflanzensammlung internationales Ansehen erlangt. 1952 wurde sie dem National Trust for Scotland übergeben. Heute sieht man hier exotische Lilien, die höchsten in Großbritannien wachsenden Fieberheilbäume und herrliche Rhododendren aus China. Ziel ist eine ganzjährige Farbenpracht, doch der Garten ist zwischen Frühling und Herbst am schönsten.

Einige der exotischen Pflanzen in den Inverewe Gardens

Ullapool 39

Highland. 1800. Inverness.
Argyle St (01854) 61 21 35.

Mit getünchten Häusern, breiten Straßen, Palmen und gälischen Straßenschildern zählt Ullapool zu den schönsten Dörfern der Westküste. 1788 als Fischereistation erbaut, liegt es auf einer Halbinsel, die in den Loch Broom hineinragt. Die Fischerei hat hier kaum noch Bedeutung. Das Wichtigste ist heute die Fähre nach Stornoway auf Lewis *(siehe S. 213)*. Das **Ullapool Museum** gibt Einblick in die Lokalgeschichte.

Ullapool Museum
7–8 Argyle St. (01854) 61 29 87.
Mo–Sa.

Umgebung: Zu den Naturwundern des Gebietes gehören die zerklüfteten Assynt Mountains etwas weiter nördlich und die tiefe, steile, im Süden gelegene Corrieshalloch-Schlucht.

In **Achiltibuie** lohnt sich ein Besuch des **Hydroponicums**, des »Gartens der Zukunft«, in dem Blumen ohne Erde wachsen. Eine weitere Attraktion ist **Smokehouse**, in dem man beim Lachsräuchern zusehen kann. Von hier wie von Ullapool aus starten Ausflugsboote zu den **Summer Isles** – einer dünnbesiedelten Inselgruppe, einst Heimat des Umweltschützers Fraser Darling. Die Strecke nach Achiltibuie ist landschaftlich sehr reizvoll.

Hydroponicum
Achiltibuie. (01854) 62 22 02.
Ostern–Ende Sep tägl. eingeschränkt.

Smokehouse
Achiltibuie. (01854) 62 23 53.
Ostern–Ende Sep Mo–Sa.

Abendstimmung über Ullapool und Loch Broom an der Nordwestküste Schottlands

DAS HOCHLAND UND DIE INSELN 157

Die Kliffs auf Handa Island – Zufluchtsort für zahlreiche Seevögel

Handa Island ⓜ

Highland. 🚤 *von Tarbet, nahe Scourie, Apr–Aug.* 🛈 *Scottish Wildlife Trust, Edinburgh (0131) 312 77 65.*

DIESE KLEINE INSEL, die direkt auf der Höhe von Scourie vor der Westküste liegt, ist ein geschütztes Brutgebiet für viele Seevogelarten.

Früher lebte hier ein zähes Volk mit eigener Königin und eigenem Parlament. Die letzten 60 Bewohner wurden 1847 nach einer Kartoffel-Missernte umgesiedelt. Handa wurde auch als Begräbnisstätte genutzt, da die Insel vor den auf dem Festland lebenden Wölfen sicher war.

Heute verwaltet der Scottish Wildlife Trust Handa. Ein Spaziergang führt zu den 100 Meter hohen nördlichen Kliffs. Erschrecken Sie nicht, wenn auf dem Weg Raubmöwen und Schmarotzerraubmöwen im Tiefflug über Ihren Kopf hinwegsausen. Zu Jahresanfang sind auf Handa 11 000 Tordalk-Paare und 66 000 Lummen-Paare, Großbritanniens größte Brutkolonie dieser Vogelart, anzutreffen.

UMGEBUNG: Mit 180 Metern ist **Eas Coul Aulin** höchster Wasserfall Großbritanniens. Nehmen Sie nach einem Regentag ein Boot in Kylesku, 24 Kilometer südlich von Handa.

Cape Wrath und die Nordküste ⓜ

Highland. 🚌 🚤 *Mai–Sep (01971) 51 13 76.* 🛈 *John O'Groats (01955) 61 13 73; Wick (01955) 60 25 96.*

DIE SCHOTTISCHE NORDKÜSTE macht den Besucher mit der gesamten Highland-Geographie bekannt, mit bergiger Moorlandschaft, blendend weißen Stränden und grünem Weideland.

Cape Wrath beeindruckt mit seinen Klippen, gegen die die Wellen des Atlantik branden. Aus dem Meer ragen viele von Seevögeln bevölkerte Felssäulen hervor. Der Leuchtturm wurde erst 1998 automatisiert. Im Sommer gibt es einen Minibus-Service zum Cape Wrath. Um die Bushaltestelle zu erreichen, muss man erst ein Boot der **Cape Wrath Ferry** nehmen, das am Pier des Cape Wrath Hotel anlegt, denn das Kap ist durch den Kyle of Durness abgeschnitten. In Durness lohnt der Besuch der **Smoo Cave**, einer faszinierenden Kalksteinhöhle. **Smoo Innercave Tours** bieten Führungen zur Höhle an.

Bei Durness hat eine Künstlergruppe das **Balnakeil Craft Village** gegründet, in dem Töpferwaren, Emailarbeiten, Holzschnitte und Gemälde zu sehen sind.

Die Küste wird von weißen Stränden gesäumt, und die Straße führt um Loch Eriboll – tiefster Meeresarm Schottlands und alliierter Marinestützpunkt im Zweiten Weltkrieg.

Das **Strathnaver Museum** in Bettyhill erklärt die berüchtigten Sutherland »Clearances«, die Vertreibung von 15 000 Menschen, durch die Platz für Weideland geschaffen wurde. In Rossal, 16 km südlich von Bettyhill, informiert ein Lehrpfad um ein ausgegrabenes Dorf über das Leben in der Zeit vor der Säuberungswelle.

Die weiße Kuppel nahe von **Dounreay** ist Teil eines Atomkraftwerks, zu dessen Ausstellungszentrum man im Sommer freien Eintritt hat. Der wichtigste Ort dieses Küstenbereiches ist **Thurso**. Früher war Thurso für die Anfertigung seiner Steinplatten berühmt, doch der Zement bedeutete das Ende dieser Industrie. Im September findet in Thurso das Scottish Nordic Music Festival statt.

John O'Groats ist wohl der berühmteste Name an der Nordküste, weil es als Nordspitze Großbritanniens gilt. Tatsächlich ist das aber **Dunnet Head**. Abgesehen von einem kleinen Hafen mit Ausflugsbooten zu den Orkneys, ist John O'Groats eine Touristenfalle. Lohnender sind die Kliffs auf **Duncansby Head**, wo man die Wildheit des Pentland Firth genießen kann.

🏛 **Smoo Innercave Tours**
38 Sango Mor, Durness. 📞 *(01971) 51 17 04.* 🕒 *Apr–Sep tägl.* 📷
🏛 **Strathnaver Museum**
Clachan, Bettyhill. 📞 *(01641) 52 14 18.* 🕒 *Apr–Okt Mo–Sa.* 📷 ♿ *eingeschr.*

Duncansby Head, Caithness, an der Nordostspitze Schottlands

Orkney Islands ㊷

Es heisst, der Unterschied zwischen den Bewohnern der Orkneys und der Shetlands liege darin, dass letztere Fischer mit Höfen und erstere Bauern mit Booten seien. Geologie und Charakter der Orkneys sind einzigartig: Der fruchtbare Boden der leicht gewellten Inseln bringt sattes Gras und eine reiche Getreideernte hervor. Auf den 70 Inseln zeugen unzählige archäologische Stätten von der langen Siedlungsgeschichte. Ihre Bewohner sind herzlich und gelassen, außer während der Fußballspiele, bekannt als die *Ba'*, die zu Weihnachten und Neujahr in Kirkwall stattfinden.

INFOBOX

Orkney. 19 800. von Scrabster oder Gill's Bay (Caithness), Aberdeen, Lerwick (Shetland) und John O'Groats (Mai–Sep). Kirkwall (01856) 87 28 56. www.visitorkney.com

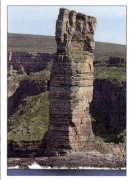

Der Old Man of Hoy, die imposante Felssäule vor der Küste von Hoy

Kirkwall

Die reizende Stadt mit dem geschäftigen Hafen ist Verwaltungszentrum der Orkney-Insel Mainland. Die **St Magnus Cathedral** ist ein 860 Jahre altes Meisterwerk aus gelbem und rotem Stein. Jedes Jahr im Juni findet hier eine Woche lang ein Festival der klassischen Musik statt. Gegenüber liegt die Ruine von **Earl's Palace**, einst im Renaissancestil erbaut. Boote fahren zur Insel Shapinsay, auf der sich seit 1840 das stilvolle **Balfour Castle** befindet, dessen Originaleinrichtung erhalten ist.

Earl's Palace
(0131) 668 88 00. Apr–Sep.
Balfour Castle
(01856) 71 12 82. Mai–Sep Mi. nur Erdgeschoss.

Mainland Orkney

Fünf Meilen von Stromness entfernt liegt **Maes Howe**, das schönste Steinzeitgrab Westeuropas (2700 v. Chr.). Um 1150 wurde es von den Wikingern geplündert, deren Steinritzungen ein wahrer Schatz von Inschriften sind. In der Nähe befinden sich die **Standing Stones of Stenness** und der berühmte, von 36 Monolithen gebildete **Ring of Brodgar**.

Noch bekannter ist das prähistorische Dorf **Skara Brae**. Es war von ca. 3100 v. Chr. an 500 Jahre lang bewohnt, bis es unter Flugsand begraben wurde. 1850 legte ein Sturm die Ruinen frei. Zu sehen sind u. a. Reste aus der Steinzeit. Im Süden von Kirkwall führt die Straße über die Churchill Barriers – riesige, von italienischen Kriegsgefangenen gebaute Dämme, der der britischen Flotte in der Bucht Scapa Flow Schutz bieten sollten. Sehenswert ist auch die von ihnen erbaute italienische Kapelle.

Maes Howe und Skara Brae
(0131) 668 88 00. tägl.

Andere Inseln

Im **Lyness Visitor Centre** auf der Insel **Hoy** zeigt eine hervorragende Ausstellung die Ereignisse die 16. Juni 1919 in der Bucht von Scapa Flow, als die Besatzungen der deutschen Flotte 74 Schlachtschiffe versenkten. Die 137 Meter hohe Felssäule Old Man of Hoy, lohnt den notwendigen, sechs Kilometer langen Fußmarsch.

Auf **Rousay** gibt es so viele archäologische Stätten, dass die Insel das »Ägypten des Nordens« getauft wurde. **Sanday** besteht, wie schon der Name sagt, vorrangig aus Sandstränden.

Lyness Visitor Centre
(01856) 79 13 00. Mai–Sep tägl.; Okt–Apr Mo–Fr.

Bunte Steinfassade der St Magnus Cathedral

SEEVÖGEL DER ORKNEY- UND SHETLAND-INSELN

Da Seevögel kaum Zeit am Boden verbringen, ist das Nisten für sie eine kritische Periode. Unzugängliche Kliffs wie die bei Herma Ness auf der Shetland-Insel Unst und bei St John's Head auf der Orkney-Insel Hoy bieten Tausenden von Zugvögeln und einheimischen Vögeln Schutz.

Silbermöwe

Eissturmvogel

Shetland Islands

EINE GRUPPE VON ÜBER HUNDERT felsigen Inseln bildet den nördlichsten Teil Schottlands. Die freundlichen Shetlander sprechen einen ganz eigenen, von der langen Verbindung mit Norwegen geprägten Dialekt. Kein Ort der Inseln liegt weiter als fünf Kilometer vom Meer entfernt, Fischerei und Lachszucht sind die Hauptwirtschaftszweige. In jüngster Zeit hat das Nordseeöl für wichtige Einkünfte und Arbeitsplätze gesorgt. Im Winter gibt es auf den Shetlands heftige Stürme, im Sommer bis zu 19 Stunden Sonnenschein täglich. Berühmt sind die Fiedelmusik und die jährlichen Wikingerfestivals.

> **INFOBOX**
>
> Shetland. 23 000. von Aberdeen und von Stromness auf Orkney.
> Lerwick (01595) 69 34 34.
> www.visitshetland.com

Die Ruinen der prähistorischen Siedlung Jarlshof

Lerwick
Lerwick ist mit engen Gassen, grauen Steingebäuden und den »lodberries« (Häusern mit eigenem Pier) die attraktive Hauptstadt Shetlands. Das **Shetland Museum** informiert über Wracks und die Zeit des Walfangs und zeigt Repliken des St Ninian's Isle Treasure. Das Clickimin-*Broch* (prähistorisches Fort) ist leicht erreichbar, das bei Mousa jedoch imposanter. Boote fahren vom Hafen zur Tölpel-Kolonie bei **Noss**. Lerwicks *Up Helly Aa*, ein Wikinger-Sonnenwendfest, findet Ende Januar statt. Im April und Oktober gibt es viele Folkfestivals.

Shetland Museum
(01595) 69 50 57. Mo–Sa. Feiertage.

Mainland Shetland
Hübsche Strände und Meeresarme zeichnen Mainlands Küste aus. **Jarlshof Prehistoric and Norse Settlement** im Süden zeigt die Reste einer Siedlung, die hier von der Jungsteinzeit bis zur Wikingerzeit bestand. Auch die Kliffs des Sumburgh Head und die Landenge der St Ninian's Isle sind lohnenswert. Imposant ist das reich verzierte **Mousa Broch** auf der Insel Mousa, das besterhaltene Fort aus der Eisenzeit auf den Britischen Inseln.

Jarlshof Prehistoric and Norse Settlement
(01950) 46 01 12. Apr–Sep tägl. eingeschränkt. nach Vereinbarung.

Mousa Broch
(01950) 43 13 67. Apr–Sep.

Andere Inseln
Alle Shetland-Inseln haben regelmäßige, aber bei den abgelegeneren Inseln wetterabhängige Fährverbindungen. Besuchen Sie **Hermaness National Nature Reserve** auf Unst wegen der unzähligen Vögel und um über die nördlichste Spitze Schottlands zu den Leuchtturm-Inseln von Muckle Flugga zu schauen. **Unst Heritage Centre and Boat Haven** hat ein Museum. **Fair Isle** ist berühmt für seine Seevögel und gemusterten Pullover. **Foula** (wo Weihnachten am 6. Januar gefeiert wird) hat die imposantesten Kliffs (365 m hoch). Jede Insel hat ihren eigenen Charakter, und viele, wie die Inseln von Out Skerries, feiern Dorffeste, bei denen die traditionellen Tänze Shetlands begeistert getanzt werden.

Hermaness National Nature Reserve
(01957) 71 12 78. Apr–Sep tägl.

Unst Heritage Centre and Boat Haven
(01957) 71 15 28. Mai–Sep tägl. (nur nachm.) Spende.

Shetlands leuchtendes Wikinger-Sonnenwendfest *Up Helly Aa*

Papageitaucher

Riesenraubmöwe

Tordalken

Seetaucher

Western Isles ⓜ

DIE WESTERN ISLES, aus dem ältesten Gestein der Erdoberfläche geformt, bilden die westlichste Spitze Schottlands. Zahlreiche Flüsse und Bäche durchziehen die nahezu baumlose Landschaft, die dem Wind zugewandten Westküsten sind von langen Sandstränden gesäumt. Seit Jahrhunderten bauen die Insulaner an der Ostküste Torf ab. Siedlungen gibt es seit 6000 Jahren, die Menschen leben vom Fischfang und den Torfvorkommen. Verfallene Monumente wie eine norwegische Walstation auf Harris zeugen von den rauen Lebensbedingungen, unter denen die Insulaner ihr Einkommen sichern mussten. Viele Inselbewohner sprechen Gälisch.

Das Innere eines Crofter-Hauses im Black House Museum

Die monumentalen Standing Stones of Callanish auf Nord-Lewis

Lewis und Harris

Lewis und Harris sind nur eine Insel und bilden die größte Landmasse der Western Isles. Allerdings spricht man in den beiden Gebieten unterschiedliche Dialekte. Das Verwaltungszentrum **Stornoway** mit geschäftigem Hafen und bunten Häuserfronten liegt nur 26 km von den **Standing Stones of Callanish** im Westen entfernt. An der Straße nach Callanish findet man die Ruinen der **Carloway Broch**, eines piktischen *(siehe S. 41)*, über 2000 Jahre alten Turms. Die jüngere Vergangenheit, d. h. das Leben der Crofter vor 50 Jahren, zeigt Arnols **Black House Museum**.

Südlich der Torfmoore von Lewis markiert eine Bergkette die Grenze zu Harris. Man überquert sie über einen Weg, der an der Spitze des Loch Seaforth an der Aline Lodge vorbeiführt. Die Berge von Harris, wie die des Festlands oder der Insel Skye, sind ein Wanderparadies. An klaren Tagen sieht man von den Gipfeln die 80 km westlich liegende Insel St Kilda. Der Fährhafen von Tarbert liegt an der Landenge, die Nord- und Süd-Harris trennt. Das Fremdenverkehrsbüro verrät, wo es den unverwüstlichen Harris-Tweed gibt. Einige Weber verwenden noch heute heimische Pflanzen für die Farben. Von Leverburgh an Harris' Südspitze verkehrt eine Fähre nach Nord-Uist, das mittlerweile durch einen Damm mit Berneray verbunden ist.

🏛 **Black House Museum**
📞 (01851) 71 03 95. 🕐 *ganzjährig Mo–Sa.*

Die Uists und Benbecula

Nach der dramatischen Landschaft von Harris wirken die tiefer gelegenen südlichen Inseln weniger spektakulär – sie enthüllen ihren Reiz nach und nach: Lange, weiße Sandstrände säumen die Atlantikküste, die in den fruchtbaren und kalkhaltigen, als *machair* bekannten Boden übergehen. Im Sommer ist er mit wild wachsenden Blumen bedeckt, deren einzigartigen Duft man noch draußen auf dem Meer riechen kann.

Von **Lochmaddy**, dem größten Dorf Nord-Uists, führt die A867 über einen fünf Kilometer langen Damm nach **Benbecula**, von wo aus Bonnie Prince Charlie von Flora MacDonald nach Skye *(siehe S. 153)* geschmuggelt wurde. Die flache Insel ist von kleinen Seen bedeckt. Wie ihre Nachbarn ist sie für ihre Forellen bekannt. Hier und im Norden herrscht der Protestantismus, auf den südlichen Inseln der Katholizismus. Benbeculas Haupteinnahmequelle ist ein Raketenversuchsgelände mit Zentrale

Der Hafen bei Stornoway, der größten Stadt auf Lewis und Harris

in Bailivanich, dem größten Dorf der Insel. Ein zweiter Damm führt nach Süd-Uist mit den goldenen Stränden, die zu einer National Scenic Area erklärt wurden.

Eriskay
Die kleinste, bezauberndste Insel der Western Isles verkörpert deren Schönheit und Ruhe. Bekannt wurde Eriskay wegen des Schiffbruchs der *SS Politician* 1941, der zu dem Buch und Film *Whisky Galore* inspirierte. In Eriskays einziger Bar kann man Wrackteile des Schiffs bewundern. Am schönen Strand von Coilleag A'Phrionnsa (Prinzen-Bucht) betrat Bonnie Prince Charlie zu Beginn seines Feldzugs von 1745 erstmals schottischen Boden. Eine weiß wachsende seltene Windenart wird seitdem mit ihm in Verbindung gebracht.

Das blaue Wasser vor der Küste von Barra mit der Isle of Rum im Osten

Barra
Ein Flug nach Barra ist aufregend – die Landebahn ist ein Strand und die Landung von den Gezeiten abhängig. Den Kern der Insel bilden Hügel, die von einer Straße umrundet werden. An der Westseite dominieren Strände. Über 1000 Blumenarten wurden von Botanikern entdeckt.

Besonders schön ist der Blick über die Castlebay von der Mutter-Kind-Statue auf dem Gipfel des Heaval. **Kisimul Castle** war im 15. Jh. Stammburg des MacNeil-Clans. Weitere Attraktionen sind das **Barra Heritage Centre** und ein Golfplatz.

Kisimul Castle
(01871) 81 03 36. Mai–Sep Mo, Mi u. Sa 14–17 Uhr.
Barra Heritage Centre
(01871) 81 03 36. Mai–Sep Mo–Sa.

Männer auf St Kilda mit ihrem Eissturmvogel-Fang

St Kilda
Diese »Inseln am Rande der Welt« waren das abgelegenste Siedlungsgebiet Schottlands, bis die alternde Bevölkerung 1930 darum bat, umgesiedelt zu werden. Ihre einzigartige Lebensgrundlage war der Fang von Seevögeln. Heute lebt hier die größte Tölpel-Kolonie der Welt (40 000 Paare). Es gibt drei Inseln und drei säulenartige Felsklippen mit bis zu 425 Meter hoch aufragenden Kliffs. In der Abgeschiedenheit der Inseln haben sich endemische Mäuse- und Zaunkönigarten entwickelt. Fahrten dorthin bieten **Westernedge Charters** sowie **Murdo Macdonald** an. Freiwillige können sich im Sommer bei Arbeitseinsätzen des **National Trust for Scotland** engagieren, dem St Kilda gehört.

Westernedge Charters
Linlithgow. (01506) 20 40 53.
Murdo Macdonald
1 Erista, Uig, Isle of Lewis.
(01851) 67 23 81.
National Trust for Scotland
Balnain House, Inverness.
(01463) 23 20 34.

> **INFOBOX**
>
> Western Isles. 29 600.
> Stornoway, Benbecula, Barra.
> von Uig (Skye), Oban, Mallaig, Kyle of Lochalsh und Ullapool. 26 Cromwell St, Stornoway (01851) 70 30 88.
> www.witb.co.uk

CROFTING (KLEINPACHT)

»Crofts« sind Pachtgrundstücke, die so klein sind, dass eine zweite Einkommensquelle nötig ist, um den Lebensunterhalt zu sichern. Sie haben ihren Ursprung im frühen 19. Jahrhundert, als die Landbesitzer an der Küste unfruchtbare Landstücke zur Verfügung stellten, um sich selbst das fruchtbarere Land zu sichern. Das machte die Betroffenen abhängig von der Fischerei oder dem Sammeln von Seetang zur Herstellung von Alkali. Als diese Einkommensquellen versiegten, litten die Crofter 50 Jahre lang unter Hunger, hohen Pachten und Vertreibungen. Erst 1886 wurde ein Gesetz verabschiedet, das den Crofter-Familien erlaubte, ihr Pachtgrundstück weiterzuvererben, aber nicht zu besitzen. Heute sind 17 000 Crofts registriert, vor allem in den Highlands und auf den Inseln. Da die Bildung neuer Einheiten verboten ist, sind die Crofter berechtigt, Sonderzuschüsse zu beantragen. Die meisten von ihnen züchten Schafe, neuerdings pflanzt man auch Bäume. Das Crofting ist aus den Highland-Gemeinden nicht mehr wegzudenken.

Ein traditionelles, strohgedecktes Crofter-Haus auf Nord-Uist

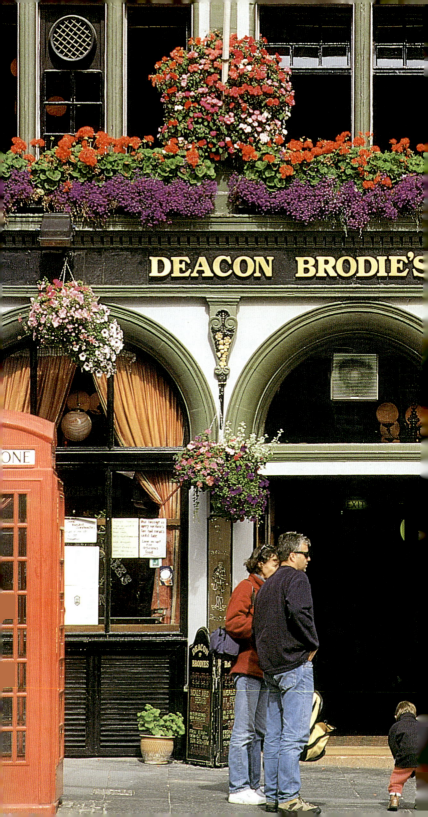

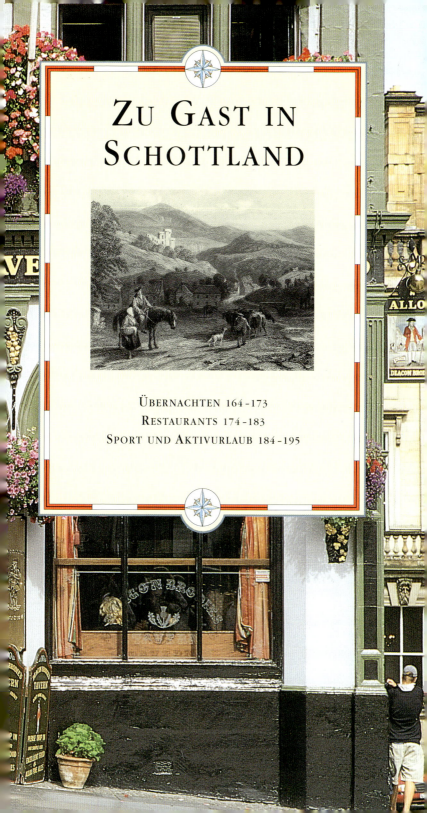

ZU GAST IN SCHOTTLAND

ÜBERNACHTEN 164-173
RESTAURANTS 174-183
SPORT UND AKTIVURLAUB 184-195

ÜBERNACHTEN

Das Angebot an Hotels und anderen Unterkünften ist in Schottland so groß, dass jeder das seinem Geschmack und Budget Entsprechende findet. Nachfolgend werden verschiedene Unterkunftsmöglichkeiten beschrieben. Das Hotelverzeichnis auf den Seiten 166ff führt einige der besten Übernachtungsmöglichkeiten auf, von Luxushotels und Schlössern (viele bieten Zimmer für Nichtraucher) bis hin zu gemütlichen B&Bs (Bed-and-Breakfast) und einfachen Campingplätzen. Die Auswahl berücksichtigt ein gutes Preis-Leistungs-Verhältnis. Ferien mit Selbstverpflegung werden immer beliebter. Sie eignen sich v. a. für Reisende mit kleinem Budget und Familien mit Kindern, die Hotels als zu steif und unflexibel empfinden. Zusätzlich finden Sie Informationen zu Caravanparks und Campingplätzen, die eine preisgünstige Alternative zu Hotels und Gästehäusern darstellen und außerdem ein Gefühl von Abenteuer vermitteln.

Schild des Malmaison Hotels

Im Kildrummy Castle Hotel (*siehe S. 172*) in den Grampians

HOTELKATEGORIEN

Die Qualitätsstandards von VisitScotland helfen bei der Auswahl. Sie beziehen sich auf Hotels, Bed-and-Breakfast und Unterkünfte für Selbstversorger, eingeteilt in die Kategorien »akzeptabel« bis »außergewöhnlich«. Die Anzahl der Sterne (von einem bis fünf) zeigt die Qualität der Ausstattung an.

PREISE, VERSTECKTE AUFSCHLÄGE UND RESERVIERUNG

Hotelpreise verstehen sich in der Regel pro Zimmer inklusive Mehrwertsteuer und Bedienung. Hotels der gehobenen Kategorie kosten oft über 200 £, ein Durchschnittshotel in Edinburgh oder Glasgow 70 bis 150 £ für zwei Personen inklusive Frühstück. Außerhalb der Stadt bezahlt man 50 bis 90 £ oder zwischen 12,50 und 30 £ für B&B. Trinkgelder werden nur in sehr exklusiven Hotels erwartet. Teuer sind von den Zimmern aus geführte Telefonate. Es lohnt sich daher, mit einer Telefonkarte oder aus der Hotelhalle zu telefonieren.

Einige Hotels verlangen eine Anzahlung. Wenn Sie Ihre Buchung lange genug im voraus stornieren, wird man Ihnen einen Teil zurückerstatten. Fremdenverkehrsbüros bieten für eine kleine Gebühr einen Reservierungsservice.

LANDHAUSHOTELS UND SCHLÖSSER

Der Begriff »Landhaushotel« wird von einigen Hoteliers, die meinen, Kaminfeuerimitationen und Stilmöbel rechtfertigten diese Bezeichnung, sehr großzügig ausgelegt. Das echte Landhaushotel ist aber leicht zu erkennen: Es ist stets von architektonischem Wert, mit Antiquitäten ausgestattet und in ein weitläufiges Gelände eingebettet.

Umgebaute Schlösser bieten die Chance, wie die Lordschaft zu leben und zu speisen. In intimer Atmosphäre werden gutes Essen und edle Weine serviert. Die Zimmerpreise sind zwar hoch, jedoch sind höchster Komfort und Luxus garantiert.

INNS UND JAGDHÜTTEN

Sogenannte Inns (Gasthöfe) findet man in ganz Schottland. Früher machten hier die Gäste halt, die mit der Kutsche unterwegs waren. Die Pferde wurden hier gewechselt, die Reisenden fanden ein Dach über dem Kopf.

Die historischen Gebäude sind heute oft Mittelpunkt der Stadt. Einige sind im Cottage-Stil mit strohgedecktem Dach gebaut, andere im georgianischen oder viktorianischen Stil mit Schiebefenstern und von Säulen eingerahmten Türen errichtet. Die Inneneinrichtung ist fast immer traditionell. Im Restaurant werden in einer lockeren Atmosphäre regionale Speisen serviert.

Original-Speisesaal im Dalhousie Castle

◁ **Eine farbenfrohe Blumenpracht vor Deacon Brodie's Tavern auf der Royal Mile in Edinburgh**

In den ländlicheren Gebieten Schottlands bieten auch einige Jagdhütten Unterkunft an. Oft sind sie Teil eines großen Anwesens und gehören ortsansässigen Landeigentümern. Sie sind nicht gerade luxuriös, aber bequem und relativ preisgünstig. Interessierten werden Jagdausflüge angeboten, es besteht aber keine Verpflichtung zur Teilnahme. Auf Wunsch bekommt man frisches Wild serviert.

Ein traditionelles Crofter-Cottage, das Selbstversorgern Unterkunft bietet

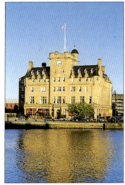

Das majestätische Malmaison Hotel *(siehe S. 167)* **am Kai in Leith**

BED-AND-BREAKFAST UND GÄSTEHÄUSER

EINE PREISGÜNSTIGE Unterkunft und die Chance, mit Einheimischen in Kontakt zu kommen, bieten Frühstückspensionen. Sie sind oft Familienbetriebe und einfach eingerichtet. Im Preis enthalten sind ein warmes Frühstück oder Müsli und Toast.

B&Bs, wie sie gewöhnlich genannt werden, gehören zur unteren Preiskategorie. In entlegenen Gebieten sind sie oft die einzige Übernachtungsmöglichkeit. Häufig handelt es sich um gemütlich eingerichtete Bauernhäuser, in denen man wesentlich freundlicher empfangen wird als in größeren Hotels.

Gästehäuser stellen ebenfalls eine preisgünstige, einfache Unterkunft dar. Sie bieten in der Regel mehrere Zimmer und ein gemeinsames Wohnoder Esszimmer. VisitScotland veröffentlicht den »Scotland: Bed-and-Breakfast«-Führer mit über 1500 B&B- und Gästehäuseradressen.

SELBSTVERPFLEGUNG

WER SICH GERN länger an einem Ort aufhält, unabhängig sein will, mit kleinen Kindern reist oder über begrenzte Mittel verfügt, ist mit einer Unterkunft mit Selbstverpflegung bestens bedient. Es gibt sie in jeder Kategorie, vom Luxusapartment in den Städten bis zu umgebauten Scheunen oder Cottages auf dem Land. Fremdenverkehrsbüros haben umfangreiche, aktuelle Listen und sind bei der Reservierung behilflich.

CAMPING UND CARAVANING

SCHOTTLAND hat viele Campingplätze, die meisten sind von Ostern bis Oktober geöffnet. Da sie im Sommer relativ schnell belegt sind, ist eine Reservierung dringend anzuraten. Schilder weisen an vielen Hauptverkehrsstraßen auf Campingplätze hin. Zwei Klubs, der **Caravan Club** (01342 32 69 44; www.caravanclub.co.uk) und der **Camping and Caravanning Club** (02476 69 49 95; www.campingandcaravanningclub.co.uk), veröffentlichen Campingführer. Unter Umständen lohnt es sich, Mitglied zu werden. Sie haben ein eigenes Bewertungssystem. Ein Camping- oder Caravanplatz kostet zwischen 6 und 10 £ pro Nacht.

JUGENDHERBERGEN

IN SCHOTTLAND gibt es etwa 80 Jugendherbergen der **Scottish Youth Hostels Association** oder **SYHA**, (01786 89 14 00; www.shya.org.uk). Die meisten haben Duschen, Zentralheizung und bieten günstiges Abendessen. Die Schlafsäle sind nach Geschlechtern getrennt, einige haben auch Familienzimmer. Sie müssen Mitglied der SYHA sein, um in einer der Jugendherbergen zu übernachten. Mitglied kann jeder ab fünf Jahren werden.

Einfacher, aber wunderschön gelegener Campingplatz in den Highlands

Hotelauswahl

Die in diesem Reiseführer genannten Hotels verschiedener Preisklassen wurden wegen ihrer guten Einrichtungen und ihrer günstigen Lage ausgewählt. Viele Hotels besitzen ein Restaurant. Die farbigen Markierungen kennzeichnen die einzelnen Regionen des Landes. Die Restaurantauswahl finden Sie auf den Seiten 176ff.

	Kreditkarten	Restaurant	Kinderfreundlich	Garten/Terrasse	Anzahl der Zimmer
EDINBURGH					
ALTSTADT: *Ibis Hotel* @ h2039@accor-hotels.com ££ 6 Hunter Square. (0131) 240 70 00. FAX (0131) 240 70 07. Hübsches Hotel, das gut in die Altstadt passt und unweit der Royal Mile und der Princes Street gelegen ist.	AE DC MC V		●		99
ALTSTADT: *Jury's Edinburgh Inn* @ bookings@jurysdoyle.com ££ 43 Jeffrey Street. (0131) 200 33 00. FAX (0131) 200 04 00. Großartige Sicht auf den Calton Hill und in der Nähe von Royal Mile, Princes Street und Waverley Station gelegen.	AE DC MC V	■	●		186
ALTSTADT: *Apex International Hotel* @ mail@apexhotels.co.uk £££ 31–35 Grassmarket. (0131) 300 34 56. FAX (0131) 220 53 45. Bequemes, modernes Hotel am historischen Grassmarket, inmitten von Läden und Restaurants. Zum Teil mit Blick auf die Burg.	AE DC MC V	■	●	■	175
ALTSTADT: *Bank Hotel* @ bank-hotel@festival-inns.co.uk £££ 1 South Bridge. (0131) 556 90 43. FAX (0131) 558 13 62. Phantasievoller Umbau einer ehemaligen Bank mitten in der Altstadt, nahe der Royal Mile. Jedes Zimmer erinnert mit seiner ganz individuellen Ausstattung an einen berühmten Schotten.	AE MC V		●		9
ALTSTADT: *Point Hotel* @ info@pointhotel.co.uk £££ 34 Bread Street. (0131) 221 55 55. FAX (0131) 221 99 29. Das eindrucksvolle, elegante Hotel mit verschiedenfarbigen Etagen liegt unweit des Edinburgh Castle und des Grassmarket.	AE DC MC V	■	●		140
NEW TOWN: *Duthus Lodge* @ duthus.lodge@ukgateway.net ££ 5 West Coates. (0131) 337 68 76. FAX (0131) 313 22 64. Die viktorianische Sandsteinvilla mit Wintergarten und Gartenanlage liegt nur etwa 2 Meilen vom Zentrum entfernt an der Hauptbuslinie.	DC MC V		●	■	9
NEW TOWN: *Melvin House* @ reservations@melvinhouse.demon.co.uk ££ 3 Rothesay Terrace. (0131) 225 50 84. FAX (0131) 226 50 85. Dieses viktorianische Haus liegt nur einige Gehminuten von der Princes Street entfernt. Die Bibliothek befindet sich auf einer Galerie.	AE DC MC V		●		22
NEW TOWN: *Stuart House* W www.stuartguesthouse.com ££ 12 East Claremont Street. (0131) 557 90 30. FAX (0131) 557 05 63. Hübscher Familienbetrieb im Nordosten der New Town in einem Wohngebiet, nur einen kurzen Spaziergang von der Princes Street getrennt.	AE DC MC V		●		7
NEW TOWN: *Parliament House* @ phhadams@aol.com £££ 15 Calton Hill. (0131) 478 40 00. FAX (0131) 478 40 01. Original georgianisches Stadthaus in günstiger Lage nahe dem Calton Hill. Das kontinentale Frühstück wird aufs Zimmer gebracht.	AE DC MC V	■	●		53
NEW TOWN: *Albany Town House Hotel* W www.albanyhoteledinburgh.co.uk ££££ 39 Albany Street. (0131) 556 03 97. FAX (0131) 557 66 33. Elegantes Luxushotel, das drei historische georgianische Reihenhäuser vereint und im Ostteil der New Town liegt. Das Haldanes-Restaurant im Souterrain ist sehr zu empfehlen.	AE MC V	■	●		21
NEW TOWN: *Channings* @ reserve@channings.co.uk ££££ South Learmonth Gardens. (0131) 315 22 26. FAX (0131) 332 96 31. Hotel im Zentrum, bestehend aus fünf umgebauten Häusern aus der Zeit Eduards VII. Schick, gepflegt und recht behaglich.	AE DC MC V	■	●		53
NEW TOWN: *Caledonian Hilton* @ ednchhirm@hilton.com £££££ Princes Street. (0131) 222 88 89. FAX (0131) 222 88 88. Das Hotel ist in Edinburgh eine Institution. Seine Lage und das Restaurant La Pompadour machen es zum beliebten Treffpunkt.	AE DC MC V	■	●	■	249

ÜBERNACHTEN

Preise für ein Doppelzimmer pro Nacht mit Frühstück inklusive Service und allen Steuern:

£ unter 80 £
££ 80–130 £
£££ 130–180 £
££££ 180–230 £
£££££ über 230 £

RESTAURANT
Hotelrestaurant oder Speisesaal, der auch Nicht-Gästen zugänglich ist.
KINDERFREUNDLICH
Babysitter-Service. Einige Hotelrestaurants bieten Kinderstühle und Kinderportionen an.
GARTEN/TERRASSE
Hotels mit schönem Garten, Innenhof oder Terrasse.
KREDITKARTEN
Folgende Karten werden akzeptiert: AE American Express; DC Diners Club; MC MasterCard; V Visa.

	KREDITKARTEN	RESTAURANT	KINDERFREUNDLICH	GARTEN/TERRASSE	ANZAHL DER ZIMMER
NEW TOWN: *Howard Hotel* W www.thehoward.com £££££ 32–36 Great King Street. ((0131) 557 35 00. FAX (0131) 557 65 15. Vornehmes, kleines Hotel aus drei nebeneinander liegenden georgianischen Häusern. Ausgezeichneter Service.	AE DC MC V	■	●	■	15
UMGEBUNG: *Old Aberlady Inn* £ Main Street, Aberlady, East Lothian. ((01875) 87 05 03. FAX (01875) 87 02 09. Hübsche Zimmer und ein Bistro mit guter traditioneller Küche bietet das Gasthaus in der Nähe des Naturschutzgebietes Aberlady Bay.	MC V	■		■	6
UMGEBUNG: *The Malmaison Hotel* @ edinburgh@malmaison.com £££ Tower Place, Leith. ((0131) 555 68 68. FAX (0131) 468 50 02. Umgebautes Seemannsheim am historischen Leith-Kai. Individuell und vornehm gestaltete Räume blicken auf den Hafen.	AE DC MC V	■	●	■	100
UMGEBUNG: *Greywalls Hotel* @ hotel@greywalls.co.uk £££££ Gullane, East Lothian. ((01620) 84 21 44. FAX (01620) 84 22 41. Von Lutyens entworfenes Landhaus am Golfplatz Muirfield inmitten eines ummauerten, von Gertrude Jekyll gestalteten Gartens.	AE DC MC V	■	●	■	23

SÜDSCHOTTLAND

	KREDITKARTEN	RESTAURANT	KINDERFREUNDLICH	GARTEN/TERRASSE	ANZAHL DER ZIMMER
AUCHENCAIRN: *Balcary Bay* @ reservations@balcary-bay-hotel.co.uk £££ Auchencairn, Castle Douglas, D & G. Karte D5. ((01556) 64 02 17. FAX (01556) 64 02 72. Familienbetrieb in ausgezeichneter Lage am Ufer der Balcary Bay. Für die Qualität des Services spricht, dass viele Gäste jedes Jahr in das freundliche, traditionsreiche Haus zurückkehren. ● Mitte Nov–Feb.	AE MC V	■	●	■	20
DRYBURGH: *Dryburgh Abbey Hotel* @ enquiries@dryburgh.co.uk £££ Dryburgh, Roxburghshire. Karte E5. ((01835) 82 22 61. FAX (01835) 82 39 45. Das Landhaushotel nahe den Ruinen der Dryburgh Abbey und dem Tweed ist eine gute Adresse für Angler.	AE MC V	■	●	■	38
JEDBURGH: *Hundalee House* W www.accommodation-scotland.org £ Jedburgh, Roxburgh, Borders. Karte E5. (& FAX (01835) 86 30 11. Gut geführtes, attraktives Haus (18. Jh.), das Bed-and-Breakfast bietet und den Gästen Rückzugsmöglichkeiten garantiert. ● Nov–Mär.				■	5
KELSO: *Roxburghe Hotel* @ hotel@roxburghe.net £££ Kelso, Roxburghshire. Karte E5. ((01573) 45 03 31. FAX (01573) 45 06 11. Reizendes Landhaushotel im Besitz des Duke of Roxburgh. Elegante und zwanglose Atmosphäre am Ufer des Teviot. Mit Golf, Tennis, Angeln und Schießen können die Gäste den Tag verbringen.	AE DC MC V	■	●	■	22
KIRKCUDBRIGHT: *Gladstone House* @ hilarygladstone@aol.com £ 48 High Street, Kirkcudbright, D & G. Karte D6. (& FAX (01557) 33 17 34. Außergewöhnliches Bed-and-Breakfast-Hotel. Seine geschmackvolle Einrichtung sorgt für einen angenehmen Aufenthalt.	MC V			■	3
MOFFAT: *Beechwood Country House Hotel* ££ Harthope Place, Moffat, D & G. Karte D5. ((01683) 22 02 10. FAX (01683) 22 08 89. Freundliches Familienhotel an einem Berghang, von Bäumen umgeben. Einfache Ausstattung und fröhliche Atmosphäre. ● Jan–Mitte Feb.	MC V	■	●	■	7
PEEBLES: *Cringletie House* W www.cringletie.com £££ Peebles, Borders. Karte D5. ((01721) 73 02 33. FAX (01721) 73 02 44. Seit Jahren von derselben Familie geführtes, gemütliches und ruhiges Landhaushotel. Entspannte Atmosphäre und exzellentes Restaurant.	AE MC V	■	●	■	14
PORTPATRICK: *Crown* W www.crownportpatrickhotel.aol.com ££ North Crescent, Portpatrick, Stranraer. Karte C6. ((01776) 81 02 61. FAX (01776) 81 05 51. Beliebtes Pub-Hotel mit Blick auf den Hafen. Das Essen wird in einer traditionell eingerichteten Bar oder im Wintergarten serviert.	AE DC MC V	■	●	■	12

Zeichenerklärung siehe hintere Umschlagklappe

Preise für ein Doppelzimmer pro Nacht mit Frühstück inklusive Service und allen Steuern:
£ unter 80 £
££ 80–130 £
£££ 130–180 £
££££ 180–230 £
£££££ über 230 £

Restaurant
Hotelrestaurant oder Speisesaal, der auch Nicht-Gästen zugänglich ist.
Kinderfreundlich
Babysitter-Service. Einige Hotelrestaurants bieten Kinderstühle und Kinderportionen an.
Garten/Terrasse
Hotels mit schönem Garten, Innenhof oder Terrasse.
Kreditkarten
Folgende Karten werden akzeptiert: AE American Express; DC Diners Club; MC MasterCard; V Visa.

		Kreditkarten	Restaurant	Kinderfreundlich	Garten/Terrasse	Anzahl der Zimmer
Walkerburn: *Tweed Valley Country House* @ info@tweed-valley.com Walkerburn bei Peebles, Borders. Karte D5. ((01896) 87 06 36. FAX (01896) 87 06 39. Das Familienhotel legt Wert auf Erholung und Komfort. Es liegt nahe dem Tweed in schöner Umgebung; herzlicher Service.	££	MC V	■	●	■	8
GLASGOW						
Stadtzentrum: *Babbity Bowster* 16–18 Blackfriars Street. ((0141) 552 50 55. FAX (0141) 552 77 74. Ein ungewöhnliches, beeindruckendes Hotel mit sorgfältig restaurierter Fassade und einfachen, adretten Zimmern.	£	AE MC V		●		6
Stadtzentrum: *The Brunswick* w www.brunswickhotel.com 106–108 Brunswick Street. ((0141) 552 00 01. FAX (0141) 552 15 51. Bequemes, in der restaurierten »Merchant City« gelegenes Hotel mit individuellem Stil.	££	AE DC MC V	■	●		21
Stadtzentrum: *Carlton George* w www.carltonhotels.co.uk 44 West George Street. ((0141) 353 63 73. FAX (0141) 353 62 63. Dieses neue, luxuriöse Hotel liegt mitten im Herzen der Stadt und beherbergt sowohl Urlaubs- wie auch Geschäftsreisende. Glasgows Haupteinkaufszentren sind von hier aus gut zu erreichen.	£££	AE DC MC V	■	●		64
Stadtzentrum: *Hilton Glasgow* w www.hilton.com 1 William Street. ((0141) 204 55 55. FAX (0141) 204 50 04. In diesem vornehmen, großen Hotel sind in erster Linie Geschäftsleute anzutreffen.	£££	AE DC MC V	■	●		319
Stadtzentrum: *Langs* w www.langshotels.co.uk 2 Port Dundas Place. ((0141) 333 15 00. FAX (0141) 333 57 00. Stilbewusstes, mondänes Hotel mit zwei Restaurants, zweckmäßig ausgestatteten Schlafzimmern und Fitnessraum.	£££	AE DC MC V	■	●		100
Stadtzentrum: *Malmaison* @ glasgow@malmaison.com 278 West George Street. ((0141) 572 10 00. FAX (0141) 572 10 02. Hübsche Zimmer mit Satellitenfernsehen und CD-Player sowie eine Brasserie mit mediterraner Küche garantieren Wohlbefinden.	£££	AE DC MC V	■	●		72
Stadtzentrum: *Millenium Hotel* w www.milleniumhotels.com 40 George Square. ((0141) 332 67 11. FAX (0141) 332 42 64. Dieses große Hotel am George Square bietet traditionellen Komfort. Im hübschen Wintergarten serviert man das Frühstück, Drinks oder lässt den Gast einfach den Aufenthalt genießen.	£££££	AE DC MC V	■	●	■	117
West End: *Hillhead Hotel* w www.hillhedhotel.co.uk 32 Cecil Street. ((0141) 339 77 33. FAX (0141) 339 17 70. In der Nähe des ruhig gelegenen Hotels liegen die Glasgow University, der Botanische Garten und viele Restaurants und Bars.	£	AE MC V		●		11
West End: *Kirklee Hotel* w www.kirkleehotel.co.uk 11 Kensington Gate. ((0141) 334 55 55. FAX (0141) 339 38 28. Das edwardianische Gebäude bietet alles für einen ruhigen Aufenthalt. Es liegt nahe der Glasgow University und der Botanic Gardens.	£	MC V		●	■	9
West End: *Town House* @ hospitality@thetownhouseglasgow.com 4 Hughenden Terrace. ((0141) 357 08 62. FAX (0141) 339 96 05. Meisterhaft restauriertes viktorianisches Haus mit großen Zimmern. Die Gäste werden hier ausgesprochen herzlich empfangen.	£	MC V		●	■	10
West End: *Wickets Hotel* w www.wicketshotel.co.uk 52 Fortrose Street. (und FAX (0141) 334 93 34. Der Familienbetrieb liegt nahe dem Scottish Exhibition Centre und der Glasgow University. ● 24.–26. Dez, 31. Dez–2. Jan.	£	AE MC V	■	●	■	11

WEST END: *One Devonshire Gardens* w www.onedevonshiregardens.com €€€€
1 Devonshire Gardens. ((0141) 339 20 01. FAX (0141) 337 16 63.
Sehr schickes Stadthotel mit üppiger Möblierung, vornehmem Dekor,
First-Class-Service und hervorragendem Restaurant. TV 24 P
| AE DC MC V | | | | 38 |

DAS LANDESINNERE

ABERDOUR: *Hawkcraig House* €
Hawkcraig Point, Aberdour, Fife. Karte D4. ((01383) 86 03 35.
Der Aufenthalt in diesem kleinen, weißgetünchten Fährhaus ist ein schönes
Erlebnis. Nette Umgebung und freundliche Besitzer. ● Nov–März. TV P
| | | | | 2 |

ARRAN: *Kilmichael House Hotel* @ enquiries@kilmichael.com €€€
Glen Cloy, Brodick, Isle of Arran. Karte C5. ((01770) 30 22 19. FAX (01770) 30 20 68.
Kleines, gastfreundliches Hotel mit jedem Komfort in eleganter Umgebung.
Eines der Hotels in Arran, die das beste Essen servieren. TV 24 P
| MC V | | | | 9 |

AUCHTERARDER: *Gleneagles* @ resort.sales@gleneagles.com €€€€€
Auchterarder. Karte D4. ((01764) 66 22 31. FAX (01764) 66 21 34.
International berühmtes, wunderbares Hotel, das 1924 von der Caledonian Railway Company gebaut wurde. TV   24 P
| AE DC MC V | | | | 214 |

BALQUHIDDER: *Monachyle Mhor Farmhouse* w www.monachylemhor.com €€€
Balquhidder, Perthshire. Karte C4. ((01877) 38 46 22. FAX (01877) 38 43 05.
Dieses Hotel mit Blick auf Loch Voil verfügt über ein erstklassiges
Restaurant.   P TV
| MC V | | | | 10 |

BLAIRGOWRIE: *Kinloch House* @ info@kinlochhouse.com €€€
Nahe Blairgowrie, Perthshire. Karte D3. ((01250) 88 42 37. FAX (01250) 88 43 33.
Das fürstliche Haus in wunderbarer Umgebung ist ideal für Naturliebhaber. Ausgezeichnetes Restaurant. ● letzte 2 Wochen im Dez. TV P
| MC V | | | | 18 |

CALLANDER: *Roman Camp Country House* @ mail@roman-camp-hotel.co.uk €€€€
Callander. Karte D4. ((01877) 33 00 03. FAX (01877) 33 15 33.
Ausgedehnte Gärten sorgen für einen ruhigen Aufenthalt in einer einzigartigen Atmosphäre. Beste traditionelle schottische Küche. TV P
| AE DC MC V | | | | 14 |

DUNBLANE: *Cromlix House* w www.cromlixhouse.com €€€€€
Kinbuck, nahe Dunblane, Stirlingshire. Karte D4. ((01786) 82 21 25. FAX (01786) 82 54 50.
Prächtiges edwardianisches Haus in einer großzügigen Anlage. Die Zimmer
sind mit Möbeln aus jener Epoche eingerichtet. TV P
| AE DC MC V | | | | 15 |

GLAMIS: *Castleton House* @ hotel@castletonglamis.co.uk €€
Eassie, nahe Glamis, Forfar. Karte D3. ((01307) 84 03 40. FAX (01307) 84 05 06.
Das Landhaus, ein Familienbetrieb, liegt recht nah an Dundee und Glamis
Castle inmitten einer ruhigen, schönen Landschaft. Gutes Essen. TV P
| MC V | | | | 6 |

IRVINE: *Annfield House* w www.annfieldhousehotel.co.uk €
6 Castle St, Irvine. Karte C4. ((01294) 27 89 03. FAX (01294) 27 89 04.
Ein gemütliches Hotel im Landhausstil mit Blick auf den Fluss Irvine. Das
Restaurant ist für seine hervorragende Küche berühmt. TV P
| AE DC MC V | | | | 9 |

LARGS: *Brisbane House* @ enquiries@maksu-group.co.uk €€€
14 Greenock Rd, Esplanade, Largs. Karte C4. ((01475) 68 72 00. FAX (01475) 67 62 95.
Modernisiertes, attraktives Haus aus dem 18. Jahrhundert. Einige Zimmer
bieten Sicht auf den Firth of Clyde. TV 24 P
| AE DC MC V | | | | 23 |

MARKINCH: *Balbirnie House* @ info@balbirnie.co.uk €€€€
Balbirnie Park, Markinch, Fife. Karte D4. ((01592) 61 00 66. FAX (01592) 61 05 29.
Dieses georgianische Herrenhaus liegt wunderschön im Grünen. Hier
frönt man unverhohlen dem Luxus, und doch bleibt die Atmosphäre
ungezwungen und leger. TV 24 P
| AE DC MC V | | | | 30 |

ST ANDREWS: *Old Course Hotel* @ reservations@oldcoursehotel.co.uk €€€€€
St Andrews. Karte E4. ((01334) 47 43 71. FAX (01334) 47 76 68.
Außen ist das Hotel nicht gerade hübsch, doch im Inneren wurden keine Kosten gescheut – geschmackvoller Luxus ist das Ergebnis.
 TV 24 P
| AE DC MC V | | | | 146 |

SCONE: *Murrayshall Country House Hotel* w www.murrayshall.com €€€
Scone, Perthshire. Karte D4. ((01738) 55 11 71. FAX (01738) 55 25 95.
Türmchenverzierter Herrensitz mit eigenem Golfplatz und recht steifen,
förmlichen Zimmern, die aber luxuriösen Komfort bieten. Im Restaurant
speist man ausgezeichnet. TV P
| AE DC MC V | | | | 41 |

Zeichenerklärung siehe hintere Umschlagklappe

Preise für ein Doppelzimmer pro Nacht mit Frühstück inklusive Service und allen Steuern:

£ unter 80 £
££ 80–130 £
£££ 130–180 £
££££ 180–230 £
£££££ über 230 £

RESTAURANT
Hotelrestaurant oder Speisesaal, der auch Nicht-Gästen zugänglich ist.
KINDERFREUNDLICH
Babysitter-Service. Einige Hotelrestaurants bieten Kinderstühle und Kinderportionen an.
GARTEN/TERRASSE
Hotels mit schönem Garten, Innenhof oder Terrasse.
KREDITKARTEN
Folgende Karten werden akzeptiert: AE American Express; DC Diners Club; MC MasterCard; V Visa.

	KREDITKARTEN	RESTAURANT	KINDERFREUNDLICH	GARTEN/TERRASSE	ANZAHL DER ZIMMER
STRACHUR: *Creggans Inn* @ info@creggans-inn.co.uk — Strachur, Argyll, Strathclyde. **Karte C4.** ((01369) 86 02 79. FAX (01369) 86 06 37. Heiterer Gasthof mit hübschen Zimmern und Blick auf den Loch Fyne. Das Essen im Restaurant und in der Bar ist ausgezeichnet, der Service in der gesamten Anlage tadellos. ££	MC V	■	●	■	14
TROON: *Piersland House* W www.piersland.co.uk — Craigend Rd, Troon, Ayrshire. **Karte C5.** ((01292) 31 47 47. FAX (01292) 31 56 13. Ein reizvolles Pseudo-Tudorhaus nahe dem Golfplatz (auch für Meisterschaften). In einem Cottage-Anbau hat jede Suite ihr eigenes Wohnzimmer. Gutes Essen. ££	AE DC MC V	■	●	■	30
TURNBERRY: *Turnberry* @ turnberry@westin.com — Turnberry, Ayrshire. **Karte C5.** ((01655) 33 10 00. FAX (01655) 33 17 06. Luxuriöses Hotel und Kurbad aus der Zeit Edwards VII. Was ihm vielleicht an Atmosphäre fehlt, macht das Hotel mit ansprechendem Komfort wett. £££££	AE DC MC V	■	●	■	221

DAS HOCHLAND UND DIE INSELN

	KREDITKARTEN	RESTAURANT	KINDERFREUNDLICH	GARTEN/TERRASSE	ANZAHL DER ZIMMER
ABERDEEN: *Maryculter House Hotel* @ info@maryculterhousehotel.co.uk — South Deeside Road, Maryculter, Aberdeen. **Karte E3.** ((01224) 73 21 24. FAX (01224) 73 35 10. Historisches Hotel in einer ruhigen, ländlichen Umgebung am Ufer des Dee. Schöne Spaziergänge am Wasser möglich. begrenzt. ££	AE DC MC V	■	●	■	23
ABERDEEN: *Udny Arms* @ enquiry@udny.demon.co.uk — Main Street, Newburgh, Aberdeen. **Karte E3.** ((01358) 78 94 44. FAX (01358) 78 90 12. Dorfpub mit Charakter und bequemen Zimmern nahe dem Golfplatz und dem Naturschutzgebiet an der Ythanmündung. Bekannt für gutes Essen. ● 26. Dez. begrenzt. ££	DC MC V	■	●	■	26
ACHILTIBUIE: *Summer Isles* W www.summerisleshotel@co.uk — Achiltibuie, bei Ullapool, Ross & Cromarty, Highlands. **Karte C2.** ((01854) 62 22 82. FAX (01854) 62 22 51. Hübsche Zimmer, bestes Restaurant und atemberaubende Aussicht auf die Summer Isles. Das Hotel erfüllt alle Erwartungen. ● Mitte Okt–Ostern. £££	MC V	■	●		13
ARDUAINE: *Loch Melfort Hotel* @ reception@lochmelfort.co.uk — Arduaine, bei Oban, Argyll. **Karte C4.** ((01852) 20 02 33. FAX (01852) 20 02 14. Komfortable Unterkunft mit der besten Aussicht auf die Westküste. Das Panoramarestaurant blickt auf Scarba und Jura und serviert Meeresfrüchte. Arduaine Garden *(siehe S. 132)* liegt gleich nebenan. ● Jan. £££	AE MC V	■	●	■	26
ARISAIG: *Old Library Lodge* W www.oldlibrary.co.uk — Arisaig, Highlands. **Karte B3.** ((01687) 45 06 51. FAX (01687) 45 02 19. Bescheidenes, aber feines Restaurant mit Zimmern. Es stehen jeweils fünf Gerichte zur Auswahl, die Küche verwendet viele regionale Produkte. Die Zimmer sind geräumig und ruhig. ● Dez–Feb. ££	AE MC V	■		■	6
AULDEARN: *Boath House* W www.boath-house.co.uk — Auldearn, Nairn, Highlands. **Karte D2.** ((01667) 45 48 96. FAX (01667) 45 54 29. Der imposante georgianische Herrensitz liegt nahe dem Moray Firth. Das prachtvoll dekorierte Innere des Hauses schafft eine angenehme Kühle und Geräumigkeit. Die von biologischen Gerichten dominierte Küche hat einen guten Ruf. ● Dez, Jan. £££	AE MC V	■	●	■	6
BALLATER: *Balgonie Country House* @ balgonie@aol.com — Braemar Place, Ballater, Aberdeenshire. **Karte D3.** ((013397) 554 82. Familienbetriebenes Landhaushotel am Rand von Ballater mit exzellenter schottischer Küche. Hier fühlt sich der Gast wie zu Hause. ● Jan–Mitte Feb. ££	MC V	■		■	9

BALLINDALLOCH: *Delnashaugh Hotel* (£)(£) Ballindalloch, Banffshire, Grampian. **Karte** D2. **(** *(01807) 50 02 55.* **FAX** *(01807) 50 03 89.* Am Ufer des Avon im Spey Valley gelegen, ist dieses Hotel perfekter Ausgangspunkt für Ausflüge; es ist schön, nach einem erlebnisreichen Tag hierher zurückzukehren – zu besonders gutem Essen. 🛏 TV P ♿	MC V	■	●		9
BARRA: *Castlebay Hotel* w www.castlebay-hotel.co.uk (£) Castlebay, Isle of Barra, Western Isles. **Karte** A3. **(** *(01871) 81 02 23.* **FAX** *(01871) 81 04 55.* Freundlicher Familienbetrieb mit Blick auf die Bucht, von der aus Boote nach Mingulay und Eriskay fahren. Sehr empfehlenswertes Essen. 🛏 TV P	MC V	■	●		12
COLONSAY: *Isle of Colonsay Hotel* @ colonsay.hotel@pjpemedia.co.uk (£)(£) Isle of Colonsay, Argyll. **Karte** B4. **(** *(01951) 20 03 16.* **FAX** *(01951) 20 03 53.* Freundliches, bequemes Hotel auf dieser unberührten und abgelegenen Insel mit einzigartiger Tierwelt und schönen Stränden. 🛏 TV P ♿	MC V	■		■	11
CRINAN: *Crinan Hotel* @ nryan@crinanhotel.com (£)(£)(£)(£) Crinan, Lochgilphead, Argyll. **Karte** C4. **(** *(01546) 83 02 61.* **FAX** *(01546) 83 02 92.* Dieses Hotel liegt günstig am Hafen, wo Loch Crinan auf den Sound of Jura trifft. Ausgezeichneter Service, allein die Aussicht lohnt einen Aufenthalt. 🛏 TV ⬆ ✱ P ♿	AE MC V	■	●	■	20
CROMARTY: *Royal* @ info@royalcromartyhotel.co.uk (£)(£) Marine Terrace, Cromarty, Highlands. **Karte** D2. **(** *(01381) 60 02 17.* **FAX** *(01381) 60 08 13.* Das traditionell wirkende, unprätentiöse Hotel mit Blick auf den Firth of Cromarty besitzt Zimmer, die bequem eingerichtet und ausgezeichnet gepflegt sind. 🛏 TV P	AE MC V	■	●		9
DORNOCH: *Dornoch Castle Hotel* @ enquiries@dornochcastlehotel.com (£)(£) Castle Street, Dornoch, Sutherland. **Karte** D2. **(** *(01862) 81 02 16.* **FAX** *(01862) 81 09 81.* Das interessante historische Gebäude aus der Zeit der Wende vom 15. zum 16. Jahrhundert war einst Teil des Bischofspalastes. Abgeschiedener Garten und sehr gutes Essen. 🛏 TV P	AE MC V	■		■	18
DULNAIN BRIDGE: *Auchendean Lodge* @ hotel@auchendean.com (£)(£) Dulnain Bridge, bei Grantown on Spey, Inverness-shire. **Karte** D2. **(** u. **FAX** *(01479) 85 13 47.* Das einladende Hotel in wunderbarer Landschaft bei Aviemore und Cairngorm war früher eine Jagdhütte: perfekt gelegen für Ausflüge zu den Speyside-Destillerien und in die schöne Umgebung. 🛏 TV P ● *Nov–März.*	AE DC MC V	■	●	■	5
DUNKELD: *Kinnaird* @ enquiry@kinnairdestate.com (£)(£)(£)(£)(£) Kinnaird Estate, nahe Dunkeld, Tayside. **Karte** D3. **(** *(01796) 48 24 40.* **FAX** *(01796) 48 22 89.* Inmitten einer üppigen Landschaft liegt dieses Haus (18. Jh.), das zu einem luxuriösen, aufwändigen Hotel umgebaut wurde. Bei der Renovierung hat man keine Kosten gescheut. ● *Jan, Feb; Mo–Mi.* 🛏 TV ⬆ P ♿	MC V	■		■	9
HARRIS (WESTERN ISLES): *Scarista House* w www.scaristahouse.com (£)(£) Scarista, Isle of Harris, W Isles. **Karte** B2. **(** *(01859) 55 02 38.* **FAX** *(01859) 55 02 77.* Scarista House, ein georgianisches Pfarrhaus, ermöglicht einen besonders angenehmen Aufenthalt auf den Western Isles. Abseits an einem Strand gelegen, ist es berühmt für sein köstliches Essen. 🛏 P ✱	MC V	■			5
HARRIS (WESTERN ISLES): *Ardvourlie Castle* (£)(£)(£)(£) Aird Amhulaidh, Isle of Harris, W Isles. **Karte** B2. **(** *(01859) 50 23 07.* **FAX** *(01859) 50 23 48.* Viktorianische Jagdhütte am Ufer des Loch Seaforth. Original-Ausstattung inklusive Öllampen. Das hochgepriesene Restaurant bietet heimische Küche; die Hauptmahlzeit ist im Preis inbegriffen. 🛏 P ● *Nov–März.*		■	●	■	4
IONA (NAHE MULL): *Argyll Hotel* @ reception@argyllhoteliona.co.uk (£)(£) Isle of Iona, Argyll. **Karte** B4. **(** *(01681) 70 03 34.* **FAX** *(01681) 70 05 10.* Unprätentiöses, nettes Hotel in einfachem Stil mit einer ganz besonderen Insel. Bitten Sie um ein Zimmer mit Blick auf die See. ● *Dez–März.* 🛏	MC V	■			16
INVERNESS: *Glenmoriston Town House* w www.glenmoriston.com (£)(£) Inverness, Inverness-shire. **Karte** D2. **(** *(01463) 22 37 77.* **FAX** *(01463) 71 23 78.* Hotel am Fluss mit geschmackvoller Einrichtung. Die Badezimmer sind mit Marmor-Inventar ausgestattet. 🛏 TV P ♿	AE DC MC V	■	●		15
INVERNESS: *Dunain Park* @ dunainparkhotel@btinternet.com (£)(£)(£) Inverness, Inverness-shire. **Karte** D2. **(** *(01463) 23 05 12.* **FAX** *(01463) 22 45 32.* Inmitten eines großen Parks und nahe Inverness gelegen, ist dieses Hotel ein guter Ausgangspunkt zur Erkundung der Gegend. 🛏 TV ✱ P 🏊 ♿	AE MC V	■		■	13

Zeichenerklärung siehe hintere Umschlagklappe

	Preise-Legende
	Preise für ein Doppelzimmer pro Nacht mit Frühstück inklusive Service und allen Steuern:
	ⓔ unter 80 £
	ⓔⓔ 80–130 £
	ⓔⓔⓔ 130–180 £
	ⓔⓔⓔⓔ 180–230 £
	ⓔⓔⓔⓔⓔ über 230 £

RESTAURANT
Hotelrestaurant oder Speisesaal, der auch Nicht-Gästen zugänglich ist.

KINDERFREUNDLICH
Babysitter-Service. Einige Hotelrestaurants bieten Kinderstühle und Kinderportionen an.

GARTEN/TERRASSE
Hotels mit schönem Garten, Innenhof oder Terrasse.

KREDITKARTEN
Folgende Karten werden akzeptiert: AE American Express; DC Diners Club; MC MasterCard; V Visa.

Hotel	Preis	Kreditkarten	Restaurant	Kinderfreundlich	Garten/Terrasse	Anzahl der Zimmer
ISLE ORNSAY (SKYE): *Eilean Iarmain* @ hotel@eilean-iarmain.co.uk Sleat, Isle of Skye, Highlands. **Karte B3.** ☎ (01471) 83 33 32. FAX (01471) 83 32 75. Gälisch anmutender, traditioneller Gasthof am Meer (19. Jh.) mit schönem Ausblick aus gemütlichen Zimmern und Aufenthaltsräumen. 🛏 📺 ❄ 🅿	ⓔⓔ	AE DC MC V	●	●	●	13
KENTALLEN OF APPIN: *Ardsheal House* @ info@ardsheal.co.uk Kentallen of Appin, Argyll. **Karte C3.** ☎ (01631) 74 02 27. FAX (01631) 74 03 42. Das gastliche Hotel am Ufer des Loch Linnhe bietet neben einer wunderbaren Aussicht sehr gut ausgestattete Räume. ● *Mitte Dez–Mitte Jan.* 🛏 🅿	ⓔⓔ	AE MC V	●		●	4
KILDRUMMY: *Kildrummy Castle* @ bookings@kildrummycastlehotel.co.uk Kildrummy, nahe Alford, Gordon, Grampian. ☎ (01975) 57 12 88. **Karte E3.** FAX (01975) 57 13 45. Großes, prächtiges Gebäude mit Zinnen inmitten eines schönen Parks über der Burgruine (13. Jh.). Das wunderbar ausgestattete Innere entspricht der Schönheit der Umgebung. ● *Jan.* 🛏 📺 🅿	ⓔⓔⓔ	MC V	●	●	●	16
KILLIECRANKIE: *Killiecrankie Hotel* @ enquiries@killiecrankiehotel.co.uk Killiecrankie, bei Pitlochry, Perthshire. **Karte D3.** ☎ (01796) 47 32 20. FAX (01796) 47 24 51. Hübsches Landhaushotel in herrlicher Landschaft. Das exzellente Essen, das man à la carte aus dem Angebot herzhafter Kost auswählt, kann man im Wintergarten genießen. 🛏 📺 ❄ 🅿	ⓔⓔⓔⓔ	MC V	●	●	●	10
KYLESKU, BEI LAIRG: *Kylesku Hotel* @ kylesku.hotel@lycos.co.uk Kylesku, bei Lairg, Sutherland. **Karte D2.** ☎ (01971) 50 22 31. FAX (01971) 50 23 13. Der Familienbetrieb mit herzlicher Atmosphäre liegt am Ufer des Loch Glencoul. Das Restaurant ist auf Meeresfrüchte spezialisiert. ● *Nov–März.* 🛏 📺 ❄ 🅿	ⓔⓔ	MC V	●	●		8
LEDAIG: *Isle of Eriska* @ office@eriska-hotel.co.uk Ledaig, nahe Oban, Argyll. **Karte C3.** ☎ (01631) 72 03 71. FAX (01631) 72 05 31. Der große, fürstliche Herrensitz (19. Jh.) liegt auf einer eigenen Insel, hat bezaubernde Zimmer und strahlt eine angenehme Atmosphäre aus. Zum Dinner wird eine angemessene Garderobe erwartet, denn der Service ist recht förmlich. ● *Jan–Mitte Feb.* 🛏 📺 24 🅿 ♒ ♿	ⓔⓔⓔⓔⓔ	AE MC V	●	●	●	19
LEWIS, TIMSGARRY: *Baile Na Cille* @ randjgollin@compuserve.com Timsgarry, Isle of Lewis, Highlands. **Karte B1.** ☎ (01851) 67 22 42. FAX (01851) 67 22 41. Dieses ungezwungene, freundliche Hotel liegt am Ende eines langen Strandes. Perfekt für einen Rückzug von der Welt. ● *Mitte Okt–Mitte März.* 🛏 ❄ 🅿	ⓔⓔ	MC V	●	●	●	9
MUIR OF ORD: *The Dower House* @ info@thedowerhouse.co.uk Highfield, Muir of Ord, Ross-shire, Highlands. **Karte C2.** ☎ u. FAX (01463) 87 00 90. Angenehmes kleines Hotel mit hübscher Einrichtung, ansprechenden Zimmern und erstklassigem Restaurant. 🛏 📺 24 ❄ 🅿 ♿ *begrenzt.*	ⓔⓔ	MC V	●	●	●	5
MULL, DERVAIG: *Druimard Country House* w www.druimard.co.uk Dervaig, bei Tobermory, Isle of Mull, Strathclyde. **Karte B4.** ☎ & FAX (01688) 40 03 45. Dieses restaurierte viktorianische Haus bietet allen erdenklichen Luxus, u. a. ein hervorragendes Restaurant mit Blick über den River Bellart. Abendessen im Preis enthalten. ● *Nov–März.* 🛏 24 🅿	ⓔⓔⓔ	MC V	●	●	●	7
MULL, TOBERMORY: *Western Isles Hotel* @ wihotel@aol.com Tobermory, Isle of Mull, Strathclyde. **Karte B3.** ☎ (01688) 30 20 12. FAX (01688) 30 22 97. Prachtvolles Haus mit Tradition, das die Tobermory Bay überblickt. Es ist sehr gastfreundlich und komfortabel, mit Kaminfeuer im Winter. Man kann zwischen drei Restaurants wählen, darunter auch eines im Wintergarten. ● *Weihnachten.* 🛏 📺 🅿	ⓔⓔⓔⓔ	AE MC V	●	●	●	28

ÜBERNACHTEN

OLD MELDRUM: *The Redgarth* @ redgarth1@aol.com (£) AE/DC/MC/V — 3
Old Meldrum, Aberdeenshire. **Karte** E3. (01651) 87 23 53.
Dieses kleine, gemütliche Hotel mit herrlichem Blick über den Bennachie und die Umgebung eignet sich als Ausgangspunkt zum Entdecken der Burgen und Whisky-Brennereien der Gegend. Das Restaurant bietet eine gute Auswahl an schottischer Hausmannskost.

ONICH: *Cuilcheanna House* @ relax@cuilcheanna.freeserve.co.uk (£)(£) MC/V — 7
Onich, bei Fort William, Inverness-shire. **Karte** C3. (01855) 82 12 26.
Dieses Landhaus am Loch Linnhe bietet eine ausgezeichnete häusliche Küche. Die viergängigen Menüs wechseln täglich und sind hochgeschätzt, werden jedoch nur den Hausgästen serviert. Nov–Ostern.

ORKNEY: *Foveran* @ foveranhotel@aol.com (£) MC/V — 8
St Ola, Kirkwall, Orkney. (01856) 87 23 89. FAX (01856) 87 64 30.
Modernes Hotel mit wunderbarem Blick über Scapa Flow und die South Isles. Bequeme Zimmer und gutes Restaurant.

PORT APPIN: *Airds* @ airds@airdshotel.com (£)(£)(£)(£) MC/V — 12
Port Appin, Appin, Argyll. **Karte** C3. (01631) 73 02 36. FAX (01631) 73 05 35.
Die einstige Fährgaststube, außen weiß getüncht und innen hübsch und bequem eingerichtet, hat ein sehr gutes Restaurant.

SHETLAND, BUSTA: *Busta House* @ reservations@bustahouse.com (£)(£) AE/DC/MC/V — 20
Busta, Brae, Shetland. (01806) 52 25 06. FAX (01806) 52 25 88.
Familienbetrieb mit eigenem kleinem Hafen. In dem Haus aus dem frühen 18. Jahrhundert kann man gut entspannen. begrenzt.

SHETLAND, WALLS: *Burrastow House* @ burr.hs@zetnet.co.uk (£)(£)(£) AE/MC/V — 5
Walls, Shetland. (01595) 80 93 07. FAX (01595) 80 92 13.
Wer an einen wunderbaren Ort mit absoluter Ruhe flüchten möchte, ist in diesem abgelegenen Winkel West-Shetlands richtig. Auf Komfort wird nicht verzichtet, und das Essen ist hervorragend. Jan–März.

SHIELDAIG: *Tigh-an-Eilean* @ tighaneilanhotel@shieldaig.fsnet.co.uk (£)(£) MC/V — 11
Shieldaig, nahe Strathcarron, Ross & Cromarty, Highlands. **Karte** C2.
(01520) 75 52 51. FAX (01520) 75 53 21.
Am Ufer des Loch Shieldaig liegt eines der besten kleinen Hotels von Schottland. Es ist sehr komfortabel, hat reizende Besitzer und bietet besten Service und Verpflegung. Mitte Nov–März.

SKYE, HEREBOST: *Dunorin House* @ stay@dunorin.freeserve.co.uk (£)(£) MC/V — 10
Herebost, Dunvegan, Isle of Skye, Highlands. **Karte** B2. u. FAX (01470) 52 14 88.
Mit dem herrlichen Blick auf die Cuillin Mountains bietet dieses familiengeführte Hotel eine gemütliche Atmosphäre. Alle Zimmer befinden sich im Erdgeschoss, das Restaurant wartet mit einer guten Karte auf. Okt–März.

SKYE, PORTREE: *Viewfield House* @ info@viewfieldhouse.com (£)(£) MC/V — 12
Portree, Isle of Skye, Highlands. **Karte** B2. (01478) 61 22 17. FAX (01478) 61 35 17.
Das Gebäude ist seit 200 Jahren in Familienbesitz. Die Gäste werden herzlich aufgenommmen; man isst gemeinsam. Mitte Okt–Mitte Apr.

SKYE, STAFFIN: *Flodigarry Hotel* @ info@flodigarry.co.uk (£)(£) MC/V — 18
Flodigarry, Staffin, Isle of Skye. **Karte** B2. (01470) 55 22 03. FAX (01470) 55 23 01.
Das Gebäude mit wunderbarem Ausblick, das auf der imposanten Trotternish-Halbinsel liegt, wird ursprünglich mit Flora Macdonald assoziiert. Mit Wintergarten und freundlicher, traditioneller Gastlichkeit.

TALLADALE: *The Old Mill Highland Lodge* w www.host.co.uk (£)(£)(£) — 6
Loch Maree, Highlands. **Karte** C2. (01445) 76 02 71.
Das Hotel liegt am Ufer von Loch Maree in einer umgebauten Mühle aus dem Jahr 1840. Schöner Ausblick auf die Highlands.

THURSO: *Forss House* @ jamie@forsshouse.freeserve.co.uk (£)(£) AE/MC/V — 14
Thurso, Caithness, Highlands. **Karte** D1. (01847) 86 12 01. FAX (01847) 86 13 01.
Gastfreundliches Hotel in der Wildnis der Nordküste. Imposantes Äußeres, doch im Inneren komfortabel und heiter.

ULLAPOOL: *Ceilidh Place* @ info@theceilidhplace.com (£)(£) MC/V — 13
14 West Argyle St, Ullapool, Wester-Ross, Highlands. **Karte** C2.
(01854) 61 21 03. FAX (01854) 61 28 86.
Hier ist viel los – Musikveranstaltungen und Ausstellungen, ein Café und ein Buchladen. Im eigenen ruhigen Wohnzimmer können die Gäste allem Trubel entfliehen.

Zeichenerklärung siehe hintere Umschlagklappe

Restaurants

Die Zeiten, in denen sich Feinschmeckern bei jedem Schottlandbesuch die Haare sträubten, sind zum Glück vorbei. Das liegt nicht zuletzt an dem Zustrom ausländischer Köche und dem Einfluss fremder Küchen. Ihnen ist es zu verdanken, dass sich das Angebot und die Vielfalt der Speisen in ganz Schottland, vor allem aber in Edinburgh und Glasgow, heute sehen lassen können. Doch auch die heimische Küche hat an ihrem Ruf gearbeitet und sich in den letzten Jahrzehnten so verbessert, dass sie kaum noch wiederzuerkennen ist. Inzwischen kann man in Schottland in jeder Preisklasse und in den großen Städten auch zu jeder Tageszeit hervorragend essen. Die Restaurants auf dem Lande sind ebenfalls ausgezeichnet, jedoch nicht so flexibel. Im ganzen Land bieten Brasserien, Restaurants und Cafés auch preisgünstiges, gut zubereitetes, oft relativ einfaches Essen an. Das Verzeichnis der Restaurants auf den Seiten 176ff führt einige der besten wie auch beliebtesten Restaurants auf.

Ryan's Bar in Edinburgh

Auswahl an Bier und Whisky in einem typischen schottischen Pub

Preise und Reservierung

Alle Restaurants sind dazu verpflichtet, ihre Preise auszuhängen; sie verstehen sich inklusive Mehrwertsteuer (VAT, derzeit 17,5 Prozent). Ausgewiesen sind außerdem das Trinkgeld und gegebenenfalls der Gedeckpreis, so dass Sie wissen, was in etwa auf Sie zukommen wird.

Wein kann in Schottlands Restaurants sehr teuer und der Preis für Extras wie Kaffee oder Mineralwasser im Vergleich zum Essen völlig überhöht sein. Das Trinkgeld (normalerweise zwischen 10 und 15 Prozent) ist manchmal im Preis inbegriffen. Ist das nicht der Fall, erwartet man von Ihnen ein Trinkgeld – den Betrag werden Sie davon abhängig machen, wie gut der Service war. In den meisten Restaurants kann man mit Kreditkarten oder Schecks bezahlen, doch in den Pubs sollten Sie Bargeld zur Verfügung haben. Es empfiehlt sich, in den Restaurants zu reservieren. Vor allem in den Städten sind viele Restaurants überfüllt, und einige erstklassige Lokale oft bis zu einen Monat im Voraus ausgebucht. Können Sie eine Reservierung nicht einhalten, wird eine telefonische Absage empfohlen.

Restaurants

Alljährlich werden in Schottland rund 500 Restaurants, von traditionellen Landhausrestaurants bis zu Lokalen in luxuriösen Fünf-Sterne-Hotels, gründlich unter die Lupe genommen.

Eine Mahlzeit wird ausgewählt, und die Inspektoren entscheiden, ob Qualität und Service des Restaurants bestimmten Kriterien entsprechen. Ist das der Fall, wird das Restaurant in den Führer *A Taste of Scotland* aufgenommen. Die Herausgeber dieses Führers sind sehr an guten wie an schlechten Erfahrungen ihrer Leser interessiert, da ihnen dies die Entscheidung über die Aufnahme der Restaurants in den Führer erleichtert. Die Kritik wird an die betroffenen Lokale weitergereicht.

Frühstück, Mittag- und Abendessen

Zum traditionellen schottischen Frühstück gehören Cornflakes und Milch, Schinken, Eier und Tomaten. Toast mit Marmelade und Tee runden das Frühstück ab. Die Alternative ist ein kontinentales Frühstück mit Kaffee, Fruchtsaft und Croissants.

Mittags isst man in Schottland gern Sandwiches, Salate, Backkartoffeln oder *ploughman's lunches* (Brot, Käse oder Schinken und Chutneys) im Pub. Sonntags servieren einige Restaurants und Pubs Roastbeef mit Gemüse – ein traditionelles Sonntagsessen.

Manche Hotels bieten zum Abendessen fünf oder sechs

Eines von Glasgows vielen italienischen Restaurants

Eine Fish-and-Chips-Bude auf Edinburghs Portobello Promenade

Gänge, üblich sind aber nur drei. Den Abschluss bilden oft Käse und Haferkekse. In ländlichen Gegenden wird das Abendessen zwischen 18 und 21 Uhr serviert. In Schottland wird das Mittagessen manchmal *dinner*, das Abendessen auch *tea* genannt.

AFTERNOON TEA

KEIN BESUCHER SOLLTE einen schottischen *afternoon tea* versäumen, neben dem Frühstück die genussvollste Mahlzeit des Tages. Es gibt Hunderte Teestuben in ganz Schottland, die eine Auswahl köstlicher Kuchen und Sandwiches servieren. Favoriten sind Dundee Cake und Shortbread, die gut zu einer Tasse Tee schmecken. Eine andere Spezialität sind in Butter schwimmende Pfannkuchen.

KINDER

VIELERORTS sind nun auch Kinder willkommen, zumindest während des Tages und am frühen Abend. Manche Restaurants bieten ein eigenes Menü für Kinder oder passen die Portionen an deren Appetit an. In einigen gibt es Hochstühle für die jungen Gäste. Italiener, Spanier, Inder und Fastfood-Restaurants heißen Kinder fast immer willkommen, die Pubs stellen sich zunehmend mit Spielecken auf Kinder ein.

VEGETARISCHES ESSEN

HIER IST Großbritannien den meisten europäischen Staaten um einiges voraus, und Schottland bildet da keine Ausnahme. Einige im Verzeichnis ausgewiesene Restaurants servieren ausschließlich vegetarische Gerichte, die meisten bieten sie als Alternative an. Edinburgh und Glasgow haben die größte Auswahl, doch auch kleinere Städte und Dörfer experimentieren heute mit fleischlosen Gerichten.

Vegetarier, die eine größere Auswahl wünschen als die von der schottischen und englischen Küche gebotene, sollten die Küche der Chinesen, Inder und anderer Kulturen probieren. Sie bieten traditionell gute vegetarische Gerichte.

FAST FOOD

SCHOTTLAND IST ZU RECHT berühmt für seine Fish-and-Chips-Mahlzeiten (Fisch und Pommes frites). Fischbars an der Küste verkaufen wunderbar frischen Fisch mit Pommes frites, aber auch Hühnchengerichte. Im Inland ist der Fisch oft nicht ganz so frisch, aber man hat eine riesige Auswahl an guten Verkaufsständen.

Überall gibt es die üblichen Fastfood-Ketten wie z. B. Pizza Hut, McDonald's, Burger King und KFC sowie Sandwichbars und »Billig«-Cafés, die vorrangig Fritiertes servieren.

Afternoon tea in Schottland – ein genussvoller Zeitvertreib

PUBS UND WEINBARS

SCHOTTLAND HAT nicht so strenge Alkoholgesetze wie das übrige Großbritannien. Das zeigen vor allem die langen Öffnungszeiten von Pubs und Bars. In England und Wales schließen die meisten um 23 Uhr, in Schottland vor allem in den Städten um Mitternacht oder sogar erst um 1 oder 2 Uhr. Während des August-Festivals *(siehe S. 78 f)* ist in Edinburgh oft erst um 3 Uhr morgens Feierabend.

Die altmodischen, dunklen Pubs gibt es immer noch, in jüngster Zeit erfreut sich aber eine neue Art von Bar zunehmender Beliebtheit: In den städtischen Weinbars ist anders als in den traditionellen Pubs die Auswahl nicht auf wenige Biersorten beschränkt. Die etwas lauten Weinbars werden v. a. von jungen Leuten frequentiert. Dort gibt es lebhafte »Happy Hours« und interessante Cocktails.

Das Mitre Pub auf Edinburghs Royal Mile

Restaurantauswahl

Die Restaurants in diesem Reiseführer wurden wegen ihres guten Preis-Leistungs-Verhältnisses und der interessanten Lage ausgewählt. Viele gehören zu empfohlenen Hotels. Die Restaurants sind nach Regionen aufgeführt; farbige Markierungen kennzeichnen die einzelnen Regionen des Landes. Das Hotelverzeichnis finden Sie auf S. 166 ff.

		Kreditkarten	Kinderfreundlich	Tagesmenü	Vegetarische Gerichte	Traditionelle Küche
Edinburgh						
Altstadt: *Café Florentin* 8 St Giles Street. **(** (0131) 225 62 67. Kosmopolitisches Café mit einer großen Auswahl an Kaffee, Tee und leichten Mahlzeiten. Spezialitäten des Hauses sind Gebäck und leckere Baguettes. ● *25. Dez.*	£		●		●	
Altstadt: *Black Bo's* 57 Blackfriars St. **(** (0131) 557 61 36. Kleines vegetarisches Restaurant in der Altstadt mit köstlichem Essen, das phantasievoll zubereitet und gut gewürzt ist. ● *1. Jan, 25.–26. Dez.*	££	MC V	●	■		●	
Altstadt: *The Atrium* und *The Blue Bar Café* 10 Cambridge Street. **(** (0131) 228 88 82. Beim Traverse Theatre gelegenes Restaurant mit einfacher, moderner schottischer Küche. Die Blue Bar im Obergeschoss bietet leichtes Mittag- und Abendessen. ● *Sa mittags, So, 24. Dez–30. Jan.*	£££	AE DC MC V	●			●	
Altstadt: *The Grain Store* 30 Victoria Street. **(** (0131) 225 76 35. Das Restaurant liegt in der Nähe der Burg, des Grassmarket und von St Giles. In entspannter Atmosphäre wird ausgezeichnetes Essen serviert. ● *Erste Januarwoche, 25.–26. Dez.*	£££	AE MC V		■	●	■	
Altstadt: *The Witchery* und *The Secret Garden Restaurant* @ mail@thewitchery.com Castlehill, Royal Mile. **(** (0131) 225 56 13. Das stilvolle Restaurant serviert zeitgenössische, schottische Gerichte und liegt gleich neben dem Edinburgh Castle, an der Spitze der Royal Mile. ● *25.–26. Dez.*	££££	AE DC MC V	●	■	●	■	
South Side: *The Marque* 19–21 Causewayside. **(** (0131) 466 66 60. Stilvolles Restaurant, in dem Küchenchefs von erstklassigem Ruf moderne, erlesene Speisen servieren. ● *Mo, Di, 1.–3. Jan, 25.–27. Dez.*	£££	AE MC V	●	■		●	
South Side: *Sweet Melinda's* 11 Roseneath Street, Marchmont. **(** (0131) 229 79 53. Dieses gute Meeresfrüchte-Restaurant wird vom nahe gelegenen chinesischen Fischmarkt beliefert. ● *So, Mo, 1.–2. Jan, 25.–27. Dez.*	£££	MC V	●			●	
New Town: *Queen Street Café* Scottish National Portrait Gallery, 1 Queen Street. **(** (0131) 557 28 44. Wunderschönes Café, das in interessanter Umgebung köstliche, phantasievolle Hausmannskost bietet. (Ein weiteres gutes Café ist in der Scottish National Gallery of Modern Art.) ● *25.–26. Dez.* alle Räumlichkeiten.	£	MC V	●			●	
New Town: *Howie's* 29 Waterloo Place. **(** (0131) 556 57 66. Attraktives Bistro, das schottische Speisen mit französischem Touch und eine monatlich wechselnde Speisekarte bietet. Die Gäste bringen ihren eigenen Wein mit. ● *Mo mittags, 1. Jan, 25.–26. Dez.*	££	AE DC MC V	●	■		●	
New Town: *The Lost Sock Diner* 11 East London Street. **(** (0131) 557 60 97. Das neben einem Waschsalon gelegene Restaurant mit dem schrulligen Namen gehört zu den besten in diesem Stadtteil. Bis 16 Uhr kann man hier frühstücken. ● *1. Jan, 25.–26. Dez.*	££		●		●	■	
New Town: *Ochre Vita (Channings Hotel)* 34 South Learmouth Gardens. **(** (0131) 315 22 26. Das Restaurant verströmt mediterranes Flair. Das Ambiente ist ungezwungen, die Speisen sind leicht exotisch angehaucht.	££	AE DC MC V	●	■		●	

RESTAURANTS

		Preise für ein Drei-Gänge-Menü für eine Person inkl. einer halben Flasche Hauswein sowie aller Extra-Kosten: £ unter 15 £ / ££ 15–25 £ / £££ 25–35 £ / ££££ 35–50 £ / £££££ über 50 £

KINDERFREUNDLICH
Kinderstühle und -portionen werden angeboten. Manchmal gibt es auch eine Kinderkarte.
TAGESMENÜ
Ein preiswertes Drei-Gänge-Menü wird serviert.
VEGETARISCHE GERICHTE
Sie finden auch vegetarische Speisen auf der Karte.
TRADITIONELLE KÜCHE
Auf der Speisekarte stehen auch traditionelle schottische Gerichte aus frischen Zutaten.

	Preis	KREDITKARTEN	KINDERFREUNDLICH	TAGESMENÜ	VEGETARISCHE GERICHTE	TRADITIONELLE KÜCHE
NEW TOWN: *Scalini's Ristorante* 10 Melville Place, Queensferry St. (0131) 220 29 99. Italienisches Restaurant mit authentischer Küche, gutem Service und entspannter Atmosphäre. So, 1.–2. Jan, 25.–26. Dez. alle Räumlichkeiten.	££	AE DC MC V	●	■	●	
NEW TOWN: *The Dome* 14 George Street. (0131) 624 86 24. Das Restaurant in einem für das Royal College of Physicians 1775 erbauten Gebäude hat eine erlesene Speisekarte. Kaffee, leichtes Mittagessen und *afternoon tea* werden im Hof serviert. 1.–2. Jan, 25.–26. Dez	£££	AE MC V	●		●	
NEW TOWN: *Indigo Yard* 7 Charlotte Lane. (0131) 220 56 03. Gemütliches Café/Bistro mit Tischen im Freien. Restaurant und Bar zugleich, wird es gerne abends besucht. Tolle Atmosphäre.	££	AE MC V	●	●	●	
NEW TOWN: *Haldane's* 39A Albany Street. (0131) 556 84 07. Elegantes Restaurant im Albany Hotel mit zuvorkommendem Personal und modernen Speisen. Sa u. So mittags. in bestimmten Bereichen.	££££	DC MC V	●		●	■
NEW TOWN: *Martin's* 70 Rose Street, North Lane. (0131) 225 31 06. Das ausgezeichnete Restaurant im Stadtzentrum bietet eine große Auswahl an phantasievollen, zeitgenössischen Speisen. Besonders empfehlenswert ist die keltische Käseplatte. Sa mittags, 24. Dez–30. Jan.	£££	AE DC MC V		■	●	
NEW TOWN: *Number One Princes Street* 1 Princes Street. (0131) 556 24 14. Das Restaurant in Edinburghs schönstem Hotel hat zu Recht einen hervorragenden Ruf. In der Brasserie gibt es leichte Mahlzeiten.	££££	AE DC MC V		■	●	
UMGEBUNG: *Daniel's* 88 Commercial Street, Leith. (0131) 553 59 33. Eines der schönsten der neuen Wintergarten-Restaurants gegenüber dem Scottish Office. Es serviert herzhafte elsässische Speisen mit französischem Flair und leichte Snacks im Café im Hinterhof. 1. Jan, 25. Dez.	£££	MC V	●	■	●	
UMGEBUNG: *The Waterfront* 1C Dock Place, Leith. (0131) 554 74 27. Das Restaurant hat kleine, gemütliche Räume, einen Wintergarten zum Dock hin, eine Terrasse und einen Ponton. Die Speisekarte enthält das Beste, was Schottland zu bieten hat, vor allem Fisch. 25.–26. Dez.	£££	MC V			●	
UMGEBUNG: *Whitekirk Golf Club und Restaurant* Whitekirk, nahe North Berwick, East Lothian. (01620) 87 03 00. Restaurant in ländlicher Umgebung. Gutes Preis-Leistungs-Verhältnis und freundliche Atmosphäre.	££	MC V	●		●	■
UMGEBUNG: *Garden Room* w www.lennoxlove.org Lennoxlove House, Haddington, East Lothian. (01620) 82 21 56. Dieses reizende Restaurant serviert köstliche, hausgemachte Kost sowie traditionelle *afternoon teas* und *lunches*.	£	MC V	●		●	■
UMGEBUNG: *Open Arms Hotel* @ openarms@clara.co.uk Dirlton, East Lothian. (01620) 85 02 41. An der Dorfwiese gelegen, überblickt das Restaurant Dirlton Castle. Abendessen wird sowohl im Restaurant als auch in der Brasserie serviert.	£££	MC V	●	■	●	■
UMGEBUNG: *Skippers Bistro* 1A Dock Place, Leith. (0131) 554 10 18. Bistro mit zwangloser Atmosphäre. Die auf Fisch spezialisierte Speisekarte wechselt täglich. 25. Dez, 1. Jan.	£££	AE MC V	●		●	

Zeichenerklärung siehe hintere Umschlagklappe

Preise für ein Drei-Gänge-Menü für eine Person inkl. einer halben Flasche Hauswein sowie aller Extra-Kosten:

£ unter 15 £
££ 15–25 £
£££ 25–35 £
££££ 35–50 £
£££££ über 50 £

KINDERFREUNDLICH
Kinderstühle und -portionen werden angeboten. Manchmal gibt es auch eine Kinderkarte.
TAGESMENÜ
Ein preiswertes Drei-Gänge-Menü wird serviert.
VEGETARISCHE GERICHTE
Sie finden auch vegetarische Speisen auf der Karte.
TRADITIONELLE KÜCHE
Auf der Speisekarte stehen auch traditionelle schottische Gerichte aus frischen Zutaten.

UMGEBUNG: *Suruchi Too* @ suruchires@aol.com £££ AE MC V
121 Constitution Street, Leith. (0131) 554 32 68.
Indische Küche mit einem schottischen Touch. Pakora und Curry werden auf einheimische Art interpretiert.

UMGEBUNG: *Vintners Room* w www.thevintnersrooms.demon.co.uk £££ AE MC V
87 Giles Street, Leith. (0131) 554 67 67.
Ungewöhnliches Restaurant mit romantischem Flair in einem Weinkeller.
● *So, letzte Woche im Dez, erste Woche im Jan.*

SÜDSCHOTTLAND

ABBEY ST BATHANS: *The Riverside Restaurant* ££ MC V
Abbey St Bathans, nahe Duns, Berwickshire. Karte E4. (01361) 84 03 12.
Das kleine, freundliche Restaurant liegt in Flussnähe. Es serviert leckeres Essen nach Hausmacherart, Wild aus der Region und *afternoon tea.* ● *Mo.*

JEDBURGH: *Simply Scottish* ££ MC V
High Street, Jedburgh, the Borders. Karte E5. (01835) 86 46 96.
Das Restaurant mit einem gemütlichen Café liegt im Zentrum von Jedburgh und bietet einfache, aber stilvolle, moderne schottische Gerichte. ● *Nov–Mitte März, So–Do abends.*

KELSO: *Floors Garden Centre Coffee Shop* @ estates@floorscastle.com ££ AE MC V
Floors Castle Garden Centre, Kelso, Roxburghshire. Karte E5. (01573) 22 57 14.
Freundliches Café, angeschlossen an ein attraktives Gartenzentrum. Es gibt Kaffee, Mittagessen und *afternoon tea.* Erstklassige Küche, u. a. Wild, und selbstgemachter Kuchen. ● *24. Dez–4. Jan.* alle Räumlichkeiten.

KIPPFORD: *The Anchor Hotel* ££ MC V
Kippford, Dalbeattie, Kirkcudbrightshire. Karte D6. (01556) 62 02 05.
Freundliches, direkt am Wasser gelegenes Pub mit einigen Tischen im Freien, das leckeres, pub-übliches Essen serviert. ● *25. Dez.* beschränkt.

MELROSE: *Burts Hotel* @ burtshotel@aol.com £££ AE MC V
Market Square, Melrose. Karte E5. (01896) 82 22 85.
Das Restaurant dieses Stadthaushotels serviert das beste schottische Wild sowie Fisch – alles delikat zubereitet. ● *25. Dez. abends, 26. Dez.*

PEEBLES: *Kailzie Gardens Restaurant* ££ MC V
Kailzie Gardens, nahe Peebles, Peeblesshire. Karte D5. (01721) 72 07 07.
Speisen Sie im Freien an der Straße von Peebles nach Traquair. Ausgezeichnete Gerichte und *afternoon teas.* ● *Mo–Fr, Nov–Feb.*

PORTPATRICK: *Knockinaam Lodge* @ reservations@knockinaamlodge.com ££££ AE DC MC V
An der A77, bei Portpatrick, Dumfries & Galloway. Karte C6. (01776) 81 04 71.
Diese umgebaute Jagdhütte (19. Jh.) liegt in idyllischer Umgebung mit Meerblick. Genießen Sie die raffinierte, moderne französische Küche. beschränkt.

TWEEDSMUIR: *The Crook Inn* @ thecrookinn@btinternet.com ££ MC V
Tweedsmuir, nahe Moffat, Peeblesshire. Karte D5. (01899) 88 02 72.
Das historische Gasthaus nördlich von Tweedsmuir an der Straße von Moffat nach Edinburgh hat eine interessante Innenausstattung (1930er Jahre) mit Kaminfeuer. ● *25. Dez.*

GLASGOW

STADTZENTRUM: *Bouzy Rouge* w www.bouzy-rouge.com £££ AE DC MC V
111 West Regent Street. (0141) 221 88 04.
Schickes, gut besuchtes Restaurant mit Niederlassung im Edinburgher West End, das eine moderne schottische Küche mit internationalem Einfluss bietet. Unbedingt reservieren. ● *1. Jan.*

RESTAURANTS

STADTZENTRUM: *Willow Tea Room* w www.willowtearooms.co.uk (£)
217 Sauchiehall Street. (0141) 332 05 21.
Die über einem Juwelierladen gelegene Rekonstruktion einer Mackintosh-Teestube mit Art-nouveau-Dekor *(siehe S. 100)* bietet eine große Auswahl leichter Lunches und *afternoon teas*. ● *1.–2. Jan, 25.–26. Dez.*

STADTZENTRUM: *Café Gandolfi* (£)(£)
64 Albion Street. (0141) 552 68 13.
Eine beeindruckende Innenausstattung mit Buntglasfenstern und Tim-Stead-Möbeln sorgt für eine stilvolle Atmosphäre. Genießen Sie hier einen Drink oder eine Mahlzeit. ● *1.–2. Jan, 24. Dez abends, 25.–26. Dez.*

STADTZENTRUM: *Crème de la Crème* (£)(£)
1071 Argyle Street. (0141) 221 32 22.
Extravagant eingerichtetes italienisches Restaurant in Glasgows berühmter Einkaufsstraße. Probieren Sie das Goa-Menü. ● *So mittags.*

STADTZENTRUM: *Fratelli Sarti* (£)(£)
121 Bath Street. (0141) 204 04 40.
Das exzellente italienische Restaurant serviert leckere *dolci, gelati* und wohl auch die beste Pizza in ganz Glasgow. Weitere Filialen finden Sie in 133 Wellington Street und 42 Renfield Street. ● *1. Jan, 25. Dez.*

STADTZENTRUM: *Gumbo* w www.mumbogumbo.co.uk (£)(£)
33 Ingram Street. (0141) 552 29 29.
In der einstigen Feuerwache serviert man köstliche, preisgünstige Menüs bei lebhafter Atmosphäre. Das Ambiente ist karibisch angehaucht.
● *1. Jan, 25.–26. Dez.*

STADTZENTRUM: *78 St Vincent Street* @ frontdesk@78stvincent.com (£)(£)(£)
78 St Vincent Street. (0141) 248 78 78.
Das Restaurant mit einem Wandgemälde des Glasgower Künstlers Donald McLeod bietet französische Küche mit schottischem Touch. ● *So mittags, 1. Jan, 25. Dez.*

STADTZENTRUM: *Thai Fountain* (£)(£)(£)
2 Woodside Crescent. (0141) 332 25 99.
Um Charing Cross herum befinden sich die besten thailändischen Restaurants Glasgows. Neben vielen Fischgerichten gibt es auch köstliche vegetarische Speisen.

STADTZENTRUM: *The Buttery* (£)(£)(£)(£)
652 Argyle Street. (0141) 221 81 88.
Ein umgebautes Miethaus beherbergt eines der schönsten Glasgower Restaurants, in dem man schottische Speisen phantasievoll anrichtet. Einfacheres Essen wird unten im Belfry serviert. ● *Sa mittags, So, 1. Jan, 25. Dez.*

STADTZENTRUM: *The Corinthian* w www.corinthian.uk.com (£)(£)(£)(£)
191 Ingram Street. (0141) 552 11 01.
Moderne europäische Küche wird hier im allerfeinsten schottischen Stil zubereitet. Das Restaurant wurde prachtvoll im viktorianischen Stil restauriert.

STADTZENTRUM: *Rogano* (£)(£)(£)(£)
11 Royal Exchange Place. (0141) 248 40 55.
Das geräumige Restaurant ist seit den 1930er Jahren in Mode. Eine Spezialität sind Meeresfrüchte. ● *1. Jan, 25. Dez. beschränkt.*

WEST END: *Antipasti* (£)(£)
337 Byres Road. (0141) 337 27 37.
Gutes Preis-Leistungs-Verhältnis und tolle Atmosphäre. Ein gut gelauntes Personal serviert herzhafte Pasta. Hier auf einen freien Tisch zu warten, lohnt sich. Es gibt auch einige Tische im Freien. ● *1. Jan, 25. Dez.*

WEST END: *Stravaigin* (£)(£)(£)(£)
28 Gibson Street, West End. (0141) 334 26 65.
Preisgekröntes Restaurant und Café serviert schottische Gerichte mit asiatischem Einfluss. ● *Mo, 1.–2. Jan, 25.–26. Dez.*

WEST END: *Nairn's* (£)(£)(£)
13 Woodside Crescent. (0141) 353 07 07.
Nick Nairns Restaurant ist elegant, seine Speisen sind phantasievoll zubereitet. Die Küche des Hauses ist immer auf dem neuesten Stand.
● *25.–26. Dez, 1.–2. Jan. beschränkt.*

Zeichenerklärung siehe hintere Umschlagklappe

Preise für ein Drei-Gänge-Menü für eine Person inkl. einer halben Flasche Hauswein sowie aller Extra-Kosten:	**KINDERFREUNDLICH** Kinderstühle und -portionen werden angeboten. Manchmal gibt es auch eine Kinderkarte.
£ unter 15 £	**TAGESMENÜ** Ein preiswertes Drei-Gänge-Menü wird serviert.
££ 15–25 £	**VEGETARISCHE GERICHTE** Sie finden auch vegetarische Speisen auf der Karte.
£££ 25–35 £	
££££ 35–50 £	**TRADITIONELLE KÜCHE** Auf der Speisekarte stehen auch traditionelle schottische Gerichte aus frischen Zutaten.
£££££ über 50 £	

		KREDITKARTEN	KINDERFREUNDLICH	TAGESMENÜ	VEGETARISCHE GERICHTE	TRADITIONELLE KÜCHE
WEST END: *Two Fat Ladies* @ twofatladies@5pm.co.uk 88 Dumbarton Road. ☎ (0141) 339 19 44. Das gemütliche Restaurant gehört mit seinem erstklassigen, frischen Fisch und Callum Mathiesons kreativer Küche zu einem der besten Fischrestaurants Glasgows. ● So, Mo, 1.–15. Jan, gesetzl. Feiertage	£££	MC V	●	■	●	
WEST END: *The Ubiquitous Chip* W www.ubiquitouschip.co.uk 12 Ashton Lane, West End. ☎ (0141) 334 50 07. Das Restaurant in einer Gasse mit Kopfsteinpflaster abseits der Byres Road ist für seine schottischen Rezepte und für seine Weinkarte berühmt. Im Obergeschoss gibt es ein preiswerteres Restaurant. ● 1. Jan, 25. Dez, 31. Dez.	££££	AE DC MC V	●	■	●	■
UMGEBUNG: *The Top Deck Café* Clyde Valley Garden Centre, Lanark Road, Garrion Bridge, Clyde Valley. ☎ (01698) 88 88 80. Preiswertes Restaurant mit Terrasse und herrlichem Blick. Hier gibt es typisch schottisches Abendessen und »High Teas«. ● 1. Jan, 25.–26. Dez.	£	MC V	●		●	
UMGEBUNG: *La Fiorentina* 2 Paisley Road, South Side. ☎ (0141) 420 15 85. Traditionelles italienisches Restaurant nahe der Kingston Bridge. Tolle Atmosphäre und aufmerksames Personal. ● So, 1. Jan.	££	AE DC MC V	●	■	●	
UMGEBUNG: *Gingerhill* Hillhead Street, Milngavie. ☎ (0141) 956 65 15. Das am Anfang des West Highland Way gelegene Restaurant ist auf traditionelle schottische Küche spezialisiert, Meeresfrüchte stehen dabei ganz oben. ● Mo, Di abends, 1. Jan.	££	MC V			●	

DAS LANDESINNERE

		KREDITKARTEN	KINDERFREUNDLICH	TAGESMENÜ	VEGETARISCHE GERICHTE	TRADITIONELLE KÜCHE
ANSTRUTHER: *The Cellar* 24 East Green, Anstruther, Fife. Karte E4. ☎ (01333) 31 03 78. Eines der besten Fischrestaurants Schottlands, hinter dem Fischereimuseum am Ostende des Hafens gelegen. ● So, Mo (Nov–Ostern), 24.–28.Dez.	££££	AE DC MC V		■	●	
ARRAN, BRODICK: *Creelers Restaurant* The Home Farm, Brodick, Isle of Arran. Karte C5. ☎ (01770) 30 28 10. Freundliches, gemütliches Restaurant außerhalb von Brodick in Schlossnähe, das Fisch und Meeresfrüchte ganz frisch serviert. ● Mo (außer Feiertage), Nov–März.	£££	MC V	●		●	■
BALLOCH: *Georgian Room, Cameron House Hotel* Loch Lomond, Dumbarton & Clydebank. Karte C4. ☎ (01389) 75 55 65. Im Restaurant dieses luxuriösen Hotels am hübschen Südufer des Loch Lomond gibt es köstliche Speisen. alle Räumlichkeiten.	£££££	AE DC MC V		■	●	
CUPAR: *The Peat Inn* W www.thepeatinn.co.uk Peat Inn, nahe Cupar, Fife. Karte D4. ☎ (01334) 84 02 06. Inmitten des ländlichen Fife hat David Wilson die Wiedergeburt großer schottischer Restaurants initiiert. Eine tolle kulinarische Erfahrung. Das Gasthaus hat auch acht Zimmer. ● So, Mo, 25. Dez, 1. Jan.	££££	AE MC V	●	■	●	
DRYMEN: *The Pottery* The Square, Drymen, Stirlingshire. Karte C4. ☎ (01360) 66 04 58. Das nette Restaurant und Café neben einer Töpferei serviert gute Hausmannskost und köstliche *afternoon teas*. Kaminfeuer im Winter und eine hübsche Terrasse im Sommer. ● 1. Jan, 25. Dez. alle Räumlichkeiten.	£	AE DC MC V	●		●	
DUNDEE: *The Royal Oak* 167 Brook Street, Dundee. Karte D4. ☎ (01382) 22 94 40. Traditionelles Pub; in Bar und Speisesaal serviert man preiswerte Mahlzeiten. Kinder sind bis 19.30 Uhr willkommen. ● So, Mo, 1.–2. Jan, 25.–26. Dez.	££	MC V	●		●	

RESTAURANTS

FAIRLIE: *Fins Restaurant* £££
Fencefoot Farm, Fairlie, nahe Largs. **Karte** C4. ((01475) 56 89 89.
Hübsches Meeresfrüchte-Bistro in umgebauter Scheune, dessen Gerichte frisch
zubereitet werden. ● *So abends, Mo; 25.–26. Dez; 1.–2. Jan.* 🚫 🚫 *alle Räume.* 🍴

AE
MC
V

GIRVAN: *Wildings* £££
Harbour Road, Maidens, Ayrshire. **Karte** C5. ((01665) 33 14 01.
Gemütliches, freundliches Restaurant in Familienhand, dessen Meeres-
früchte-Spezialitäten sich mit den besten an der schottischen Westküste
messen können. Köstliche Kreationen zu angemessenen Preisen.
● *1. Jan, 25. Dez.* 🚫 🚫

INVERARAY: *Loch Fyne Oyster Bar* w www.lochfyne.com £££
Cairndow, nahe Inveraray, Argyll. **Karte** C4. ((01499) 60 02 64.
Die Austernbar am Ufer des berühmten Loch Fyne ist bekannt für ihre
frischen Meeresfrüchte. Reservieren ist ratsam. ● *1. Jan, 25. Dez.* 🚫 🍴

AE
DC
MC
V

KINCARDINE ON FORTH: *The Unicorn Inn* £££
15 Excise Street, Kincardine, Clackmannanshire. **Karte** D4. ((01259) 73 91 29.
Überraschend unprätentiöses Gasthaus im Herzen dieses historischen
Dorfes am Forth. Das Restaurant bietet köstliche Meeresfrüchte und eine
gemütliche Atmosphäre. ● *So, Mo.* 🚫 🍴

AE
DC
MC
V

KINCLAVEN: *Ballathie House Hotel* w www.ballathiehousehotel.com ££££
Kinclaven, nahe Perth, Perth & Kinross. **Karte** D4. ((01250) 88 32 68.
Das Restaurant des viktorianischen Landhaushotels mit Blick auf den Tay
serviert schottische Gerichte bester Qualität. 🚫 🚫 🍴

AE
DC
MC
V

PERTH: *Let's Eat* w www.letseatperth.co.uk £££
77–79 Kinnoull Street, Perth. **Karte** D4. ((01738) 64 33 77.
Erstklassiges Restaurant im ehemaligen Theatre Royal. Gute, preisgünstige
Gerichte. ● *So, Mo, zwei Wochen Mitte Juli, Mitte bis Ende Jan.* 🚫 🚫 🍴

AE
MC
V

ST ANDREWS: *Dolls House Restaurant* w www.dolls-house.co.uk ££
3 Church Sq, St Andrews, Fife. **Karte** E4. ((01334) 47 74 22.
Frische schottische Meeresfrüchte und Wildgerichte werden in dem als Pup-
penhaus dekorierten Restaurant nach mediterraner Art zubereitet. 🚫 🍴 🚫

AE
DC
MC
V

STIRLING: *The River House Restaurant* w www.leonardoco.com £££
Castle Business Park, Craigforth, Stirling. **Karte** D4. ((01786) 46 55 77.
Dieses Restaurant liegt an einem See nahe der M9. Modernes Ambiente und
dazu passende Küche. ● *25. Dez, 1. Jan.* 🚫 🚫

AE
DC
MC
V

STIRLING: *Scholars Stirling Highland Hotel* w www.paramount-hotels.co.uk £££
Spittal Street, Stirling. **Karte** D4. ((01786) 47 54 44.
Das Hotelrestaurant in der Altstadt von Stirling am Fuß des Schlosseingangs
bietet gute schottische Küche. ● *Sa mittags.* 🚫 🚫

AE
DC
MC
V

DAS HOCHLAND UND DIE INSELN

ABERDEEN: *Restaurant on the Terrace* £££
Union Terrace, Aberdeen. **Karte** E3. ((01224) 64 02 33.
Traditionelles, im Herzen der Stadt gelegenes Hotel mit europäischer
sowie traditioneller schottischer Küche. 🚫 *beschränkt.* 🚫 🍴

AE
DC
MC
V

ABERDEEN: *The Silver Darling* £££
Pocra Quay, Footdee, North Pier, Aberdeen. **Karte** E3. ((01224) 57 62 29.
Ein Besuch dieses Restaurants an der Nordseite des Hafens von Aberdeen
lohnt sich. Hier serviert man vorzügliche, fangfrische Meeresfrüchte. Tolle
Desserts. ● *Sa mittags, So, 1.–3. Jan, 25.–28. Dez.* 🍴

AE
DC
MC
V

ACHILTIBUIE: *Summer Isles Hotel* @ info@summerisleshotel.co.uk ££££
Achiltibuie, nahe Ullapool, Ross und Cromarty. **Karte** C2. ((01854) 62 22 82.
Idyllische Lage mit Blick auf die Summer Isles. Das mit Michelin-Stern ausgezeichnete Restaurant bietet exzellentes Abendessen und mittags Meeresfrüchte und Imbisse in der Bar. ● *Mitte Okt–Ostern.* 🚫 *alle Räumlichkeiten.* 🍴

MC
V

ARCHIESTOWN: *Archiestown Hotel* w www.archiestownhotel.co.uk £££
Archiestown, nahe Aberlour, Aberdeenshire. **Karte** D2. ((01340) 81 02 18.
Gemütliches Bistro westlich von Craigellachie im Herzen des Speyside-
Whiskylandes, bekannt für seine einladende Atmosphäre und seine
gute schottische Küche. 🍴

MC
V

Zeichenerklärung siehe hintere Umschlagklappe

Preise für ein Drei-Gänge-Menü für eine Person inkl. einer halben Flasche Hauswein sowie aller Extra-Kosten:

- ⓔ unter 15 £
- ⓔⓔ 15–25 £
- ⓔⓔⓔ 25–35 £
- ⓔⓔⓔⓔ 35–50 £
- ⓔⓔⓔⓔⓔ über 50 £

KINDERFREUNDLICH
Kinderstühle und -portionen werden angeboten. Manchmal gibt es auch eine Kinderkarte.

TAGESMENÜ
Ein preiswertes Drei-Gänge-Menü wird serviert.

VEGETARISCHE GERICHTE
Sie finden auch vegetarische Speisen auf der Karte.

TRADITIONELLE KÜCHE
Auf der Speisekarte stehen auch traditionelle schottische Gerichte aus frischen Zutaten.

AUCHMITHIE: *The But'n'Ben* — ⓔⓔ — MC V
Auchmithie, nahe Arbroath. **Karte E3.** (01241) 87 72 23.
Umgebaute Cottages bilden einen gemütlichen Rahmen für dieses Dorfrestaurant. Köstlich frische Meeresfrüchte, preisgünstiges Mittagessen, *afternoon tea* und Abendessen. ● Di.

AVIEMORE: *Corrour House Hotel* W www.corrourhousehotel.com — ⓔⓔⓔ — MC V
Rothiemurchus, nahe Aviemore, Inverness-shire. **Karte D3.** (01479) 81 02 20.
Viktorianisches Haus in Familienhand mit Sicht auf die Cairngorm Mountains. Schottische Küche. ● Mitte Nov–Dez. alle Räumlichkeiten.

BALLATER: *Darroch Learg* W www.darroch-learg.demon.co.uk — ⓔⓔⓔⓔ — AE DC MC V
Braemar Road, Ballater, Aberdeenshire. **Karte D3.** (013397) 554 43.
Viktorianische Lodge mit Blick auf die Cairngorms. Moderne schottische Küche mit köstlichen Zutaten. ● 25.–26. Dez. alle Räumlichkeiten.

CRINAN: *Lock 16, Crinan Hotel* W www.crinanhotel.com — ⓔⓔⓔⓔ — MC V
Crinan Hotel, Crinan, bei Lochgilphead, Argyll. **Karte C4.** (01546) 83 02 61.
Restaurant mit herrlicher Sicht auf Jura und Scarba, das fangfrische Meeresfrüchte serviert. Ausgezeichnetes Restaurant im Erdgeschoss und gutes Mittagessen in der Bar. Café am Kai.

HARRIS (WESTERN ISLES): *Scarista House* W www.scaristahouse.com — ⓔⓔⓔⓔ — MC V
Scarista, Isle of Harris, Western Isles. **Karte B2.** (01859) 55 02 38.
Idyllische Lage oberhalb weißer Sandstrände und neben einem Golfplatz. Restaurant mit hübschem Panorama und ausgezeichneter Küche. Übernachtung ist möglich.

INVERKIRKAIG: *Achin's Bookshop Tea Room* — ⓔ — MC V
Inverkirkaig, nahe Lochinver, Sutherland. **Karte C1.** (01571) 84 42 62.
Am Wanderweg entlang des River Kirkaig (Suilven) gelegen und unweit von Großbritanniens entlegenstem Buchladen. ● Okt–Ostern u. abends.

INVERNESS: *Café One* — ⓔⓔ — MC V
75 Castle Street, Inverness. **Karte D2.** (01463) 22 62 00.
Attraktives Restaurant im Stadtzentrum mit moderner schottischer Küche. Ausgezeichnete Zutaten. ● So, 1. Jan, 25.–26. Dez.

INVERNESS: *Adam's Dining Room (Culloden House)* — ⓔⓔⓔⓔ — AE DC MC V
@ info@cullodenhouse.co.uk
Abseits der A96 bei Culloden, Inverness. **Karte D2.** (01463) 79 04 61.
Historisches Hotel mit ländlicher Küche. Die Speisekarte bietet Wild- und Fischgerichte, frisches Fleisch und köstliche Desserts.

KIRKTON OF GLENISLA: *Glenisla Hotel* @ glenislahotel@btinternet.com — ⓔⓔ — MC V
Kirkton of Glenisla, nahe Alyth, Perthshire. **Karte D3.** (01575) 58 22 23.
Ruhige Lage und idealer Ausgangspunkt zum Skifahren, Wandern und Fischen. Herzhaftes Essen und weiche Malt-Whiskys. ● 25. Dez.

KYLE OF LOCHALSH: *Seagreen Restaurant and Bookshop* — ⓔⓔ — MC V
Plockton Road, Kyle of Lochalsh, Highlands. **Karte C2.** (01599) 53 43 88.
Spezialitäten dieses Cafés/Restaurants sind Fisch und Meeresfrüchte, mit regionalen Zutaten zubereitet. ● 1. Jan, 6. Jan–Ostern, 25.–26. Dez.

LAGGAN BRIDGE: *Caoldair Kiln Room Coffee Shop* W www.potterybunkhouse.co.uk — ⓔ — MC V
Laggan Bridge, nahe Newtonmore, Inverness-shire. **Karte D3.** (01528) 54 42 31.
Köstliche Mahlzeiten und selbstgebackener Kuchen. Kunsthandwerkliche Produkte erhältlich. Tische im Freien. ● Okt–Ostern; abends.

LOCHINVER: *Lochinver Larder* @ lochlarder@btinternet.com — ⓔⓔ — MC V
Main Street, Lochinver, Sutherland. **Karte C1.** (01571) 84 43 56.
Familienbetriebenes Bistro/Café, das preisgünstige Meeresfrüchte-Gerichte serviert. ● Nov, Dez ab 16 Uhr. alle Räumlichkeiten.

RESTAURANTS

MULL: *Dovecote Restaurant* W www.calgary.co.uk (£)(£)
Calgary, Isle of Mull, Argyll. **Karte** B3. **(** *(01688) 40 02 56.*
Restaurant in umgebautem Taubenschlag westlich von Dervaig nahe einem
tollen Muschelstrand. Auf regionalen Produkten basierende Speisenauswahl.
Zimmer im Calgary Hotel. ● *Nov–Ostern.*

MC V

ORKNEY: *The Creel Restaurant* W www.thecreel.co.uk (£)(£)(£)
Front Rd, St Margaret's Hope, South Ronaldsay, Orkney. **(** *(01856) 83 13 11.*
Gemütliches Restaurant in abgelegenem Teil der Insel. Frische Zutaten, vor
allem Meeresfrüchte. ● *Jan, Feb, zwei Wochen Mitte Okt.* & ⌂ *alle Räumlichkeiten.*

MC V

PITLOCHRY: *Moulin Hotel* @ hotel@moulin.u-net.com (£)(£)
11 Kirkmichael Road, Moulin, Pitlochry, Perthshire. **Karte** D3. **(** *(01796) 47 21 96.*
Historisches Gasthaus am Fuß des Ben Vrackie an der Straße von Pitlochry
nach Glenisla. Am offenen Kamin lässt es sich wunderbar speisen, ob mittags, nachmittags *(afternoon tea)* oder abends. & ⌂ *alle Räumlichkeiten.* ♟

MC V

PORT APPIN: *The Pier House* W www.thepierhouse.co.uk (£)(£)(£)
Port Appin, Argyll. **Karte** C3. **(** *(01631) 73 03 02.*
Tolle Lage am Kai mit Blick gen Westen über Lismore, eine ideale Kulisse
für eines der besten Restaurants an der Westküste. Im Speisesaal serviert
man vorzügliche Meeresfrüchte. ● *25. Dez.* & ⌂ ♟

MC V

SHETLAND: *Burrastow House* @ burr.hs@zetnet.co.uk (£)(£)(£)
Walls, Shetland. **(** *(01595) 80 93 07.*
Georgianisches Haus in ruhiger Lage an der Westküste der Insel, das köstliche Gerichte mit frischen regionalen Zutaten serviert. ● *zweite Oktoberhälfte.*
& ⌂ *alle Räumlichkeiten.* ♟

AE MC V

SKYE, COLBOST: *The Three Chimneys* (£)(£)(£)(£)
Colbost, nahe Dunvegan, Isle of Skye. **Karte** B2. **(** *(01470) 51 12 58.*
In diesem preisgekrönten Restaurant kann der Feinschmecker wunderbar
zubereitete regionale Speisen in herrlicher Umgebung genießen. Unterkunft möglich. & ⌂ *alle Räumlichkeiten.* ♟

MC V

SKYE, SLEAT: *Kinloch Lodge* W www.kinloch-lodge.co.uk (£)(£)(£)(£)
Sleat, Isle of Skye. **Karte** B3. **(** *(01471) 83 32 14.*
Im Besitz des High Chief des Donald-Clans und seiner Frau Lady Claire,
einer berühmten Köchin, die wundervolle, traditionelle schottische Gerichte zaubert. ● *23.–28. Dez.* & ⌂ *alle Räumlichkeiten.* ♟

AE MC V

STONEHAVEN: *The Tolbooth Restaurant* (£)(£)(£)
The Old Pier, The Harbour, Stonehaven, Aberdeen. **Karte** E3. **(** *(01569) 76 22 87.*
Restaurant in phantasievoll restauriertem Bau am Kai. Zuvorkommendes Personal serviert interessante, moderne Speisen. Köstliche,
frische Meeresfrüchte. ● *So, Mo, Di–Sa mittags, 1.–15. Jan, 25. Dez.* ♟

MC V

TARBET: *Seafood Café* @ peareejjpearce@aol.com (£)(£)
Tarbet, nahe Scourie, Sutherland. **Karte** C1. **(** *(01971) 50 22 51.*
Café in einer entlegenen Crofter-Siedlung, von der aus Boote zum Vogelreservat auf Handa Island fahren. Die Betreiber fangen und kochen den
Fisch selbst. Unterkunft für Selbstversorger. ● *Sep – Ostern.*

THURSO: *Forss Country House Hotel* @ jamie@forsshouse.freeserve.co.uk (£)(£)(£)
Nahe Thurso, Caithness, Highlands. **Karte** D1. **(** *(01847) 86 12 01.*
Ruhiges Highland-Hotelrestaurant. Traditionelle schottische Gerichte aus regionalen Produkten. ● *24. Dez–4. Jan.* *alle Räumlichkeiten.* ♟

AE MC V

TONGUE: *Ben Loyal Hotel* W www.benloyal.co.uk (£)(£)
Tongue, Sutherland, Highlands. **Karte** D1. **(** *(01847) 61 12 16.*
Gemütliches, familienbetriebenes Restaurant an der Nordküste mit Blick
auf das Meer und den Ben Loyal. Gute Speisekarte. Erstklassige
regionale Zutaten. ● *1.–3. Jan, 25.–26. Dez; Okt–Apr Essen nur an der Bar.* ⌂

MC V

ULLAPOOL: *Morefield Mariners Restaurant* W www.morefieldmotel.co.uk (£)(£)
Cruchanan Place, an der North Road, Ullapool, Highlands. **Karte** C2. **(** *(01854) 61 21 61.*
Beliebtes, preisgünstiges Restaurant, spezialisiert auf Meeresfrüchte. Im
Winter wird das Essen in der Bar serviert. ⌂

MC V

ULLAPOOL: *The Ceilidh Place* @ info@theceilidhplace.com (£)(£)(£)
14 West Argyle Street, Ullapool, Highlands. **Karte** C2. **(** *(01854) 61 21 03.*
In dem interessanten Gebäude mit toller Atmosphäre gibt es ein vornehmes
Restaurant, ein Selbstbedienungsrestaurant, Bars, einen Buchladen und
Unterkunft. Gerichte für jeden Geldbeutel. & ⌂ ♟

AE DC MC V

Zeichenerklärung siehe hintere Umschlagklappe

Sport und Aktivurlaub

Schottland kann seinen Besuchern zwar keine Sonne garantieren und hat auch keine extravagante Strandkultur zu bieten, doch seine Beliebtheit als Urlaubsziel verdankt es nicht zuletzt seinen unzähligen Freizeitangeboten und seinem herausragenden kulturellen Erbe. Die Einnahmen im Fremdenverkehrssektor spielen in der schottischen Wirtschaft eine zunehmend wichtige Rolle. Eine Vielzahl an regionalen Unternehmen bietet dem Besucher das, wonach er sucht. Das kann Golfspielen am Meer sein oder Angeln auf dem Tweed, im Sommer eine Walbeobachtung vor der Westküste, im Winter Skifahren in den Cairngorms, der Genuss frischer Austern in einem Restaurant an einem der wunderbaren Lochs oder die Suche nach Informationen über die eigenen Vorfahren, die das Land vor 200 Jahren verlassen haben. Das Angebot an interessanten Freizeitmöglichkeiten ist hervorragend und vielfältig. Einige der bei Besuchern Schottlands beliebtesten werden hier vorgestellt.

Highland-Dudelsackspieler

Ahnenforschung in Edinburgh

Ahnenforschung

Seit der berüchtigten Säuberungswelle im 18. Jahrhundert *(siehe S. 150)* sind viele Schotten auf der Suche nach einem besseren Leben z. B. nach Australien, Kanada, Neuseeland und in die USA ausgewandert. Es gibt heute Millionen Menschen auf der ganzen Welt, deren Vorfahren in Schottland lebten. Für viele ist die Ahnenforschung daher ein wichtiges Motiv für eine Schottland-Reise.

Wer Spaß an eigenen Nachforschungen hat, sollte Kontakt mit dem **General Register Office for Scotland** (wo alle Geburten, Todesfälle und Hochzeiten ab 1500 verzeichnet sind), der **Scottish Genealogy Society** oder dem **Scottish Record Office**, alle in Edinburgh, aufnehmen.

Gälische Kultur

Der Nordwesten Schottlands ist das Zentrum des Gälischen, einer keltischen Sprache, die sich im 4. Jahrhundert v. Chr. vom europäischen Festland nach Irland und Schottland ausbreitete. Die englischen Herrscher (18. Jh.) setzten das Gälische jedoch mit einem rebellischen Clansystem gleich, das man nach dem Jakobitenaufstand von 1745 *(siehe S. 45)* ächtete. Gälisch wurde immer weniger gesprochen und kaum gepflegt.

In jüngster Zeit strebt man durch Fernseh- und Radioprogramme sowie Unterricht in den Schulen eine gälische Renaissance an. **An Comunn Gaidhealach**, Schottlands gälische Gesellschaft, organisiert das Royal National Mod *(siehe S. 38)*, einen Wettbewerb darstellender Künste. Weitere Gesellschaften sind **Comunn An Luchd Ionnsachaidh** und **Comunn na Gàidhlig**. **Sabhal Mor Ostaig** auf der Isle of Skye bietet Gälischkurse für Besucher an.

Schottland für Gourmets

Schottland ist zu Recht für seine guten landwirtschaftlichen Erzeugnisse bekannt, und in den letzten Jahren wurden in Glasgow und Edinburgh viele gute Restaurants eröffnet. Edinburgh gilt heute in puncto Restaurantkultur nach London als Nummer zwei in Großbritannien.

Wer die schottische Küche testen will, kann einen Urlaub über **Connoisseurs Scotland** buchen. Arrangiert wird ein Aufenthalt in einem Landhaushotel mit erstklassiger Küche, z. B. dem Crinan Hotel in Argyll oder dem Gleneagles.

Die **Scotch Malt Whisky Society** bietet Informationen für Whisky-Liebhaber. Destillerien werden gern besucht

Whisky: das »Wasser des Lebens«; Besuch einer Destillerie am Spey

(siehe S. 30f und S. 144). Manche, wie die **Glenfiddich Distillery**, bieten Führungen an.

Edinburghs **Caledonian Brewery** erklärt die Herstellung von Fassbier. Eine Ausstellung in den **Inverawe Smokehouses** bei Taynuilt zeigt die Techniken des Fisch-, v. a. des Lachsräucherns.

TIERBEOBACHTUNGEN

Verglichen mit weiten Teilen Großbritanniens hat Schottland noch sehr viel unberührte Natur: große Moorgebiete, einsame Berglandschaften und eine lange, relativ unerschlossene Küste, an der eine Vielfalt von Tieren lebt. Ranger des **Cairngorm Reindeer Centre** in den Bergen bei Aviemore leiten Bergspaziergänge zu einer Rentierherde. Will man die Meeresfauna sehen, nimmt man am besten ein Boot der **Maid of the Forth Cruises**, die von South Queensferry nahe Edinburgh aus Fahrten auf dem Forth anbieten – dem Habitat von Delphinen und Seehunden. Etwas abenteuerlicher sind die Walbeobachtungsausflüge, angeboten von **Sea Life Cruises**, die von der Isle of Mull aus starten. Doch auch der Wanderer kann in den Highlands Raubvögel, in den Seen Otter und auf den Bergen Rotwild erspähen. In Schottland, wo viele Vögel heimisch sind, aber auch Zugvögel Station machen, gibt es eine Reihe wichtiger Vogelschutzgebiete. Das berühmteste liegt auf Handa Island vor Scourie an der Nordwestküste *(siehe S. 157)*. St Abb's Head *(siehe S. 84)* östlich von Edinburgh und Baron's Haugh bei Motherwell (bei Glasgow) liegen mehr in Stadtnähe.

Viele Tierbeobachtungen werden von Privatunternehmen organisiert, die sich nach der jeweiligen Nachfrage richten. Informationen geben die Fremdenverkehrsbüros.

Tümmlerbeobachtung auf der ruhigen Oberfläche eines Meeresarms

Wanderer im Glencoe, Heimat von Rotwild und Raubvögeln

AUF EINEN BLICK

AHNENFORSCHUNG

General Register Office for Scotland
New Register House,
3 West Register St,
Edinburgh, EH1 3YT.
(0131) 334 03 80.
W www.origins.net

Scottish Genealogy Society
15 Victoria Terrace,
Edinburgh, EH1 2JL.
(0131) 220 36 77.
W www.sol.co.uk/s/scotgensoc/

Scottish Record Office
General Register House,
2 Princes St, Edinburgh,
EH1 3YY.
(0131) 535 13 14.

GÄLISCHE KULTUR

An Comunn Gaidhealach
109 Church St,
Inverness, IV1 1EY.
(01463) 23 12 26.
W www.the-mod.org.uk

Comunn An Luchd Ionnsachaidh
Inverness Castle, IV2 3EE.
(01463) 22 67 10.
W www.cli.org.uk

Comunn na Gàidhlig
5 Mitchell's Lane,
Inverness, IV2 3HQ.
(01463) 23 41 38.
W www.cnag.org.uk

Sabhal Mor Ostaig
Teangue, Sleat,
Isle of Skye, IV44 8RQ.
(01471) 84 43 73.

SCHOTTLAND FÜR GOURMETS

Caledonian Brewery
42 Slateford Rd,
Edinburgh, EH11 1PH.
(0131) 337 12 86.

Connoisseurs Scotland
PO Box 26164,
Dunfermline KY11 9WQ.
(01383) 82 58 00.

Glenfiddich Distillery
Dufftown,
Keith, Banffshire,
AB55 4DH.
(01340) 82 03 73.

Inverawe Smokehouses
Taynuilt,
Argyll, PA35 1HU.
(01866) 82 24 46.

Scotch Malt Whisky Society
The Vaults,
87 Giles St,
Edinburgh, EH6 6BZ.
(0131) 554 34 51.
W www.smws.co.uk

TIERBEOBACHTUNGEN

Cairngorm Reindeer Centre
Aviemore,
PH22 1QU.
(01479) 86 12 28.

Maid of the Forth Cruises
Hawes Pier,
South Queensferry, EH30.
(0131) 331 48 57.

Sea Life Surveys
Tobermory,
Isle of Mull, PA75 6NR.
(01688) 30 29 16.

Überblick: Sport und Aktivurlaub

Nur wenige Seen und Küstengewässer werden von kommerziellen Boots- und Wassersportunternehmen genutzt, doch kann man viele kleinere Lochs in unerschlossenen Gebieten mit dem eigenen Boot befahren. Ebenso gibt es in Schottland nur fünf organisierte Skizentren. Schottland besitzt viele hundert Golfplätze, die meisten im Landesinneren und in Südschottland. Diese Karte zeigt die Hauptzentren verschiedener beliebter Freizeitaktivitäten. Weitere Informationen zu den Sportarten finden Sie auf den Seiten 188ff.

Handa Island vor der Nordwestküste ist eines von zahlreichen Seevogelschutzgebieten.

Kletterer und Bergsteiger (siehe S. 192) zieht es ins Glencoe, zu den Cairngorms und den Cuillin Hills auf Skye. Die Torridon-Kette und andere Gebirgszüge weiter nördlich sind ebenfalls sehr beliebt.

Die fünf schottischen Skizentren (siehe S. 193) sind: White Corries (Glencoe), Nevis Range, Cairngorm, Glenshee und The Lecht. Die Skisaison fängt gewöhnlich im Dezember an und dauert bis April.

Der West Highland Way ist der beliebteste Fernwanderweg Schottlands. Er führt durch abwechslungsreiches Terrain.

Culzean Ca-

Legende

	Wassersport
	Segeln
	Golfplatz
	Vogelbeobachtung
	Bergwandern
	Skipiste
	Angelplatz
	Reitstall
	Wandergebiet
---	Fernwanderweg

Segeln (siehe S. 195) kann man gut vor der Westküste und den Inseln. Das ruhige Wasser geschützter Buchten eignet sich für Anfänger, die offene See kann aufregend, aber auch tückisch sein. Auf dem Loch Ness kann man ebenfalls gut segeln.

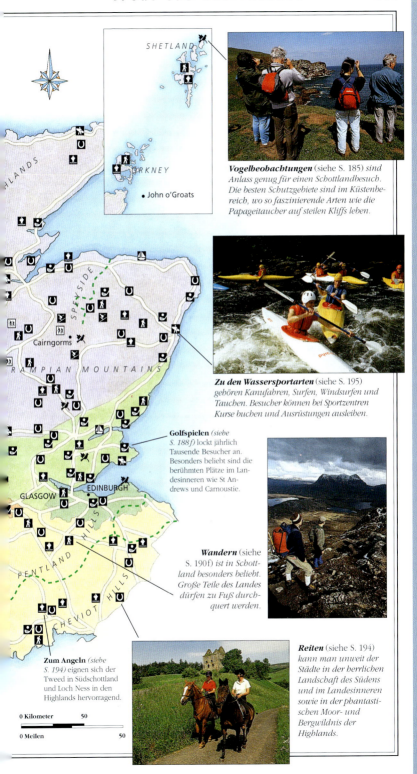

Vogelbeobachtungen *(siehe S. 185) sind Anlass genug für einen Schottlandbesuch. Die besten Schutzgebiete sind im Küstenbereich, wo so faszinierende Arten wie die Papageitaucher auf steilen Kliffs leben.*

Zu den Wassersportarten *(siehe S. 195) gehören Kanufahren, Surfen, Windsurfen und Tauchen. Besucher können bei Sportzentren Kurse buchen und Ausrüstungen ausleihen.*

Golfspielen *(siehe S. 188f) lockt jährlich Tausende Besucher an. Besonders beliebt sind die berühmten Plätze im Landesinneren wie St Andrews und Carnoustie.*

Wandern *(siehe S. 190f) ist in Schottland besonders beliebt. Große Teile des Landes dürfen zu Fuß durchquert werden.*

Zum Angeln *(siehe S. 194) eignen sich der Tweed in Südschottland und Loch Ness in den Highlands hervorragend.*

Reiten *(siehe S. 194) kann man unweit der Städte in der herrlichen Landschaft des Südens und im Landesinneren sowie in der phantastischen Moor- und Bergwildnis der Highlands.*

Golf

Britische Abschlagsmale

Golf, das uralte Spiel, ist so schottisch wie der Kilt und wird seit Jahrhunderten von Laien wie Profis jeden Alters gespielt. Es gehört zu den beliebtesten Sportarten des Landes. Wo immer Sie hinreisen, stets werden Sie in der Nähe einen Golfplatz finden, die Bandbreite reicht von den legendären Meisterschaftsplätzen bis hin zu den kleineren, auf dem Land oder an der Küste gelegenen Plätzen. Nur wenige andere Länder können Schottland hinsichtlich Anzahl, Qualität und Vielfalt der Plätze das Wasser reichen. Golf, so die Schotten, ist ein Spiel für jedermann.

Gleneagles, einer der schottischen Meisterschaftsplätze

Frühgeschichte

Variationen des heutigen Golfspiels gab es in ganz Europa bereits im 14. Jahrhundert, möglicherweise sogar schon zur Zeit der Römer. Doch es waren die Schotten, die Golf als offizielles Spiel einführten und seine Verbreitung in der ganzen Welt förderten. In Schottland wurde die Leidenschaft für dieses Spiel geboren. Mitte des 16. Jahrhunderts war es ein beliebter Zeitvertreib der Reichen und Mächtigen geworden – James VI war ein passionierter Spieler, ebenso seine Mutter Mary, Queen of Scots.

Ende des 19. Jahrhunderts folgten Angehörige der gehobenen Mittelschicht aus England dem Beispiel der königlichen Familie und verbrachten ihren Urlaub in Schottland. Dies wurde ihnen durch den verstärkten Ausbau des Bahnnetzes Richtung Norden an die Küste erleichtert.

Die Engländer waren so vernarrt in dieses Spiel, dass sie es zu Hause einführten. 1744 verfassten die Gentlemen Golfers of Leith, angeführt von Duncan Forbes, die ersten *Articles & Laws in Playing at Golf*. Das damals aufgestellte Regelwerk wurde zwar später überarbeitet, bildete jedoch die Grundlage für das Golfspiel, wie wir es heute kennen.

Duncan Forbes

Ausrüstung

Der Einfluss der Schotten auf das Golfspiel war noch weitreichender. Viele der damaligen Profis waren gleichzeitig Tischler und trugen selbst zur Entwicklung der Schläger und Bälle bei. Willie Park Senior, der Gewinner der ersten Scottish Open (1860), stellte erstklassige Schläger her. Old Tom Morris wurde dank seines Spiels und seiner Handwerkskunst zu einer Golflegende. Bevor es Maschinen gab, fertigte man die Holzschläger ausschließlich von Hand, ebenso die ersten Köpfe aus Eisen sowie die Schläger mit Aluminiumköpfen, die sich wenig von den heutigen unterscheiden. Der harte, 1848 erfundene Ball ersetzte den teuren und leicht kaputtgehenden »fedrigen« Ball. Der heute verwendete Ball mit Gummikern kam zu Beginn des 20. Jahrhunderts in Mode.

Die Plätze

Viele Golfplätze Schottlands sind geschichts- und traditionsträchtig, so die Meisterschaftsplätze St Andrews und Carnoustie. Die zunehmende Zahl neuerer Plätze ist hinsichtlich Standard und Umgebung jedoch gleichwertig.

Es ist für jeden etwas dabei, und wenn das Budget nicht für eine Runde auf einem der Profiplätze wie Gleneagles reicht, stehen viele kleinere, preisgünstigere Möglichkeiten offen. Oft bieten die Plätze eine atemberaubende Sicht auf die Küste.

Einige Klubs bieten auch Unterkunft an; wenn nicht, gibt es immer Hotels und B&Bs in der Nähe. Caddies (Wagen zum Transport der Golftasche) stellen alle Golfklubs zur Verfügung. Fast alle Plätze – gewöhnlich mit 18 Löchern – sind für Besucher zugänglich, manche jedoch nur eingeschränkt. Im Folgenden sind einige der vielen Golfplätze aufgeführt. Kartenverweise beziehen sich auf die Straßenkarte auf der hinteren Umschlagklappe.

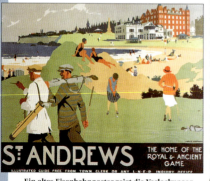

Ein altes Eisenbahnposter zeigt die Verlockungen von St Andrews, einem Paradies für Golffans

GOLF

Preise für eine Runde Golf unter der Woche (Wochenenden sind teurer):

£ 10–25 £
££ 25–40 £
£££ 40–60 £
££££ über 60 £

BEZAHLUNG PRO RUNDE
Es ist möglich, Einzelrunden zu bezahlen.

BEZAHLUNG PRO TAG
Die angegebenen Preise sind Tagespreise (wenn Bezahlung pro Runde nicht möglich ist).

ZUTRITTSBESCHRÄNKUNG
Es gibt Einschränkungen für ein Spiel zu bestimmten Zeiten oder besondere Eintrittsvoraussetzungen (vorher anrufen).

MEERBLICK
Der Golfplatz liegt an der Küste und bietet Ausblick auf das Meer.

	Preis	BEZAHLUNG PRO RUNDE	BEZAHLUNG PRO TAG	ZUTRITTSBESCHRÄNKUNG	MEERBLICK
ABERDOUR: *Aberdour Golf Club* — Seaside Place, Aberdour, Fife. **Karte** D4. (01383) 86 02 56.	££	●	■	●	■
ARBROATH: *Arbroath Artisan Golf Club* — Elliot, nahe Arbroath, Angus. **Karte** E3. (01241) 87 58 37.	£	●	■		
AUCHTERARDER: *Gleneagles Hotel Golf Courses* www.gleneagles.com — The Gleneagles Hotel, Auchterarder, Perthshire. **Karte** D4. (01764) 69 44 69.	££££	●			
CARNOUSTIE: *Carnoustie Golf Club* www.carnoustiegolflinks.co.uk — 3 Links Parade, Carnoustie, Angus. **Karte** E4. (01241) 85 37 89.	££££	●		●	■
CRAIGSTON: *Cochrane Castle Golf Club* — Craigston, Johnstone, Renfrewshire. **Karte** C4. (01505) 32 01 46.	£	●	■	●	
CRUDEN BAY: *Cruden Bay Golf Club* — Aulton Road, Cruden Bay, Aberdeenshire. **Karte** E2. (01779) 81 22 85.	£££	●	■		■
DORNOCH: *Royal Dornoch Golf Club* www.royaldornoch.com — Golf Road, Dornoch, Sutherland. **Karte** D2. (01862) 81 02 19.	££££	●		●	■
DUNFERMLINE: *Pitreavie Golf Club* — Queensferry Road, Dunfermline, Fife. **Karte** D4. (01383) 72 31 51.	£	●	■		
EDINBURGH: *Merchants of Edinburgh Golf Club* — 10 Craighill Gardens, Edinburgh. **Karte** D4. (0131) 447 12 19.	££	●	■	●	
GLASGOW: *Haggs Castle Golf Club* — 70 Dumbreck Road, Glasgow. **Karte** D4. (0141) 427 11 57.	£££	●	■	●	
KINROSS: *Green Hotel Golf Courses* — Green Hotel, Kinross, Kinross-shire. **Karte** D4. (01577) 86 34 07.	£	●	■		
KIRKCALDY: *Kirkcaldy Golf Club* — Balwearie Road, Kirkcaldy, Fife. **Karte** D4. (01592) 20 32 58.	££	●	■		■
LAMLASH: *Lamlash Golf Club* — Lamlash, Isle of Arran. **Karte** C5. (01770) 60 02 96.	£		■		■
LARGS: *Largs Golf Club* www.largsgolfclub.co.uk — Irvine Road, Largs, Ayrshire. **Karte** C4. (01475) 67 35 94.	££	●	■		■
MILLPORT: *Millport Golf Club* — Golf Road, Millport, Isle of Cumbrae. **Karte** C4. (01475) 53 03 06.	£	●	■		■
NAIRN: *Nairn Golf Club* — Seabank Road, Nairn, Nairnshire. **Karte** D2. (01667) 45 32 08.	££££	●		●	■
NEWMACHAR: *Newmachar Golf Club* — Swailend, Newmachar, Aberdeenshire. **Karte** E2. (01651) 86 30 02.	££	●	■	●	
ST ANDREWS: *St Andrews Links* www.standrews.org.uk — Pilmour House, St Andrews, Fife. **Karte** E4. (01334) 46 66 66.	£££	●	■	●	■
SCONE: *Murrayshall Golf Course and Lyndoch Course* — Murrayshall Hotel & Golf Course, Scone, Perthshire. **Karte** D4. (01738) 55 11 71.	££	●	■		
SKEABOST: *Skeabost Golf Club* — Skeabost Country House Hotel, Skeabost Bridge, Isle of Skye. **Karte** B2. (01470) 53 22 02.	£		■		■
STONEHAVEN: *Stonehaven Golf Club* — Cowie, Stonehaven, Kincardineshire. **Karte** E3. (01569) 76 21 24.	£	●	■		■
TROON: *Royal Troon Golf Club Old Course* www.royaltroon.com — Craigend Road, Troon, Ayrshire. **Karte** C5. (01292) 31 15 55. Preis inkl. Mittagessen.	££££		■	●	■

Wandern

Thermosflasche

SCHOTTLAND IST EIN WANDERPARADIES. Die großartige, sehr abwechslungsreiche Landschaft reicht von zerklüfteten Bergen über sanfte Flusstäler bis hin zu einer eindrucksvollen Küste. In den vergangenen Jahren sind eine Reihe neuer Wanderwege der Öffentlichkeit zugänglich gemacht worden. Das regionale Fremdenverkehrsbüro ist stets eine gute erste Anlaufstelle für Routenvorschläge oder Beratung. Ob Sie nur eine Stunde lang wandern oder den ganzen Tag unterwegs sein möchten, Schottland wird, wie Sie bald feststellen werden, all Ihre Wünsche erfüllen.

Wanderstiefel

Wegweiser für den Fernwanderweg im Spey-Tal

WEGERECHT

SCHOTTLAND verfügt über ein Wegerecht, das sehr viele ausgewiesene Erholungsgebiete einschließt. Die Aktualisierungen (2004) des Scottish Outdoor Access Code regeln die Wegbenutzung durch Wanderer und Grundbesitzer.

Aufgrund der langen Tradition des freien Zugangs sind nur wenige Wanderrouten in Karten erfasst (die historischen Wegerechte sind in der Regel eingezeichnet). **Scotways** bietet eine Reihe von Karten, in denen alle Routen berücksichtigt werden.

Wanderführer sind in gut sortierten Buchhandlungen wie **Ottokar's** in Edinburgh oder **Borders** in Glasgow erhältlich. Sie beschreiben leichte Wanderrouten, von denen viele gut ausgeschildert sind. Zugangsbeschränkungen gibt es während der Jagdsaison (August bis Oktober), doch Gebiete, die dem **National Trust for Scotland** gehören, sind ganzjährig zugänglich.

KLEIDUNG UND AUSRÜSTUNG

SCHOTTLANDS Wetter ist unbeständig: Es kann im Juni schneien und im Februar mild sein. Zudem schlägt das Wetter leicht um. Das macht es schwierig, die richtige Kleidung und Ausrüstung auszuwählen. Selbst im Sommer sollten Sie stets eine Regenjacke mitnehmen, bei Tageswanderungen auch eine wasserabweisende Hose und einen wärmenden Pullover.

Die Kunst, sich wohl zu fühlen, besteht darin, flexibel zu sein. Viele dünne Schichten sind besser als eine dicke. Denken Sie auch an einen Sonnenhut bzw. für kältere Tage eine Mütze. Für mehrstündige Touren sollte man Getränke und Snacks, auf Tagestouren kohlehydratreiche Produkte und ausreichend Flüssigkeit mitnehmen.

Gute Schuhe sind unerlässlich – auch auf Feldwegen braucht man feste Schuhe oder Stiefel. Auf befestigten Wegen reichen Turnschuhe, doch auf unebenem Untergrund brauchen die Knöchel Unterstützung. Leichte Wanderstiefel sind ideal.

FLACHLANDWANDERUNGEN

DIESER ABSCHNITT befasst sich mit leichten Wanderungen. Die Seiten 192f informieren über Bergbesteigungen. Auskunft erteilt auch das **Mountaineering Council of Scotland**. In den letzten Jahren ist ein stark verbessertes Wanderwegnetz entstanden, einige Wege dank der **Paths for All Partnership**.

Zu den schönsten gehören diejenigen in den Borders und im Gebiet um Galloway, in Perthshire (um Dunkeld und Pitlochry), in Aberdeenshire (bei Huntle), in Braemar und auf der Insel Bute. Hier findet der Besucher sichere, markierte Wege vor.

Gemeindeverwaltungen und andere Einrichtungen geben Wanderführer für entlegenere Gebiete, z. B. Wester Ross, die Western Isles, Shetland und Orkney heraus. Oft sind diese Wanderungen mit einer Fährfahrt verbunden und schließen eine Attraktion wie ein Schloss oder einen Wasserfall ein. Die Strecke ist gewöhnlich 6 bis 12 Kilometer lang.

Sommerwanderung im Glen Etive

WANDERN

Über den Wolken in Knoydart: Blick auf die Cuillin Hills auf Skye

Einzelheiten erfahren Sie entweder bei den Fremdenverkehrsbüros oder in der Broschüre *Walk Scotland* von **VisitScotland**, die Wanderungen in allen Teilen Schottlands beschreibt. Ebenfalls aufgeführt sind dort Wander-Festivals. Diese Veranstaltungen, die bis zu eine Woche dauern, bieten geführte Wanderungen und ein Unterhaltungsprogramm für den Abend.

Typischer Wanderkompass

Das erste Festival fand 1995 in den Borders statt, inzwischen gibt es sie in den Highlands, Deeside und Perthshire. Jedes Jahr kommen neue hinzu.

Informationen zu organisierten Wanderungen gibt die **Ramblers' Association Scotland**. Allgemeine Informationen zu den unzähligen Waldpfaden und querfeldein führenden Wanderwegen erteilt die **Forestry Commission**.

Zu den längeren, leichteren Routen gehören der Fife Coastal Path, der Clyde Walkway und die Verlängerung des Speyside Way nach Aviemore. Sie können in einem Tag bewältigt werden.

Im Frühling und Herbst macht das Wandern in Schottland besonders Spaß. Die Farbenpracht ist phantastisch. In dieser Zeit findet man auch leichter eine Unterkunft.

Fernwanderwege

SCHOTTLAND HAT wenige offizielle Fernwanderwege, aber unbegrenzte Möglichkeiten, eigene Routen zu planen. Die drei Hauptrouten sind der 152 km lange West Highland Way von Glasgow nach Fort William, der 340 Kilometer lange Southern Upland Way von Portpatrick nach Cockburnspath und der Speyside Way (84 km) von der Spey Bay nach Tomintoul.

Andere erschlossene Wege sind u. a. der St Cuthbert's Way (100 km) von Melrose nach Lindisfarne und der Fife Coastal Path von Inverkeithing nach St Andrews, der bald bis nach Dundee verlängert werden soll.

Die drei Hauptrouten sind auf der Überblickskarte Freizeitaktivitäten *(siehe S. 186f)* eingezeichnet. Informationen erteilen auch **Scottish Natural Heritage** und die Fremdenverkehrsbüros.

Wanderer genießen die Winterlandschaft in den Cairngorms

AUF EINEN BLICK

Borders Books
98 Buchanan St,
Glasgow G1 3BA.
(0141) 222 77 00.

Forestry Commission
231 Corstorphine Rd,
Edinburgh EH12 7AT.
(0131) 314 63 22.
www.forestry.gov.uk

Mountaineering Council of Scotland
The Old Granery, West Mill St,
Perth PH1 5OP.
(01738) 63 82 27.
www.mountaineering-scotland.org.uk

National Trust for Scotland
28 Charlotte Square,
Edinburgh EH2 4DU.
(0131) 243 93 00.
www.nts.org.uk

Ottokar's
57 George St,
Edinburgh EH2 2JQ.
(0131) 225 44 95.

The Paths for All Partnership
Inglewood House,
Tullibody Road,
Alloa FK10 2HU.
(01259) 221 88 88.
www.pathsforall.org.uk

Ramblers' Association Scotland
Kingfisher House,
Old Mart Business Park,
Milnathort KY13 9DA.
(01577) 86 12 22.
www.ramblers.org.uk

Scottish Natural Heritage
12 Hope Terrace,
Edinburgh EH9 2AS.
(0131) 447 47 84.
www.snh.org.uk

Scotways
24 Annandale St,
Edinburgh EH7 4AN.
(0131) 558 12 22.
www.scotways.demon.co.uk

VisitScotland
23 Ravelston Terrace,
Edinburgh EH4 3TP.
(0131) 332 24 33.
www.visitscotland.com

Wandern im Gebirge

Detailkarten

OBWOHL SCHOTTLANDS höchste Berge kaum mehr als 1300 Meter erreichen, stellen sie eine echte bergsteigerische Herausforderung dar. Die Besteigung der schottischen Berge, die weltweit wegen ihrer Schönheit und Vielfalt gerühmt werden, verlangt bergsteigerische Erfahrung. Dies liegt nicht zuletzt an Schottlands wechselhaftem Wetter. Im Winter können die Bedingungen arktisch sein. Die Bergtouren sind in ihrer Art einmalig und bieten willkommene Erholung von der Hektik des modernen Lebens.

Rucksack für die Ausrüstung

den anspruchsvollsten der Welt. Auch wenn die Berge in Schottland keine extremen Höhen erreichen, sind das maritime, niederschlagsreiche Klima und das turbulente Wetter im Winter große Herausforderungen. Nur in der Zeit von August bis Ende Oktober, der Hirschjagdsaison, sind in einigen Bergregionen die Wandermöglichkeiten eingeschränkt. Die Broschüre *Heading for the Scottish Hills*, gemeinsam herausgegeben vom **Mountaineering Council of Scotland** und der **Scottish Landowners' Federation**, enthält Karten und Telefonnummern, über die man Auskünfte erhält. Einzelheiten zur Bergauskunft finden Sie auf der folgenden Seite.

Helm und Sicherungsleinen – Grundausrüstung für das Klettern

SICHERHEIT IN DEN BERGEN

DIE SCHOTTISCHEN Berge darf man zu keiner Jahreszeit unterschätzen. Wichtig ist die richtige Vorbereitung. Folgendes sollten Sie stets mitnehmen: wasserabweisende sowie warme Kleidung (einschließlich Mütze und Handschuhen), Proviant, eine Karte und einen Kompass. Gute Stiefel sind unabdingbar. Wer im Winter wandert, muss mit Eispickel und Steigeisen umgehen können. Die **Glenmore Lodge** in Aviemore bietet Kurse im Skifahren, Klettern und Bergsteigen an.

BERGSTEIGEN IN SCHOTTLAND

IN DEN BERGEN kann man sich auf vielfältige Weise erholen. Viele ziehen es auf die »Munros« und »Corbetts« genannten höheren Berge, die abgerundeten, heidebewachsenen Gipfel der Monadhliath, in die Southern Uplands oder zu den steilen, felsigen Höhen im Westen, die oft herrliche Sicht bieten. Schmale Bergrücken wie der des Aonach Eagach über Glencoe und die der unvergleichlichen Cuillins of Skye sind eine besondere Herausforderung.

Normalerweise kann man die meisten Berge an einem Tag besteigen. Entlegene Gipfel machen die Übernachtung in einem Zelt oder einer »bothy« (Hütte) erforderlich. Wer im Winter wandert, benötigt besondere Fertigkeiten, der Lohn ist eine atemberaubende Landschaft.

Seit über einem Jahrhundert ist das Klettern im Fels und auf Eis sehr beliebt. Die Hauptzentren, einschließlich des Glencoe, der Cairngorms und der Insel Skye, waren Trainingsgebiet vieler weltberühmter Kletterer. Die gewaltigen Steilwände auf der Nordseite des Ben Nevis *(siehe S. 135)* bieten eine Vielzahl unterschiedlich schwerer Aufstiege. In jüngster Zeit sind neue Gebiete, z. B. der äußerste Nordwesten und die Inseln, erschlossen worden. Auch die Techniken werden stets weiterentwickelt, so dass man immer schwierigere Routen bewältigen kann. Eiswanderungen in den schottischen Bergen gehören zu

MUNROS UND CORBETTS

SCHOTTISCHE BERGE, die höher als 915 m sind, werden nach Sir Hugh Munro, dem ersten Präsidenten des Scottish Mountaineering Club (SMC) oft »Munros« genannt. 1891 veröffentlichte Munro eine umfassende Liste dieser

Kletterer am Polldubh, Glen Nevis

WANDERN IM GEBIRGE

Das wunderbare Gebirgspanorama in den nördlichen Highlands

Berge. Seitdem wird sie vom SMC gepflegt, und die Berge sind nun offiziell als *Munros* eingestuft. In der Regel nennt man die Hauptgipfel eines Berges *Munro*, die niedrigeren Gipfel »Tops«. 284 Munros sind inzwischen auf der Liste.

Der erste bekannte Munro-Besteiger war 1901 Pfarrer A. E. Robertson. Als dieser seine Munro-Besteigung auf dem Meall Dearg über Glencoe beendete, küsste er, so erzählt man sich, vor lauter Begeisterung zuerst den Gipfel und dann seine Frau.

In den 1920er Jahren veröffentlichte J. Rooke Corbett eine Liste der Berggipfel, die zwischen 760 und 915 Meter maßen. Die 221 »Corbetts«, wie er sie nannte, sind klarer definiert als die Munros: Sie dürfen nur einen Gipfel haben.

In einer dritten Liste geht es um die 610 bis 760 Meter hohen Gipfel, die »Grahams«.

Alle Gipfel über 610 Meter sind kategorisiert und veröffentlicht. Routen sind in folgenden Führern beschrieben: dem SMC-Führer *The Munros and The Corbetts, and other Scottish Hills*, in *The Munros Almanac* und *The Corbetts Almanac*. Die dritte Kategorie findet man in der Publikation *The Grahams*.

SKIFAHREN

SCHOTTLAND BIETET fünf Skizentren: Die **White Corries** bei Glencoe, **The Lecht**, die **Nevis Range** *(siehe S. 135)*, **Cairngorm** *(siehe S. 140f)* und **Glenshee**. The Lecht hat die sanftesten Abfahrten; die der White Corries sind die steilsten. In diesen zwei Zentren geht es legerer zu als in den anderen. Nevis Range, Glenshee und Cairngorm bieten gute Anlagen und Abfahrten aller Schwierigkeitsgrade.

Die Skizentren sind, abhängig von der Schneemenge, meist von Dezember bis April geöffnet. Leider spielt das Wetter nicht immer mit, aber wenn es schneit, kann man in Schottland hervorragend Ski fahren. Hotels und Gasthäuser haben spezielle Angebote für Wochenenden, und in allen Zentren gibt es Skischulen. Beobachten Sie das Wetter und nutzen Sie die Chance, sobald sich Ihnen bietet.

Auch der Ski-Langlauf ist in Schottland sehr beliebt. Bei reichlichem Schneefall gibt es viele hierfür geeignete Gebiete, von den Southern Uplands bis zu den Hügeln im Norden und im Westen und den über ganz Schottland verstreuten kilometerlangen Waldpfaden.

Rasante Abfahrten im Tiefschnee

AUF EINEN BLICK

SICHERHEIT IN DEN BERGEN

Schottland hat ein gut organisiertes, dichtes Netz freiwilliger Rettungsteams. In Notfällen sollte man die Polizei anrufen unter **999**.

Wettervorhersagen
(Hochland)
(09068) 50 04 42.

Mountaineering Council of Scotland
The Old Granery, West Mill St, Perth PH1 5OP.
(01738) 63 82 27.
FAX (01738) 44 20 95.

Bergauskunft
Dieser Service bietet Bergsteigern in Teilen der Highlands vom 1. August bis zum 20. Oktober eine täglich auf den neuesten Stand gebrachte Ansage des Mountaineering Council of Scotland, des Scottish Natural Heritage und von allen betroffenen Anwesen. Informiert wird über folgende Gebiete:

Athol and Lunde
(01796) 48 17 40.

Balmoral-Lochnagar
(013397) 555 32.

Callater and Clunie
(013397) 419 97.

Drumochter
(01528) 52 22 00.

Glen Clova
(01575) 55 03 35.

Glen Dochart/Glen Lochay
(01567) 82 08 86.

Glen Shee
(01250) 88 52 88.

Grey Corries/Mamores
(01855) 83 15 11.

Invercauld
(013397) 419 11.

North Arran
(01770) 30 23 63.

Paps of Jura
(01496) 82 01 51.

South Glen Shiel
(01599) 51 14 25.

Glenmore Lodge
Aviemore,
Inverness-shire PH22 1QU.
(01479) 86 12 56.

SKIZENTREN

www.visitscotland.com

Cairngorm
Aviemore, Inverness-shire.
(01479) 86 12 61.

Glenshee
Cairnwell, Aberdeenshire.
(013397) 413 20.

The Lecht
Strathden, Aberdeenshire.
(01975) 65 14 40.

Nevis Range
Torlundy, Inverness-shire.
(01397) 70 58 25.

White Corries
King's House,
Glencoe, Argyll.
(01855) 85 12 26.

Weitere Outdoor-Aktivitäten

Dunkeld-Angelköder

SCHOTTLAND HÄLT für alle, die das Land noch immer für ein altmodisches Touristenziel halten, einige Überraschungen bereit. Nach wie vor sind die traditionellen Sportarten wie die Hirschjagd oder der Lachsfang sehr beliebt, doch daneben geht man vielen neueren Freiluftvergnügen wie Mountainbiking und Surfen nach. Von Nordsee und Atlantik umgeben, bietet Schottland viele Möglichkeiten zum Segeln, Windsurfen und Angeln. Reiten und Radfahren eignen sich bestens zur Erkundung der abwechslungsreichen Landschaft.

Großartiger Fang aus dem River Tweed, Südschottland

Mountainbiking auf einfachen Wegen

RADFAHREN UND MOUNTAINBIKING

AUF RADTOUREN LÄSST sich das Land hervorragend erkunden. Die Pfade in den Highlands sind ein nahezu perfektes Mountainbike-Gelände. Zudem wurden viele Waldwege für Mountainbiker erschlossen – Informationen erteilt das **Forest Enterprise**. Landesweit gibt es ein ausgedehntes Radwegenetz.

Edinburgh bietet ein Radwegenetz auf alten Bahnschienen und viele Radverleiher, z. B. **Edinburgh Central Cycle Hire**. Die **Scottish Cyclists Union** informiert über Veranstaltungen und Radrennen in und um Edinburgh.

In vielen Touristenbüros ist die Broschüre *Cycling in Scotland* erhältlich. Über Touren informieren **C.T.C. National Cyclists Organisation** und **Scottish Cycling Holidays**.

ANGELN

SCHOTTLAND verbindet man am ehesten mit Lachsfang, doch sind auch das Angeln auf See, in Süßwasserrevieren und der Forellenfang möglich. Über das Fischen informiert die **Salmon and Trout Association**; die Saison geht von Mitte Februar bis Ende Oktober. Für das Angeln auf dem Meer und in Süßwasserseen ist die Genehmigung der Grundbesitzer erforderlich. Informationen geben die **Scottish Federation for Coarse Angling** und die **Scottish Federation of Sea Anglers**. Allgemeinen Rat erteilt die **Scottish Anglers National Association**.

JAGEN

DIE TRADITION des Jagens als Freizeitsport lässt sich bis Mitte des 19. Jahrhunderts zurückverfolgen, als Queen Victoria und Prince Albert sich auf Balmoral niederließen. Unter britischen Aristokraten wurde es Mode, im Herbst in Schottland zu jagen. Große Teile der Highlands wurden Jagdsportgebiete. In Europas bestem Revier für die Hirschjagd gibt es eine Vielzahl von Rotwild und Moorhühnern, in den Flüssen und Fjorden überwintern unzählige Vögel.

Während der letzten 30 Jahre hat der Jagdsport auch Besucher aus Übersee angelockt. Informationen zu Waffenscheinen und Jagdgebieten erteilt die **British Association for Shooting and Conservation**.

REITEN

ÜBER SCHOTTLAND verteilt gibt es mehr als 60 Reitzentren, die auf Anfänger und erfahrene Reiter eingestellt sind. Letzteren werden Ausritte in die Highlands geboten. Manche Zentren bieten Unterkunft, Reitstunden und Ausritte, andere stundenweises Reiten an. Bei der **Trekking and Riding Society of Scotland** erhalten Sie eine Liste aller Reitzentren.

Pentland Hills Icelandics, südlich von Edinburgh, bietet Ausritte auf Islandponys. Das **Glen Tanar Equestrian Centre** liegt am Dee, und für Besucher von Skye sind die **Portree Riding Stables** einen Besuch wert.

Hoch zu Ross genießen diese Besucher die schottische Landschaft

WEITERE OUTDOOR-AKTIVITÄTEN

SEGELN

SCHOTTLAND IST reich an Fjorden, Inseln und Meeresarmen, die man am besten per Boot erkundet. Man muss kein erfahrener Segler sein, da einige Unternehmen Segelurlaube für Anfänger auf Schulungsbooten anbieten. Man kann aber auch eine Yacht chartern. Zentren wie **Port Edgar Marina** nahe Edinburgh oder das **Scottish National Watersports Centre** auf Cumbrae im Firth of Clyde bieten Anfängerunterricht.

Erfahrene Segler werden an herrlichen Fleckchen entlang der Westküste und im Bereich der Inseln Anlegeplätze für ihre Yachten vorfinden.

Segelboot im Sund von Sleat, nahe der Isle of Skye

WASSERSPORT

SCHOTTLAND WIRD normalerweise nicht mit Surfen assoziiert, doch alles, was man braucht, ist ein Neoprenanzug und Entschlossenheit. Beliebt sind die Pease Bay in East Lothian und einige Orte an der Nordküste wie die Dunnet Bay bei Thurso und die Nordwestspitze von Lewis. September und Oktober sind die beste Zeit zum Surfen. Windsurfen ist ebenfalls sehr beliebt. Die **Scottish Windsurfing Association** informiert über die besten Stellen. Favorit ist die Insel Tiree, wo jedes Jahr im Oktober eine große Surf-Regatta stattfindet. Auf Seen und in geschützten Buchten kann man Kanu und Kajak fahren. Das **Scottish Water Ski Centre** informiert über Wasserskimöglichkeiten.

Kajaktour auf dem Loch Eil mit Ben Nevis im Hintergrund

AUF EINEN BLICK

RADFAHREN UND MOUNTAINBIKING

C.T.C. National Cyclists Organisation
69 Meadrow, Godalming,
Surrey GU7 3HS, England.
(08708) 73 00 60.
www.ctc.org.uk

Edinburgh Central Cycle Hire
13 Lochrin Place,
Edinburgh EH3 9QX.
(0131) 228 63 33.
www.biketrax.co.uk

Forest Enterprise
21 Church St,
Inverness IV1 1EL.
(01463) 23 28 11.

Scottish Cycling Holidays
87 Perth St, Blairgowrie,
Perthshire PH10 6DT.
(01250) 87 61 00.

Scottish Cyclists Union
The Velodrome,
Meadowbank Sports Centre, 139 London Road,
Edinburgh EH7 6AD.
(0131) 652 01 87.

ANGELN

Salmon & Trout Association
National Game Angling Centre, The Pier, Loch Leven, Kinross KY13 8 UF
Perthshire PH15 2EE.
(01577) 86 11 16.

Scottish Anglers National Association
National Game Angling Centre, The Pier, Loch Leven, Kinross KY13 8 UF
Perthshire PH15 2EE.
(01577) 86 11 16.
www.sana.org.uk

Scottish Federation for Coarse Angling
8 Longbraes Gardens,
Kirkcaldy,
Fife KY2 5YJ.
(01592) 64 22 42.
stephenclerkin@blueyonder.co.uk

Scottish Federation of Sea Anglers
Unit 28, Evans Business Centre, Mitchelston Industrial Estate,
Kirkcaldy KY1 3NB.
(01592) 65 75 20.

JAGEN

British Association for Shooting and Conservation (Scotland)
Trochry, Dunkeld,
Perthshire PH8 0DY.
(01350) 72 32 26.
www.basc.org.uk

REITEN

Glen Tanar Equestrian Centre
Glen Tanar, Aboyne,
Royal Deeside AB34 5EU.
(01339) 88 64 48.

Pentland Hills Icelandics
Windy Gow Farm,
Carlops,
Midlothian EH26 9NL.
(01968) 66 10 95.
www.phicelandics.co.uk

Portree Riding Stables
Garalatin, Portree,
Isle of Skye, IV51 9LN.
(01478) 61 31 24.
www.portreeriding.co.uk

Trekking and Riding Society of Scotland (TRSS)
Druaich Na-N'Abhainne,
Killin, Perthshire
SK21 8TN.
(01567) 82 09 09.

SEGELN

Port Edgar Marina
South Queensferry,
Edinburgh EH30 9SQ.
(0131) 331 33 30.

Scottish National Watersports Centre
Cumbrae KA28 0HQ.
(01475) 53 07 57.

WASSERSPORT

Royal Yacht Association
Caledonia House,
South Gyle,
Edinburgh EH12 9DQ.
(0131) 317 73 88.
www.ryascotland.org.uk

Scottish Water Ski Centre
Town Loch, Townhill,
Dunfermline KY12 0HT.
(01383) 62 01 23.

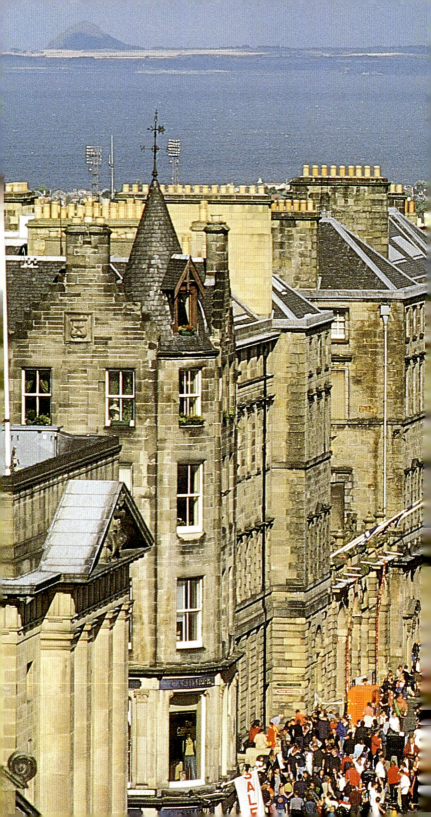

Grund-
informationen

Praktische Hinweise 198–207
Reiseinformationen 208–215

PRAKTISCHE HINWEISE

UM SCHOTTLAND RICHTIG genießen zu können, sollte man etwas über das Alltagsleben wissen. Die Auswahl an Angeboten für Besucher war nie besser, denn der Tourismus ist ein bedeutender Wirtschaftszweig und Visit Scotland arbeitet beständig an der Verbesserung der Dienstleistungen. Dieses Kapitel informiert über die beste Reisezeit, über Zoll und Einreisebestimmungen, Fremdenverkehrsbüros, Banken und Kommunikation.

Logo von VisitScotland

Sie finden Hinweise auf Anlaufstellen in Problemfällen und Informationen zu den besten Reisemöglichkeiten mit privaten und öffentlichen Verkehrsmitteln, inklusive der Inselfähren. Ob Schottland für Sie ein teures Land ist, ist vom Wechselkurs zwischen dem Pfund und Ihrer Währung abhängig. Besucher, die von London aus nach Edinburgh reisen, werden jedoch feststellen, dass in Schottlands Hauptstadt die Preise niedriger sind.

Besucherzentrum in Callander im Herzen der Trossachs

BESTE REISEZEIT

SCHOTTLANDS WETTER ist wenig vorhersagbar *(siehe S. 36ff).* Die Wetterlage ändert sich ständig, und das Klima kann von Ort zu Ort gewaltige Unterschiede aufweisen. Wohin Sie in Schottland auch reisen, nehmen Sie immer warme und kühlende Kleidung sowie einen Regenschirm mit.

Schottlands Städte sind ganzjährige Reiseziele, doch viele Attraktionen sind nur zwischen Ostern und Oktober geöffnet. In den Familien-Ferienmonaten Juli und August sowie an Feiertagen *(siehe S. 38)* ist Hochbetrieb. Zwischen Weihnachten und Neujahr sind die Hotels rasch ausgebucht, v.a. in Edinburgh wegen der Hogmanay-Straßenparty *(siehe S. 39).* In Frühjahr und Herbst ist das Klima gemäßigt, und es herrscht wenig Betrieb. Zu jeder Jahreszeit sollte man per Fernsehen, Radio, Zeitung oder Telefonansage *(siehe S. 193)* den aktuellen Wetterbericht einholen, bevor man zu Fuß in entlegene Hügel- oder Bergregionen wandert. Wanderer und Kletterer werden im Gebirge oft von schlechtem Wetter überrascht, in diesen Fällen wird häufig die Bergwacht alarmiert.

VERSICHERUNG

ES EMPFIEHLT SICH, vor der Reise eine Reiseversicherung abzuschließen, die Abbruch oder Stornierung der Reise, Diebstahl oder Verlust von Geld oder Gepäck sowie ärztliche Behandlung abdeckt *(siehe S. 202).* Es bestehen Abkommen zwischen Großbritannien und den anderen Staaten der Europäischen Union (EU), die eine kostenlose Behandlung durch den National Health Service sichern. Sie können auch günstig eine private Auslandskrankenversicherung abschließen. Studentenausweise verleihen einen gewissen Schutz bei Sonderausgaben, lesen Sie aber immer das Kleingedruckte.

Autofahrer sollten auf jeden Fall eine Haftpflicht- und Kaskoversicherung abschließen. Führen Sie stets einen gültigen Führerschein bei sich. Für Bürger der EU-Staaten genügt die Mitnahme des nationalen Führerscheins.

RESERVIERUNG

IN DER NEBENSAISON erhält man leicht eine Unterkunft oder Mietfahrzeuge, in der Hauptsaison sollten Sie jedoch immer reservieren. Informationen gibt es bei der **British Tourist Authority** (BTA).

ZOLL- UND EINREISEBESTIMMUNGEN

BÜRGER AUS EU-Staaten benötigen für die Einreise nach Großbritannien einen gültigen Reisepass oder Personalausweis. Eine Mindestgültigkeit des Dokuments ist nicht erforderlich. In Großbritannien gibt es keine weiteren Grenzformalitäten, wenn man zwischen Schottland, Wales, England und Nordirland hin- und herreist.

Bei der Einreise über einen internationalen Flug- oder Seehafen sehen Sie verschiedene Warteschlangen: für EU-Bürger und Angehörige anderer Länder. Schottland ist Mitglied der EU, daher ist das Passieren der blauen Schleusen für jeden EU-Bürger vollkommen problemlos. Einreisende werden stichprobenartig nach unerlaubten Waren, vor allem Drogen, durchsucht. Besucher aus Nicht-EU-

Logo der Bergrettung

Hinweis auf Auskunftsstellen

◁ *Die geschäftige Royal Mile in Edinburgh, mit dem Firth of Forth im Hintergrund*

Staaten passieren die üblichen Zolldurchgänge. Wenn Sie über die erlaubten Mengen hinaus nichts anzumelden haben, nehmen Sie den grünen, wenn Sie Waren zu verzollen haben, den roten Ausgang. Sollten Sie sich hinsichtlich der Einfuhrbestimmungen nicht sicher sein, wählen Sie den roten Ausgang. Informationen über die geltenden Einfuhrbeschränkungen erhalten Sie bei HM Customs and Excise in London. Achtung: Bringen Sie niemals für andere Personen Gepäckstücke durch den Zoll!

Info-Broschüre

FREMDENVERKEHRSBÜROS

Es gibt in Schottland zwei Zweigstellen von **VisitScotland**: In Edinburgh und Inverness. Auch in London finden Sie eine Niederlassung von VisitScotland.

Zudem hat jede schottische Region ihr Fremdenverkehrsamt, das Informationen über Unterkunft, Unterhaltung und regionale Sehenswürdigkeiten bereithält. Kleinere Fremdenverkehrsbüros finden sich in vielen Städten, an öffentlichen Plätzen sowie an wichtigen Orten von historischem Interesse. Halten Sie nach dem Symbol für Touristeninformation Ausschau, das Ihnen den Weg zu einem Fremdenverkehrsamt weist.

BEHINDERTE REISENDE

Das Angebot an behindertengerechten Einrichtungen verbessert sich stetig. Immer mehr Gebäude sind heute für Rollstuhlfahrer leicht zugänglich. Dieser Führer weist durchgängig in den Infoblöcken darauf hin. **ScotRail** *(siehe S. 211)*, Reisebegleiter auf Fähren oder Bussen (Überlandbusse), hilft Behinderten nach Voranmeldung. Fragen Sie im Reisebüro nach der *Disabled Persons Railcard*, die in ganz Großbritannien zu ermäßigten Bahnfahrten berechtigt. Spezialveranstalter wie **Holiday Care** stellen ihre Programme auf Körperbehinderte ab. Informationen erhalten Sie unter (0845) 124 99 71.

Hertz Rent A Car vermietet ohne Preisaufschlag Autos mit Handapparaturen *(siehe S. 215)*. Benutzer von Behindertenparkplätzen müssen im Auto einen Berechtigungsausweis aushängen.

Zu den besten Schriftenreihen für behinderte Reisende zählt *Holidays in the British Isles: A Guide for Disabled People (RADAR)*. Hier sind auch telefonisch Informationen unter (020) 7250 32 22 erhältlich. Auch *The World Wheelchair Traveller* ist eine gute Info-Broschüre von N. Tyrell und S. Abbott (AA).

AUF EINEN BLICK

SCHOTTISCHES FREMDENVERKEHRSBÜRO

(0131) 332 24 33 (Edinburgh).
www.holiday.scotland.net

REGIONALE FREMDENVERKEHRSBÜROS

Aberdeen u. Grampian
(01224) 28 88 28.
www.agtb.org

Angus u. City of Dundee
(01382) 52 75 27.
www.angusanddundee.co.uk

Argyll, The Isles, Loch Lomond, Stirling und Trossachs
(01369) 70 10 00.
www.visitscotland.com

Ayrshire und Arran
(01292) 67 81 00.
www.ayrshire-arran.com

Dumfries und Galloway
(01387) 24 55 50.
www.galloway.co.uk

Edinburgh u. Lothians
(0131) 473 38 00.
www.edinburgh.org

Greater Glasgow
(0141) 42 11 60.
www.highlandfreedom.com

Highlands of Scotland
(01997) 14 30 70.
www.host.co.uk

Kingdom of Fife
(01334) 47 20 21.
www.standrews.co.uk

Orkney Islands
(01856) 87 28 56.
www.orkney.com

Perthshire
(01738) 62 79 58.
www.perthshire.co.uk

Scottish Borders
(01835) 86 34 35.
www.visitscottishborders.com

Shetland Islands
(01595) 69 34 34.
www.shetland-tourism.co.uk

Western Isles
(01851) 70 30 88.
www.witb.co.uk

INFORMATIONSBÜRO

VisitBritain
Hackescher Markt 1
D-10178 Berlin
01801-468 642 (Ortstarif).
www.visitbritain.com/de

Der Hafen von Tobermory, Isle of Mull, ist bei Besuchern beliebt

Glamis Castle, eines der Schlösser, die Eintrittsgeld verlangen

MIT KINDERN UNTERWEGS

FEIERTAGE und Schulferien (Juli bis Mitte August) haben in puncto Kinderunterhaltung das meiste zu bieten. Vielerorts gibt es während der Weihnachtszeit Angebote für Kinder, häufig Pantomimen. Für Reisen, Theaterbesuche etc. sind ermäßigte Kinder- und Familienkarten erhältlich.

Kinderfreundliche Unterkünfte finden Sie auf den Seiten 164 ff, auch Apartments für Selbstversorger sind anzuraten. Viele Hotels bieten Babysitter-Dienste oder ein Babyphon, manche stark ermäßigte oder freie Unterkunft für Kleinkinder. Restaurants sind heute besser auf Kinder eingestellt, viele haben Kinderstühle und Kindermenüs *(siehe S. 174 ff)*. In Begleitung von Erwachsenen dürfen Kinder auch in Pubs. Alkohol ist ab 18 Jahren erlaubt.

Spiel mit interaktiven Exponaten in Edinburghs Museum of Childhood

EINTRITTSPREISE

DIESE VARIIEREN STARK, von einem symbolischen Betrag bis zu hohen Preisen für beliebte Attraktionen. Ermäßigungen gibt es oft für Gruppen, Senioren oder Studenten. Die meisten Pfarrkirchen, Museen und Kunstgalerien verlangen keinen Eintritt, solange keine Sonderausstellung gezeigt wird, erwarten aber oft Spenden. Einige der Attraktionen werden als kommerzielle Unternehmen oder auf Spendenbasis privat geführt.

ÖFFNUNGSZEITEN

VIELE GESCHÄFTE haben auch sonntags geöffnet, v.a. in den Stadtzentren. Montag bis Freitag sind sie von 9.30 bis 17.30 Uhr geöffnet, an einem Abend, gewöhnlich donnerstags, auch länger. Galerien und Museen haben sonntags meist kürzer geöffnet, in Glasgow sind viele Sehenswürdigkeiten dienstags geschlossen. An Feiertagen kann man die meisten Attraktionen nicht besichtigen.

MEHRWERTSTEUER

MEHRWERTSTEUER (VAT) von 17,5 Prozent wird auf viele Waren und Dienstleistungen, ausgenommen sind Bücher, Essen und Kinderkleidung, erhoben. Bei der Ausreise können sich Nicht-Briten die VAT erstatten lassen. Fehlerhafte Ware wird oft nach Vorlage des Kassenbons rückerstattet.

STUDENTEN

STUDENTEN MIT EINEM Internationalen Studentenausweis (ISIC) erhalten häufig Ermäßigungen bei Reisen und bei der Benutzung von Sporteinrichtungen. Oft gewährt man ihnen auch ermäßigte Eintrittspreise. ISIC-Ausweise stellen **STA Travel** oder die **National Union of Students** aus. In den Trimesterferien kann man günstige Unterkunft in den Studentenwohnheimen der Universitäten finden. Sie bieten eine praktische, zentrale Lage für Besucher mit kleinem Budget. Der **Internationale Jugendherbergsausweis** ermöglicht die Unterkunft in einer der vielen Jugendherbergen. Am besten kontaktieren Sie direkt die **Scottish Youth Hostels Association**.

ISIC-Studentenausweis

Charlotte Square, Edinburgh, Zentrale des National Trust for Scotland

NATIONAL TRUST FOR SCOTLAND

VIELE HISTORISCHE Gebäude, Parks, Gärten und große Gebiete auf dem Land und an der Küste werden vom **National Trust for Scotland** (NTS) gepflegt. Die Eintrittspreise sind vergleichsweise hoch. Deswegen sollten Sie überlegen, für den Besuch mehrerer NTS-Sehenswürdigkeiten ein Abonnement zu erwerben, mit dem Sie freien Eintritt zu allen NTS-Liegenschaften haben. Viele der NTS-Attraktionen sind jedoch im Winter geschlossen.

Zeitungsstand, Glasgow

MEDIEN

Die überregionalen Zeitungen gliedern sich in zwei Kategorien: seriöse Zeitungen, wie z. B. Edinburghs *The Scotsman* oder Glasgows *The Herald*, und die Boulevard- oder Klatschpresse wie *The Sun* oder *The Daily Record*. Sonntagsausgaben wie *Scotland on Sunday* sind teurer als die Tagespresse und haben Beilagen zu den verschiedensten Themen wie Kunst, Restaurants, Unterhaltung, Reisen und Literatur.

Im Zeitschriftenhandel sind Spezialzeitschriften zu allen nur denkbaren Themen erhältlich. In größeren Städten, Bahnhöfen und Groß-Buchhandlungen kann man auch ausländische Zeitungen und Zeitschriften kaufen.

BBC (British Broadcasting Corporation) betreibt zwei TV-Kanäle ohne Werbeunterbrechungen. Die Programme gehören zu den besten der Welt. Die Privatkonkurrenten sind ITV, Channel 4 und Channel 5. Der BBC gehören auch einige Radiosender, vom beliebten Radio One über den Mainstream-Kanal Radio Four bis zum nationalen Sender BBC Radio Scotland. Außerdem gibt es auch viele schottische Lokalsender.

ELEKTRIZITÄT

Die Netzspannung beträgt 230 Volt Wechselstrom. Die Stecker weisen drei vierkantige Stifte auf. Wenn Sie ausländische Geräte, z. B. einen Fön oder einen Rasierapparat, benutzen wollen, brauchen Sie einen Adapter. Viele Badezimmer in Hotels verfügen aber auch über Zweipolsteckdosen.

RAUCHEN UND ALKOHOL

Rauchverbot herrscht an vielen öffentlichen Plätzen und in den meisten öffentlichen Verkehrsmitteln, Taxis, einigen Bahnhöfen, Theatern und Kinos. Pubs bilden bei diesem Nichtrauchertrend die Ausnahme. ASH (Action on Smoking and Health) gibt unter (0131) 22 57 25 Tipps zu rauchfreien Treffpunkten. Ein generelles Trinkverbot in der Öffentlichkeit gilt für den Großraum Glasgow und das Gebiet des Clyde Valley, jedoch gewöhnlich nicht für die Neujahrs-Straßenparty zu Hogmanay (31. Dezember).

UMRECHNUNGSTABELLE

Zwar hat Großbritannien auf das metrische System umgestellt, die alten Maße sind jedoch noch immer gebräuchlich.

Umrechnungswerte
1 Zoll = 2,5 Zentimeter
1 Fuß = 30 Zentimeter
1 Meile = 1,6 Kilometer
1 Unze = 28 Gramm
1 Pint = 0,6 Liter
1 Gallone = 4,5 Liter
1 Millimeter = 0,04 Zoll
1 Zentimeter = 0,4 Zoll
1 Meter = 3 Fuß 3 Zoll
1 Kilometer = 0,6 Meilen
1 Gramm = 0,04 Unzen
1 Kilogramm = 2,2 Pfund

ZEIT

Schottlands Uhren ticken im Winter nach der Greenwich Mean Time (GMT), der unsere Mitteleuropäische Zeit um eine Stunde voraus ist. Zur Sommerzeit werden die Uhren eine Stunde vorgestellt. Also gilt ganzjährig: Ist es in Berlin, Wien und Zürich 12 Uhr, so ist es in Edinburgh erst 11 Uhr. Unter der Rufnummer 123 erreichen Sie die telefonische Zeitansage.

AUF EINEN BLICK

National Trust for Scotland (NTS)
(0131) 243 93 00.
www.nts.org.uk

STUDENTEN

International Youth Hostel Federation
(01707) 32 41 70.
www.hihostels.com

National Union of Students
(0131) 556 65 98.

Scottish Youth Hostels Association
(01786) 89 14 00.
www.shya.org.uk

STA Travel
(0131) 226 77 47.
www.statravel.co.uk

BOTSCHAFTEN UND KONSULATE

Deutschland
Botschaft der Bundesrepublik Deutschland
23 Belgrave Square, London
SW1X 8PZ (020) 78 24 13 00.
www.german-embassy.org.uk

16 Eglinton Crescent,
Edinburgh EH12 5DG
(0131) 337 23 23.

Österreich
9 Howard Place,
Edinburgh EH3 5JZ
(0131) 558 18 00.

Schweiz
66 Hannover Street,
Edinburgh EH2 1HH
(0131) 226 56 60.

Schottische Zeitungen

Sicherheit und Notfälle

Apotheken-schild

WIE IN ANDEREN Ländern gibt es auch in Schottland soziale Probleme. Opfer von Gewalt zu werden, ist jedoch unwahrscheinlich. Falls Sie in Schwierigkeiten geraten, zögern Sie nicht, die Polizei um Hilfe zu bitten. Der National Health Service (NHS) bietet verlässliche medizinische Betreuung – sofern Ihr Heimatland ein bilaterales Abkommen mit Großbritannien abgeschlossen hat. Hier sind einige Tipps für einen sorgenfreien Aufenthalt.

KRANKENHÄUSER / MEDIZINISCHE VERSORGUNG

BÜRGERN aus Mitgliedsstaaten der Europäischen Union gewährt der National Health Service kostenlose ärztliche Behandlung, doch geht man dabei sehr bürokratisch vor.

Besorgen Sie sich vor Reiseantritt bei Ihrer Krankenkasse ein E111-Formular, das ein bilaterales Gesundheitsabkommen mit Großbritannien bestätigt. Der Abschluss einer eigenen Versicherung ist dennoch ratsam, da einige Therapien und Krankenrücktransporte nicht abgedeckt sind. Es kann auch sein, dass Sie die Behandlungskosten zunächst bezahlen müssen, Ihre Krankenkasse erstattet die Auslagen später zurück.

Zahnarztbehandlungen müssen Sie selbst bezahlen. Die Kosten hängen vom Anrecht auf NHS-Versorgung ab. Einige Krankenhäuser nehmen – wenn es medizinisch notwendig ist – zahnärztliche Notbehandlungen vor.

Besucher aus Nicht-EU-Ländern sollten unbedingt eine Versicherung abschließen, die die Behandlung durch Fachärzte und in Krankenhäusern sowie den Rücktransport in die Heimat abdeckt. Die Notfallbehandlung in einer NHS-Unfallstation ist kostenlos.

APOTHEKEN

EINE BREITE PALETTE von Medikamenten ist rezeptfrei erhältlich. Boots ist der bekannteste und größte Drogeriemarkt mit Filialen in den meisten Städten. Für viele Arzneien sind dem Apotheker jedoch Rezepte vorzulegen.

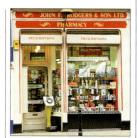

Eine traditionelle Apotheke in Leith, Edinburgh

Wer auf ein Medikament angewiesen ist, sollte einen Vorrat mitbringen oder vom Arzt den allgemeinen pharmazeutischen Namen notieren lassen. Bei Anspruch auf NHS-Versorgung ist eine Rezeptgebühr, sonst der volle Preis zu zahlen. Verlangen Sie zur Kostenerstattung durch Ihre Versicherung eine Quittung. Einige Apotheken sind bis 24 Uhr geöffnet. Ärzte haben meist vormittags sowie am frühen Abend Sprechstunde. Notaufnahmen von Krankenhäusern kann man zu jeder Uhrzeit aufsuchen.

MÜCKEN

MÜCKENSTICHE gehören zu den häufigsten Unannehmlichkeiten für Schottlandbesucher. Die Insekten treten v. a. an den Seen und an der Küste auf, da sie Feuchtigkeit lieben. Sie brüten zwischen April und Oktober und sind bei Sonnenauf- und bei Sonnenuntergang am aufdringlichsten. Es gibt keine Möglichkeit, den Mücken vollständig aus dem Weg zu gehen. Eine geeignete Vorsichtsmaßnahme ist das Auftragen eines Insektenschutzmittels (z. B. Autan), außerdem sollte man nach Einbruch der Dunkelheit nicht in hellem Lichtschein sitzen. Die Investition in ein Moskitonetz lohnt sich.

KRIMINALITÄT UND VORSICHTSMASSNAHMEN

SCHOTTLAND IST KEIN gefährliches Reiseland, es ist sehr unwahrscheinlich, dass Ihr Aufenthalt durch ein Verbrechen getrübt wird. Gegen Personenschaden oder Verlust von Eigentum kann man Vorkehrungen treffen. Achten Sie immer auf Ihre Habe und lassen Sie Ihr Gepäck vor der Reise ausreichend versichern.

Polizistin   Polizist   Verkehrspolizist

SICHERHEIT UND NOTFÄLLE

Streifenwagen der Polizei mit dem gelben Streifen und Blaulicht

Lassen Sie es in der Öffentlichkeit nie unbeaufsichtigt und sichern Sie v.a. in Menschenmengen Ihre Wertsachen. Legen Sie im Kino oder Theater Taschen auf den Schoß statt auf den Boden. Tragen Sie nicht zu viel Bargeld oder Schmuck bei sich, nutzen Sie lieber den Hotelsafe. Ideale Reviere für Taschendiebe sind überfüllte Märkte, Geschäfte und zu Stoßzeiten die öffentlichen Verkehrsmittel.

Größere Geldbeträge führt man am sichersten in Form von Reiseschecks mit sich *(siehe S. 205)*. Kleinere Geldsummen hebt man am besten an Bankautomaten (ATMs) ab. Wenn Sie nachts allein unterwegs sind, meiden Sie verlassene und schlecht beleuchtete Gebäude und Orte wie Seitenstraßen und Parkplätze.

ALLEIN REISENDE FRAUEN

FRAUEN, DIE ohne Begleitung reisen, sowie Bars und Restaurants besuchen, sind in Schottland weder selten noch übermäßig gefährdet. Dennoch ist an einsamen Orten, vor allem bei Dunkelheit, wie überall auf der Welt Vorsicht geboten. Meiden Sie öffentliche Verkehrsmittel, in denen nur ein Fahrgast oder eine Gruppe junger Männer sitzt. Nehmen Sie lieber ein Taxi *(siehe S. 215)*, als nachts durch einsame, Ihnen unbekannte Stadtgebiete zu gehen. Das Tragen von Angriffswaffen wie Messern, Pistolen und Tränengas ist illegal, selbst wenn sie der Selbstverteidigung dienen. Erlaubt sind Alarmsysteme zum persönlichen Schutz.

Krankenwagen

Feuerwehrauto

POLIZEI

EINEN TRADITIONELLEN Bobby mit hohem Helm sieht man heute nur noch selten, öfter jedoch den Streifenwagen mit heulenden Sirenen und Blaulicht. Den Polizisten vom alten Schlag gibt es jedoch v.a. in ländlichen Gegenden und geschäftigen Innenstädten noch immer: Er ist höflich, umgänglich und hilfsbereit. Im Gegensatz zu anderen Ländern tragen die Polizisten hier keine Schusswaffen. Haben Sie sich verirrt, tun Sie immer noch gut daran, sich an die Polizei zu wenden. Auch die Verkehrspolizisten weisen Ihnen den Weg.

Unter der Rufnummer 999 erreichen Sie rund um die Uhr die Polizei, Feuerwehr und Ambulanz. Die Anrufe sind von öffentlichen wie privaten Telefonen frei, sollten aber nur im Notfall getätigt werden. In Küstenregionen werden Sie über diese Nummer auch mit dem freiwilligen Seenotrettungsdienst verbunden, der RNLI (Royal National Lifeboat Institution).

Logo der Royal National Lifeboat Institution

FUNDBÜROS

VERLUST UND DIEBSTAHL sollten Sie sofort der nächsten Polizeiwache melden. Wer seine Diebstahlversicherung in Anspruch nehmen will, benötigt ein schriftliches Protokoll der örtlichen Polizei. Alle großen Bahn- und Busbahnhöfe haben Fundbüros. Viele Hotels haften nur für im Safe deponierte Wertgegenstände.

Es ist ratsam, wichtige Dokumente wie Pass oder Reisepapiere zu fotokopieren. Bei Verlust Ihres Reisepasses melden Sie sich bei Ihrer Botschaft oder dem Konsulat in London oder Edinburgh *(siehe S. 201)*.

AUF EINEN BLICK

POLIZEI, FEUERWEHR UND KRANKENWAGEN

📞 999. Gebührenfrei (24-Stunden-Notruf).

UNFALL- UND NOTFALLKLINIKEN

Aberdeen Royal Infirmary
📞 (01224) 84 05 06.

Edinburgh Royal Infirmary
📞 (0131) 536 10 00.

Glasgow Royal Infirmary
📞 (0141) 211 44 84.

Inverness Raigmore
📞 (01463) 70 40 00.

Perth Royal Infirmary
📞 (01738) 47 38 38.

ZAHNÄRZTLICHER NOTDIENST

Edinburgh Dental Hospital
📞 (0131) 536 49 00.

HILFE FÜR BEHINDERTE

The Disability Helpline
📞 (08457) 12 34 56.

Währung und Geldwechsel

DIE BESTEN WECHSELKURSE erhalten Sie in der Regel in großen Banken. Private Wechselstuben gibt es zu Hunderten an fast jedem größeren Flughafen, Bahnhof und Touristenziel. Wer vorhat, hier Geld zu wechseln, sollte sich zuvor auf jeden Fall nach den anfallenden Gebühren erkundigen. Am sichersten reisen Sie, wenn Sie Ihre Reisekasse in Form von Reiseschecks mit sich führen. Darüber hinaus bieten sich natürlich Kreditkarten zum Bezahlen an.

Eine der vielen Banken mit Geldwechselservice

WECHSELSTUBEN

DIE PRIVATEN Wechselstuben locken mit Service außerhalb der Bankföffnungszeiten. Ein Vergleich lohnt, da Wechselkurse stark schwanken und hohe Gebühren anfallen.

Angesehene Unternehmen wie **International Currency Exchange**, **Thomas Cook** und **American Express** bieten interessante Konditionen. International Currency Exchange hat nur eine Filiale in Edinburghs Flughafen; Thomas Cook sowie American Express unterhalten in ganz Schottland Filialen.

Schottische Banken
In fast allen Klein- und Großstädten Schottlands finden Sie Filialen dieser drei schottischen Bankhäuser: Royal Bank of Scotland, Bank of Scotland und Clydesdale Bank. Filialen der englischen Bank NatWest gibt es nur in Großstädten. Bei den meisten können Sie Geld wechseln. Die Gebühren sind sehr unterschiedlich.

BANKEN

BANKEN BIETEN in der Regel die günstigsten Wechselkurse. In allen Klein- und Großstädten Schottlands gibt es Filialen zumindest einer der folgenden Banken: Bank of Scotland, Royal Bank of Scotland, TSB Scotland, Girobank und Clydesdale Bank.

Bei vielen Banken können Sie von Geldautomaten (ATM) unter Eingabe der Geheimnummer (PIN) Bargeld abheben. Moderne Geräte geben Anweisungen in mehreren Sprachen. Kunden von englischen Großbanken wie z. B. NatWest, HSBC, Lloyds und Barclays können mit Ihren Scheckkarten an den entsprechenden Geldautomaten problemlos Bargeld ziehen. Achten Sie jedoch darauf, dass Ihre Bank beim entsprechenden Bankautomaten vertreten ist, da Sie ansonsten mit einer Gebühr belegt werden könnten oder Ihre Karte nicht akzeptiert wird.

Wenn Sie in Geldnot sind, können Sie Ihre Hausbank in Ihrer Heimat um eine telegrafische Geldanweisung auf die nächste schottische Bank bitten. Thomas-Cook- oder American-Express-Filialen regeln dies für Sie. Bringen Sie dafür einen Ausweis mit. Banken sind unterschiedlich lange, mindestens aber montags bis freitags von 9.30 bis 15.30 Uhr geöffnet.

KREDITKARTEN

KREDIT- UND Scheckkarten werden außer in kleinen Läden, Cafés und Gasthäusern in ganz Schottland akzeptiert.

Zu den am weitesten verbreiteten Kreditkarten gehören VISA, MasterCard, Diners Club und American Express. Sehen Sie bei Banken das Logo Ihrer Karte, können Sie dort Bargeld beziehen.

REISESCHECKS

REISESCHECKS ERHÄLT man bei jeder Bank. Sie haben sich als sicheres Zahlungsmittel etabliert und haben in Schottland große Akzeptanz. Die Filialen derjenigen Bank, die Ihre Schecks ausgestellt hat, erheben keine Gebühren.

AUF EINEN BLICK

KARTENVERLUST

VISA
(0800) 89 17 25.

MasterCard
(0800) 96 47 67.

Diners Club
(0800) 46 08 00.

MaestroCard
(0180) 502 10 21.

Logo der Bank of Scotland

Logo der Royal Bank of Scotland

Logo der NatWest

Logo der Clydesdale Bank

WÄHRUNG UND GELDWECHSEL

WÄHRUNG UND REISESCHECKS

BRITISCHE WÄHRUNG ist das Pfund Sterling (£), unterteilt in 100 Pence (p). Devisenkontrollen werden nicht durchgeführt; Sie können Bargeld in beliebiger Höhe ein- und ausführen.

Schottland gibt eigene Banknoten heraus. Diese gelten zwar in ganz Großbritannien (mit Ausnahme der 1-£-Note), werden aber im Ausland nicht immer akzeptiert, Noten der Bank of England and Northern Ireland werden hingegen in Schottland immer akzeptiert. Verlangen Sie beim Geldwechsel auch kleinere, leichter verwendbare Scheine. Hohe Geldbeträge führt man am sichersten in Form von Reiseschecks mit sich. Bewahren Sie Reiseschecks und Ausstellungsbelege stets getrennt auf; das erleichtert bei Verlust oder Diebstahl die Rückerstattung. Einige große Banken stellen ihren Kunden Reiseschecks auch ohne die übliche Gebühr von ca. einem Prozent aus.

100-£-Note

Banknoten

Schottische Banknoten sind im Wert von 1, 5, 10, 20, 50 und 100 £ in Umlauf. Lassen Sie sich kleine Scheine geben, da einige Läden hohe Beträge nicht wechseln. Neben der schottischen 1-£-Note gelten die englische 1-£-Münze sowie alle Noten der Bank of England.

20-£-Note

10-£-Note

5-£-Note

1-£-Note

Münzen

Schottische Münzen gibt es im Wert von 2 £, 1 £, 50, 20, 10, 5, 2 und 1 p. Diese Münzen gelten im gesamten Vereinigten Königreich.

2 Pfund (£2)

1 Pfund (£1)

50 Pence (50p)

20 Pence (20p)

10 Pence (10p)

5 Pence (5p)

2 Pence (2p)

1 Penny (1p)

Telefonieren und Internet

Telefonzelle der BT

FÜR NACHRICHTEN NACH HAUSE stehen dem Besucher alle modernen Kommunikationsformen – E-Mail, Internet und Handy – zur Verfügung. Die in Europa gängigen GSM-Handys funktionieren, jedoch müssen Mobiltelefonierer, die sich aus der Heimat anrufen lassen, Gebühren bezahlen. Erkundigen Sie sich vor Reiseantritt nach günstigen Roaming-Tarifen. Darüber hinaus hat natürlich auch in Schottland das öffentliche Telefon noch lange nicht ausgedient.

TELEFONZELLEN

TELEFONZELLEN funktionieren in der Regel mit Telefon-, Kreditkarten oder Münzen im Wert von 10 p, 20 p, 50 p und 1 £. Neuere Telefone akzeptieren auch 2-£-Münzen. Die Mindestgebühr beträgt 20 p. Verwenden Sie möglichst kleine Münzstückelungen, da nicht der gesamte Restbetrag, sondern nur unbenutzte Münzen zurückgegeben werden.

Telefonkarten erhalten Sie beim Zeitschriftenhändler und in Postämtern. BT (ehemals British Telecom) gibt keine eigenen Telefonkarten mehr heraus, das haben andere Telefongesellschaften übernommen. Achtung: Beim Telefonieren mit Kreditkarten fallen eine Grundgebühr und höhere Tarife an.

GELBE SEITEN

BRANCHENVERZEICHNISSE wie die *Yellow Pages* und *Thomson Local* gibt es in Postämtern, Bibliotheken und in den meisten Hotels und B&Bs.

AUF EINEN BLICK

Internationale Vorwahlen
- Edinburgh: 00 44 131
- Glasgow: 00 44 141

Notruf
- 999. Polizei, Feuerwehr, Krankenwagen, Küstenwache, Berg- und Höhlenwacht

Auskunft
- 192

Auslandsauskunft
- 153.

Internationale Vermittlung
- 155.

Vermittlung
- 100.

Auslandsgespräche
- 00, dann Landeskennzahl. Deutschland: 49; Österreich: 43; Schweiz: 41.

Talking Pages
- 11 82 47. Telefonisches Branchenverzeichnis.

TELEFONIEREN MIT KARTEN- UND MÜNZTELEFON

1. Hörer abnehmen und Freizeichen abwarten.
2. Karte einschieben oder folgende Münzen einwerfen: 10 p, 20 p, 50 p, 1 £, 2 £. Die Mindestgebühr beträgt 20 p.
3. Nummer wählen und die Verbindung abwarten.
4. Das Display zeigt das Guthaben an. Ist es aufgebraucht, ertönt ein schnelles Tuten. Sie müssen weitere Münzen einwerfen oder eine neue Karte einschieben.
5. Wenn Sie ein weiteres Gespräch führen möchten und über entsprechendes Guthaben verfügen, hängen Sie nicht ein, sondern drücken Sie den Folgeknopf.
6. Nach dem Ende des Gesprächs Hörer einhängen. Karte aus dem Schlitz oder nicht verbrauchte Münzen aus dem Münzfach nehmen. Münztelefone wechseln nicht.

1 £   50 p   20 p   10 p

INTERNETZUGANG

VIELE SCHOTTISCHE Städte bieten gute Möglichkeiten des öffentlichen Zugangs zu Computern mit Internetanschluss. In Büchereien ist die Benutzung mitunter sogar kostenlos, man muss jedoch im Voraus buchen. In Internetcafés wird meist im Minutentakt abgerechnet, für Ausdrucke muss extra bezahlt werden. EasyEverything (www.easyeverything.com), eine Kette riesiger Internetcafés, verfügt über Filialen in Edinburgh (58 Rose Street) und Glasgow (57–61 St Vincent Street). Die Gebühren sind hier v.a. abends und am Wochenende recht günstig.

Internetzugang rund um die Uhr bietet die Kette EasyEverything

Briefe und Postkarten

Unverkennbar: das Postschild

NEBEN DEN HAUPTPOSTÄMTERN, die sämtliche Postdienstleistungen anbieten, gibt es v. a. in abgelegenen Gegenden und Kleinstädten Poststellen in Geschäften und Informationszentren. Oft betreibt der einzige Dorfladen auch das Postamt. Postämter sind in der Regel Montag bis Freitag von 9 bis 17.30, Samstag bis 12.30 Uhr geöffnet. Briefkästen – in allen Formen und Größen, aber immer rot – sind flächendeckend in Städten und Dörfern angebracht.

Briefkasten auf dem Land, in eine Steinmauer eingelassen

Postbus auf dem Land

POSTDIENST

BRIEFMARKEN BEKOMMEN Sie in vielen Läden, im Supermarkt und an Tankstellen. Auch Hotelrezeptionen haben oft Briefkästen. Versehen Sie die Adressen stets mit der Postleitzahl. Inlandsbriefe und -postkarten können Sie »first class« oder »second class« aufgeben. »First-class«-Sendungen sind teurer, kommen aber schneller an (nur sonntags erst am nächsten Tag). »Second-class«-Sendungen brauchen ein oder zwei Tage länger.

POSTLAGERUNG

GRÖSSERE städtische Postämter bieten einen Postlagerungsservice an. Die Briefe werden mit dem Empfängernamen und dem Vermerk »poste restante« adressiert, gefolgt von der Anschrift des Postamtes. Bei der Abholung der Briefe muss sich der Empfänger ausweisen.

Die Post lagert Sendungen einen Monat lang. Edinburghs Postamt mit der zentralsten Lage befindet sich im St James Centre, EH1, nahe dem Hauptbusbahnhof. Dieses Postamt hat auch einen Postlagerungsservice.

BRIEFKÄSTEN

LEUCHTEND ROT sind beide, die frei stehenden »pillar boxes« und die Hängekästen. Manche Briefkästen haben zwei Einwurfschlitze, einen für Übersee- und »First-class«-Sendungen, einen anderen für »Second-class«-Sendungen. Die Initialen der Monarchen auf den Briefkästen zeigen deren Alter an.

Briefkästen sind häufig in die Wand des Postamtes eingelassen. Die Leerungszeiten sind auf ihnen vermerkt. Wochentags wird mehrmals täglich geleert, samstags und sonntags sowie an Feiertagen seltener.

Aerogramm (»1. Klasse«)

1.-Klasse-Marke   **2.-Klasse-Marke**

Sondermarken mit Motiven von Kindermärchen

Pillar box

AUSLANDSSENDUNGEN

DIE MEISTEN Sendungen innerhalb Europas werden als Luftpost verschickt; Aerogramme reisen dabei zum »First-class«-Einheitstarif überall in die Welt. Ziele innerhalb Europas erreichen sie in etwa drei bis vier Tagen, für die Zustellung in andere Länder ist mit vier bis sieben Tagen zu rechnen.

Auch auf dem Land- und Seeweg lässt sich Post verschicken. Diese preisgünstigere Methode ist allerdings sehr zeitaufwändig, und es kann durchaus bis zu 12 Wochen dauern, ehe die Post am Zielort eintrifft.

Die meisten Hauptpostämter bieten einen Eilzustellservice per **Parcelforce International** an. Die Preise sind in etwa vergleichbar mit denen privater Firmen wie **DHL**, **UPS**, **Crossflight** oder **Expressair**.

Crossflight
℡ (01753) 77 60 00.

DHL
℡ (08701) 10 03 00.

Expressair
℡ (020) 88 97 65 68.

Parcelforce International
℡ (0800) 22 44 66.

UPS
℡ (08457) 87 78 77.

Reiseinformationen

Schottland besitzt gute Anbindungen an den internationalen Flug- und Schiffsverkehr – nicht zuletzt via England. Vom europäischen Festland gibt es mehrere Direktflüge. Die Anreise per Bus und Fähre ist billig, aber zeitraubend, Bahnfahrten haben sich durch den Bau des Eurotunnels stark verkürzt. Reisen in Schottland selbst sind das reine Vergnügen: Inlandsflüge bedienen die Städte auf der Hauptinsel sowie die Inselgruppen, die durch Fähren miteinander verbunden sind. In den städtischen Regionen ist das Straßennetz sehr dicht. Die Intercity-Verbindungen sind in Schottland etwas dünner, doch gibt es zahlreiche Bahnstrecken in die ländlichen Regionen. Busse sind das preiswerteste Fortbewegungsmittel; sie fahren fast alle Städte an. Am nettesten reist man mit dem Postbus durch das Land.

Flugzeug der British Airways

Abflugschalter im internationalen Flughafen von Glasgow

Internationale Flüge

Edinburgh und Glasgow verfügen über die beiden größten Flughäfen Schottlands. Die fünf anderen internationalen Flughäfen des Landes sind Dundee, Prestwick, Aberdeen, Inverness und Sumburgh auf Shetland. Inverness hat den bedeutendsten Flughafen in den schottischen Highlands. Ein Flug dorthin eignet sich vor allem für Aufenthalte im Norden von Schottland.

Lufthansa, **Crossair**, **Austrian Airlines**, **bmi** und **KLM/Air France** bieten vom europäischen Festland aus Direktflüge. Glasgow und Edinburgh werden am häufigsten angeflogen. Allerdings muss man auf einer Reihe von Flügen einen Zwischenstopp in London einlegen. Einige dieser Flüge sind vergleichsweise teuer.

Eine deutlich preisgünstigere Lösung kann ein Flug nach London sein, von wo Sie einen billigen Inlandsflug nach Norden bekommen, manchmal für weniger als 40 £.

Die Flughäfen von Glasgow, Edinburgh, Aberdeen und Prestwick bieten den üblichen Komfort wie Bankschalter, Geschäfte, Mietwagenschalter, Informationsbüros, Notfallambulanz, Cafés, Hotels und Restaurants. Glasgow hat seit kurzem ein neues internationales Terminal, der Flughafen von Edinburgh wurde gerade renoviert. Die umfangreichen Arbeiten wurden im Frühling 2001 mit der feierlichen Eröffnung der neuen Ankunftshalle beendet.

Inlandsreisen

Die Inlandsflüge von Schottland zu anderen Zielen Großbritanniens starten von allen internationalen Flughäfen der Hauptinsel. British Airways bietet Expressflüge nach Heathrow und Gatwick in London, bmi fliegt ebenfalls Heathrow an.

Einige Airlines verbinden Schottland mit den englischen Flughäfen Luton, Stansted und London City. Weitere Direktflüge werden zu anderen wichtigen Städten des Königreichs, wie Manchester, Newcastle upon Tyne, Leeds, Birmingham, Belfast und Cardiff angeboten. Selbst kleinere Flughäfen wie Bristol oder

Passagiere aus dem Ausland in der Ankunftshalle

Flughafen	Information	Entfernung zum Zentrum	Taxi zum Zentrum	Öffentliche Verkehrsmittel
Aberdeen	(01224) 72 23 31	7 Meilen (11 km)	10–12 £	Bus: 30 Min. Taxi: 20 Min.
Edinburgh	(0131) 333 10 00	8 Meilen (13 km)	12–15 £	Bus: 25 Min. Taxi: 20 Min.
Glasgow	(0141) 887 11 11	8 Meilen (13 km)	12–15 £	Bus: 25 Min. Taxi: 20 Min
Prestwick	(01292) 47 98 22	29 Meilen (47 km)	30–40 £	Bahn: 45 Min. Taxi: 40 Min.

Das schicke neue Terminal des Glasgow International Airport

Southampton werden angeflogen. Dabei spart man zwar in den meisten Fällen eine ganze Menge Zeit, auf keinen Fall aber Geld.

Hinweisschild auf Abflüge im Flughafengebäude

Hinweis auf die Informationsabteilung des Zolls

FLÜGE INNERHALB SCHOTTLANDS

Die Inlandsflüge sind eine schnelle Fortbewegungsmöglichkeit, aber verglichen mit Bahn, Bus oder Auto oft teurer. Es gibt gute Flugverbindungen zwischen den Highlands und dem Landesinneren. Besonders zu den Inseln erweist sich das Fliegen als gute Alternative. **British Airways CitiExpress** und **Loganair**, beide Tochterfirmen von British Airways, bieten regelmäßige Flüge von den großen Städten der Hauptinsel zu den Western Isles, Orkney Islands und Shetland Islands.

TRANSPORT VOM FLUGHAFEN

Schottlands große internationale Flughäfen liegen außerhalb der Stadtzentren von Glasgow, Edinburgh und Aberdeen; alle Flughäfen bietet jedoch eine gute Anbindung ans Stadtzentrum.

Taxis sind das bequemste, aber auch teuerste Transportmittel. Busse sind wesentlich günstiger, doch wie Taxis stehen auch sie zu Stoßzeiten im Stau. **National Express** sowie **Scottish Citylink** (siehe S. 211) unterhalten Busverbindungen zwischen den größeren Flughäfen und zahlreichen Städten.

Prestwick International hat einen eigenen Bahnhof; jede halbe Stunde fährt ein Zug ins Stadtzentrum von Glasgow.

FLUGPREISE

Die Flugpreise nach Schottland sind von Juni bis September am höchsten und von November bis April am niedrigsten (ausgenommen die Weihnachtszeit).

Apex-Tickets (Advance Purchase Excursion) sind sehr günstig, allerdings muss man sie einen Monat im voraus buchen und Einschränkungen (Mindest-, Höchstaufenthalt, keine Erstattungen) in Kauf nehmen. Noch billiger sind Charterflüge.

Es lohnt sich immer, bei den Fluggesellschaften nach Sondertarifen zu fragen. Pauschalreiseveranstalter werben oft in Zeitungen und Reisemagazinen mit Billigreisen. Studenten, Reisende unter 26 Jahren und Senioren kön-

AVIS-Zweigstelle am Glasgow International Airport

nen Ermäßigung erhalten. Kinder und Säuglinge reisen ebenfalls zu billigeren Tarifen.

Buchen Sie Billigtickets nur bei seriösen Firmen und lassen Sie die Buchung bei der Fluggesellschaft bestätigen. Pauschalreisen können sich auch für Individualreisende eignen. Fluggesellschaften und Reiseveranstalter stellen individuelle Angebote zusammen; zuweilen sind Mietwagen oder Bahnfahrten inbegriffen. Das strapaziert Ihren Geldbeutel oft weniger als eigenständige Arrangements vor Ort.

Informieren Sie sich auf den Internetseiten der Fluggesellschaften nach den aktuellen Konditionen und Sonderangeboten. Hier erhalten Sie die tagesaktuellen Flugpreise.

AUF EINEN BLICK

FLUGGESELLSCHAFTEN

Lufthansa
(0870) 83 77 747.
www.lufthansa.de

Austrian Airlines
(020) 77 66 03 00.
www.aua.com

bmi
(08457) 55 45 54.
www.flybmi.com

British Airways
(08457) 73 33 77.
www.british-airways.com

British Airways City Express
(01624) 82 60 00.

Crossair
(020) 74 39 41 44.
www.crossair.ch

easyJet
(08706) 00 00 00.
www.easyjet.com

KLM UK
(08705) 074 074.
(0870) 243 0541.
www.klmuk.com

Loganair
(0141) 848 75 94.

Ryanair
(08712) 46 00 00.
www.ryanair.ie

Mit Bus und Bahn unterwegs

Schottlands privatisierte Eisenbahn, ScotRail, verkehrt flächendeckend im ganzen Land. Edinburgh und Glasgow sind halbstündlich verbunden, von beiden Städten gehen die Strecken sternförmig aus. Zu vielen schottischen und englischen Zielen besteht ein Taktverkehr. Die Fahrt nach London dauert von Edinburgh über vier, von Glasgow aus über fünf Stunden. Schottland hat auch ein gutes Fernreisebusnetz: Eine Busfahrt ist zwar günstiger, aber langsamer als eine Zugfahrt. Wochenendausflüge mit Bus und Bahn sind beliebt, buchen Sie also im voraus.

The Flying Scotsman, einer der schnellen Intercity-Züge

Der neue Virgin-Superfast-Zug in Edinburghs Waverley-Bahnhof

BAHNFAHRKARTEN

Planen Sie viel Zeit für den Fahrkartenkauf ein, fragen Sie stets nach Ermäßigungen. Erwachsenen werden vier Vergünstigungen angeboten: Die Apex- und Super-Apextickets sind für bestimmte Intercity-Strecken in begrenzter Zahl erhältlich. Superapex-Tickets müssen 14 Tage, Apex-Tickets mindestens eine Woche im voraus erworben werden. Spartickets gelten an Wochenenden und den meisten Wochentagen außerhalb der Hauptverkehrszeiten, Supersparstickets nicht freitags und zu Stoßzeiten nach, von und durch London. Erste Klasse kostet etwa ein Drittel Aufschlag, eine Rückfahrkarte weniger als zwei Einzelfahrscheine.

BAHNPÄSSE

Wer häufig mit dem Zug fährt, sollte einen Bahnpass erwerben, erhältlich z. B. bei **Rail Europe**.

Die Pässe sind auf verschiedene Bedürfnisse zugeschnitten. Mit dem »Freedom-of-Scotland«-Pass können Sie in einem Zeitraum unbegrenzt reisen. Der »Highland-Rover«-Pass gilt für die West-Highland-Strecken und die Inverness-Kyle-Strecke. Der während des Edinburgh International Festivals erhältliche »Festival-Cities-Rover«-Pass gilt zwischen der Queen Street in Glasgow und dem Waverly-Bahnhof in Edinburgh an drei von sieben aufeinanderfolgenden Tagen. Die Pässe sind auch für manche Fähren und die U-Bahn von Edinburgh gültig *(siehe S. 96)*.

Ein Drittel Preisermäßigung gibt es für alle 16- bis 25-jährigen Reisenden mit der »Young Person's Rail Card«. Die »Senior Railcard« und »Disabled Railcard« gewähren Senioren und Behinderten ein Drittel Rabatt. Kinder von 5 bis 15 Jahren reisen vergünstigt. Daneben gibt es auch reduzierte Tickets für Familien.

Broschüre über die Dampflok

ALLGEMEINE HINWEISE

Die schnellsten und komfortabelsten Züge verkehren auf den Intercity-Strecken. Rechtzeitige Platzreservierung ist ratsam, v. a. an Hauptverkehrszeiten wie Freitagabend und Sonntagnachmittag. Intercity-Züge halten nur an wichtigen Bahnhöfen. Eine Fahrt von Edinburgh nach Glasgow dauert mit dem Intercity 50 Minuten. An Sonn- und Feiertagen verkehren deutlich weniger Züge. Gepäckträger findet man in den Bahnhöfen selten, dafür meist Kofferkulis, mit denen man sein Gepäck selbst transportieren kann.

Behinderte Reisende oder Menschen, die auf Hilfe angewiesen sind, sollten die Bahngesellschaft einen Tag vor Antritt der Fahrt benachrichtigen.

BAHNNETZ VON SCHOTTLAND

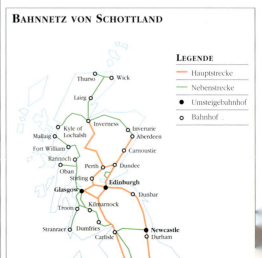

HISTORISCHE ZÜGE

Auf besonders schönen Bahnstrecken verkehren heute historische Züge mit Dampflok. Freunde dieser Eisenbahnromantik erhalten Informationen über Strecken, Abfahrtszeiten sowie Tickets bei den Fremdenverkehrsbüros und an den Kartenschaltern der ScotRail.

Über den spektakulären Viadukt von Glenfinnan fahren Sie im alten Dampfzug von Fort William nach Mallaig. Alternativ bringt Sie die Strathspey Steam Railway von Aviemore auch zum Boat of Garten.

Die Jacobite-Dampflok auf der reizvollen Fahrt nach Mallaig

INTERNATIONALE FERNBUSREISEN

Obwohl die Fahrt im Fernreisebus preisgünstig ist, reist man in ihnen nicht auf die bequemste Art durch Europa. Wenn Sie aber viel Zeit haben und die Reise gerne auch mal unterbrechen, dann kann für Sie eine Busfahrt genau das Richtige sein. Die Fahrkarte gilt für sämtliche Streckenabschnitte inklusive Fähre und Eurotunnel.

NATIONALES ÜBERLANDBUSNETZ

Die grössten Busunternehmen in Schottland sind **Scottish Citylink** und **National Express**, die nur größere Städte und Ziele in Großbritannien bedienen. Kaufen Sie in jedem Fall eine Fahrkarte mit Platzreservierung.

Studenten und Personen unter 25 Jahren erhalten mit einem Busspass Ermäßigungen. Über 50-jährige und Kinder von 5 bis 15 Jahren bekommen ebenfalls Rabatt. Kinder unter fünf Jahren reisen in Schottlands Bussen kostenlos. Wer in einem bestimmten Zeitraum viel reisen will, fährt mit einem »Tourist TrailPass« billiger. Er gilt für alle National-Express-Routen in Schottland sowie auf der ganzen Insel. Sie können den Pass in Großbritannien an Flughäfen, am Busbahnhof Buchanan in Glasgow und im Tourist Information Centre in Edinburgh kaufen. Den »Scottish-Explorer«-Pass (nur gültig in Schottland) gibt es bei Scottish Citylink-Verkaufsstellen oder am Flughafen Glasgow.

BUSUNTERNEHMEN

Die unzähligen in Schottland angebotenen Busreisen bieten eine Vielfalt unterschiedlicher Ziele für alle Interessens- und Altersgruppen. Die Reisedauer variiert zwischen einigen Stunden bei einer Stadtrundfahrt und mehreren Tagen bei einer Rundreise durch ganz Schottland.

Frames bietet eine Sechs-Tages-Tour von London via St Andrews zum Loch Ness oder Fahrten nach Edinburgh, in die Highlands und zur Isle of Skye an. Aus Edinburgh kommt **Scotline Tours** mit Halb- und Ganztagestouren; **Prestige Tours** und **Rabbie's Trail Burners** offerieren Reisen von mehreren Tagen.

Informieren Sie sich im Hotel oder Touristenbüro über das Angebot an regionalen Bussen. Mit ihnen fährt man günstig. Viele größere Städte bieten Rundfahrten im Bus mit offenem Deck.

Entlegenere Gegenden bedient **Royal Mail** mit dem Postbus. Fahrgäste fahren hier im Postwagen mit – dies gilt als eine der interessantesten Arten, um mit Schottland und den Schotten schnell und unkompliziert in Kontakt zu kommen.

Der Postbus bedient auch abgelegenere Gebiete in den Highlands

Stadtrundfahrt auf dem offenen Deck in Edinburgh

AUF EINEN BLICK

WICHTIGE RUFNUMMERN

Informationen für Behinderte
(08457) 44 33 66.

Fundbüro
(0141) 335 32 76 (Glasgow).

Nationale Zugauskunft
(08457) 48 49 50.
www.nationalrail.com

Rail Europe
(08705) 84 88 48.
www.raileurope.co.uk

ScotRail Telesales
(08457) 55 00 33
(für Reservierungen).
www.scotrail.co.uk

BUSUNTERNEHMEN

Frames
(020) 78 37 31 11.

National Express
(08705) 80 80 80.

Prestige Tours
(0141) 886 10 00.

Rabbie's Trail Burners
(0131) 226 31 33.

Royal Mail
(0131) 228 7 407.
www.royalmail.com

Scotline Tours
(0131) 557 01 62.

Scottish Citylink
(08705) 50 50 50.
www.citylink.co.uk

Mit der Fähre unterwegs

MIT WELCHEM VERKEHRSMITTEL SIE AUCH REISEN – Sie müssen immer den Ärmelkanal oder die Nordsee mit Fähren oder via Eurotunnel queren. Autofähren verbinden regelmäßig Häfen des Festlands mit England. Der Eurotunnel bietet direkte Bahnverbindungen zwischen Frankreich bzw. Belgien und England. Heute herrscht ein wahrer Preiskampf zwischen Fährgesellschaften und Eurotunnel. »Island Hopping« mit der Fähre ist eine angenehme Art, die schönen Inseln vor der Küste Schottlands zu bereisen.

Logo einer Fährgesellschaft

»ISLAND HOPPING« IN SCHOTTLAND

VOR DER SCHOTTISCHEN Küste liegen 800 (bewohnte und unbewohnte) Inseln, deren zerklüftete Schönheit man wunderbar von der Fähre genießen kann. Die Inseln lassen sich grob in zwei Gruppen aufteilen: die vor der Westküste gelegenen Hebriden sowie Orkney und Shetland Islands im Nordosten.

Die Reederei **Caledonian MacBrayne** hat 30 Schiffe, die zwischen 23 westlichen Inseln und Zentralschottland verkehren. Sie laufen Häfen an wie Arran, Islay, Mull, Barra, Lewis, Harris, Skye, Raasay, Coll, Tiree und Eigg. Der Sommerfahrplan gilt von Ostern bis Mitte Oktober, im restlichen Jahr ist der Service eingeschränkt.

Autofähre von Oban nach Lochboisdale auf South Uist

MIT DER FÄHRE NACH SCHOTTLAND

DIE EINZIGE FÄHRVERBINDUNG zwischen Schottland und dem europäischen Festland wird von der Reederei **Superfast Ferries** betrieben. Dieser neue Fährdienst verbindet Rosyth am Firth of Forth (gegenüber liegt gleich Edinburgh) mit Zeebrügge in Belgien. Eine Übernachtfahrt dauert rund 17 Stunden und 30 Minuten.

Von Nordirland nach Schottland gibt es zwei Fährrouten. Beide, **Seacat** und **Stena Line**, verkehren häufig zwischen Belfast und Stranraer. Die **P&O Irish Sea Ferries** bieten dagegen täglich mehrere Überfahrten zwischen den Häfen von Larne (Nordirland) und Cairnryan, nördlich von Stranraer, an.

VOM FESTLAND NACH ENGLAND

ZAHLREICHE FÄHREN über die Nordsee und den Ärmelkanal stellen viele Verbindungen zwischen europäischem Festland und Großbritannien her. Für Reisende nach Nordengland bietet **P&O North Sea Ferries** täglich Überfahrten von Rotterdam oder Zeebrügge nach Hull. **DFDS Seaways** verbindet Kristiansand, Göteborg und Amsterdam mit Newcastle.

Nicht gerade billig ist der Weg durch den Eurotunnel: Busse und Autos werden für die Zugfahrt auf den **Eurotunnel**-Zug verladen, die Passagiere bleiben während der 35 Minuten langen Fahrt von Calais nach Folkstone in ihrem Fahrzeug. Der bekannte **Eurostar**-Zug verbindet als Hochgeschwindigkeits-Personenzug Paris bzw. Brüssel mit London (keine Autos!).

Die meisten Routen werden zwei- bis dreimal täglich bedient, manche aber nur einmal. Es gibt Einfach-, Rückfahr- und Fünf-Tages-Tickets.

Weiterhin gibt es zwei Sonderfahrkarten: Island-Hopscotch-Karten gelten ab Reiseantritt einen Monat lang auf fünfzehn Routen. Mit dem »Island Rover« kann man seine individuelle Inselroute auswählen. Das Ticket gilt ab Reiseantritt acht bzw. 15 Tage. Es wird auf allen Caledonian-Fähren akzeptiert, doch garantiert es keinen Platz auf einer bestimmten Fähre. Es ist ratsam, einen Pkw-Platz zu reservieren.

Northlink Ferries hat den früher von P&O abgewickelten Fährverkehr zwischen Zentralschottland und den Orkney sowie den Shetland Islands übernommen. Die Fähren haben eine große Kapazität und sind modern ausgestattet. Sie verfügen über Restaurants, bequeme Kabinen, kleine Läden und Spielmöglichkeiten für mitreisende Kinder. NorthLink verkehrt

Passagiere bei der Abfahrt aus Tobermory auf der Isle of Mull

MIT DER FÄHRE UNTERWEGS

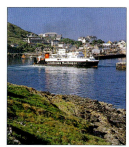

Eine Caledonian-MacBrayne-Fähre verlässt den Hafen von Mallaig

von Scrabster, nördlich von Thurso, nach Stromness auf der Hauptinsel Orkney sowie von Aberdeen nach Orkney und Shetland. Auch zwischen den beiden Hauptinseln besteht ein Fährdienst.

Autofähren der **Pentland Ferries** verkehren auch zu den Orkney-Inseln. Die Route verläuft von Gill's Bay westlich von John o' Groats bis St Margaret's Hope auf South Ronaldsay. Diese Insel ist über den Churchill-Barrier-Damm mit der Hauptinsel Orkney verbunden. Um einen der 46 Auto-Stellplätze zu erhalten, sollten Sie reservieren.

Nur in den Sommermonaten betreibt **John o' Groats Ferries** einen Personenfährdienst nach Burwick auf South Ronaldsay. Die Überfahrt dauert etwa 40 Minuten. Von Burwick besteht eine Busverbindung nach Kirkwall auf der Insel Orkney Mainland.

Mehrere kleinere Personen- und Autofähren verbinden die neun abgelegeneren Inseln des Archipels mit Orkney Mainland. Erkundigen Sie sich rechtzeitig vor Ort nach deren Abfahrtszeiten und Reservierungsmöglichkeiten.

AUSFLUGSFAHRTEN

SCHIFFFAHRTEN machen Spaß: Caledonian MacBrayne bietet eine Fahrt mit Übernachtung sowie Abendfahrten ohne Landgang.

John o' Groats Ferries bietet Tagesfahrten nach Orkney Mainland von John o' Groats und Inverness. **Caledonian Discovery** veranstaltet luxuriöse Sechs-Tage-Kreuzfahrten auf dem Caledonian Canal von Fort William bis nach Inverness.

AUF EINEN BLICK

Caledonian Discovery
(01397) 77 21 67.
www.lochaber.co.uk/fingal

Caledonian MacBrayne
(08705) 65 00 00.
www.calmac.co.uk

DFDS Seaways
(08705) 33 30 00.
www.dfdsseaways.co.uk

Eurostar
(08705) 18 61 86.
www.eurostar.com

Eurotunnel
(08705) 35 35 35.
www.eurotunnel.com

John o' Groats Ferries
(01955) 61 13 53.
www.jogferry.co.uk

NorthLink Ferries
(0845) 600 04 49.
www.northlinkferries.co.uk

P&O Irish Sea Ferries
(0870) 242 47 77.
www.poirishsea.com

P&O North Sea Ferries
(0870) 129 60 02.
www.poferries.com

Pentland Ferries
(01856) 83 12 26.
www.pentlandferries.com

Seacat
(02890) 31 35 42.
www.seacat.co.uk

Stena Line
(01776) 680 21 64.
www.stenaline.co.uk

Superfast Ferries
(0870) 234 08 70.
www.superfast.com

Fahrt auf Loch Ness mit Caledonian Discovery's *Fingal of Caledonia*

AUTOFÄHRE	INFORMATION	TAGE	CHECK-IN	FAHRZEIT
Aberdeen–Kirkwall (Orkney)	(0845) 600 04 49	wechselnd	30 Min.	6:30 Std.
Aberdeen–Lerwick (Shetland)	(0845) 600 04 49	täglich	30 Min.	13:00 Std.
Ardrossan–Brodick (Arran)	(01294) 46 34 70	täglich	30 Min.	0:55 Std.
Gill's Bay–St Marg's Hope (Ork.)	(01856) 83 12 26	täglich	30 Min.	1:00 Std.
Kennacraig–Port Ellen (Islay)	(01880) 73 02 53	täglich	45 Min.	2:10 Std.
Kilchoan–Tobermory (Mull)	(01688) 30 20 17	Mo–So	30 Min.	0:35 Std.
Lerwick (Shet.)–Kirkwall (Ork.)	(0845) 600 04 49	wechselnd	30 Min.	5:30 Std.
Mallaig–Armadale (Skye)	(01687) 46 24 03	täglich	30 Min.	0:30 Std.
Oban–Castlebay (Barra)	(01631) 56 66 88	tägl. außer Mi	45 Min.	5:15 Std.
Oban–Craignure (Mull)	(01631) 56 66 88	täglich	30 Min.	0:45 Std.
Scrabster–Stromness (Orkney)	(0845) 600 04 49	täglich	30 Min.	1:30 Std.
Uig (Skye)–Tarbert (Harris)	(01470) 54 22 19	Mo–Sa	30 Min.	1:35 Std.
Ullapool–Stornoway (Lewis)	(01854) 61 23 58	Mo–Sa	45 Min.	2:40 Std.

Mit dem Auto unterwegs

AUCH IN SCHOTTLAND fährt man links. Entfernungen werden in Meilen angegeben. Im Süden und zwischen Edinburgh und Glasgow gibt es ein gebührenfreies Autobahnnetz, dessen Benutzung die Fahrzeiten erheblich verkürzen kann. In größeren Städten kann die Verkehrsdichte zu Staus führen, an Ferienwochenenden fließt der Verkehr in die Highlands nur zäh. Im ländlichen, landschaftlich schönen Schottland ist das Fahren angenehm, auch Straßen in abgelegenen Regionen sind meist in gutem Zustand.

Absolutes Halteverbot **Geschwindigkeitsbegrenzung**

Durchfahrt verboten **Rechtsabbiegen verboten**

Bahnübergang **Vorfahrt beachten**

Einbahnstraße **Steigung bzw. Gefälle (20%)**

Die vierspurige A68 führt von Northumbria nach Edinburgh

FAHRZEUGPAPIERE

AUTOFAHRER benötigen in Schottland einen gültigen nationalen oder internationalen Führerschein und müssen den Fahrzeugschein bzw. den Mietvertrag sowie die üblichen Versicherungsdokumente bei sich führen.

Autobahnschild

STRASSEN

DIE RUSHHOUR dauert werktags von 8–9.30 und von 17–18.30 Uhr. Radio Scotland und lokale Radiostationen senden Verkehrsmeldungen. Sie können sich auch bei **AA Road Watch** nach der Verkehrslage erkundigen. Außerhalb der Städte helfen gute Straßenkarten weiter, z. B. die übersichtlichen AA- oder RAC-Reiseatlanten, in abgelegenen Gebieten die genauen Karten der Ordnance-Survey-Reihe. In ländlichen Regionen gibt es oft nur einspurige Straßen mit oft schwer einsehbaren Kurven, die umsichtige Fahrweise erfordern.

Alle Karten kennzeichnen Autobahnen mit einem M für *Motorway*, gefolgt von einer Zahl (z. B. M8). Die meist vierspurigen Hauptstraßen werden mit einem A bezeichnet, z. B. A71. Nebenstrecken, die weniger befahren sind als A-Straßen, werden als B-Straßen bezeichnet. In den Highlands gibt es weniger Straßen.

Behinderten Fahrern erteilt die **AA Disability Helpline** detaillierte Fahrinformationen und gibt Tipps.

VERKEHRSSCHILDER

VERKEHRSSCHILDER entsprechen dem europäischen Standard. Wegweiser sind farblich unterschieden: Blau verweist auf Autobahnen, Grün auf Hauptverkehrs-, Weiß auf Nebenstraßen. In den Highlands und auf den Inseln ist die Beschilderung Englisch und Gälisch, in Zentralschottland nur Englisch. Braune Schilder (mit blauer Distel) weisen auf interessante Sehenswürdigkeiten hin. Warnschilder sind weißrote Dreiecke mit leicht verständlichen Symbolen. Beachten Sie auf Autobahnen die elektronischen Warnungen vor Straßenarbeiten, Unfallstellen oder sonstigen Gefahren.

Bahnübergänge sind oft mit automatischen Warnschranken gesichert: Rotes Licht kündigt einen Zug an und gebietet Halt.

VERKEHRSREGELN

DIE HÖCHSTGESCHWINDIGKEIT beträgt in Ortschaften 50–60 km/h (30–40 mph), auf Autobahnen und Schnellstraßen 110 km/h (70 mph). Sicherheitsgurte sind Pflicht. Die Alkoholgrenze liegt (2004) bei 0,8 Promille. Ohne Freisprecheinrichtung darf mit dem Handy im Auto nicht telefoniert werden.

PARKEN

PARKSCHEINAUTOMATEN sind in größeren Städten weit verbreitet. Der Parkschein muss hinter die Windschutzscheibe gelegt werden. Einige Städte bieten »Park-and-ride«-Möglichkeiten, bei denen Busse Sie ins Zentrum bringen. In anderen Städten benötigt man eine Parkscheibe. Gelbe Doppelstreifen am Randstein bedeuten Parkverbot, bei einfachen gelben Streifen ist das Parken abends und am Wochenende erlaubt. Verkehrspolizisten stellen Strafzettel aus, lassen Krallen anbringen oder den Wagen abschleppen. Suchen Sie im

Zweifel bewachte Parkplätze auf. Außerhalb von Innenstädten und touristisch beliebten Orten findet man meistens leicht einen Parkplatz.

Die Innenstadt Edinburghs meidet man mit dem Auto besser ganz, da nur wenige Autos Zugangsberechtigung zum Zentrum haben. Außerdem sind die meisten Sehenswürdigkeiten sehr gut zu Fuß erreichbar.

Sie können aber auch ein Taxi nehmen. Die amtlich zugelassenen Taxis zeigen ein »For-Hire«-Schild, Kleintaxis eine Karte mit der Identität des lizensierten Fahrers. Falls Sie ein Taxi ohne Taxameter besteigen, sollten Sie sich auf jeden Fall vor der Fahrt nach dem Fahrpreis erkundigen.

Die stark befahrene M8 in den Außenbezirken Glasgows

Schwarzes Taxi in Glasgow

TANKEN

Während an Autobahnen das Tanken sehr teuer ist, verkaufen die großen Supermärkte das Benzin oft zu den günstigsten Preisen. Es werden drei verschiedene Arten von Benzin angeboten: Diesel, Super bleifrei und bleifreies (Normal-)Benzin.

Neuere Modelle fahren mit bleifreiem Benzin, das wie Diesel billiger als Super ist. An den meisten Tankstellen gilt Selbstbedienung. Die Anweisungen an den Zapfsäulen sind leicht verständlich. Grüne Schläuche kennzeichnen bleifreies Benzin. Es wird nach Liter abgerechnet.

PANNENHILFE

Die grossen britischen Automobilklubs, die **AA** (Automobile Association) und der **RAC** (Royal Automobile Club), bieten flächendeckend rund um die Uhr Pannen- und Unfallhilfe. Beide Automobilklubs gewähren auch Mitgliedern ausländischer Automobilklubs Hilfe – erkundigen Sie sich bei Ihrem Autoklub.

An Autobahnen können Sie von Notrufsäulen aus die AA oder den RAC erreichen. Fast alle Autoverleiher bieten einen umfassenden Versicherungsschutz, der die Mitgliedschaft in AA oder RAC für die Mietzeit beinhaltet. Wenn Sie Pannenhilfe ohne Klubmitgliedschaft anfordern, müssen Sie mit recht hohen Preisen rechnen. Folgen Sie immer den Empfehlungen in Ihrer Versicherungspolice oder dem Mietvertrag. Im Falle eines Unfalls, bei dem Sie oder das von Ihnen geführte Fahrzeug zu Schaden kommen, sollten Sie auf jeden Fall die örtliche Polizei rufen.

AUTOVERMIETUNGEN

Mietwagen können teuer sein. Zu den günstigeren Verleihern zählt **Hire for Lower**. Weitere günstige Firmen sind **Arnold Clark**, **Budget**, **Hertz**, **Europcar** und **National Car Rental**. Führerschein und Ausweis sind vorzulegen sowie eine Kreditkarte, andernfalls ist Bargeld zu hinterlegen. Das Mindestalter für das Mieten eines Autos liegt bei 21 Jahren, das Höchstalter beträgt 70 Jahre. Verleiher können Sie an Flughäfen, Bahnhöfen und in Stadtzentren finden.

Auch in kleineren Städten gibt es teilweise günstigere Autovermietungen.

RAC-Logo

AUF EINEN BLICK

PANNENDIENSTE

AA
(0800) 88 77 66.
www.theaa.co.uk

RAC
(0800) 82 82 82.
www.rac.co.uk

AUTOVERMIETUNG

Arnold Clark
(0800) 83 82 45.

Avis
(0870) 606 01 00.
www.avis.com

Budget
(0800) 18 11 81.
www.budgetdrive.com

**Europcar/
British Car Rental**
(08457) 22 25 25.
www.europcar.com

Hertz Rent A Car
(08457) 99 66 99.
www.hertz.com

Hire for Lower
(020) 74 91 11 11.
www.autosabroad.com

National Car Rental
(08705) 36 53 65.
www.nationalcar-europe.com

**ALLGEMEINE
INFORMATION**

AA Road Watch
(09003) 40 11 00.

AA Disability Helpline
(0800) 26 20 50.

Textregister

A

AA 215
Abbey St Bathans, Restaurants 178
Abteien
  Dryburgh Abbey 81, 85
  Inchmahome Priory 117
  Jedburgh Abbey 84f
  Kelso Abbey 84, 85
  Melrose Abbey 81f, 85, **86**
  Tour durch das Grenzland **85**
Abbotsford House 81, **86**
Aberdeen **142f**
  Fähren 213
  Flughafen 208
  Hotels 170
  Karte 143
  Restaurants 181
Aberdeen Royal Infirmary 203
Aberdour, Golf 189
Aberfoyle, Restaurants 180
Achiltibuie 156
  Hotels 170
  Restaurants 181
Achray, Loch 13, 50
Adam, John 57
Adam, Robert
  Culzean Castle 50, 92f
  New Town (Edinburgh) 64
  Porträt 92
  West Register House (Edinburgh) 65
Adam, William
  Floors Castle 84
  Hopetoun House 70
  Inveraray Castle 130
  Tolbooth (Sanquhar) 88
Ahnenforschung 184
Ainslie Place (Edinburgh)
  Detailkarte 64
Air France 209
Albany, Robert, Duke of 122
Albert, Prince 144
Alkohol 201
  Schottischer Whisky **30f**
Allein reisende Frauen 203
Alexander II, König 43
Alexander III, König 43, 114
American Express 204
An Comunn Gaidhealach 185
Angeln 194f
  Scottish Fisheries Museum 124
Anstruther, Restaurants 180
Antiquitätenläden (Edinburgh) **73**
Antoniuswall 41, **125**
Apotheken 202
Aquarien
  Mallaig Marine World 137
  Oban Seal and Marine Centre 132
Arbroath 123
  Golf 189
Arbroath, Declaration of (1320) 43
Archaos (Glasgow) 109
Arches (Glasgow) 109
Archiestown, Restaurants 181
Architektur, von der Burg zum Schloss **18f**
Ard, Loch 120
Ardnamurchan-Halbinsel **136**
Ardrossan, Fähren 213
Arduaine, Hotels 170
Arduaine Garden 132
Argyll, Dukes of 120, 130
Arisaig, Hotels 170
Armadale, Fähren 213
Armadale Castle (Gardens and Museum of the Isles) 153
Arnold Clark 215
Arran 114
  Fähren 213
  Hotels 169
  Restaurants 180
Art Gallery (Aberdeen) 142
Art Gallery and Museum (Perth) 122
Arthur, König 120
Arthur's Seat **67**
Ärzte 202
Assembly Rooms (Edinburgh) 77
Assynt Mountains 156
Atholl, Dukes of 139

Auchencairn, Hotels 167
Auchindrain Musefm **130**
Auchmithie, Restaurants 182
Auchterarder
  Golf 189
  Hotels 169
Aufklärung 22, 24, 47
Auskunft 199, 206
Austin Reed (Edinburgh) 73
Austin Reed (Glasgow) 107
Austrian Airlines 209
Autos **214f**
  Autoverladung 215
  Autovermietungen 215
  Moray Motor Museum (Elgin) 145
  Versicherung 198
  siehe auch Mit dem Auto unterwegs
Aviemore 140
  Restaurants 182
Avis 215
Awe, Loch **132**
Ayr Gold Cup 38

B

Ba' Game, The 39
Baird, John Logie 23
Balfour Castle 158
Balhousie Castle 122
Ballater
  Hotels 170
  Restaurants 182
  Royal Deeside Tour 144
Ballindalloch, Hotels 170
Balloch 115
  Restaurants 180
Balmoral 46, 51
  Royal Deeside Tour 144
Balnakeil Craft Village 157
Balquhidder, Hotels 169
Banchory, Royal Deeside Tour 145
Banken 204
Banknoten 205
Banks, Iain 25, 69
Bannockburn, Schlacht von (1314) 43, 120
Bannockburn Heritage Centre (Stirling) 120
Barbour, John 24
Bargo (Glasgow) 109
Barra **161**
  Fähren 213
  Hotels 171
Barrie J M 25
Barrowlands (Glasgow) 109
Bars
  Edinburgh 77
  Glasgow 109
The Battle of Culloden (Campbell) 146
Bed-and-Breakfast 165
Bedlam (Edinburgh) 77
Behinderte Reisende 199
  Disability Helpline 203
Beinn Eighe National Nature Reserve 151
Beinn Tarsuinn 114
Bell, Alexander Graham 23, 46
Bellany, John 98
Beltane 36
Ben Ime 115
Ben Lomond 115
Ben Nevis **135**, 148
  Besteigung 135
Ben Nevis Hill Race 38
Benbecula **160f**
Bennet's (Edinburgh) 77
Benson, Gordon 62
Bergauskunft 193
Berge 17
  Wandern im Gebirge **192f**
Black Isle **150**
Blackadder, Elizabeth 98
Blair Castle 19, 139
Blairgowrie, Hotels 169
Blind Harry 24
bmi (British Midland) 209
Bongo Club (Edinburgh) 77
Boote
  Fähren 212f
  Segeln 195
  Traditional Boats Festival 37

Book of Kells 42
Borders Books (Glasgow) 107
Boswell, James 24
Botanic Garden, Edinburgh siehe Royal Botanic Garden
Botanic Gardens (Glasgow) 20, **103**
Botschaften 201
Bow Bar (Edinburgh) 77
Braemar Castle 18
Braemar Gathering 12, 38
Brahan Seer 150
Bridie, James 25
Britannia (Royal Yacht) 68
Britische Zentrale für Fremdenverkehr 199
British Airways 209
British Airways City Express 209
British Association for Shooting and Conservation (Scotland) 195
British Golf Museum (St Andrews) 123
Brodick
  Fähren 213
  Restaurants 180
Brodick Castle 114
Brown, George Douglas 25
Bruce, George 25
Bruce, Sir George 125
Bruce, Robert siehe Robert the Bruce
Brücken, Forth **69**
Bruide, König 42
Bryden, Bill 25
Buchan, John 25
Bücher, Edinburgh Book Festival 79
Budget (Autoverleih) 215
Bullough, Familie 137
Bunessan, Hotels 172
Burgund, Herzog von 60
Burnett, Familie 145
Burns, Robert 24, 46f
  Burns Cottage (Alloway) 89
  Burns Heritage Trail **89**
  Burns House (Dumfries) 89
  Burns House and Museum (Mauchline) 89
  Ellisland Farm 89
  Porträt von 63
  Robert Burns Centre (Dumfries) 89
  Tam O'Shanter Experience (Alloway) 89
  Writer's Museum (Edinburgh) 57
Burns Night 39
Burrell, Sir William 104
Burrell Collection (Glasgow) 51, **104f**
Busta, Hotels 173
Busreisen 211
Bute **115**
Bute, 3. Marquess of 115, 124
Bute House (Edinburgh) 65
Byrne, John 25

C

Caerlaverock Castle **90**
Café-Bars, Edinburgh 77
Café Royal (Edinburgh) 77
Cairngorm Mountains 51, **140f**
  Skifahren 193
Cairngorm Reindeer Centre 141, 185
Caledonian Brewery 185
Caledonian Canal 137, 147ff
Caledonian Discovery 213
Caledonian MacBrayne 213
Callander 117, 198
  Hotels 169
Callanish 41
Calton Hill (Edinburgh) **66**
Camera Obscura (Edinburgh) 56
Cameron, Richard 88
Campbell, D. *The Battle of Culloden* 146
Campbell, Lady Grace 130
Campbell, John Lorne 137
Campbell, Robert 134
Campbell-Clan 130
Camping 165
Canna **136f**
Canongate Tolbooth: The People's Story (Edinburgh) **58f**
Cape Wrath **157**
Caravaning 165
Carloway Broch 160
Carlyle, Thomas 25
Carnegie, Andrew 124f

TEXTREGISTER

Carnegie Birthplace Museum 125
Carnoustie, Golf 189
Carrbridge 51
Cassillis, Lord 92
Castlebay, Fähren 213
Cawdor Castle **146**
Celtic (Glasgow) 109
Celtic Connections 39
Charles I, König von England 62, 90, 122
Charles II, König von England 57, 66
Charlie, Bonnie Prince 45, 127, **153**
  Benbecula 160
  Blair Castle 139
  Culloden 146
  Drumlanrig Castle 89
  Eriskay 161
  Glenfinnan Monument 137
  Holyrood Palace 67
  Isle of Skye 153
  Loch Lochy 148
  Mercat Cross (Edinburgh) 58
  Palace of Holyroodhouse 67
  Prince's Cairn 136
  Schlacht von Falkirk 111
  Scottish National Portrait Gallery (Edinburgh) 63
  Traquair House 87
Charlotte Square (Edinburgh)
  Detailkarte 65
Christentum 42, 90
Citizens' Theatre (Glasgow) 109
City Café (Edinburgh) 77
City Observatory (Edinburgh) 66
Clan-Abzeichen 27
Clans **26f**, 127
Clava Cairns 146
Claypotts Castle 18
Clunie Foot Bridge, Killiecrankie Walk 138
Clyde, Fluss 88, 95
  Firth of Clyde 114
Cockburn, Lord 64
Cockburns of Leith 73
Colbost, Restaurants 183
Coll **133**
Colonsay, Hotels 171
Columban, St., Mönch 42, 63, 127, 133, 149
Comunn An Luchd Ionnsachaidh 185
Comunn na Gàidhlig 185
Connoisseurs Scotland 185
Cooper, Samuel, James II 147
‹Corbetts›, Bergsteigen 193
Coronation Bridge, Killiecrankie Walk 138
Corpach 137
Covenanters
  Greyfriars Kirk (Edinburgh) 62
  Martyrs' Monument 91
  Sanquhar 88
Craig, James 64
Craignure, Fähren 213
Craigston, Golf 189
Cranston, Kate 100
Crarae Gardens 20, 130
Crathes Castle and Gardens 21
  Royal Deeside Tour 145
Crinan
  Hotels 171
  Restaurants 182
Crockett, SR 25
Crofting **161**
Cromarty 150
  Hotels 171
Crossflight 207
Cruden Bay, Golf 189
CTC National Cyclists Organisation 195
Cuillins 152
Cul de Sac (Glasgow) 109
Culloden, Schlacht von (1746) 26, 28, 45f, **146**
Culross **125**
Culzean Castle 50, **92f**
Cumberland, Duke of 143, 146
Cumberland (Edinburgh) 77
Cupar, Restaurants 180

D

Dalbriada 41
Dale, David 88
Dalí, Salvador, *Christus vom Heiligen Johannes vom Kreuz* 99
Darien-Expedition 45
Darnley, Lord 67, 98, 123
David I, König 9, 42f
  Edinburgh Castle 61
  Holyrood Abbey 53
  Holyrood Park (Edinburgh) 67
  Kelso Abbey 84
  Melrose Abbey 86
  Tour durch das Grenzland 85
Dawyck Botanic Garden 21
Dean Bridge (Edinburgh)
  Detailkarte 64
Dean Village **69**
Debenhams (Glasgow) 107
Dee, Fluss 89, 90
Deeside, Royal Deeside Tour 144f
Defoe, Daniel 124
Destillerien *siehe* Whisky
Dewar, Sir James 23
DFDS 213
Dichter und Denker **24f**
Dirleton Castle 71
Discovery 123
Dominion (Edinburgh) 77
Dornoch **150f**
  Golf 189
  Hotels 171
Douglas, Familie 60, 88
Douglas, Gavin 24
Douglas, Sir James (‹Black Douglas›) 86, 89
Doune Castle 122
Dounreay 157
Doyle, Arthur Conan 25
Drum Castle 19
  Royal Deeside Tour 145
Drumlanrig Castle 18f, **88f**
Drummond, George 64
Drummond, James, *Die Rückkehr von Mary, Queen of Scots, nach Edinburgh* 40
Drummond Castle Gardens 21
Dryburgh, Hotels 167
Dryburgh Abbey 85
  Tour durch das Grenzland 85
Drymen, Restaurants 180
Duart Castle 133
Dudelsäcke 28
  National Museum of Piping (Glasgow) **100**
  Piping Centre (Glasgow) **100**
  World Pipe Band Championships 37
  World Piping Championships 38
Duffus Castle 18
Duich, Loch 127
Dulnain Bridge, Hotels 171
Dumbarton 114
Dunbar, William 24
Duncan, George 146
Duncansby Head 157
Dundee 113, **123**
  Restaurants 181
Dunfermline 69, **124f**
  Golf 189
Dunkeld **139**
  Hotels 171
Dunlop, John 22
Dunnet Head 157
Dunollie Castle (Oban) 132
Dunoon 114
Dunrobin Castle 19, 150
Dunstaffnage Castle 132
Dunvegan, Hotels 173
Dunvegan Castle 152

E

Eas Coul Aulin 157
East Lothian Coast **70f**
East Neuk 124
easyJet 209
Easyeverything 206
Edinburgh 51, **53ff**
  Altstadt 53f, 59
  Detailkarte 64f
  Flughafen 208
  Golf 189
  Hotels 166ff
  Karte 54f
  Läden und Märkte **72ff**
  New Town 47, 53
  Restaurants **176ff**
  Royal Mile 53, **56ff**
  Unterhaltung **76ff**
Edinburgh Book Festival 79
Edinburgh Castle 11, 53, 60f
Edinburgh Central Cycle Hire 195
Edinburgh Dental Hospital 203
Edinburgh Festival 13, 37, 53, **78f**
Edinburgh Festival Theatre 77
Edinburgh International Conference Centre 62
Edinburgh International Film Festival **78f**
Edinburgh Jazz & Blues Festival **79**
Edinburgh Military Tattoo 37, **79**
Edinburgh Playhouse 77
Edinburgh Royal Infirmary 203
Edinburgh's Hogmanay 39
Edward I, König von England 43, 90
Edwin, König 60
Eigg **136f**
Eildon Hills **84**
Eilean Donan Castle 127, 151
Einkaufen
  Edinburgh 72ff
  Glasgow 106f
  Öffnungszeiten 200
  Spezialitäten, schottische 74f
Eintrittspreise 200
Eisenbahn *siehe* Züge
Elektrizität 201
Elgin **145**
Elizabeth, Königinmutter 123
Elizabeth I, Königin von England 44
Elizabeth II, Königin von England 57, 66
Ellisland Farm 89
E-Mail 207
Entfernungstabelle 9
Episkopalkirche 44
Erfindungen **22f**
Eriskay **161**
Essen und Trinken **32f**
  Ausflüge **184f**
  Geschäfte **72f**, 106f
  Schottischer Whisky **30f**
  Spezialitäten **75**
  Sprachführer 224
  Vegetarisches Essen 175
  siehe auch Restaurants
Europcar/British Car Rental 215
Eurochecks 204
Eurostar 213
Eurotunnel 213
Exchange, The (Edinburgh) **62**
Eyemouth Seafood Festival 37

F

Faed, Thomas, *The Last of the Clan* 150
Fähren **212f**
Fair Isle 159
Fairlie, Restaurants 181
Falkirk, Schlacht von (1746) 111
Falkland Palace **124**
Farrell, Terry 62
Farrer, Reginald 130
Fast food 175
Feiertage, gesetzliche 38
Fergus 99
Ferguson, Adam 24
Ferguson, Robert 24
Fernsehen 201
Fernwanderwege 191
Ferrier, Susan 25
Festivals **36ff**
  Edinburgh 78f
Feuerwehr 203
Film
  Edinburgh **76**, 77
  Edinburgh International Film Festival **78f**
  Glasgow **108f**
Filmhouse (Edinburgh) 77
Fingal's Cave 133
Finlaggan 131
Firth of Clyde 114
Five Sisters of Kintail 151
Fleming, Alexander 23, 47
Flodden, Schlacht von (1513) 44, 81
Floors Castle 84
Flüge **208f**
Flüsse 16
Forest Enterprise 195
Forestry Commission 191
Forsyth, Alan 62
Fort Augustus 149
Fort George **146**
Fort William **134**
Forth Bridges **69**

TEXTREGISTER

Fortrose 150
Foula 159
Fowke, Captain Francis 62
Frames 211
Fremdenverkehrsbüros 199
Fringe Festival (Edinburgh) 78
Frühstück 174
Fundbüros 203, 211

G

Gälische Sprache 13, 224
Gälische Kultur **184**, 185
Gälische Musik 28
Gärten *siehe* Parks und Gärten
Gästehäuser 165
Galerien *siehe* Museen und Galerien
Gallery of Modern Art (Glasgow) **98**
Galloway Forest Park **90f**
Galt, John 25
Game Conservancy Scottish Fair 37
Garioch, Robert 25
Gebirge 17
Geddes, Jenny 57
Geld **204f**
Genealogie 185
General Register Office for Scotland 185
Geologie **14ff**
George II, König von England 45
George IV, König von England 63, 86, 138
George Square (Glasgow) **98**
Georgian House (Edinburgh)
 Detailkarte 65
Geschwindigkeitsbegrenzungen 214
Gesundheitsversorgung **202**
Gibbon, Lewis Grassic 25
Gill's Bay (Fähren) 158
Girvan, Restaurants 181
Gladstone's Land (Edinburgh) **56**
Glamis, Hotels 169
Glamis Castle **122f**
Glasgow **95ff**
 Burrell Collection **104f**
 Flughafen 208
 Geschichte 46
 Glasgower Künstler **101**
 Golf 189
 Hotels 168f
 Karte 96f
 Läden und Märkte **106f**
 Restaurants 178f
 Unterhaltung **108f**
Glasgow Art Fair 36, 107
Glasgow Boys 90, 98, **101f**
Glasgow Cathedral und Necropolis **99**
Glasgow Film Centre 109
Glasgow International Jazz Festival 37
Glasgow Royal Concert Hall 109
Glasgow Royal Infirmary 203
Glasgow Science Centre **102**
Glasgow School of Art **100**
Glass & Thompson (Edinburgh) 73
Gledstanes, Thomas 56
Glen Nevis 135
Glen Shiel **151**
Glen Tanar Equestrian Centre 195
Glencoe **134**
Glencoe, Massaker von (1692) 45, **134**
Glenfiddich Distillery 185
Glenfinnan Monument 137
Glenmore Lodge 193
Glenshee, Skifahren 193
Glorious Twelfth 37
Goat-Fell-Bergkette 111, 114
Golf 37, 123, **188f**
Golfstrom 21
Graham, James Gillespie 64
Grass Roots (Glasgow) 107
Gray, Alasdair 25
Great Cumbrae Island 114
Great Glen **148f**
Great Scottish Run (Glasgow) 37
Greenock 114
Greyfriars Kirk (Edinburgh) **62**
Grosvenor (Glasgow) 109
Gunn, Neil 25
Guthrie, Sir James 101

H

Haddington **70**
Hadrianswall 41, 125
Haggis 32

Haig, Feldmarschall Earl 59
Halt (Glasgow) 109
Hamilton, James 102, **134**
Hamilton, Thomas 66
Hampden National Stadium (Glasgow) 109
Handa Island **157**, 186
Hardie, James Keir 47
Harris **160**
 Fähren 213
 Hotels 171
 Restaurants 182
Harvey Nichols (Edinburgh) 72
Hawick Common Riding 37
Hawkcraig Point, Hotels 169
Heart of Midlothian 77
Hebriden *siehe* Highlands und Inseln
Henry, George, *Japanese Lady with a Fan* 102
Henry VIII, König von England 85f, 117
Henryson, Robert 24
Heritage House (Glasgow) 107
Hermaness National Nature Reserve 159
Herrschaftshäuser
 Abbotsford House **86**
 Balmoral 144
 Culross Palace 125
 Falkland Palace **124**
 Holyrood Palace **66f**
 Hopetoun House **70**
 Lennoxlove House 70
 Linlithgow Palace **70**
 Mount Stuart House 115
 Palace of Holyroodhouse **66f**
 Scone Palace 122
 Traquair House **87**
 siehe auch Schlösser
Hertz 215
Hibernian 77
Highland Boundary Fault 14f, 111
Highland Clearances 46, **150**, 152
Hire for Lower 215
Hochland und Inseln 111, **127ff**
 Aberdeen 142f
 Cairngorm Mountains **140f**
 Fähren **212f**
 Great Glen **148f**
 Highland Games und Musik **28f**, 37
 Hotels 170ff
 Isle of Skye **152f**
 Karte 128f
 Orkney Islands 158
 Restaurants 181ff
 Road to the Isles 136f
 Royal Deeside Tour 144f
 Säuberungswelle 46, **150**, 152
 Shetland Islands 159
 Western Isles **160f**
Hogg, James 24f
Hogmanay 39
Holyrood Abbey 53, 67
Holyrood Park (Edinburgh) **67**
Hopetoun House **70**
Hopkins, Sir Michael 67
Hornel, Edward 90
Horseshoe (Glasgow) 109
Hotels **164ff**
 Bed-and-Breakfast und Gästehäuser 165
 Edinburgh 166f
 Glasgow 168f
 Hochland und Inseln 170ff
 Inns und Jagdhütten 164f
 Jugendherbergen 165
 Landesinneres 169f
 Landhaushotels und Schlösser 164
 Südschottland 167f
House for an Art Lover (Glasgow) 103
House of Fraser (Edinburgh) 73
House of Fraser (Glasgow) 107
Hoy 158
Hume, David 24, 47, 66
Hunter, Dr William 102
Hunterian Art Gallery (Glasgow) **102f**

I

Iain Mellis (Edinburgh) 73
Iain Mellis (Glasgow) 107
Iguana (Edinburgh) 77
Inchmahome Priory 117
Indigo Yard (Edinburgh) 77

Inhouse (Edinburgh) 73
Inhouse (Glasgow) 107
International Children's Festival 36
International Currency Exchange 204
International Newsagents (Edinburgh) 73
International Science Festival 36
International Youth Hostel Federation 201
Internationale Vermittlung 206
Inveraray, Restaurants 181
Inveraray Castle **130**
Inverawe Smokehouse 185
Inverewe Garden 20, **156**
Inverkip 114
Inverkirkaig, Restaurants 182
Inverness **146f**
 Hotels 171
 Restaurants 182
Inverness Music Festival 39
Inverness Raigmore 203
Iona 42, 133
 Hotels 171
Inseln *siehe* Highlands und Inseln
Islay **131**
 Fähren 213
Isle Ornsay, Hotels 171

J

Jagen **194f**
Jagdhütten 164f
Jakobitenbewegung 45, **147**
 Glenfinnan Monument 137
Jacobite Steam Train 134
James I, König 24, 44
James II, König 60, 89, 123
James II (Cooper) 147
James III, König 44
James IV, König 44f, 53
 Edinburgh Castle 61
 Falkland Palace 124
 Holyrood Palace 66
 Mons Meg 60
 Schlacht von Flodden 81
James V, König
 Falkland Palace 124
 Holyrood Palace 66, 67
 Krone 60
 Linlithgow Palace 70
 Parliament House (Edinburgh) 57
James VI, König
 Edinburgh Castle 61
 Falkland Palace 124
 Krönung 120
 Statue von 122
 Unionsvertrag 44, 45
James VII, König 45, **147**
James VIII, König 147
James Thin (Edinburgh) 73
Jane Davidson (Edinburgh) 73
Japanese Lady with a Fan (Henry) 102
Jarlshof Prehistoric and Norse Settlement 159
Jazz
 Edinburgh **76**, 77
 Edinburgh Jazz & Blues Festival **79**
 Glasgow **108**, 109
Jazz Joint (Edinburgh) 77
Jedburgh **84**
 Hotels 167
 Restaurants 178
Jedburgh Abbey 84
 Tour durch das Grenzland 85
Jeffrey, Francis 24
Jenkins, Valentine 121
Jenners (Edinburgh) 73
John Knox's House (Edinburgh) **58f**
John Lewis (Edinburgh) 73
John Lewis (Glasgow) 107
John O'Groats 157
John O'Groats Ferries 213
Jura **130f**
Justerini & Brooks (Edinburgh) 73

K

Kathedralen
 Dunkeld 139
 Elgin 145
 Glasgow Cathedral und Necropolis 99
 St Andrews 123
 St Andrew's Cathedral (Aberdeen) 142
 St Giles Cathedral (Edinburgh) 57
 St Machar's Cathedral (Aberdeen) 142
 St Magnus Cathedral 127, 158

TEXTREGISTER

Kailzie Gardens 87
Kames Castle 115
Karen Millen (Glasgow) 107
Karten
  Aberdeen 143
  Bahnnetz in Schottland 210
  Ben Nevis 135
  Cairngorms 140f
  East Lothian Coastal Walk 71
  Edinburgh 54f
  Edinburgh: Umgebung 68
  Edinburgh: New Town 64f
  Europa 8
  Galloway Forest Park Walk 91
  Glasgow 96f
  Great Glen 148f
  Hochland und Inseln 128f
  Isle of Skye 152f
  Killiecrankie Walk 138
  Landesinneres 112f
  Mit dem Auto unterwegs 34f
  Orkney und Shetland Islands 9
  Road to the Isles Tour 136f
  Royal Deeside Tour 144f
  Royal Mile (Edinburgh) 56ff
  Schottischer Whisky 30
  Schottland 8f, 34f, 50f
  Sport und Aktivurlaub 186f
  Südschottland 82f
  Tour durch das Grenzland 85
  Trossachs 116f
Katholische Kirche 44
Katrine, Loch 112, 116
Kaufhäuser
  Edinburgh **72**, 73
  Glasgow **106f**
Kay, Jackie 25
Kelman, James 25
Kelten 41, 127
Keltische Kirche 42
Kelso **84**
  Hotels 167
  Restaurants 178
Kelso Abbey 85
Kelvingrove Art Gallery and Museum **102**
Kemp, George Meikle 63
Kennacraig, Fähren 213
Kennedy, AL 25
Kennedy, William, *Stirling Station* 101
Kenneth MacAlpin, König 42
Kentallen of Appin, Hotels 171
Kibble, John 103
Kilchoan, Fähren 213
Kilchrist Church 153
Kilchurn Castle 132
Kildrummy, Hotels 172
Killiecrankie Pass 138
Killiecrankie Walk **138**
Kilmartin House 132
Kilt Rock 50
Kincardine on Forth, Restaurants 181
Kinclaven, Restaurants 181
Kincraig Highland Wildlife Park 140
Kinder, Reisen mit 200
  Museum of Childhood (Edinburgh) 58f
  in Restaurants 175
King's (Glasgow) 109
King's College (Aberdeen) **142**
King's Theatre (Edinburgh) 77
Kinloch Anderson (Edinburgh) 73
Kinloch Castle 137
Kino *siehe* Film
Kinross, Golf 189
Kintyre **131**
Kippford, Restaurants 178
Kirchen *siehe* Kathedralen und einzelne Städte
Kirkcaldy, Golf 189
Kirkcudbright **90**
  Hotels 167
Kirkton of Glenisla, Restaurants 182
Kirkwall 158
Kisimul Castle (Barra) 161
Kleidung
  Geschäfte **72f**, **106**
  Wandern 190
Klima **36ff**, 198
Klubs
  Edinburgh **77**
  Glasgow **109**
KLM 209

Knox, John 44
  John Knox's House (Edinburgh) **58**
  Perth 122
  St Giles Cathedral (Edinburgh) 57
  Statue von 99
Konsulate 201
Krankenhäuser **202f**
Krankenversicherung 198, 202
Krankenwagen 203
Kreditkarten 204
Kriminalität 202f
Küste 16
Kunst
  Glasgower Künstler **101**
  Geschäfte **73**, **107**
  siehe auch Museen und Galerien
Kyle of Lochalsh, Restaurants 182
Kylesku, Hotels 172

L

Läden und Märkte
  Edinburgh 72ff
  Glasgow 106f
Laggan Bridge, Restaurants 182
Lamlash, Golf 189
Landesinnere, Das **111ff**
  Hotels 169f
  Karte 112f
  Restaurants 180f
Landhaushotels 164
Landschaft **16f**
Lansdowne Antiques (Glasgow) 107
Largs 114
  Golf 189
  Hotels 169
The Last of the Clan (Faed) 150
Lavery, Sir John, *A Star* 101
Ledaig, Hotels 172
Leger, Fernand, *The Team at Rest* 69
Leith **68**
Lennoxlove House (Haddington) 70
Leonard, Tom 25
Lerwick 159
  Fähren 213
Leuchars Air Show 38
Lewis **160**
  Fähren 213
  Hotels 172
Lindsay, Sir David 24
Lindsay, James Bowman 22
Linlithgow Palace **70**
Linn of Tummel, Killiecrankie Walk 138
Liquid Room (Edinburgh) 77
Lister, Joseph 23, 63
Literatur **24f**
  Edinburgh Book Festival **79**
Livingstone, David **88**
Loch Achray 13, 50
Loch Awe **132**
Loch Duich 127
Loch Katrine 112, 116
Loch Lochy 148
Loch Lomand 49, **115**
Loch Ness 149
Loch Garten Nature Reserve 141
Loch Lomond Golf Tournament 37
Loch Lomond and the Trossachs National Park 116
Loch Ness, Ungeheuer von **149**
Lochhead, Liz 25
Lochinver, Restaurants 182
Lochmaddy 160
Lochy, Loch 148
Logan Botanic Garden 20, 91
Loganair 209
Lollius Urbicus 125
Lomond, Loch 50, 115f
Lomond Shores 115
Lowlands 111
Lufthansa 209
Luib 153
Luss 115f
Luther, Martin 44

M

MacAlpin, Kenneth 42
MacBean, Donald 138
Macbeth 146
MacCaig, Norman 25
MacColla, Fionn 25

MacCrimmon-Clan 100
MacDiarmid, Hugh 25, 47
Macdonald, Anne Maxwell 104
MacDonald, Flora 132, 153, 160
  Grab von 152
Macdonald, Margaret 103
MacDonald-Clan 45, 134
MacDougal-Clan 132
MacGregor, Robert *siehe* Rob Roy
Machrie 114
MacIlvanney, William 25
Mackenzie, Osgood 156
Mackintosh, Charles Rennie 95, **101**
  Glasgow School of Art **100**
  House for an Art Lover (Glasgow) **103**
  Hunterian Art Gallery 102
  Willow Tea Room (Glasgow) **100**
  A World in Miniature (Kilnver) 132
Maclean, Sorley 25
Maclean-Clan 133
MacLellan Galleries (Glasgow) 102
MacLellan's Castle (Kirkcudbright) 90
MacLeod-Clan 100, 152
Macmillan, Kirkpatrick 22
Macpherson, James 24
MacSweens (Edinburgh) 73
McGaig's Tower (Oban) 132
McGregor, Robert (Künstler) 101
McLean Museum and Art Gallery (Greenock) 114
McManus Galleries (Dundee) 123
McTaggart, William 103
Maes Howe 158
Magnus Barfud, König 131
Maid of the Forth Cruises 185
Malcolm III, König 42, 69, 124
Mallaig **137**
  Fähren 213
  Road to the Isles 136
Mar, 1. Earl von 120
Margaret, Königin 42
  Dunfermline 124
  Edinburgh Castle 61
  South Queensferry 69
Maritime Museum (Aberdeen) **142**
Märkte, Glasgow **106**
Markinch, Hotels 169
Marnoch, Hotels 172
Mary, Queen of Scots 40, 44
  Abbotsford House 86
  Edinburgh Castle 61
  Golf 123
  Holyrood Palace 67
  Inchmahome Priory 117
  Jedburgh 84
  Kirkcudbright 90
  Linlithgow Palace 70
  Provand's Lordship (Glasgow) 98
  Scone Palace 122
  Scottish National Portrait Gallery (Edinburgh) 63
  Stirling 120
  Traquair House **87**
Mary of Guise 66, 70
The Massacre of Glencoe (Hamilton) 102, **134**
Maxwell, Familie 90, 104
Maxwell, James C. 23
Maxwell, Sir John 104
May, Isle of 124
Meadowbank Stadium and Sports Centre 77
Medien 201
Medizinische Versorgung 202
Mehrwertsteuer (VAT) 200
  in Hotels 164
  in Restaurants 174
Melrose, Restaurants 178
Melrose Abbey 81f, **86**
  Tour durch das Grenzland 85
Melrose Sevens 36
Memorial Arch, Killiecrankie Walk 138
Mercat Walking Tours 59
Meunier, Constantin, *Der Schmied* 105
Mietwagen 215
Miller, Hugh 150
Millport, Golf 189
Mingarry Museum 136
Mit dem Auto unterwegs
  Road to the Isles 136f
  Royal Deeside 144f
  Schottland 34f
  Tour durch das Grenzland 85

TEXTREGISTER

Mode (Glasgow) 106
Moffat, Hotels 167
Mons Meg **60, 89**
Montrose, Duke of 117
Moor 17
Morar 136
Moray Place (Edinburgh)
   Detailkarte 64
Morocco's Land (Edinburgh) 56, 59
Morgan, Edwin 25
Morris, Old Tom 22
Mount Stuart House 115
Mountainbiking **194**, 195
Mountaineering Council of Scotland 191, 193
Mousa Brock 159
Mr Ben (Glasgow) 107
Muck **136f**
Muir, Edwin 25
Muir, Willa 25
Muir of Dinnet Nature Reserve, Royal
   Deeside Tour 144
Muir of Ord, Hotels 172
Mull **133**, 199
   Fähren 213
   Hotels 172
   Restaurants 183
Mungo, Heiliger 99, 125
›Munros‹, Bergsteigen 192f
Murrayfield Stadium 77
Museen und Galerien (allgemein)
   Eintritt 200
   Öffnungszeiten 200
Museen und Galerien (einzeln)
   Abbotsford House **86**
   Annie McLeod Experience 88
   Ardnamurchan Natural History Centre 136
   Ardnamurchan Point Visitor Centre 136
   Art Gallery (Aberdeen) **142**
   Art Gallery and Museum (Perth) 122
   Auchindrain Museum **130**
   Balhousie Castle 122
   Balnain House (Inverness) 147
   Bannockburn Heritage Centre (Stirling) 120
   Black House Museum (Arnol) 160
   British Golf Museum (St Andrews) 123
   Burns House (Dumfries) 89
   Burns House and Museum (Mauchline) 89
   Burrell Collection (Glasgow) 51, **104f**
   Canongate Tolbooth: The People's Story
   (Edinburgh) **58f**
   Carnegie Birthplace Museum 125
   City Observatory (Edinburgh) 66
   Combined Operations Museum
   (Inveraray) 130
   Dean Gallery (Edinburgh) **69**
   Discovery (Dundee) 123
   Dynamic Earth (Edinburgh) **67**
   Elgin Museum 145
   Ellisland Farm 89
   Gallery of Modern Art (Glasgow) **98**
   Gladstone's Land (Edinburgh) **56**
   Glamis Castle **122f**
   Groam House Museum (Rosemarkie) 150
   Hugh Miller's Cottage (Cromarty) 150
   Hunterian Art Gallery (Glasgow) **102f**
   Huntly House Museum (Edinburgh) **59**
   Inverness Museum and Art Gallery 147
   Jedburgh Castle 84
   Kelvingrove Art Gallery and Museum
   (Glasgow) **102**
   Kilmartin House 132
   McLean Museum and Art Gallery
   (Greenock) 114
   McManus Galleries (Dundee) 123
   Maritime Museum (Aberdeen) **142**
   Mingarry Museum 136
   Moray Motor Museum (Elgin) 145
   Museum of Childhood (Edinburgh) **58f**
   Museum of Edinburgh **59**
   Museum of Islay Life (Port Charlotte) 131
   Museum of Scotland (Edinburgh) **62f**
   Museum of Transport (Glasgow) **102**
   National Gallery of Scotland (Edinburgh) **63**
   National Museum of Piping (Glasgow) 100
   New Lanark 88
   Our Dynamic Earth (Edinburgh) **67**
   People's Palace (Glasgow) 103
   Pollok House (Glasgow) **104**
   Provand's Lordship (Glasgow) 98
   Regimental Museum (Fort George) 146
   Robert Burns Centre (Dumfries) 89
   Royal Museum (Edinburgh) **62**
   St Mungo Museum of Religious Life and
   Art (Glasgow) **99**
   Sandaig Thatched House Museum (Tiree) 133
   Scottish Exhibition Centre (Glasgow) **102**
   Scottish Fisheries Museum 124
   Scottish Museum of Ornamental
   Plasterwork 87
   Scottish National Gallery of Modern Art
   (Dean Village) 69
   Scottish National Portrait Gallery (Edinb.) **63**
   Shetland Museum (Lerwick) 159
   Skerryvore Lighthouse Museum (Tiree) 133
   Strathnaver Museum (Bettyhill) 157
   Tain Through Time 151
   Tam O'Shanter Experience (Alloway) 89
   Tenement House (Glasgow) **100**
   Tolbooth Art Centre (Kirkcudbright) 90
   Torridon Countryside Centre 151
   Tweeddale Museum (Peebles) 87
   Ullapool Museum 156
   Unicorn, HMS (Dundee) 123
   Whithorn: Cradle of Christianity 90
   Writers' Museum (Edinburgh) **57**
Musik
   Celtic Connections 39
   Edinburgh **76f**
   Edinburgh Jazz & Blues Festival **79**
   Glasgow **108f**
   Glasgow International Jazz Festival 37
   Highland Games und Musik **28f**
   Inverness Music Festival 39
   National Museum of Piping (Glasgow) **100**
   Piping Centre (Glasgow) 100
   Shetland Folk Festival 36
   World Pipe Band Championships 37
   World Piping Championships 38
Mücken 202
Münzen 205

N

Nairn
   Golf 189
   Hotels 172
Napier, John 22
Napoleon I, Kaiser 93
Nasmyth, Alexander, *Culzean Castle* 92
National Express 211
National Museum of Scotland (Edinburgh) **63**
National Museum of Piping (Glasgow) 100
National Trust for Scotland 191, **200**, 201
   Canna 136
   Culross 125
   Georgian House (Edinburgh) 65
   Inverewe Gardens 156
   St Kilda 161
National Union of Students 201
Naturschutzgebiete siehe Tierwelt
Neidpath Castle 18
Nelson Monument (Edinburgh) 66
Neptune's Staircase 137
Ness, Loch 149
Neville's Cross, Schlacht von (1346) 8
Nevis Range, Skifahren 193
Nevis Range Gondola 135
New Lanark **88**
New Scottish Parliament (Edinburgh) **67**
Newmachar, Golf 189
Niederschlag 38
Ninian, St. 41, 90, 99
Nordküste **157**
Noss 159
Notruf 206

O

Oban **132**
   Fähren 213
Odeon Multiplex (Edinburgh) 77
Odeon at the Quay (Glasgow) 109
Odeon City Centre (Glasgow) 109
Öffnungszeiten 200
Ölförderung 47
Old Carlton Cemetary (Edinburgh) 66
Old Fruitmarket (Glasgow) 109
Oliphant, Margaret 25
OMNI (Edinburgh) 77
Onich, Hotels 173
Open Doors Day 38
Oper
   Edinburgh **76f**
   Glasgow **108f**

Orkney Islands **158**
   Fähren 213
   Hotels 173
   Karte 9
   Restaurants 183
Orwell, George 130
Ottokar's (Edinburgh) 73
Our Dynamic Earth (Edinburgh) **67**
Outdoor-Aktivitäten **194ff**
Outlook Tower (Edinburgh) **56**
Owen, Robert 88

P

P&O North Sea Ferries 213
Paisley-Muster 89
Paläste siehe Herrschaftshäuser
Pannendienste 215
Parken 214f
Parks und Gärten **20f**
   Arduaine Garden 132
   Botanic Gardens (Edinburgh) 20, **103**
   Crarae Gardens 20, **130**
   Crathes Gardens 21, 145
   Dawyck Botanic Garden 21
   Drummond Castle Gardens 21
   Holyrood Park (Edinburgh) **67**
   Hydroponicum (Achiltibuie) 156
   Inverewe Gardens 20, **156**
   Kailzie Gardens 87
   Logan Botanic Garden 20, 91
   Pitmedden Garden 21
   Royal Botanic Garden
   (Edinburgh) 20, **68**
   Zen Garden (Glasgow) 99
Parlament 17
   New Scottish Parliament
   (Edinburgh) **67**
   Parliament House (Edinburgh) **57**
Pässe 198
Peebles **87**
   Hotels 167
   Restaurants 178
Pentland Hills 82f, **87**
Pentland Hills Icelandics 195
People's Palace (Glasgow) **103**
Perth **122**
   Restaurants 181
Perth Royal Infirmary 203
Peter Green (Edinburgh) 73
Pferderennen 36
Pied à Terre (Glasgow) 107
Pikten 41f
Piping Centre (Glasgow) **100**
Pitlochry **139**
   Restaurants 183
Pitmedden Gardens 21
Playfair, William 64, 66, 84
Po-Na-Na (Edinburgh) 77
Polizei 202, **203**
Pollok House (Glasgow) **104**
Ponyreiten **194f**
Port Appin
   Hotels 173
   Restaurants 183
Port Edgar Marina 195
Port Ellen, Fähren 213
Portpatrick
   Hotels 168
   Restaurants 178
Portree 153
   Hotels 173
Postdienst **207**
Postlagerung (Poste restante) 207
Presbyterianische Kirche 44, 88
Prestige Tours 211
Prestwick Airport 208
Prince's Cairn 136
Princes Square (Glasgow) 107
Princes Street Gardens (Edinburgh)
   Detailkarte 65
Printmakers Workshop (Edinburgh) 73
Provand's Lordship (Glasgow) **98**
Provost Skene's House (Aberdeen) **143**
Pubs 175

Q

Queen Elizabeth Forest Park 117
Queen's Gallery (Edinburgh) 67
Queen's Hall (Edinburgh) 77
Quiraing 153

R

Rabbie's Trail Burners 211
RAC 215
Radfahren **194f**
Radio 201
Raeburn, Henry 130, 142
  Rev Robert Walker Skating on Duddington Loch 63
Ragamuffin (Edinburgh) 73
Rail Europe 211
Ramblers' Association Scotland 191
Ramsay, Allan 24, 63, 130
Rangers (Glasgow) 109
Rankin, Ian 25
Rare Breeds Park 132
Rauchen 201
Reformation 44, 57
Regionale Fremdenverkehrsbüros 199
Reid, Robert 64
Reid Concert Hall (Edinburgh) 77
Reiseinformationen **208ff**
  Autos **214f**
  Bahn **210f**
  Busse **211**
  Edinburgh 55
  Fähren **212f**
  Flüge **208f**
  Glasgow 96
  Hochland und Inseln 128
  Landesinneres 112
  Südschottland 83
Reiseschecks 205
Reisezeit 198
Reiten 194f
Rembrandt, Selbstbildnis 105
Autovermietungen 215
Restaurants **174ff**
  Afternoon tea 175
  Frühstück, Mittag- und Abendessen 174f
  Edinburgh 176ff
  Fast food 175
  Glasgow 178ff
  Hochland und Inseln 181ff
  Kinder in 175
  Landesinneres 180f
  Preise und Reservierung 174
  Pubs und Weinbars 175
  Restauranttests 174
  Südschottland 178
  Vegetarisches Essen 175
  siehe auch Essen und Trinken
The Return of Mary, Queen of Scots (Drummond) 40
Rev Robert Walker Skating on Duddington Loch (Raeburn) 63
Revolution, Industrielle 46
Rhinns of Galloway **91**
Ring of Brodgar 158
Rizzio, David 67
Road to the Isles Tour **136f**
Rob Roy 86, **117**
  Falkland Palace 124
  Trossach Mountains 116
Robert Adam (Willison) 92
Robert Burns Centre (Dumfries) 89
Robert the Bruce 43, 81
  Arran 114
  Bruce's Stone 91
  Drum Castle 145
  Herz von 85, 89
  Loch Awe 132
  Melrose Abbey 85f
  Rathlin 131
  Statue von 120
  Schlacht von Bannockburn 43, 120, 124
Robertson, William 24
Robin's Ghost and History Tour 59
Rockmusik
  Edinburgh **76**, 77
  Glasgow **108**, 109
Römer 41
  Antoniuswall **125**
  Hadrianswall 41
Roots & Fruits (Glasgow) 107
Roslin Institute (Edinburgh) 23
Rossal 157
Rosslyn Chapel 87
Rothesay Castle 115
Rothiemurchus Estate 140
Rousay 158

Roxburgh, Graham 103
Royal Botanic Garden (Edinburgh) 21, **68**
Royal Deeside 51, 144f
Royal High School (Edinburgh) 66
Royal Highland Show 37
Royal Lyceum (Edinburgh) 77
Royal Mile (Edinburgh) 53, **56ff**
Royal Museum (Edinburgh) **62**
Royal National Mod 38
Royal Scottish Academy Annual Exhibition 36
Royal Scottish Academy of Music and Drama (Glasgow) 109
Royal Yacht Britannia 68
RSAC Scottish Rally 37
Rugby 36
Rum **136f**
Ryanair 209

S

Sabhal Mor Ostaig 185
Säuberungswelle 46, **150**, 152
St Abb's Head **84**
St Andrews **123**
  Golf 189
  Hotels 169
  Restaurants 181
St Andrew's Cathedral (Aberdeen) **142**
St Andrew's Night 38
St Bride's (Edinburgh) 77
St Cecilia's Hall (Edinburgh) 77
St Fillan's Cave 124
St Giles Cathedral (Edinburgh) **57**, 77
St Kilda **161**
St Machar's Cathedral (Aberdeen) **142**
St Magnus Festival 37
St Margaret's Chapel (Edinburgh) 53, 61
St Mungo Museum of Religious Life and Art (Glasgow) **99**
St Nicholas (Aberdeen) **142**
Salisbury Crags (Edinburgh) 67
Salmon & Trout Association 195
Sandaig Thatched House Museum (Tiree) 133
Sanday 158
Sanquhar **88**
Schicksalsstein 43, 47, 60, 122
Schlösser (allgemein)
  Unterkunft in 164
  Von der Burg zum Schloss **18f**
Schlösser (einzeln)
  Armadale Castle 153
  Balfour Castle 158
  Balhousie Castle 122
  Blair Castle 19, **139**
  Braemar Castle 18
  Brodick Castle 114
  Caerlaverock Castle **90**
  Cawdor Castle **146**
  Claypotts Castle 18
  Crathes Castle and Garden 145
  Culzean Castle 50, **92f**
  Dirleton Castle 71
  Doune Castle **122**
  Drum Castle 19, 145
  Drumlanrig Castle 19, **88f**
  Duart Castle 133
  Duffus Castle 18
  Dunollie Castle (Oban) 132
  Dunrobin Castle 19, 150
  Dunstaffnage Castle 132
  Dunvegan Castle 152
  Edinburgh Castle 11, 53, **60f**
  Eilean Donan Castle 127, 151
  Floors Castle 84f
  Glamis Castle **122f**
  Inveraray Castle **130**
  Inverness Castle 147
  Jedburgh Castle 84
  Kames Castle 115
  Kilchurn Castle 132
  Kinloch Castle 137
  Kisimul Castle (Barra) 161
  MacLellan's Castle (Kirkcudbright) 90
  Neidpath Castle 18
  Rothesay Castle 115
  St Andrews Castle 123
  Stirling Castle **120**
  Tantallon Castle 71
  Threave Castle 60, **89**
  Torosay Castle 133
  Turmhäuser 18f
  Traquair House 19

siehe auch Herrschaftshäuser
Der Schmied (Meunier) 105
Schuh (Edinburgh) 73
Schuh (Glasgow) 107
Scone
  Golf 189
  Hotels 169
Scone Palace 122
Scotch Malt Whisky Society 185
Scotline Tours 211
ScotRail Telesales 211
Scott, Sir Walter 24f, 40f, **86**, *127*
  Abbotsford House 81, **86**
  Begräbnis 46
  Castle Street 65
  Eildon Hills 84
  Grab 85
  Loch Katrine 116
  Mons Meg 60
  Perth 122
  Scott Monument (Edinburgh) 54, **63**
  Statuen von 63, 98
  Writers' Museum (Edinburgh) 57
Scottish Anglers National Association 195
Scottish Arts Council 13
Scottish Borders 81
  Tour durch das Grenzland **85**
Scottish Citylink 211
Scottish Claymores 77
Scottish Cup Final 36
Scottish Cycling Holidays 195
Scottish Cyclists Union 195
Scottish Exhibition Centre (Glasgow) 109
Scottish Federation for Coarse Angling 195
Scottish Federation of Sea Anglers 195
Scottish Fisheries Museum 124
Scottish Gallery (Edinburgh) 73
Scottish Gallery of Modern Art 69
Scottish Genealogy Society 185
Scottish Grand National 36
Scottish Kiltmakers Visitor Centre 147
Scottish Museum of Ornamental Plasterwork 87
Scottish National Party (SNP) 12, 47
Scottish National Portrait Gallery (Edinburgh) **63**
Scottish National Watersports Centre 195
Scottish Natural Heritage 137, 191
Scottish Record Office 185
Scottish Rights of Way Society 191
Scottish Rugby Union Cup Final 36
Scottish Water Ski Centre 195
Scottish Youth Hostels Association (SYHA) 165, 201
Scott's View 84
  Tour durch das Grenzland 85
Scrabster, Fähren 213
Sea Life Cruises 185
Seacat 213
Seaforth, Gräfin von 150
Segeln 186, **195**
Seil, Isle of 132
Selkirk, Alexander 124
Seen 16
Seevögel der Orkneys und Shetlands 158f
Seabury, Samuel 142
Shakespeare, William 146
Shepherd, Nan 25
Shetland Folk Festival 36
Shetland Islands **159**
  Fähren 213
  Hotels 173
  Karte 9
  Restaurants 183
Shieldaig, Hotels 173
Sicherheit in den Bergen 192f
Sicherheit und Notfälle **202f**
Signet Library (Edinburgh) 57
Sinclair, William 87
Skara Brae 41, 158
Skeabost 152
  Golf 189
Skene, Sir George 143
Skerryvore Lighthouse Museum (Tiree) 133
Sketch for Annabel Lee (Whistler) 103
Skifahren **193**
Skye, Isle of 11, 50, 128, **152f**
  Fähren 215
  Hotels 173
  Restaurants 183
Sleat, Restaurants 183

Smith, Adam 24, 47
Smith, Sidney Goodsir 25
Smollett, Tobias 24
Smoo Cave 157
Soldier's Leap, Killiecrankie Walk 138
Sonnenscheindauer 37
Soutar, William 25
South Uist 161
Südschottland **81ff**
   Tour durch das Grenzland 85
   Hotels 167f
   Karte 82f
   Restaurants 178
Spark, Muriel 25
Spean Bridge 148
Speyside-Whiskys 30
   Speyside Malt Whisky Trail **144f**
Spezialitäten, schottische **74f**
Sport
   Aktivurlaub 184
   Bergsteigen **192f**
   Edinburgh 77
   Glasgow **109**
   Golf **188f**
   Highland Games 29
   Outdoor-Aktivitäten, weitere **194f**
Staffa Island 15
Staffin, Hotels 173
Stair, Elizabeth, Dowager Countess of 57
Standing Stones of Callanish 160
Standing Stones of Stenness 158
A Star (Lavery) 101
Starry Starry Night (Glasgow) 107
Sprache 13, 224
Statuen
   Alexander Selkirk 124
   Charles I 122
   James VI 122
   John Knox 99
   Robert the Bruce 120
   Sir Walter Scott 63, 98
Steall Waterfall 148
Stena Line 213
Stevenson, Robert Louis 24f
   Writer's Museum (Edinburgh) 57
Stewarton, Hotels 169
Stirling **120**
   Restaurants 181
Stirling Castle **120**
Stirling Castle zur Zeit der Stuarts (Vorsterman) 120
Stirling Station (Kennedy) 101
Stoffe, schottische **89**
Stonehaven
   Golf 189
   Restaurants 183
Stornoway 160
   Fähren 213
Strachur, Hotels 170
Strathnaver Museum (Bettyhill) 157
Strathpeffer **150**
Strathspey Steam Railway 140
Stromness, Fähren 213
Stuart, Prince Charles Edward *siehe* Charlie, Bonnie Prince
Stuart-Dynastie 44f, 63
Studenten **200f**
Summer Isles 156
Superfast Ferries 213
Sutherland, Earls of 150
Sutherland, Herzog von 46

T
T in the Park 37
Tacitus 41
Tain 150f
Talisker-Destillerie 152
Tam O'Shanter Experience (Alloway) 89
Tanaka, Yasutaro 99
Tanken 215
Tantallon Castle 71
Tanzen
   Edinburgh **76**, 77
   Glasgow **108f**
   Highland-Tänze 29
Tarbert (Harris), Fähren 213
Tarbet (Strathclyde) 115
Tarbet (Sutherland),
   Restaurants 183
Tartans 26f
Tee 175
The Team at Rest (Leger) 69
Telefonieren **206**
Telford, Thomas 47
   Caledonian Canal 147ff
   Dean Bridge (Edinburgh) 64, 69
   Neptune's Staircase 137
Temperatur 39
Tenement House (Glasgow) **100**
Theater
   Edinburgh **76f**
   Edinburgh Festival **78**
   Glasgow **108f**
Theatre Royal (Glasgow) 109
Theatre Workshop (Edinburgh) 77
The Lecht, Skifahren 193
Thomas Cook 204
Thomas Pink (Edinburgh) 73
Thomson, RW 22
Threave Castle 60, **89**
Thurso 157
   Hotels 173
   Restaurants 183
Tierwelt **16f**
   Ardnamurchan Natural History Centre 136
   Beinn Eighe National Nature Reserve 151
   Cairngorm Reindeer Centre 141
   Handa Island 157
   Hermaness National Nature Reserve 159
   Islay 131
   Kincraig Highland Wildlife Park 140
   Loch Garten Nature Reserve 141
   Muir of Dinnet Nature Reserve 144
   Rare Breeds Park 132
   St Abb's Head 84
   St Kilda 161
   Seevögel (Orkneys und Shetlands) 158f
   Tierbeobachtungen **185**
Timberbush Tours 211
Tiree **133**
Tobermory 133, 199
   Fähren 213
   Hotels 172
Tolbooth (Sanquhar) 88
Tolbooth Art Centre (Kirkcudbright) 90
Tongue, Restaurants 183
Torosay Castle 133
Torridon Countryside Centre 151
Torrylinn 114
Touristenbüros, schottische 199
Touristenbüros, regionale 199
Toward, Agnes 100
Traditional Boats Festival 37
   Jacobite Steam Train 134
   Strathspey Steam Railway 140
Tramway (Glasgow) 109
Traquair Beer Festival 36
Traquair Fair 37
Traquair House 19, 87
Trekking and Riding Society of Scotland (TRSS) 195
Treshnish Isles 133
Tron (Glasgow) 109
Tron Ceilidh House (Edinburgh) 77
Tron Kirk (Edinburgh) 58
Troon
   Golf 189
   Hotels 170
Trossach Mountains 50, **116f**
Trossach Trundler 211
Turmbauten 18f
Turnberry, Hotels 170
Tweed, Fluss 81
Tweeddale Museum (Peebles) 87
Tweedsmuir, Restaurants 178

U
Ubiquitous Chip Wine Shop (Glasgow) 107
UCI (Edinburgh) 77
UGI (Edinburgh) 77
Uig, Fähren 213
Uists 160f
Ullapool **156**
   Fähren 213
   Hotels 173
   Restaurants 183
Umrechnungstabelle 201
Unabhängigkeitskriege 81
Unicorn, HMS 123
Unionsvertrag (1707) 12, 45
Unst Heritage Centre and Boat Haven 159
Unterhaltung
   Edinburgh **76f**
   Glasgow **108f**
Unterkünfte für Selbstversorger 165
Up Helly Aa 12, 39, 159

V
Valvona & Crolla (Edinburgh) 73
Van Dyck, *Prinzessin Elisabeth und Prinzessin Anne* 63
Vegetarisches Essen 175
Versicherung 198, 202
Victoria, Königin von England 46, 98
   Balmoral 127, 144
   Blair Castle 139
   Pitlochry 139
View of Culzean Castle (Nasmyth) 92
VisitScotland 191, 199
Vögel 16f
Vorsterman, Johannes, *Stirling Castle zur Zeit der Stuarts* 120

W
Währung *siehe* Banknoten und Münzen
Wade, General 45
Wälder 17
Walkerburn, Hotels 168
Wallace, William 43
   Wallace Monument (Abbey Craig) 121
Walls, Hotels 173
Walton, Edward Arthur, *The Wayfarer* 101
Wandern **190ff**
   Besteigung des Ben Nevis **135**
   East Lothian Coastal Walk 71
   Galloway Forest Park Walk **91**
   Killiecrankie Walk **138**
   Water of Leith (Edinburgh) 69
   Detailkarte 64
Wasserfälle
   Eas Coul Aulin 157
   Steall Waterfall 148
Wassersport **195**
Waterstone's (Edinburgh) 73
Waterstone's (Glasgow) 107
Watson-Watt, Robert 23
Watt, James 22, 46, 114
The Wayfarer (Walton) 101
Wechselstuben 204
Wegerecht 190
Weinbars 175
Welsh, Irvine 25
West Highland Way 186
West Register House (Edinburgh)
   Detailkarte 65
Wester Ross **151**
Western Isles 13, **160f**
   Hotels 171
   Restaurants 182
Western Union 204
Wetter **36ff**, 198
Wettervorhersagen 193
Whisky **30f**
   Blair Atholl Distillery 139
   Islay 131
   Herstellung 31
   Mingarry Museum 136
   Speyside Malt Whisky Trail **144f**
   Talisker-Destillerie 152
Whisky Shop (Glasgow) 107
Whistler, James McNeill
   Sketch for Annabel Lee 103
White Corries, Skifahren 193
Whitebridge, Hotels 173
Whithorn **90**
Wigtown Book Festival 38
Wikinger 42, 114, 127
William III, König von England 134, 147
Willison, George, *Robert Adam* 92
Willow Tea Room (Glasgow) **100**
Wine Basket (Edinburgh) 73
Wishart, George 44
World Pipe Band Championships 37
World Piping Championships 38
Writers' Museum (Edinburgh) **57**

Z
Zahnärzte 202f
Zeit 201
Zeitungen 73, 201
Zoll und Einreisebestimmungen 198f
Züge **210f**

Danksagung und Bildnachweis

DORLING KINDERSLEY bedankt sich bei allen, die bei der Herstellung dieses Buches mitgewirkt haben.

DESIGN UND ASSISTENZ
Ein besonderer Dank geht an Hilary Bird, Claire Folkard, Alrica Green, Kathleen Greig, Carolyn Hewitson, Jessica Hughes, Donnie Hutton, Marie Ingledew, Elly King, Sue Megginson, Clare Pierotti, Tom Prentice, das Scottish Tourist Board (besonders Vineet Lal), Pamela Shiels und Stewart Wild.

ERGÄNZENDE FOTOGRAFIEN
Joe Cornish, Andy Crawford, Philip Dowell, Chris Dyer, Andreas Einsiedel, Peter Gathercole, Steve Gorton, Paul Harris, Dave King, Cyril Laubscher, Brian D. Morgan, Ian O'Leary, Stephen Oliver, Tim Ridley, Kim Sayer, Karl Shore, Clive Streeter, Mathew Ward, Stephen Whitehorne.

ILLUSTRATIONEN
Aerographica: Patricia & Angus Macdonald; London Aerial Photo Library.

FOTOGRAFIER-ERLAUBNIS
City of Edinburgh Council Heritage and Arts Marketing/ People's Story Museum; Royal Botanic Garden, Edinburgh; House for an Art Lover, Glasgow; Glasgow School of Art; Glasgow Botanic Gardens.

BILDNACHWEIS
o = oben; ol = oben links; om = oben Mitte; or = oben rechts; mlo = Mitte links oben; mo = Mitte oben; mro = Mitte rechts oben; ml = Mitte links; m = Mitte; mr = Mitte rechts; mlu = Mitte links unten; mu = Mitte unten; mru = unten rechts unten; ul = unten links; u = unten; um = unten Mitte; ur = unten rechts, d=Detail.

Der Verlag bedankt sich bei folgenden Personen, Firmen und Bildbibliotheken für die Druckerlaubnis folgender Abbildungen:

ABERDEEN TOURIST BOARD: 51mro; ABERDEEN UNIVERSITY LIBRARY: The George Washington Wilson Collection 161o; ACTION PLUS: 12o; AEROGRAPHICA: Patricia & Angus Macdonald 14o/u, 15ol, 16mro; ALLSPORT: Craig Prentis 36u; T & R ANNAN & SON (D): 101ur; BANK OF SCOTLAND: 204 mu;

BRIDGEMAN ART LIBRARY, London/New York: 25o, 146u, 147u (d); City of Edinburgh Museums & Galleries 26ul; Fine Art Society, London 101 mlu; Robert Fleming Holdings Limited, London 43m; National Gallery of Scotland, Edinburgh 40; National Museet Copenhagen 42m; Collection of Andrew McIntosh Patrick, UK 101mlo; Smith Art Gallery and Museum, Stirling 120u; South African National Gallery, Cape Town 101mro; Trinity College Library, Dublin 42o; BRITISH AIRWAYS: 208o; BT PAYPHONES: 206ul, 206ol;

LAURIE CAMPBELL: 16mlu/ul, 127u, 157o/m; BRUCE COLEMAN: 158ur, 159ul/umr/ur; Peter Evans 140ol; Gordon Langsbury 141o; Hans Reinhard 116ol; Dr. Frieder Sauer 152o; COLLECTIONS: Michael St. Maur Sheil 159mr; DOUG CORRANCE: 10, 21ur, 27u, 28m, 28um, 29ur, 32ul, 38o, 52, 90o, 108ml/u, 110, 133u, 139o, 144u, 146o, 147o, 186m, 187mo/mu/u, 190u, 192m, 194or/u, 198m, 212u; ERIC CRICHTON PHOTOS: 21ml/mr; CROWN COPYRIGHT: Historic Scotland 60 o/m, 61ul, 121m; Ordnance Survey/Photo, Scotland in Focus 120ol.

EDINBURGH FESTIVAL FRINGE SOCIETY: Andy Manzie, Royal Blind School, Edinburgh 36o; EMPICS: 109r; ET ARCHIVE: Bibliothèque Nationale, Paris 6–7; MARY EVANS PICTURE LIBRARY: 7 (Einklinker), 24o/m/u, 44m, 45mr, 86ul, 88m, 123u, 153ure, 163 (Einklinker), 197 (Einklinker). FALKIRK WHEEL: 125u; LOUIS FLOOD: 26ur.

GARDEN PICTURE LIBRARY: John Glover 20or; GLASGOW MUSEUMS: Art Gallery & Museum, Kelvingrove 102o, 134u, 150u; Burrell Collection 104–105 außer 104ol; Saint Mungo Museum of Religious Life and Art 99u; Museum of Transport 22u, 23ul,

102m; RONALD GRANT ARCHIVE: 25m; V. K. GUY LTD: Mike Guy 16mlo, 34ml, 133o, 3 (Einklinker); Paul Guy 2–3; Vic Guy 118–119.

ROBERT HARDING PICTURE LIBRARY: 130o, 193u; Van der Hars 142o; Michael Jenner 160m; Julia K. Thorne 18ul; Adina Tovy 18ur; Andy Williams 126; Adam Woolfitt 140or; DENNIS HARDLEY: 34mr, 35o/mu, 80, 82, 84m/u, 90u, 91o, 113, 114o/u, 115u, 136u, 137u, 156u, 161u, 199u; GORDON HENDERSON: 17mro, 34o, 35mo/u, 148m, 157u, 158o/ml, 159o, 160u, 213o; HOUSE OF LORDS RECORD OFFICE: Reproduced by permission of the Clerk of the Records 45o; HULTON GETTY COLLECTION: 23mro, 46o, 92ol, 117ur, 149m; (c) HUNTERIAN ART GALLERY, UNIVERSITY OF GLASGOW: 103ol; Mackintosh Collection 94, 101mru; HUTCHISON LIBRARY: Bernard Gerard 13o.

ANDREW LAWSON: 20ul, 21ol/or, 156o.

MUSEUM OF CHILDHOOD, Edinburgh: 58u.

NATIONAL GALLERIES OF SCOTLAND: Scottish National Gallery of Modern Art *Study For Les Constructeurs: The Team At Rest* by Fernand Leger 1950 (c) ADAGP, Paris und DACS, London, 1999 69o; NATURAL HISTORY PHOTOGRAPHIC AGENCY: Bryan & Cherry Alexander 37or; Laurie Campbell 11o, 17mlo, 36m; Manfred Danegger 17ur/uro; Scottish National Portrait Gallery 63o;

NATIONAL MUSEUMS OF SCOTLAND: 62u; NATIONAL PORTRAIT GALLERY, London: 64u; NATIONAL TRUST FOR SCOTLAND: 50u, 56u, 92or, 93ol/or/ur, 124u, 125m, 200mr; Lindsey Robertson 93ul; Glyn Satterley 100ur; NATURE PHOTOGRAPHERS: William Paton 158ul; Paul Sterry 159uml; NATWEST: 204ur; NETWORK PHOTOGRAPHERS: Laurie Sparham 12u.

ORTAK JEWELLERY, Edinburgh: 74mo, 106o. PA NEWS: 29o/ul; Chris Bacon 39m; Roslin Institute 23ur; (c) 1996 POLYGRAM FILMED ENTERTAINMENT: 25u; THE POST OFFICE: 207ol, 207mlo, 207mlu; Glyn Satterley 211u; POWERSTOCK/ZEFA: 18m. REX FEATURES: J. Sutton Hibbert 47m; ROYAL AUTOMOBILE CLUB (RAC): 216u; ROYAL BANK OF SCOTLAND: 204mu; ROYAL BOTANIC GARDEN, Edinburgh: 21ul; ROYAL COLLECTION (c) 1999, HER MAJESTY QUEEN ELIZABETH II: 27om; ROYAL PHOTOGRAPHIC SOCIETY: 23ol.

SCIENCE PHOTO LIBRARY: M-SAT Ltd 8; SCIENCE & SOCIETY PICTURE LIBRARY: Science Museum 23mru; ALASTAIR SCOTT: 15u, 17mlo, 29mu, 191u, 195l; SCOTTISH HIGHLAND PHOTO LIBRARY: 17om, 135o; PHIL SHELDON GOLF PICTURE LIBRARY: 188or; James Shuttleworth: 211m; STILL MOVING PICTURE COMPANY: Gordon Allison 28ur; Marcus Brooke 15or; Wade Cooper 47o; Doug Corrance 28o, 81u, 130u, 185ml, 190ml, 194m; Peter Davenport 16ur; Distant Images 89o; Derek Lairs 41m; Robert Lees 39u, 186o, 191o; Paisley Museum 89u; Ken Paterson 65o; David Robertson 20ml, 149u; Glyn Satterley 187o; Colin Scott 29ml; Scottish Tourist Board 28ul, 140ur, 141m, 184m, 185o; Paul Tomkins/STB 160o, 184u, 186u; Stephen J. Whitehorne 117o; Harvey Wood 139u. TRON THEATRE: Keith Hunter 108mr.

CHARLIE WAITE: 131o; DAVID WARD: 134o; STEPHEN J. WHITEHORNE: 1, 17ol, 29mro, 34u, 37m, 62ol, 63m, 66u, 83, 111u, 115o, 132o, 148u, 161m, 175m, 184o, 192u, 193o, 195r, 205o, 207ml, 213m.

Umschlaginnenseite vorne: DOUG CORRANCE: ml, ur; ROBERT HARDING PICTURE LIBRARY: Andy Williams ol; DENNIS HARDLEY: ul; HUNTERIAN ART GALLERY, UNIVERSITY OF GLASGOW: Mackintosh Collection or.

Umschlag: vordere Umschlagseite: BRITSTOCK-IFA, Abraham: zentrales Bild; Doug Corrance, ul; DK PICTURE LIBRARY, Paul Harris: mru; TRUSTEES OF THE NATIONAL MUSEUMS OF SCOTLAND: mlu; hintere Umschlagseite: Doug Corrance o; Getty Images, Dave Jacobs u; Rücken: BRITSTOCK-IFA, Abraham.

Alle anderen Bilder © Dorling Kindersley.
Weiter Informationen unter **www.dkimages.com**

Gälische Begriffe und Redewendungen

GÄLISCH, EINE KELTISCHE SPRACHE, wird in den schottischen Highlands und auf den Western Isles noch heute als Zweitsprache gesprochen. Schätzungen zufolge sprechen landesweit etwa 80 000 Menschen Gälisch. Gefördert durch Behörden, Fernseh- und Rundfunkanstalten, erlebt die Sprache seit etwa zehn Jahren eine Renaissance. Besucher finden das Gälische jedoch am ehesten auf Straßenschildern: Wörter wie *glen*, *eilean* und *kyle* werden immer noch häufig verwendet. Verkehrssprache Schottlands ist das Englische. Da Schottland aber über ein eigenes Erziehungs- und Rechtswesen sowie ein eigenes politisches und religiöses System verfügt, sind viele Wörter entstanden, die die schottische Kultur widerspiegeln. Auch gibt es viele eigene umgangssprachliche Wendungen. Das in Schottland gesprochene Englisch gliedert sich in vier Dialekte. Den Zentralschottlands hört man vom Zentralgürtel bis zum Südwesten; da etwa ein Viertel der Bevölkerung nicht weiter als 32 km von Glasgow entfernt wohnt, ist West-Zentral-Schottisch der am meisten gesprochene Unterdialekt des Zentralschottischen. Südschottisch spricht man im Osten von Dumfries und Galloway und im Grenzland, Nordschottisch im Nordosten, Inselschottisch auf den Orkneys und Shetlands.

AUSSPRACHE GÄLISCHER WÖRTER

Buchstaben	Beispiel	Aussprache
ao	craobh	wird ausgesprochen wie das **uh** in Kuh
bh	dubh	das »h« ist stumm, außer am Wortanfang, wo man es wie in Wasser als **w** ausspricht
ch	deich	wird ausgesprochen wie das ch in Bach
cn	cnoc	dies wird **kr** ausgesprochen wie in Krieg
ea	leabhar	wird als **e** ausgesprochen wie in nett oder als **ä** wie in hätte
eu	sgeul	spricht man **ay** aus, wie **ie**, wie in Bier
gh	taigh-òsda	dies ist stumm, außer am Wortanfang, wo man es als **g** wie in gut ausspricht
ia	fiadh	wird ausgesprochen als **ie** wie in hier
io	tiocaid	wird **ie** ausgesprochen wie in tief oder **u** wie in Zucker
rt	ceart	spricht man aus als **scht**
th	theab	am Wortanfangsort man es als **h** aus wie in Haus
ua	uaine	wie **u** in nur

WÖRTER IN ORTSBEZEICHNUNGEN

ben	Berg
bothy	Hütte
brae	Hügel
brig	Brücke
burn	Bach
cairn	Steinpyramide oder Steinhügel
close	Wohnblock mit gemeinsamem Eingang und gemeinsamer Treppe
craig	steiler Gipfel
croft	kleines Stück Ackerland mit Katen in den Highlands
dubh	schwarz
eilean	Insel
firth	Meeresarm
gate/gait	Straße (bei Straßennamen)
glen	Tal
howff	Treffpunkt, gewöhnlich ein Pub
kirk	eine presbyterianische Kirche
kyle	Flussmündung
links	Golfplatz am Meer
loaning	Feld
loch	See
moss	Moor
Munro	Berg über 914 m
strath	Flusstal
wynd	Gasse
yett	Tor

ESSEN UND TRINKEN

Arbroath smokie	kleiner gesalzener und geräucherter Schellfisch
breid	Brot
clapshot	Kartoffel-Rüben-Brei
clootie dumpling	mächtiger Obstpudding
Cullen skink	Fischsuppe aus geräuchertem Schellfisch
dram	ein Glas Whisky
haggis	Schafsinnereien, Nierenfett, Hafermehl und Gewürze, gewöhnlich im Darm des Tieres gekocht
Irn-Bru	beliebter Soft-Drink
neeps	Rüben
oatcake	köstlicher Haferkeks
porridge	ein warmes Frühstück aus Haferflocken, Milch und Wasser
shortie	Shortbread
tattie	Kartoffel
tattie scone	eine Art Kartoffelpfannkuchen

KULTURELLE BEGRIFFE

Burns Night	der 25. Januar ist der Geburtstag des Dichters Robert Burns, der mit einem Haggis-Essen gefeiert wird
Caledonia	Schottland
ceilidh	traditioneller Tanz- und Liederabend
clan	Großfamilie
first foot	die erste Person, die an Silvester nach Mitternacht ein Haus betritt
Highland dress	Tracht der Highlander, einschließlich des Kilts
Hogmanaỳ	Silvester
kilt	knielanger Tartan-Faltenrock, getragen als Highland-Tracht
Ne'erday	Neujahrstag
pibroch	Dudelsackmusik
sgian-dubh	ein kleines Messer, das als Teil der traditionellen Highland-Tracht um das rechte Fußgelenk getragen wird
sporran	Tasche aus Dachsfell, die über dem Kilt um die Hüfte getragen wird
tartan	buntkariertes Wolltuch; jeder Clan trägt eine andere Farbe

UMGANGSSPRACHLICHE WENDUNGEN

auld	alt
auld lang syne	vor langer Zeit
Auld Reekie	Edinburgh
aye	ja
bairn	Kind
barrie	toll
blether	Schwätzchen
bonnie	hübsch
braw	klasse
dreich	nass (Wetter)
fae	aus/von
fitba	Fußball
hen	informelle Anrede einer Frau oder eines Mädchens
ken	kennen; wissen
lassie	junge Frau/Mädchen
lumber	Freund/Freundin
Nessie	legendäres Monster des Loch Ness
Old Firm	Celtic und Glasgow Rangers, Glasgows wichtigste Fußballmannschaften
wean	Kind
wee	klein